言語学翻訳叢書
—
23

Н・А・スィロミャートニコフ［著］

近代日本語の時制体系

鈴木泰
松本泰丈
松浦茂樹［訳］

Система времен в новояпонском языке

Н.А.Сыромятников

ひつじ書房

Система времен в новояпонском языке

Н.А. Сыромятников

Главная редакция восточной литературы издательства《Наука》, 1971

訳者前書き

I

本書は、1971年にモスクワのナウカから出版されたH.A. Сыромятников ニコライ・アレクサンドロヴィッチ・スィロミャートニコフ（1911–1984）の、Система времен в новояпонском языке『近代日本語の時制体系』の翻訳である。本書は近代日本語の時制体系が前代の体系からどのように進化して現在のようになったのかを歴史的に追究したものである。したがって、日本語の歴史研究に携わる研究者を第一に読者として想定している。しかし、一方で、本書は近代語の変化の到達点として現代語を考える立場に立っているので、現代語研究者にとっても欠かせない一書である。

その日本語訳は、1972年までに、方言学研究者で当時言語学研究会で奥田靖雄氏の指導のもとにロシア言語学を学んでいた松本泰丈によって開始された。その試訳は、序章、1章、2章の全体と、3章から8章までのまとめ、及び結論、の全36葉の手書きの抄訳である。古典語の時間表現を研究していた鈴木泰が、たまたまそれを国立国語研究所に宮島達夫氏が言語学研究会の資料として寄贈された中に埋もれていたのをみいだしたのである。鈴木は、『日本語要説』（ひつじ書房、1993）の章の執筆にあたって、著者の『古代日本語』（1972、1981英語版）を参照し、その理論に関心をいだいていた。鈴木はその際同時に、その他のロシアの日本語学者の論文の紹介もみいだしている。

本抄訳は言語学研究会での発表用に作られたものであることは分かるが、始めいつなんのために作られたか、その経緯ははっきりしなかった。しかしその後、著名な日本語学者のコンラッド博士（1891–1970）への追悼のために、教えを受けたロシアの日本語研究者の論文が集められた論文集 Вопросы Японского языка『日本語の諸問題』が1971年にソヴィエト科学アカデミー東洋学研究所から出版されたことがそのきっかけであることが分かった。後に掲げる松本の回想によると、当時国語学会の編集委員であった鈴木重幸氏が、日本語の国際的研究が広くなされていることを学界に紹介するために、鈴木康之氏がその執筆を担当されることになったということが分かった。その紹介は学会誌『国語学』90号（1972年11月）に掲載された。本抄訳がその下準備のために、1971から翌年にかけて行われた言語学研究会内部の発表用に作られた詳細については、本前書きのIIとしてのせる松本自身の文章を参照されたい。『日本語の諸問題』の冒頭を飾るスィロミャートニコフの論文は「近代日本語のムード体系」であるが、鈴木康之氏によるこの試訳も宮島氏の寄贈資料の中にある。近代日本語のムード体系を歴史的な観点からとりだすに際して、形態、意味、構文の全体にわたり体系的にあつかうことが重要であることを主張したものである。このムード論に基づいて、日本語の否定形が過去のことを聞かれたときに非過去で答えてよいという特異な用法をもつのは、本書の時制論においては、「行われなかった動作は、次に言及される動作に先行するものとみなすことができない」という、相対的テンスとしての用法であると説明されることになる。

紹介者鈴木康之氏も「ムードが体系的であるだけでなく、ムードの歴史的変遷自身も、また、体系的である」という著者の理解に賛同している。そして、いわゆる中古の日本語のムードの体系から近代の日本語のそれへの変遷を、必然的なものとして記述している」と評価している。本書の時制論において主張される、日本語の時制の変化には、絶対的テンスから相対的テンスへという大きな流れ（サピアの drift にあたる）があるというのは、紹介者のこうした批評にあてはまるといえよう。が、残念ながら、言語変化に一定の流れがあるという見地は 50 年後の現在においてそれほど日本語史の見方として普及しているとはいえない。ただし、一方で日本語では古代から現代への変遷において、時の助動詞が減少したということをもって、日本語においては時の表現が退化したという見方がかなり根強い共感を得ているように思われる。しかし、単純になることによってより抽象度の高い体系が生まれるという歴史的変化の方向性があるという本書の見解にも耳を傾けるべきではないかと思われる。

また、本論文集全体については、紹介者の鈴木康之氏は、第一に「ロドリゲス以降、日本語の研究は、国際的な言語学の伝統のなかに位置づけられたはずであるが、われわれ日本人の日本語研究は、ややもすると、国際的な言語学の常識にしたがっていない面がすくなくない。日本語の具体的な知識にうといはずのこの論文集のなかのそれぞれが、われわれ日本の国語学者に対して、日本語に関しての理論的にすぐれた教訓をすくなからずあたえている」としている。最近は多くの著作の中で個別言語の事実だけではなく他の言語にもそれが認められるかどうかという通言語的考察が必要であることがさけばれているが、50 年前のこの時点においてもそれがすでに強調されていることは注目に値する。

第二に、紹介者は「言語を体系的にとらえようとする姿勢が、きわめてダイナミックである」と同時に、「言語の問題を歴史的な発展をふまえて検討すべきであるという観点がつよく感じられる」としている。当該論集において提唱される言語学の方法についての言説に対する紹介者の評価は、現在においてもなお耳を傾ける必要のあるものであることは間違いない。

訳者の鈴木はその後、「日本語史における条件＝時間＝理由関係の表現方法とムード・テンスの変化」2012『日本語文法』12（2）において、条件＝理由関係とテンス的意味の相関関係の変遷をたどろうとして、著者のテンス論に依拠しようとしたのであるが、本書を十分に理解できなかったという反省がきっかけとなり、本書を徹底的に読み込もうという意志のもと本書の翻訳に取り組むこととした。本抄訳の残りの部分を訳者の鈴木が翻訳をつづけて、2019年ごろにひととおりの粗訳ができた。松本の訳は、ロシアの文法論の概念の翻訳として先駆的であったので、現在普及している訳語に置き換えた部分が松本の本意に反するところのあることをおそれる点もないわけではないが、ひととおり訳し終えた。

その後、2019年から、早稲田大学のロシア文学専攻で文体論を研究テーマとしていた松浦茂樹の協力を得て、2021年の夏には全体の翻訳はほぼ完成した。十分に分らないところもあり、まだ翻訳の体をなしていなかった鈴木の粗訳が、松浦の献身的な努力によって、始めて現在のような語学的正確さ、および一書としての統一性も獲得することができた。また、ロシア語の読解に資する貴重な訳注を付することができた。

原著はすでに半世紀をさかのぼる1971年の著作であり、日本語においては時制をあつかったモノグラフとしては、当時としては、新井無二郎1933『国語時相の研究』しかなかったと著者も述懐しているが、明確に相対的テンス論を掲げているという意味でも本書の出版は記念碑的な出来事だといえる。日本ではその後、いくつかの時制関係のモノグラフはあるが、著者が相対的テンスとして説明する現象は、訳者自身も含めて、むしろアスペクトとして説明することが多かったのではないかと思われる。(鈴木泰執筆)

II

1971年にソ連邦で刊行された『近代日本語の時制体系』と『日本語の諸問題』とが当時『国語学』編集メンバーだった鈴木重幸氏から言語学研究会へもちこまれた。そうなった経緯は当時もしらなかったが、あるいは鈴木氏が新刊紹介の依頼をうけたのを、研究会メンバーの勉強のためということもあって、鈴木康之氏や松本のところにまわすことになったのかとおもう。鈴木重幸氏はこの訳書にも紹介されている「現代日本語動詞のテンス」の著者で、ロシア語をまなんだのは松本に先行しており、本書の紹介者として最適任だったはずである。

松本は1971年ごろ鈴木重幸氏の論文集『文法と文法指導』(1972年刊行)の解説をかくよう、言語学研究会のリーダーの奥田靖雄氏からいいつかっていて、鈴木氏の論文をよみかえしており、そのなかには当然「現代日本語の動詞のテンス」がはいっていた。はいっていたというより、これをひろくよんでほしいからこの論文集をつくるのだという意味のことを奥田氏からきいている。本訳書も鈴木重幸氏のテンス研究の解説のために勉強になるのではないかということもあって、紹介をひきうける気になったようにおもう。

ついでながら、スィロミャートニコフの本書では、鈴木氏の論文を紹介するにあたって、「日本の言語学者の論文のなかで、最も方法的に厳密で実際的な資料が豊富なのは鈴木重幸の論文である」(89 ページ) と賛辞を呈している。

「方法的に厳密」とは、鈴木氏の論文が時代を現代日本語にしぼり、動詞の活用体系のなかで(みとめ動詞)のいいおわり形にかぎっている点をさしている。両者ともに、実際的、具体的な資料にもとづき、資料にあたらせるという、実証的なてつづきで考察をすすめているところにも、日本語テンスのとらえかたにそれぞれのちがいはありながら、スィロミャートニコフにとって共感できるものがあったにちがいない。

スィロミャートニコフの労作は、できあがった本訳書にみられるように、量的にも相当の大部であり、鈴木重幸氏のすぎさらず―すぎさりの絶対的テンス対立をなんとか理解した段階でスィロミャートニコフのさきだたず―さきだち(非先行―先行) という相対的テンスをぶつけられて、当時の松本には紹介するのもやさしいことではなかった。

そこで、研究会の例会で『近代日本語の時制体系』を紹介して、メンバーにおそわりながら新刊紹介としてまとめようとかんがえて報告したのが、本訳書の出発点となった抄訳である。全訳からはじまって中途からまとめの部分の訳だけになり、かろうじて結論の部分の訳出は全訳にもどって研究会で報告した。結局『国語学』のしめきり時間には間にあわず、新刊紹介にのることはなかった。鈴木康之氏の『日本語の諸問題』のほうは、言語学研究会でも報告ののち『国語学』に掲載された。その内容はⅠに紹介されている。

50 数年前の松本の抄訳に目をとめた鈴木泰が、テンスアスペクト研究の専門家としての眼力から本書の価値をみぬき、共訳者にあとから松浦茂樹をむかえて全訳の完成にいたったことは、Ⅰに記してあるとおりである。

鈴木重幸氏のテンス論文に接した目からはスィロミャートニコフの本書はあつかう対象領域がひろすぎるように感じられ、『読本』などからの用例がでてくるのもやや不満だった。鈴木氏の論文が副題のしめすとおり、「言いきりの述語に使われたばあい」にかぎられており、用例も国語教科書にたよったりしていなかったからである。テンスが問題になるなら、鈴木氏のように　いいきり(いいおわり)の述語のテンスからはじまるのが自然だし、能狂言やキリシタン資料から現代語までとりあげるのは、鈴木氏のような緻密な研究がひろく現代語テンスの領域をおおわないうちは、手をひろげすぎているのではないかという印象をあたえるものだった。また、日本の国語教科書が、検定制度によってしばしば文章や内容を改変させられることはしられている。鈴木氏や鈴木氏の属する言語学研究会が文法研究において積極的に国語教科者から用例をとることはなかった。

しかし、鈴木重幸氏はその後の研究で、日本語のテンスの考察の範囲をさらにひろげることはしていない。そのためスィロミャートニコフが本書で問題にしている、うちけしの終止形のテンスのことなど、興味ある領域に手をつけることができなかった。このような体系＝構造的な面でのあつかいのせまさとともに、本書が対象とする「近代日本語」というわくぐみで自然にでてくる、近代語から現代語への歴史的な変遷のなかでのテンス制度の変化もとりあげていない。本書では近代日本語の範囲だけでなく、必要とみたときは古代日本語のテンス現象も言及され、例示されている。鈴木氏のテンス論文にないこのような特徴はいまでもたかく評価すべきであろう。

本書に展開する相対的テンスの論はまた、1970年代からクリモフの提唱する内容類型学における活格言語、能格言語、主格言語のような言語タイプの区分の問題に、かなりの比重でかかわってきそうな面がある。クリモフ1977石田修一訳1999『新しい言語類型学―活格構造言語とは何か』(三省堂)ほかをみると、内容類型学的な言語タイプのとりだしにあたって、動詞の時間表現のちがいが、タイプを区別する特徴のひとつとして重視されている。動詞のアスペクト、テンスに関して、活格言語の包含事象(当該タイプをなりたたせる特徴)にはアスペクト〜アクツィオンズアルトが、主格タイプの包含事象にはテンスがふりあてられている。

クリモフの著作には、スィロミャートニコフの手になる本書は、参考文献にとりあげられていないし、本文にも相対的なテンスに関する言及、説明はみられないようである。主格言語の包含事象としてのテンスを、絶対的テンスとみることはまちがっていないとおもわれるが、だとすれば、そのことは、日本語の時間表現に相対的なテンスをみいだしたこととどうかかわってくるのか。こうみてくると内容類型学的な区分につながる動詞テンスの問題、さらにアスペクトとテンスの対立・統一の問題にくわえて、日本語の内容類型学的な位置づけに関しても、本書からあたらしい知見がえられそうである。このような面があることには1971年当時はまったく無関心でいた。翻訳にかかわったひとりだが、あらためて本書をよみかえす必要がみえてきたところである。(松本泰丈執筆)

目　次

凡例

1. 本書について

本書はН.А. Сыромятников（ニコライ・アレクサンドロヴィッチ・スィロミャートニコフ）著、А.А. Холодович（ホロドヴィッチ）監修、《Система Времен в Новояпонском Языке》（近代日本語の時制体系）、Главная редакция восточной литературы издательства《Наука》ナウカ出版社東洋文化編集局により、1971年にモスクワで出版された、著作の翻訳である。

なお、本書は、2019年に、ステロ版で、「諸民族の言語」シリーズの1つとしてЛКИ出版から、モスクワで再版された（参考文献などについては追加情報があるが本書ではふれない）。原書は序章、結論と本文8章のほか、「使用文献リスト」と引用資料の略号一覧の「資料の略名リスト」と「目次」からなる。

なお本書では、索引、およびロシア語理解の参考のため、「ロシア語動詞要覧」を付した。

2. 用例の表記について

本書の日本語はすべてロシア文字によって表音的に表記されているが、日本人研究者の読解の便を考えて、基本的に平仮名表記に改めた。

ただし、原表記は完全に表音式であるから、それを仮名に転写するにおいても、表音性を重んじた。助詞については「は」「を」「へ」を用いず、そのまま「わ」「お」「え」とした。また、オ段、ウ段の長音は、ロシア文字による表音表記では長音記号「:」を用いて表しているのを、本翻訳では棒引き「ー」で表すことにした。なお、エ段長音は本書では認められていない。

本書では日本語の古典から採られた文章については、その文献の出現時期に存在していた音を反映する転写が採用されている。キリシタン資料と狂言のオ音については、著者はロシア文字の表音表記で《во（wo）》を用いているので、それらにおいてのみ「を」を用いた。また、「せ」「ぜ」については、《ше》《же》を用いているので、「しぇ」「じぇ」と翻字した。また、「じ жи」「ぢ джи」「ず зу」「づ дзу」を区別しているので、本書においても区別した。表記については、序章にも説明がある。

また、原音表記は、ほぼ単語ごとの分かち書きを採用しているが、膠着的な形態素については、膠着性を示すために、名詞等とハイフンでつないであるのをそのまま残した。付属辞の分かち書きの原則については一貫しないところもあるが、原書のままとした。

したがって、助詞 *-wa*、*-mo*、*-made*、*-dake*、*-bakari*、*-nomi*、*-sika*、*-kiri*、*-sae*、*-sura* 等は、本書ではハイフンを用いてつないでいる。なぜなら、それらはエンクリチカ(接語)で、自立語ではなく、それらによってシンタグマを始めることができないからである。なお、出典が表示されている日本語の用例文は平仮名にしたが、出典表示のない単語や文は片仮名にした。ただし、上掲のように日本語の助辞が単独でハイフンつきで膠着的形態素であることが示されている場合は、原則として仮名書きにはせず、ラテン文字を用いてローマ字表記した。ローマ字つづりは基本的には訓令式を採用するが、長音については [ô] は使わず、原表記の長音符号〔:〕を用いた。ただし、拗音については kja のように j を用い、y は用いない。

なお、本書の日本語例文の表音表記には「です」や「ます」の最後の音の「す」の無声化を「c(ロシア語のエス)」のみとし、母音を略す表記が用いられているがそれについては、一切反映させなかった。同様に、「けんぶつ」の「つ」のような入声音を「T」と表記する例もあるが、それも反映させなかった。

原書では用例文全体がイタリックであるのに対して、強調部分は正体になっているが、仮名表記では見づらいので、用例文全体は正体にし、強調部分は太字にした。なお、本文の説明で特に注意を要する部分については訳者の判断でその部分に下線を施したところがある。

3. 参考文献について

本書の参考文献は、「使用文献リスト」のなかで、ロシア語で書かれたもの、日本語で書かれたもの、それ以外の言語で書かれたものの 3 種にわかれている。前二者は、著者名の読みのロシア文字順で並べられ、ロシア語、日本語、それ以外の言語の順で全体に、通し番号がふられている。本文での参考文献への指示は [ ] でくくられているその通し番号で示される。所在ページは通し番号の後に「,」で区切って記される。なお、「5/3」のような表記は、改造社版全集の 5 ページ、3 段目の意味である。

「使用文献リスト」の文献については、ロシア語のものについては、基本的に引用原典の著者名に日本語の読みを付し、書名、論文名、出典の書籍や雑誌名についても日本語訳を付した。なお、日本語の文献については、著者名以外は、日本語にもどした。

4.「資料の略称リスト」について

原著では資料の書名、全集本であれば収録される作家名のロシア文字による略号が引用文に付され、巻末のそのリストでは略号がロシア文字列順に並んでいる。翻訳にあたっては、引用文の理解を助けるため、ロシア文字による略号ではなく、日本語による作家名、または書籍名に変えた。新たな略称は巻末の「資料の略称リスト」に示したが、略称の順序は原書と同じにした。また、原文の確認のために参照した資料は(参考)としてそこに示した。なお、日本語の文法書の引用については、できるかぎり原文と照らしあわせ、引用文もロシア語からの翻訳ではなく、原典の文章をそのままのせることにしたので、著者の引用と異なる場合もある。

5. 用例文の原典について

原書には用例文のロシア語訳があるが、本書ではそれは原則的に省略した。その代わり、引用元の原典にある漢字仮名交じり文を、用例の出典の注記の前に「　」にくくって示した。同時に、原書では出典は基本的に、作家名のみで、作品名はないが、すこしでも理解の助けになればと思い、作品名を出典注記の中に補った。ただし、用例の出典が戦前の国定国語読本や戦後の山本有三編の検定小学校教科書や「日本の昔話」である場合は、表現が平易であり、それを参照しても理解に資するところは少ないので、多くははぶいた。

なお、教科書でも中学の国語については、原著者が引用した年度のものが見いだせず、補足の原典注記は省いた。なお、原典が入手可能であった場合でも、それに用例が確認できなかった場合は、「未確認」という注記を付した。なお、用例文が明らかに誤りと考えられる場合や、用例文と出典の日本語原文の間で違いがみられる場合は、用例文のその部分に(ママ)と注記し、原典の原文をルビつきで示した。

6. 原著の注および訳注、索引について

1, 2, 3 のような脚注が原著にはあるが、本書では「注」として各章末にまとめた。それとは別に、i, ii, iii のような記号をふって翻訳者による訳注をつけ、「訳注」として各章末にまとめた。なお、古語については、適宜本文中に(　　)を付して、注釈をつけた。また、ロシア語文法の簡略な指南「**ロシア語動詞要覧**」をロシア語専攻の松浦が作成し巻末に付し、必要のあると思われるところでは、それを参照できるようにした。なお、スィロミャートニコフ自身が本文中にはさみこんだ注については、[引用者—H.C. 注]などと記した。なお、訳者注も文中に(訳注：〜)などのようにはさんだところがある。なお、索引を文法論用語、言語名・言語資料、人名に分けて付した。

序章

様々な学問領域における客観的な時間の研究、および言語学における文法的時制の研究への関心がここ数十年のあいだに高まっている：「文学の実践と理論における時間への関心のこの前代未聞の高まりを、現代の自然科学、哲学、心理学、文化学などのなかで、時間を質的に分析しようと試みているいくつかの潮流と比較すると、我々は、ある意味での『時代の象徴』のような普遍的傾向と向き合っているのだと確信する。ことの本質はただ単に研究者たちの発見や、思想家たちの新しい観察や、あれこれの作家たちの独創的な発見だけに関わるのではない。明らかに、これは意識の深層での変化についての話なのだ」［45a,153］[1]。

しかし、残念なことに、時間について書いている哲学者たちは言語学的な資料を引用したり解釈したりすることを避けている。言語学者の方では、多くの場合、客観的な時間の中で起きている出来事の、いったいどんな現実的な時間の関係を、あれこれの言語の時間システムが反映しているかという研究を回避している。おそらく、つまずきのもととなっているのは、違う言語（同族であっても）の時間システムは互いに似ていない（そもそも文法的な時間というものをもっていない言語もある）が、現実の現象間にある客観的な時間の関係は、原則的にはすべての民族に共通だ、という事実である。

本書では、近代日本語の時間システムを、発達した法のシステムと未発達のアスペクトのシステムを背景に研究する試みがなされている。その際、次のような哲学的な問題にも目をつぶらない：研究対象となる文法的カテゴリーにおける客観的なものと主観的なものとの相関関係、この言語あるいは言語グループにとっての実在的なものと文法的なもの、普遍的なものと特殊なものとの相関関係；社会意識の変化と関連した文法的変化の原因、同一の文法システムに異なる解釈が生じる原因など。

日本語の動詞と形容詞の時制については、現代日本語のものでさえ十分に研究されていない。この問題に関する専門的な著作は少ない。ソヴィエトの日本学において知られているのは、2つの修士論文［30；119］と、基本的にはそれらの資料に基づいて書かれた6つの論文［32；33；34；118；120；121］だけである。西欧の言語によるこのテーマの著作はない。日本で出版された新井無二郎の『国語時相の研究』［150］は古典の日本文学（8世紀から14世紀）の言葉の時制を論じたものであり、現代語には全く触れていない。日本語で書かれた論文は他にもいくつかあるが、それらの中ではこの問題の部分的な側面しか検討されていない［164；168；189；192］。

しかし、もちろん、日本語の文法書や教科書の著者はだれも、この問題を避けて通ることはできず、現代語の時制はあれこれの解説をされてきた。だが、それらは一様でない解釈をされており、このことはそれらの研究への統一的な取り組みが欠けていることを証明している。時制の数そのものさえ、今に至るまで論争の対象になっていると言えば十分だろう：ある人々は現代語に3つの時制（過去、現在、未来）があると見るが、他の人々は2つ（過去と非過去、または、過去と未来）だと言い、第3の人々は1つ（完了）、若干の人々は4つ（過去、完了、現在、未来）と言う。ついには、現代日本語中の文法的な時制の存在まで否定する学者もいる。

この問題の研究が不十分であることは、応用分野にも損失をもたらしている。外国人のための日本語教科書の中で、時制の用法は説明されないのが普通である。西欧語のすべての教科書ではこの問題に対して多くの紙面があてられているのだが。

「時制の用法」を専門的に扱う部分がない理由の1つは、例えばロシア人のための日本語教科書の著者たちが、日本人のための母語の文法書から時制の用法の詳細な規則を借用できないことである。それらの文法書では、母語話者が実際的に必要としないから規則が説明されない（そこでは、動詞から様々な活用形がいかに形成されるかが示されているだけである）。さらに日本の文法学者たちは、きわめて限られた数の例、しばしばある論文から別の論文に転用される例、に頼っている。時制を様々に解釈する多数の理論が、同じような思弁的考察に基礎をおいている。戦前の文法学者は一人として、どんな実際的資料を使ったのかを示していない。日本の文法学者たちは同時代の自国の文学の言葉をまるで研究してこなかった、という印象が生まれる。ごく最近になってやっと文学からの例を使った研究が現れた［153；189参照］。

現行の日本語の時制理論に1つとして多少なりとも十分なものがないのは驚くにあたらない。時制使用の多くの場合が説明されぬままであり、いくつかはこれまでにそもそも気づかれてもいなかったのだ。

学術論文に使われてきた同じわずかな例を違う方法で検討する試みがさらにあってもなんの成果ももたらさないだろう（これと同じ考えに鈴木重幸も達している［189,2参照］）。多くの多様な資料を集め、新しい方法論を使用して得られた客観的なデータに基づいて時制形式使用の具体的な個々の規則を明らかにし、その後、それらの全体的な意味についての結論も導き出すことが必要である。

本書ではどんな研究手法が提案されているか？

1. 時制の形式の意味と用法は単文中だけではなく、主として複文中のもので研究される。これに対して、日本語文法の研究書では、時制は単文中のものが文脈を無視して検討されるのが普通である。日本の文献では単文よりも複文に出会うことの方がはるかに多いにもかかわらず。

2. 私の知るかぎりの研究書では、日本語の時制が個々別々に検討されているが、本書では形式ではなく、統語的なポジションを基礎に置く試みがなされた。例えば、つなぎの ト(「もし、ときに」の意味)の前の時制形式が研究された。そして、この位置にはどのような時制形式が見られ、どのような形式が見られないかが明らかにされ、それらの意味が明確にされた。まず、各 つなぎ、つなぎ単語、おわり[i]などの前にある時制形式の使用状況が、別々に調べられた。次に、時制の諸形式にたいして同一の結合性をもつ つなぎ要素がグループごとにまとめられた。それぞれのグループには、第5章の各部が割り当てられている。第3章ではなかどめの形式が検討され、第6章では規定語のポジションでのいいおわりの形式などが検討されている。

3. 主文—その中に含まれる時制の形式は第7章で解説される—も、孤立したものとしてではなく、ポスペロフ教授が薦めているように「発話の構成の中で」取り上げられた。その際、主文の陳述-述語の時制形式の選択は、その文と後続の文の述語で表現されるプロセス間の時間的関係に左右されるということが明らかになった。通常、文法的時間の研究者たちはこの関係がいずれかの時制の形式の選択に与える影響に気づいておらず、いくつかの文からなる文章の断片が分析されることは極めてまれである。

4. 現代の日本語のテキストから採った用例に本書での主要な注意が向けられているが、それらは、現代の時制システムが基本的にはすでに形成された時代である16–17世紀のテキストからの用例と規則的に比較される。そのような方法によって時制システムの発展におけるいくつかの傾向を明らかにすること、それらを説明することに成功した。

5. 本書には、ソヴィエト日本学が、日本語の文法カテゴリーをアルタイ諸語の対応する現象との比較において研究した有益な試み(特に、フェリドマンの研究)が利用され、ナーナイ語、満州語、朝鮮語、バシュキール語、モンゴル諸語の時制に関する資料も引用されている。さらに、ロシア語、フランス語、ドイツ語、英語、ペルシャ語、パシュトゥ語、アラビア語、中国語、ビルマ語、その他いくつかの言語の科学的な文法学の成果が利用されている。

近代日本語という用語は、本書において広義では16–20世紀の全国民的日本語と解釈される。この時代までに日本語は、*-ki*、*-keri*、*-tu*、*-nu*、*-ri* の接尾辞を伴う古いアスペクト - テンス形式を失い、接尾辞 *-taru* は *-ta* に転化した。同時に法のシステムが著しく簡素化した;多くのモーダルな接尾辞 *-meri*、*-ramu*、*-kemu*、

-masi、*-namu*、*-besi* などが消滅した。むすび(繋辞)［связки］の *nari*、*so:ro:* は、*-de* で示される手段格の述語のあとに続く存在の動詞 アル に位置を譲った。動詞と形容詞の終止形は連体形に取って代わられた。それによって、連体形は、(なかどめ形と対立する)より広いいいおわりの形式の意味を獲得した。(詳細は 123, 6–7 を参照。)

近代日本語は、上に挙げたアスペクト - テンス形式と、モーダルな接尾辞をもっていた**古代日本語**に対比されるものである。

より狭い意味では、近代日本語を 16–17 世紀、および部分的には 18 世紀の日本語、つまり、**関西方言**に基づいて発達していた日本語と解することもできる。しかし、誤解を避けるために、この言葉について言及する場合、本書では「16–17 世紀の言葉」という用語を使う。

現代の日本語と本書で呼ばれるのは、第一に関東方言、主として江戸(1868 年に東京と改称)の方言に基づいて形成された国民的な標準語である。

用例の出典は基本的には日本文学のオリジナル作品である。(日本語への)翻訳文献で用いられたのは古いもののみで、1593 年版―『金句集』(「金言の集」中国語からの翻訳)と《Esopono Fabulas》(『イソップ寓話』ラテン語からの翻訳)である。

本書では現代の資料から採られた日本語の単語を表記する際には実用的なロシア文字転写を用いたが、日本語の古い文献から採られた単語は、ヨーロッパの日本学者たちがそのような単語の発音を現代式にする方法(例えば G.B. サンソム［239］、E.M. コルパクチ［64］)とは違って、その文献の出現時期に存在していた音素の構成を反映する転写が採用されている。例えば[ii]、現代日本語の *x*【h】に対応する音は 18 世紀以前の文献からの引用中は *ф*【f】であり、8 世紀の文献からの引用中では *п*【p】である。*жи*【zi】と *джи*【dzi】、*зу*【zu】と *дзу*【dzu】、*o:*(長く、広い *o*)と *ô*(長く、狭い *o*)は区別され、*e* の前の子音 *ш*【sh】と *ж*【zh】は軟化する *каже*‘風’(現代では *кадзе*)。この転写法は私がいくつかの論文で使用した［118；120；121；122 参照］。このような記法は、見慣れないものではあるが、現代語的な転写よりもはるかにその時代に在在していた実際の発音に近くなる。

ロシア語文に露訳がついていない日本語の言葉(固有名詞など)では、母音の長さが補足的な母音字で表されている(例えば、*Кю:сю:*【Kju:sju:】は *Кюусюу*【Kjuusjuu】と書かれるなど［126 参照］)。

いくつかの新しい試みが、複合語と助詞を分かち書きにするか続けて書くかという領域でもなされた。

例えば、複合語で高音の部分を 1 つもっているものは続けて書かれる；例 *nihombumpo*‘日本文法’のような単語は、単に続けて書かれる(参考文献のリストではハイフンが使われる)だけではなく、その書き方には唇音の前で n が m に転換することも反映されている。これに関して私はプレトネルとポリヴァーノフの意見に賛同する。彼らは書いている：「*Nihonno:gjo:siron*（日本農業史論）、これは言うまでもなく1つの単語である。…もっと複雑な単語もあり得る。例えば、*Nihonro:do:kumiaihjo:gikai*（日本労働組合評議会）…」［91,44］。確かに、彼らの本にはなぜこのような構成の語を一語とみなすべきかは示されていない。しかし、今はもう、この問題において日本語の特性を考慮した論拠を示すことができる。特に、寺川、日下による用語集のような信頼できる資料があり、それには単語が国際的音声記号によって表記され、アクセントがつけられ、*N* 音の同化が規則的に表示されている。もしこの音が4つの語根からなる単語の2番目の語根の最後の音なら、例えば：andzem:atchi［197,56］（安全マッチ）のように表示される。このタイプの複合語で音の同化のないものをこの辞書の中で見つけることはできなかった。なお、周知のように、日本語ではこの種の同化は単語の内部だけに存在する。

高音の部分を2つもつ単語は、本書ではハイフンでつないで表記する。そのような表記（一続きにするかハイフンでつなぐか）は一定の言語の現実を反映している。日本語の単語にアクセント表示のある辞書が証明しているように、1つの意味をもつ複合語には高い音の部分が1つだけあり、複合語でもその構成要素に意味的な対比が感じられる場合は2つのアクセントがある。つまり、各構成要素のアクセントが変わることなく保存される。もちろん、いずれかの単語が辞書に出ていない場合はその表記（続けて書くか、ハイフンを入れるか）に不徹底さを許したこともある。

助詞 *-wa*、*-mo*、*-made*、*-dake*、*-bakari*、*-nomi*、*-sika*、*-kiri*、*-sae*、*-sura* 等は、本書ではハイフンを用いてつなぐ。なぜなら、それらはエンクリチカで、自立語ではなく、それらによってシンタグマを始めることができないからである。わかち書きは、それらの膠着的性格を無視してしまうことになるだろう。

もし、単語に2つか3つの助詞または変化語尾がついていたら、それら同士はハイフンで分けられない。1つのハイフンだけが語幹と語の形式的な部分との間に置かれる。それは日本人ではない読者が単語の構造をより容易に理解できるようにするためである。

ロシア文字で転写された日本語のテキストの中で、選択自由の形態素は、和露辞典で行われているように［　］の中に入れて示す（マエ［ニ、ワ、ニワ、モ、カラ］）。句読点は保存される。しかし、文例の一部が省略される場合、省略部は必ずしも…で置き換えられるわけではない。

本書は**システム言語学**の具体的な成果の1つである。システム言語学は、ある（文法の）システムの物質的な諸要素（形態素）も、それら相互の関係、相互依存、つまり構造も等しく重要だと認めるものである。

筆者は、多くの章の構成を改善し、時制に関係のないものをすべて除去してくださった責任編集者のホロドヴィッチ教授、いくつもの有益な意見をくださった評者のロジェストヴェンスキー氏に謝意を表するものである。

注

1　ここでもこれ以降でも、言及あるいは引用した著作は［　］に入れて示される。数字は巻末の「使用文献リスト」の番号を示す。別々の著作は「;」で区切られる。もし、ページを示す必要があれば、著作番号の後に「,」で区切って記される。

訳注

i　「おわり концовка」は、「〜ことができた」のような句(4章のⅥ, Ⅶ参照)。

ii　以下、【　】内に、ロシア文字による音声表記に対応する、一般に日本語史で用いられているローマ字表記を注記した。

第1章

存在の形式としての時間と時制の文法的カテゴリー

すべての運動[i]とプロセスは客観的な時間の中で生起する。それについてエンゲルスは「…すべての存在の基本的な形式は空間と時間である。時間の外での存在など、空間の外の存在と同様のとんでもないたわごとである」と書いている［1,47］。

従って、恒常的な、あるいは周期的なプロセスを頭において「時間外の運動」について語っている言語学者たちは正しくない。より正しく言うなら、それらを**全時間的**と呼ぶべきである。

話の中で、いま問題になっている運動は空間というところでおこっている、などと特に言う必要はない。空間の外で行われる運動などあり得ないからだ。大多数の言語で、述語の形式は、語られているプロセスが空間のどの特定部分に関わっているかを示さないし、話に出てくる他のプロセスが起きている場所との関係も示さない。もしロシア語で《Он пишет и она пишет》(彼が書いており、彼女も書いている)と言う場合、このような文の述語には場所を示すものは何も含まれない。これらの運動が同じ場所で行われているのか、それとも別の場所なのか、話者がいるのと同じ場所なのか、違う場所なのかも示されていない。

確かに、同じ場所なのか違う場所なのかが述語の内部で表される言語(コーカサスの諸言語のいくつか)はある。しかし、これは非常にまれな現象である。

いくつかの言語は文法的な時制をもっていない(または、もたなかった)。しかし、この場合、述語の形式は、運動は時間全般の中で起きるということを示してはいない。なぜなら、そのような運動は時間の外で起きているものと対比されようがないからだ。

A.B. イサチェンコによれば「物質界に存在する物理的な時間は、どんな動詞の中にも独自の表現を見出す。すべての動詞は、どんな時制的な形式で使われるかに関わりなく**プロセス**を表す。そしてプロセスを我々は何か時間**軸**の上にあるものとして思い浮かべる」［57,419］。しかしプロセスは《бегу 私が走る》のような時制形式だけではなく《бегать》(不定形)や《бег》(走ること)のような単語によっても表されることがある。プロセスだけではなく、物質界のいろいろな物事が時間の中で思い浮かべられる。しかし、哲学的な分析に助けられて認識されるこの事実が、どんな動詞の中にも独自の表現を見出すということは、もちろんない。なぜなら、普遍的なものは特別な表現を必要としないからだ。文法的な時制には、この事実は直接の関係をもたない。イサチェンコの規定は、意味論的な分析の結果得られたものであり、文法的な分析の結果得られたものではない。

「時制のカテゴリーは、印欧諸語の比較文法が示しているように、それぞれの言語に初めから存在していたカテゴリーではない。」[72,226]。現代のマレー諸語、特にインドネシア語には文法的時制がない(「時制と法のカテゴリーがここには存在しない」[9,25])し、中国語にもない(大多数の研究者の意見による；ただ C.E. ヤホントフだけが「アスペクト-テンスのまじりあった意味を伴う形式について」語っている［149,113]、一方 A.A. ドラグノフは、中国語の諸方言の間にはこの問題に関しても大きな違いがあることを指摘している［48；37 参照])。

文法的な時制がない言語では時間的な関係が語彙的に表現されると考えられている［例えば、72,226 を参照]。しかし、「時制の文法的カテゴリーが存在しない言語でも、時間が陳述的特徴として、やはり**常に**(太字強調は引用者、H.C.)言語で表現されるが、文法的にではなく、語彙的にである」[52,6–7］という意見には賛成できない。第一に、そのような場合には時間はもう陳述的な特徴ではない。第二に、そのような言語では、時間が語彙的にやや詳しく説明されることは、どの述語も何らかの時制形式をとらなければならない言語に比べて、それほど多くはない。第三に、時間の状況語の中でも、語彙的に「今日」「今」「現在」「昨日」「過去に」「明日」「将来」といったタイプの単位と、「初旬に」「火曜日に」「戦後」などといったタイプの単位を区別する必要がある。第一のタイプの諸状況では、話者の現在に対する関係が示されている。第二のタイプの場合、言われているのは何らかの日付・年代についてであり、その呼び名は発話時との関係で変わるものではない。そのような単語(または語結合)は、語られている出来事が未来(現在)に属するのか、過去に属するのかは示さない。

格が 1 つだけという言語がありえないのと同様、文法的な時制が 1 つだけで他の時との対比がない言語は存在しない。文法的な時制がそもそもあるなら、それは 2 つより少なくはないはずだ。しかし、いくつかの言語は 3 つ、4 つ、5 つ、それ以上の時制をもっている。

文法的な時制が反映しているのは、存在の形式としての時間全般ではなく、時間の中の現実のいろいろなプロセスを互いの関係に従って指し示すものである。そうした指し示しの方法――文法的時制の数、それらの意味、用法――は様々な言語で一様ではない。それだけでなく、ロシア語も日本語も含めた多くの言語の時制システムは、その歴史の一定の経過の中で大きく変化した。たとえ、客観的な過去の、客観的な現在と未来への関係は、原則的には同じままのように見えるとしても。

もし、時制をもつすべての言語の文法的時制が直接的に客観的な過去、現在、未来を表しているなら、これに関する各言語間の違いは、3つの文法的時制が異なる言語資材で構成されるということだけに現れるだろうし、言語の発達は、時制のフォルマント（語形成要素）の音声的、形態論的発達にのみ現れるだろう。時制のフォルマントの意味と用法はすべての言語で同じようになるだろう。しかし、実際にはそのような画一性は存在しない。

では、多くの言語の発達史の中で観察される文法的時制の数や意味の変化をどう説明できるだろう。

何人かの研究者は、文法的時制の意味に起こっている変化は、人間の意識の中での歴史的な**時間の概念の発展**と結びついており、そして、この時間の概念の発展は社会的な現実の変化に左右される、と考えている。そのような命題を発展させたのがС.Д.ニキフォロフ教授である［85,143を参照］。

日本では類似の視点を小林好日が表明している：「文法的範疇は論理的範疇の言語上にあらはれたもので、後者の発達するに伴うて前者は整頓して行つたものである」［167,387］。「過去・現在・未来の論理的範疇は次第に言語上に形成したもので、初めから存在したものではない」［167,388］。

もちろん、時間の理解は変化する；それをВ.И.レーニンも指摘している：「空間と時間に関する人間の表象は相対的であるが、この相対的な表象から絶対的な真理がくみたてられ、この相対的な表象が発展しながら、絶対的な真理の線にそってすすみ、それにちかづくのである」［3,181］。

しかし、客観的な時間に関する何人かの学者の見解も、一般人の認識も、文法的な時制の数や意味の変化に影響を与えることなどできなかったのは明らかである。例えば、中世の期間、一般民衆の時間に関する概念は、おそらく本質的には少しも変わらなかっただろう。しかし、この時期にロシア語でも日本語でもほかの諸言語でも時制のシステムが本質的に組み変わったのだ。また、もし時間表現の文法的な手段と人々の現実の社会活動との結びつきを認めたとするなら、似た社会的現実をもった民族には似た時制システムがあると予想できるはずだ。また逆に、例えばロシア語とブルガリア語の時制システムには大きな違いがあるが、それはロシア人とブルガリア人が客観的な時間を違ったふうに解していることを示すことになってしまうだろう。そのような視点はとても正しいとは言えない。

現代ロシア語や近代日本語におけるような比較的新しい時制システムを論じるときは、Б.Н.ゴロヴィンの次のような深い考察を念頭に置くとよい：「ある場合には、文法的な意味はさまざまな物事の一般的な特徴ではなく、単語そのものの一般的な特徴を反映する。また、文法的な意味は、現実の諸側面や諸関係の言語的な総括に基づくだけでなく、言語のシステムや構造そのものの内的な発展や変革に基づいても生じうる。そのように生じたのが、内的に分割された、現代ロシア語の動詞の過去時制の意味で、それは古代ロシア語の動詞の過去時制の意味のシステムを“凝縮し”、もちろん組み替えたものである」[29,29]。しかし、古代ロシア語の動詞は1つではなく、いくつかの過去時制をもっていた：大過去、未完了過去、アオリスト、パーフェクトである。これらの中からパーフェクトだけが生き残り、まさにそのことによって、過去時制全般へと変化した。したがって、ここでは意味だけを論じてはならない。重要なのは、時制の**諸形式**が消失したことなのだ。*-л*で終わる1つの形式が、分割された意味ではなく、**まとめられた**意味を獲得しながら、次第に他の形式を追い出していったのだ。だから、古いいくつかの意味の凝縮と組み替えについての考えは正しい。同じように、日本語の *-ta* という形式は他形式を駆逐した。

時制がその言語の文法体系全体と結び付いており、それと一緒に変化するということも考慮しなければならない。様々な言語の文法的時制システムの中で我々が観察している著しい多様性もこれによって説明すべきである。例えば、時制システムと、アスペクトのシステム、法のシステムとのつながりは広く知られている。他のまだ発見されていないつながりが存在するかもしれない(例えば、Л.И. ジルコフ教授がある研究報告で指摘した、時制の数と格の数との間の反比例の関係)。

しかし、これは「アスペクトと法の数と質に、動詞の時制形式の数と質が左右される」[30,379] ことを意味しない。いずれにせよ、日本語についてはそのように断言するのは正しくないだろう：比較的まれにしかないアスペクトが、必須の諸時制を決定することはできない。そのうえ、日本語のアスペクトの形式はどの時制にも立つことができる。また、アスペクトをもっていても、時制をもっていない言語もある。より正しくは、それらの文法的なカテゴリーの相互依存について語るべきだろう。従って、何らかの言語の時制を研究するとき、法の存在をも無視してはいけない。Н.С. ポスペロフは、ロシア語において「時制のカテゴリーは…直説法のカテゴリーである」[96,296] と考えている。

しかし、考慮すべきなのは、異なる言語では時制と法との結びつきかたが違いうるということだ。ロシア語や英語のような言語ではモダリティが主として語彙的に表現され、総合的な法はあまり発達していない。それらの言語では、命令法は現在語幹から作られるか、現在語幹に全く一致する(ロシア語では《бросай 投げろ》)[ii]。従って、直説法の意味を現在語幹に帰することはできない。接続法[iii] はロシア語でも英語でも直説法の過去と形式が一致する(*бросал* бы [投げた(投げる)だろうが][iv])。過去時制の形式そのものに直説法の意味がないことも明らかである。

日本語にはこれがなおさら当てはまる。なにしろ、日本語では直説法のみならず、希求、否定、仮定（推量）法が、同じように先行時制の形式［tot］（取る［to-ru］）をとるのだから（最終音節に *-t-/-d-* をもつ語幹を用いて）[v]。つまり、*-t-/-d-* はまさに時制の形成要素であり、直説法の形成要素ではない。ロシア語の直説法は、最も広く使われる法として、もっとも経済的な方法で、消去法的に、接続法の指標 *бы* のないことによって（過去形で）表現され、また命令法の指標[vi]（命令のイントネーションも含めて）のないことによって——現在形で——表現されると思われる。

ロシア語（*брать*［取る to-ru］）の法のシステム[vii]

接続法	直説法	命令法
брал бы［取った（取る）だろうに］	*брал*［取った］	
	бер-ешь［君は取る］	*бер-и!*［取れ］

A.B. イサチェンコ教授もまた、直説法と時制形式とを同一視することの非論理性に気づいている：「もしも、直説法の一般的な意味と文法的諸時制の区別との間に、直説法の範囲内において因果関係があるとすれば、文法的時制のカテゴリーは、世界のすべての言語において、ただ直説法とのみ結び付いていることになる」［57,475］。しかし彼はスラブ諸語において直説法を表現する形態論的手段についての問題に答えていない。

彼の法の定義には同意できる。「動詞の法とみなすことができるのは、言語の中で、動詞の特別な文法的形式によって表現されるモダリティだけである」［57,512］。

日本語について付け加えると、特別な総合的な形式で表現されるモダリティをそれぞれ別個の法とみなすべきである；近代日本語の法システムは、動詞のシステムの中で最も複雑で重要である。なぜなら、いいおわり形式の動詞はどれも何らかの法に属しているからだ。例えば：

tor-u — tor-a-na-i/tor-a-nu	‘беру’ — ‘не беру’
tor-e — tor-u-na	‘бери’ — ‘не бери’
tor-i-ta-i — tor-i-ta-кu-na-i	‘хочу взять’ — ‘не хочу взять’
ar-o: — ar-u-mai	‘вероятно есть’ — ‘вряд ли есть (будет)’
tor-o: — tor-u-mai	‘возьму-ка,’ ‘возьмем-ка’ — ‘вряд ли возьмет’

ロシア語で分析的に表現される（モダリティの）意味が、日本語では総合的な形式に属する。一体、どの法が客観的な意味を伝え、どの法が主観的な意味を伝えるのだろうか？　ムードの意味が客観的現実のなかでさまざまな指し示されにあたるも

のは客観的だとみなすことはできるだろう。そのようなものが、断定的なすべての法：直説法(インディカチヴ)、否定法、命令法、禁止法、希求法、非希求法である。《дождь идет 雨が降る》と《дождь не идет 雨が降らない》という陳述に別々の天気が対応しているなら、日本語の「降る」と「降らない」も同じように現実の意味を表している。しかし、非断定的な法――推量法［アロウ］、疑惑法［アルマイ］は、話題になっている現象についての話者の情報が不十分であることだけを表す。現象自体は存在するか、しないかだけで、「おそらく存在する」という存在の仕方はありえない。従って、推量法と疑惑法は、話者の主観的な疑いを表現しながら、話者の確信のなさ自体は事実であるという意味においてだけ、現実の状況を反映している。

命令法と禁止法は、話者が他の人に運動を行うように、または行わないようにとの命令を表す。命令法が運動の「非現実性(実現されないこと)」を表しているかのような主張［57,474 参照］は誤解の産物である：ここでは、モーダルな意味が時の意味――そのような命令がきっと実行されるに違いない未来の時への結び付け――と混じり合っている。非現実的な命令は、通常、出されない：冗談に「おととい来い」などというが、これはロシア語の《приходи, когда рак свистнет カニが口笛を鳴らしたら来い》と同じ意味である。

運動をしたい(したくない)という願望もまったく現実的である。次の対立を比べよ：

トリタイ　　　—　トリタカロー
トリタクナイ　—　トリタクナカロー

ここでの関係は、直説法と推量法との関係と同じである。つまり、誰かの願望は予想することができるというだけで、話者はその誰かが何かを望んでいるかどうかを確信してはいない。

日本語の法システムで最も議論される問題は、否定的な法(否定法、禁止法、非希求法、疑惑法)の存在を認めるか否かである。E.M. コルパクチに続いて私は、これらの法のための特別な総合的形式が存在することは決定的だと考えている。それらが形態論的に**一様でない**ということは、日本語の否定が普遍化されていないことを物語っている。また、それぞれの否定的な法が、システムの中でそれと対置される肯定的な法に、おのおの形態論的に似ていない、ということも非常に大事である。

肯定的な法の形式比較から分かるように(前ページを参照)、直説法の指標は、*-u*、命令法は、*-e*、推量・勧誘法は、*-o:*(第 1 活用[viii] の動詞で)である。疑問が生まれる――禁止の語形成要素 *-na* と疑惑の語形成要素 *-mai* は、直説法の意味と矛盾するのではないか？　なぜそれらはほかならぬ直説法の形式に膠着するのか？　そのわけは、古代日本語では *-u* は動詞の終止形語尾だったということだ。直説法の意味を *-u* は当時もっていなかった。*-u* で終わる法が他にもいくつかあった（例えば、*toro:* の起源は *tor-a-m-u* である）。しかし、近代日本語では、*-u* はいいおわり形式の語形成要素としてなかどめ形の語形成要素 *-i* と対立するだけでなく、直説法の語尾として、推量・勧誘法の指標としての *-o:* および命令法の指標としての *-e* とも対立する。*tor-u-na* と *tor-u-mai* の中の *-u* という形態素は直説法の意味をもたないと考えられるかもしれないが、明らかに、各話者は *tor-u* の中の *-u* と同一視しているから、隣り合った語形成要素のモーダルな意味どうしの間に矛盾が生じる。その矛盾はいかにして解決されるのか？　第一に、これらの形式使用の省略、それらの分析的な表現への置き換えによって：ヨンデ クダサルナの代わりにヨマナイデ クダサイと言うようになり、トルマイのかわりにトラナイ-ダローというようになった。矛盾は統語的に解決されている。第二に、第2活用で *-mai* がいわゆる第一（否定）語幹つまり語根につくようになった：タブ-マイの代わりにタベ-マイというようになった（タベル-マイが予想できたのに）。矛盾は形態論的な方法で取り除かれている。

否定的な法を大多数の文法家が認めない理由は、ロシア語文法の影響でも説明できる。そこでは根拠もなく、まるで直説法が否定も表現できるというようなことが主張されている［57,475 参照］。しかし、ロシア語で（ゲルマン諸語のように）《нигде есть》（どこにもない＋ある）、《никуда иду》（どこへでもない＋いく）と言えないのはなぜか？　多分、代名詞の中に含まれる否定が、動詞で表される肯定的主張と矛盾するからであろう。日本語では、このような場合否定は一度だけ述語で表される：「ドコニモ-アル」―「ドコニモ-ナイ」。

物質の存在の形式としての時間は客観的なカテゴリーである。文法的な時制の意味はどの程度客観的なのだろう？　文法的な時制の客観的な性質を否定する言語学者もいる。

また、ある人々は言語に現在、過去と未来の間の境界が約束事として設定されていることに、「現実に存在している時間ではなく、文法的な時制に特有の主観性の要素」［59,40］を見出している。

さらに、П.С. クズネツォフ教授のように、こう考える人々もいる。「発話時とは、決して話者の意識の中だけに存在し、話者の意思だけで決まる主観的な何かではない：それは話者にとっても、発話が向けられる聞き手、あるいは聞き手たちにとっても客観的に存在する。そして、発話時との様々なかかわりの中に、時の中で現実に生起するさまざまな出来事があり、それが様々な時制の文法的形式に反映している。だから、方法論的な観点からは、文法的な時制をグラッセリーのように主観的な時間と定義することは、まったく受け入れられない」[72,222]。

A.A. ホロドヴィッチ教授は、客観的な時間と文法的な時制の相関関係についての問題は避けるように勧めている：「もし、わが国の何人かの言語学者、特に日本語学者が言語における“客観的な”時間という概念を導入し、これを“物理学の時間”という意味で使っているとしたら、彼らのしていることは言語についての科学ではなく、空論である。独立変数 t とその意味としての“瞬間”には、物理学において一連の解釈がある。そして、今のところ言語学者のだれ一人として、それらの解釈のどれかと言語の時制との間にどんな結びつきが存在するか示していない。その中には、日本語文法にこの概念を使ってみようという日本語学者たち（名をあげると、まず H.A. スィロミャートニコフと И.В. ゴロヴニン）がいる。言語における時制の理論は、“主観的”とか“客観的”というような概念にかかずらわなくとも、十分記述できるのだ」[137,79]。しかし、私も И.В. ゴロヴニンも、「**言語における**客観的な時間」についてではなくて、（でっちあげでないかぎり）言語によって反映されるすべてのプロセスがそこをながれていくようなリアルな現実のなかの客観的な時間についてかたっている。時間の物理学的理論と文法的な時制との結びつきなどない。なぜなら、人々は、文法カテゴリーを何世紀もかけて、物理学など急速に発達する精密科学の理論など考慮せずに作ってきたのだから。

それに A.A. ホロドヴィッチ自身、ただ「客観的」という用語を使わずに済ましているだけなのだ：「言語とは［複数の］**文**の組み合わせであるということ、それぞれの文は**出来事についての**情報を含みもっており、出来事が**それ自体として存在する**（強調は引用者—H.C.）のは、それが“いつ”なのかという特徴を備えている場合だけ、他の言葉で言えば、それが何らかの時と結び付いている場合だけだ、というような基本的な出発点をみとめておけば十分だ」[同書]。その通り、それぞれの出来事は客観的な時間のどこかの部分に結び付いているが、それは、我々がその出来事について語るときに必ず文法的な時制を適用することを強いるものではない。И.Ф. ヴァルドゥリが指摘したように、日本語のむすび（繋辞）のない名詞述語は時を指示しない［19 参照］。また、言語は複数の文の組み合わせではなく、それらの**型**であって、発話の中で適切な語彙的素材によって埋められるものだと思う。

話者があれこれの文法的時制の形式を選ぶ基準は一体何か？　大多数の言語学者はそのような基準を**発話時**だとみなしている。しかも、ある人々はこの基準が便利で目的にかなっていることを口実にする。そのような口実は初めから退けられるべきである。いかなる具体的な言語においても実態の歪曲は、いかにそれが便利に見えようとも、許されないから。言語の真の事実だけが、この問題におけるいずれかの視点の論拠として受け入れられる。

文法的時制の識別の普遍的基準としての発話時説を H.C. ポスペロフが批判して

いる：「時制に関する文法学説において発話時を基準とすることは、言語の一般理論の観点から見て誤っている。そもそも、発話の一般的な意味ではなく、具体的な心理的内容に直接頼っており、文中の単語や語結合の中に人間の思考の抽象化作用の結果をしっかり認めていないからだ」［96,295］。

「本当のところ、現在を発話時に属させることは不可能である」［96,300］。

「もし、形態論的なカテゴリーとしての法カテゴリーを、話し手個人の視点にかかわらず、動詞自体が表す運動の現実にたいする一般的な関係の表現だとわれわれがみなすべきなら、動詞の時制カテゴリーも、客観的な時を、話者の視点からではなく、つまり発話時と無関係に反映するということだ」［96,293］。

さらに、発話時が唯一の基準になり得るのは、現在、過去、未来の 3 つの時制をもつ言語だけである。もっと多くの時制をもつ言語にとっては、様々な過去、未来の時を振り分けるための追加の基準が必要である。通常、そのような基準は、話題になっている運動どうしの時間的な関係である：ある形式は、［過去の］運動が同じく過去の運動と同時に行われたことを示す(未完了過去＝インパーフェクト)、別の形式は、それが別の過去の運動よりも前に完了したことを示す(大過去)、また他の形式は、別の過去の運動のあとにそれが行われることになっていたことを示す(いわゆる、過去における未来)。2 つの時制をもつ言語では発話時の意義は極めて弱くなる：そのような言語の多くで、同じ形式が発話時に行われている運動も未来の運動も表す。そういった言語で区別されるのは(発話時の役目が最大限に可能なままという条件で)、終わった運動と、(発話時までに始まったか否かとはかかわりなく)まだ終わっていない運動である。M.M. グフマンが指摘したように、「時制のパラダイムで、現在〜未来と過去という 2 項を含むものと、3 項の時制(現在-未来-過去)のパラダイムは、異なるタイプの対立に基づいている。このことは文法カテゴリーの内容全体の構造に嫌でも影響を与える」［456,126］。また、こんな言語もある。それらの言語では、1 つの形式がすでに始まった運動(発話時に終わったものも終わっていないものも。つまり過去と現在の運動が形式上は区別されない)を伝え、別の形式がまだ始まっていない(つまり未来の)運動を表す。そういう言語に、例えばオドゥール(ユカギール)語［56a, 169 参照］、また、西アフリカのヨルバ語［148,72–73 参照］がある。

この他にも考慮しなければならないのは、発話時というものでさえ、異なる言語にとっては同じものではないということだ。例えば、ロシア語と日本語では発話時は話者の現在だけではなく、言葉が伝聞として伝えられる人の話した時をも表し得る：《Он сказал(過去形)彼は言った，что придет(未来形)彼は来ると，и действительно пришел そして本当に来た》。フランス語、英語、スウェーデン語その他一連の言語では、ロシア語で未来時制を使っているところに「過去における未来」の形式、つまり、文法的時制の未来形とは違う形式を使わなければならないだろう。まったく同じように、過去の発話時、つまり話題になっていることが起こった時との同時性も、これらの言語では、ロシア語や日本語のような**現在形ではなく**、インパーフェクト［未完了過去］または他の特別な形式によって表される。つまり、いくらロシア語の現在形、日本語の現在-未来形が発話時との同時性を示す意味だけで使われているなどと証明されたとしても、どのみちこれらの言語での発話時は話者の現在と必ずしも一致しないこと、時制形式を選ぶための 2 つの基準の 1 つに過ぎないことを認めざるを得なくなるだろう。

E. クルジシコーヴァは、A. ドビアシュの意見に賛同して書いている「すでに A. ドビアシュが［47,152 参照］、今現在、今より前、今より後ということは、話者によって決められるものではなく、話者がなり代わって伝えている考えの主によってきめられる、と目ざとく気づいている」［68,21］。

したがって、決してアプリオリに、発話時は日本語を含むすべての言語にとって普遍的な基準であるとみなすことはできない。いずれかの文法的時制形式を選ぶ際にどんな基準(または複数の基準)が話者によって使われているのかは、その言語の資料を入念に研究した結果、明らかにすることができる。

ロシア語の伝統的な文法学の重大な欠陥を指摘しつつ、アカデミー会員 B.B. ヴィノグラードフは書いている：「これらの（過去時制の―引用者 H.C. 注）形式の意味とニュアンス、使用の条件についての研究は余計なものと見られていた。その名がすべてを語っているのではないか：過去時制は――つまり過去なのだ…と」［23,557］。

ここで、B.B. ヴィノグラードフは、文法的時制をもつ言語を研究する文法家が自らに課すべき時制研究の課題を本質的に表現している：時制形式の意味、意味のニュアンス、およびそれらの使用条件を研究すること。

A.B. イサチェンコもやはりいみじくもこう指摘している、「すべての言語学者にとって最大の危険は独特の“唯名論”である。《*он бросает* かれはなげる》という形式が伝統的に“現在形”と**名付けられている**ということから、まだこの形式が現実に“現在”を**意味している**という結論を出してはならない。例えば、“定義の現在”(“直線は 2 点の間の最短距離**である**”タイプの présent de définition のことを言っている)では、この形式の意味が確かに“現在”だと我々が評価できるような、どんな意味的要素を見出すことも非常に難しい」［57,462］。

明らかに、あれこれの文法的時制の呼び名はその時の、一般的な意味によって決まるに違いない；異なる言語では文法的時制の呼び名も同じではないことがある。

本書で採用された「非先行時制」と「先行時制」という用語は、集められた具体的な資料すべてを根拠にしている（これらの用語はすでに私によって他の刊行物の中で使用されている［118；120；121；122；123参照］)。

近代日本語の**文法的時制**のそれぞれは、本書で論じられる場合、動詞、むすび(繋辞)、形容詞の形式で、共通の形態論的特徴をもち、それらによって表わされるプロセスまたは性質の時が、他のプロセスあるいは性質の存在の時に対して同一の関係を表す集まりという文法カテゴリーである。

近代日本語においては、何によってある時制形式と別の時制形式とを形態論的に区別するのか？

伝統的な日本文法は、過去時制、完了などの意味は専用の助動詞 タ に固有なものとみなしている。一部の文法学者は タ を動詞を構成する接尾辞だとみなしている。*-u* で終わる形式は、接尾辞のないものとして、日本の文法家によって全く検討されないことも珍しくない。

近代日本語の変化形の中であれこれの時間の意味は何によって具体的に表されるのかを正しく判定したのはソヴィエトの日本学の業績である。これについて最初に書いたのは O.B. プレトネルである：「第一活用の動詞の基本的な特徴は、現在形語根(単純な語幹)の子音の存在と、2つの語幹の存在である：その1つは現在時制とそれに結び付くその他の形式のため、もう1つはプレテリート(過去時制)のためにある」［91,69］。しかし、語根自体は文法的な意味をもちえないのだから、非先行の時間的意味を語根に付加するのは *-t-/-d-* に対立するゼロ接尾辞である(より頻度の高い意味がより経済的に表される)と考えるのがより論理的である。

非常に興味深いのは、現在時制に結び付いた「その他の形式」への言及である。明らかにこれは、まず、接尾辞なしのなかどめ形(第2語幹[ix])と条件の副動詞のことを言っている：*tobu* (飛ぶ)、*tobi* (飛び)、*tobeba* (飛べば)は同一の文法的時制に属しており、そのことは3形態とも同一の語根 *tob-* であることによって形態論的に表されている。同じ時制にもちろん次のような形式も入れなければならない、*tobo*: (飛ぼう)、*tobanai* (飛ばない)、*tobitai* (飛びたい)。これらでは、非先行時制のゼロ指標をもつ語根に、法の語形成要素が付加されている：推量・勧誘 ― *-o:*、否定 ― *-nai/-nu*、希求 ― *-tai*、また *-i-* と *-a-* が連結母音の役割を果たしている。歴史的に *tobo*: (飛ぼう)の形式は *tobamu* (飛ばむ)から生じたのだから、形態素 *-a-* (非終結の意味と、動作の完了に関する確信のなさの意味をもつ)は昔はこの中にあったことは明かだ。

以上列挙した形態と対立するのが：*tonda* (飛んだ)、*tonde* (飛んで)、*tondara* (飛んだら)、*tondaro*: (飛んだろう)で、これらがもつ派生的な語幹 *tond-* は、近代日本語では先行的な文法時制の意味をもっている。*-bu* で終わる動詞から作られるのとまったく同様に、*-mu* と *-nu* で終わる動詞からも先行時制の語幹が作られる：*yonda* (読んだ)、*sinda* (死んだ)。このように、音声的な変化(*tobitaru* , *tobite* など

の形式からの *i* の脱落など）が、不完全な相互同化の結果、接尾辞 *t* の有声化と唇音 m、b の前舌音 n への転化をもたらし、結果として先行時制の新しい語幹が生じた。

-ru, *-tu*, *-u*（< *-fu*）で終わる動詞は *-tt-* で終わる先行時制語幹をもつ。*toru*（取る）— *totta*（取った），*matu*（待つ）— *matta*（待った），*kau*（買う）— *katta*（買った）。

-ku、*-gu* で終わる動詞は、先行時制形式では語根の末尾の子音を失う：*kaku*（書く）— *kaita*（書いた /*kakitaru* から）、*sawagu*（騒ぐ）— *sawaida*（騒いだ /*sawagitaru* から）。

-su で終わる動詞は、関西方言ではやはり語根の末尾の子音を失う。標準的な日本語では *-s-* が保たれるのだが、*-su* で終わる動詞と第 2 活用の動詞には 2 つの語幹があると言うことができる。なぜなら、*das-u*（出す）、*das-i*（出し）、*das-eba*（出せば）という形式は *dasit-a*（出した）、*dasit-e*（出して）、*dasit-ara*（出したら）という形式と対立し、*taber-u*（食べる）、*tabe*（食べ）、*taber-eba*（食べれば）という形式は *tabet-a*（食べた）、*tabet-e*（食べて）、*tabet-ara*（食べたら）という形式と対立するからである。

したがって、先行時制形式でその指標の役目を演じているのは *-t-/-d-* で終わる語幹であり、語尾 *-a*、*-e*、*-ara* は、現代日本語で先行時制の諸形式どうしの区別をする役目を演じている：*tabeta*（食べた）はいいおわり（連体・終止）の形式、*tabete*（食べて）はなかどめ述語・副動詞の形式、*tabetara*（食べたら）は条件・時制的な意味をもつなかどめ述語の形式である。まさにこのことにより、近代日本語の時制システムの中で、*-te/-de* で終わる形式が先行時制形式のパラダイムの中に入るのだ。

このように、時間の文法的意味は、近代日本語では活用のある単語の語幹によって表される。同じ語幹をもつ形式間の文法的な違いはさまざまな語尾に反映されるが、それらは時間ではなく、何らかの法への所属や、いいおわりかなかどめかなど、を表す。

文法的な時制とは、動詞と形容詞の文法カテゴリーである。

本書で**文法カテゴリー**と考えるのは、同一の文法的な意味をもち、共通の形態論的な特徴をもつ形式、または一連の形式のことである。文法的なカテゴリーは形式と内容つまり文法的な意味との統一である。文法的な形式は文法的な内容を表す。ある 1 つの文法カテゴリーは他の 1 つ（または複数）のカテゴリーと、形式および内容で対立する。したがって、類義的な複数の形式が 1 つの文法的カテゴリーに属することはあるが、（例えば大多数の動詞から生まれる）広範に使われるまったく同じ形式が 2 つの対立するカテゴリーに属することはありえない。

この観点に立てば、ある言語の文法的諸時制の総体を時制の文法的カテゴリーと呼ぶのは正しくない：それら諸時制は文法的諸カテゴリーの**システム**を形成している（結論の1節参照）のであって、1つのカテゴリーを形成しているのではない。なぜなら、それぞれの時制はそれ自身の形式と独自の意味をもっているのだから。

И.П. イワノヴァなどの何人かの著者たちは、時制のシステム全体を時制のカテゴリーと呼んでいる。И.П. イワノヴァは「時制のカテゴリーにとって共通の文法的な意味は、動作の時の発話時に対する関係」とみなしている［55,7］。しかし：

a)　そのような具体的でない主張を意味の定義とは呼べない。それはこの意味の一般的な性質を示しているだけだから；

b)　もし、諸時制形式の総体を1つのカテゴリーと認めるなら、そのカテゴリーは形態論的な統一性をもたないことになる；

c)　このような定式化のもとでは、その言語の発達過程で生じ、それぞれの時に対して1つの形式が作られたことに現れている一般化と、言語学者たちによって任意に導き出された一般化との間の区別がつかない；後者の場合、1つのカテゴリーに、形態論的にも意味的にも互いに対立する複数の形式を所属させてはならない。

d)　個々の時制は、これらの著者のもとでは単に「1つのカテゴリーの部分的な成分」でしかない［55,4］ということになっている。しかし、彼らはしばしば個々の時制をも1つのカテゴリーと呼ぶことで不徹底さをさらけ出す：「文法的なカテゴリーとしての未来時制が英語に現実に存在すると考えている文法家たちの正当性を認めなければならない」［55,55］。

e)「時制のカテゴリー」は「諸時制のシステム」と同義であり、事実上無用な写しである。このような場合、それらの用語のうち1つは放棄すべきであろう。

本書で提案されている文法カテゴリーの解釈は新しいものではなく、現存しているもののうちの1つである。例えば、Б.Н. ゴロヴィンはこう指摘している：「研究の実地経験がしかるべき結論を導き出した：研究すべきなのは、文法的な意味それ自体でもそれらの形式的指標それ自体でもなく（そういった個別的な研究もときには可能で有益であるとしても）、言語に現実に存在する、**それらの文法的意味やその指標の統一体**である。まさにこのような統一体にたいして、研究の実地経験が（文法理論などではなく！）"文法的カテゴリー"という用語を当てはめたのだ。まさにこの意味でこの用語がアカデミー会員 В.В. ヴィノグラードフの『ロシア語』その他多くの文法関係の著書で使われている」［29,32］。Б.Н. ゴロヴィンによる次のような「基本的で最低限十分な文法的カテゴリーの定義」には同意することができる：「これは、言語に現実に存在する、文法的な意味とそれを表現する形式的な諸手段の統一体である」［同書］。ただ、「文法的カテゴリー」という名でその「内部の構成要素（例えば、動詞の現在時制、過去時制、未来時制）、あるいはその同類」［29,33］の総体を呼んでいながら、この定義を文法的な諸時制に適用できるのか不可解である。なにしろ、1つ1つが互いに対立し合う諸時制は、形態論的統一性も意味の共通性ももっていないのだから。

他にも文法的なカテゴリーの定義があり、それは二項対立に基づいている：「本来的な文法カテゴリーと定義できるのは、言語の文法体系の中で、意味的に互いに排除し合う 2 つ（それ以上ではない）の形式の系列（またはグループ）の対立によって表された関係である：これは互いに排除し合う対立の統一であり　…　単一のものの二分化である」[147,56]。だが、この定式化の作者 Д.А. シュテリング自身も、「単一のものの二分化」を、かつて単一であった形式を 2 つにすることとは理解していないだろう。このような現象は語彙の分野でのみ起こる。そこでは 1 つの語根が「はじめ」と「おわり」、「ひかり」と「かげ」などのような対立する意味をもつことがある：（例えば、日本語の *カゲ* と *カガ-ヤク*）。文法分野にあるのは統一ではなく諸カテゴリーのシステムである。システム言語学の視点から見ると、文法的カテゴリーは関係ではなく、システムの構成要素である。

訳注

i 「運動」の原語は действие。「活動、動作、行為、作用」などの動詞の指示内容を総括的に指す用語としてロシアの文法書で多用される。本訳書では、文脈上不自然でない限り「運動」または「動作」とする。

ii ロシア語の 2 人称命令形は現在語幹に命令法語尾をつけて作る。この語の場合、現在語幹 броса- ＋命令法語尾 -й。

iii 元のロシア語は сослагательное наклонение。「過去形の動詞＋小詞 бы」の形で、仮定、願望、可能性、目的などを表す。日本のロシア語文法書では長らく接続法と訳され、しばしば「仮定法（предположительное наклонение）とも言われる」のような補足説明が添えられていた。最近は сослагательное наклонение を仮定法と訳している文法書が多いが、本書では両者が区別されているので、сослагательное наклонение は「接続法」、предположительное наклонение は「仮定法」と訳し分ける。

iv 巻末の「ロシア語動詞要覧」の「法」の項参照。

v 著者は、日本語では、希求として「torit-ai」、否定としては「toranakat-ta」、仮定として「tot-tara」「sind-ara」などを認める立場にたつ。

vi 命令法の指標には、前出の й の他、и、ь がある。

vii брать［取る］は不完了体動詞。現在形は беру、берёшь 〜、命令形は бери のように、不定形語幹 бра- とは異なる形になる。

viii 著者は 5 段系の活用を第 1 活用と称し、1 段系の活用を第 2 活用と称する。

ix 著者は未然形を第 1 語幹、連用形を第 2 語幹、終止形を第 3 語幹と称する。

第2章

文法的な時制の相対的な意味

時制の形式で相対的な（あるいは相関的な）意味をもつものは、直接的（あるいは絶対的）な意味のものとは違って、時を発話時との関係で表すのではなく、語られているプロセスと別のプロセスとの客観的な時間的結びつきを伝える。これらの時制形式は、動詞によって表されたプロセスが、話に出た他のプロセスと同時に、またはその前に、またはその後に起こった（起こっている、または未来に起きる）ということを示す。

だれもが認めていることだが、いくつもの言語に独特の相対的な文法的時制がある。それだけでなく、いくつかの言語では、時制形式が直接的な意味をもっていても、相対的な意味でも使われることがある。しかし、奇妙にも、日本語文法の専門家たちは、日本語においても時制が相対的であり得るという可能性を全く見落としていた。

そのため、日本語の該当する事実の分析に取り掛かる前に、手短かにではあるが、他の諸言語における文法的時制の相対的な意味での使用について説明することが必要だと思われる。

ロシア語では、日本語と同じように、定形の時制形式は、絶対的形式と相対的形式とに分かれていない。ほとんどの場合、ロシア語の動詞の人称形式は何らかの絶対的な意味をもっているとはいえ、時制の相対的な使用もある。それをアカデミー会員B.B.ヴィノグラードフはいみじくも文法体系の最重要な側面に加え、ロシア語文法の最も切実な問題の中の第一番に位置付けた［23,3参照］。彼の言葉は近代日本語の文法にも当てはめることができる。近代日本語では時制の相対的な使用が、ロシア語よりもはるかに広く拡大している。

定形の時制についてヴィノグラードフはこう書いている：「過去時制の諸形式の相対的な使用、相関的な使用は、複雑な統語的統一体の構成内で（特に多様なのは、時、原因、条件のつなぎをもつ構成において）、別の動詞の時制形式に対する同時性、先行性あるいは後続性を表すための相関的な使用と境を接したり、時には交差し合ったり、混じり合ったりさえする」［23,569］。

本書では本来的に相対的な意味と相関的な意味との境界を定めない。なぜなら、日本語はそれらを形式的に区別しないからである。

ロシア語の歴史の中で、相対的な時制は、ロシア語史の研究者たち、中でもС.Д. ニキフォロフ教授が証明している［85,159–160 および 170–173］通り、少なからぬ役割を果たしてきた。

スラブ諸語の時制にかんする専門家はこう指摘する。「相対的な時は非常にしばしば、やはり相対的な別の時と相関関係をもつ：“… повторил он, *чувствуя*, что слова *иссякают* … 彼は繰り返した、言葉が尽きていくのを感じながら…”」［13в,203］。確かに、《иссякают 尽きていく》はここでは《чувствуя 感じながら》との同時性を示しており、その「感じながら」は《повторил 繰り返した》との同時性を表している。しかし、過去についての発話中の過去時制の形式を相対的とみなすことができるのは、それらが同時の意味の現在形に囲まれている場合（後出のロシア民話からの例を参照）で、それら自体が先行性を表している場合だけであるように、私には思われる。《Я видел, как качались от ветра стены домов …私は家々の外壁が風に揺れている（直訳：揺れていた）のを見た》（パウストフスキー）という文中の《качались 揺れていた》に、А.В. ボンダルコに従って発話時との同時性の意味を認める［13в,205 参照］ことはできない。なにしろ、《качались》（揺れていた）と《видел》（見た）の同時性を語る時、我々は意味論的な分析をしているのであって、文法的な分析をしているのではないからだ。形態論的には同時性は表現されないままである。基本的で主要なことは、形式の選択が、発話時に対してどの時点かによって決められていることだ。従って、ここにあるのは絶対的な時間である。ちなみに、Е. クルジシコーヴァが次のような指摘をしている、「ロシア語にはこのようなタイプの時間的相関性の表現が、例えば、Б. イレクによって指摘されたように、チェコ語よりも頻繁に出てくる。イレクはВ. ベックと同じく、過去形式が現在形式の位置に侵入していることを西ヨーロッパの諸言語の影響によって説明しようとしている」［68,22］。それらの言語の影響を受けていない民話の中で同時的な意味の過去時制に出会わないのには理由があるのだ。このような例の中には、もし一般的な意味で両方の動作が同時であった場合でさえ、時間的な相関性（同時性）を表す、まさにその**表現**がないのだと思われる。

時制が非常にしばしば相対的な意味で使われるのは民話で、ロシア語の場合も翻訳の場合も同じである。例えば：

《Подхватил Андрея буйный вихрь и понес — горы и леса, города и деревни так внизу и ***мелькают***. ***Летит*** Андрей над глубоким морем, и стало ему страшно》「猛烈な風がアンドレイを捕まえて、運んで行った——山々、森林、町や村がはるか眼下に**ちらついている**。アンドレイは底知れぬ海の上を**飛んで行き**、恐ろしくなった」(ロシア民話，28)。

《мелькают》(ちらつく)と《летит》(飛ぶ)の形式がもつ同時性の意味と関連して、《*-л*》で終わる過去形は先行性の意味を帯びるが、それは続く動作に対してであり、話者の現在に対してではない：《подхватил》(捕まえた)という動作は《понес》(運んだ)という動作に対して先行し、《понес》(つまり《начал нести》(運び始めた))という動作は《мелькают》という動作に先行する[i]。

《Андрей бросил колечко — оно ***катится***. Андрей ***идет*** за ним полями чистыми, мхами-болотами, реками-озерами, а за Анлреем царский советник ***тащится***.

Устанут идти, поедят сухарей и опять в путь.

Близко ли, далеко ли, скоро ли, коротко ли, пришли они в густой, дремучий лес … 》

「アンドレイは指輪を投げた。指輪は**転がって行く**。アンドレイはその後について、広々とした野原、コケに覆われた沼地、河や湖を歩いて**行く**。アンドレイの後からは王様の家臣が足を引きずりながら**ついて行く**。

歩き疲れると乾パンを食べて、また出発する。

どこまで行ったか、どれだけ行ったかわからないほど歩いて、彼らはうっそうと茂った森にたどり着いた…」(ロシア民話，18)

この引用の中で《катится 転がる》、《идет 行く》、《тащится ついて行く》という形式は同時に行われた動作を表している。それとの関連で、《бросил 投げた》という形式も発話時点に対する過去時制の意味ではなく、後に続いて語られる動作に対して先行する意味を帯びる。《Устанут》(疲れる)と《поедят》(食べる)、これは未来時制の形式で、すでにポテブニャが指摘したように、過去のことについての発話の中で、先行し、何度も繰り返され、毎回最後まで行われる動作を意味する[ii]。

時制のこの種の相対的な使用は、ロシア民話では例外ではなく、むしろ慣習である。

《Посеяли. Уродилась пшеница на славу.

Старик со старухой ***не нарадуются***, ***ходят*** каждый день пшеницей ***любуются***: пшеница стеной ***стоит***, колос колоса ***тучнее***. Соседи

> ***завидуют***:
> — Эдакого урожая век не видано!
> Приспело время хлеб убирать》[iii]
> 「(おじいさんとおばあさんは)種をまきました。小麦は見事に**実りました**。おじいさんとおばあさんは**うれしくてたまりません**、毎日(畑に)**通って**小麦を**うっとりと眺めます**。小麦は壁のように**そびえ立ち**、どの穂も負けず劣らず**実をつけています**。近所の人々が**うらやましがります**。
> —こんな実りは生まれてこのかた見たことがねえぞ！
> いよいよ収穫の時が来ました。」(民衆の伝承，48)。

時制の使用を研究するとき、引用する断片に、ある動作を表す現在形が、過去形で表された他の動作と同時に起こったことが含まれる場合、引用は過去形に立つ最初の動詞まで抜き出さなければならない。現在形の動詞のところで切られた引用は十分な証明にならない。なぜなら、その引用では、現在形で表された動作が過去形で表された動作と同時に行われたのか否かを明らかにすることができないからだ[1]。

> 《Сиделец кликнул жену да ребят, и подсели все к старику за стол. ***Сидят угощаются***. Старик выпил сладкого винца … 》[iv]
> 「旅籠の主人は妻と子供たちを呼びました。そしてみんなはおじいさんのそばに来てテーブルを囲みました。みんなは**座って、ご馳走をいただきます**。おじいさんは甘いぶどう酒を飲みました…」(民衆の伝承，51)。

ここで、動詞《сидят 座る》と《угощаются ご馳走を食べる》は、過去形の動詞《выпил 飲んだ》で表された動作よりも前にではなく、それと同時に行われた動作を表している。おじいさんが飲んでいた時、みんなは座り続け、食べ続けていた。

> 《Вышли из лесу и скоро показался вперед город. Перед самым городом на царских лугах большое стадо коров ***пасется***. Подошли поближе … 》[v]
> 「彼らは森から出ました。すると、まもなく行く手に町が現れました。町のすぐ手前の王様の牧場にたくさんの牛の群れが**放牧されています**。もっと近くまで行きました…」(民衆の伝承，14–15)。
> 《Взошли Андрей-стрелок с Марьей-царевной во дворец, сели у окошка и ***разговаривают,*** друг на друга ***любуются***. ***Живут*** — горя ***не знают,*** и день, и другой, и третий.

А царь в то время поехал на охоту ... 》[vi]

「射手アンドレイはマリヤ王女と城に入りました。窓辺に**座って、お話をします**。互いにうっとり**見つめ合います**。この日も次の日もまた次の日も楽しく**暮らします**。

さて王様は、この時狩りに出かけました…」(ロシア民話, 31)

《Тут Гвидоновы войска ужаснулися, снаряжение боевое кинули и побежали с поля боя прочь. А свои ратники приободрилися: ***наседают*** да ***бьют***, ***гонят*** вражью силу.

Иван коня поворотил:

—Теперь и без меня управятся!

Навстречу ему ***едут*** царские старшие зятья с боярами, ***торопятся*** свои полки догнать, ***машут*** саблями, “ура” ***кричат***. Мимо проскакали ... 》[vii]

(イワンはツァーリの三女に見初められて結婚したが、身分が低いため冷遇されている。ある時、ツァーリの国を他国の王グヴィドンが侵略してきた。イワンは素性を隠して戦場に出た。イワンは侵略者グヴィドン側の豪傑を真っ二つに切り殺した。)「すると、グヴィドン王の兵隊たちは震えあがり、武器を投げ捨てて戦場から逃げて行きました。一方、味方の兵士たちはすっかり勢いづきました。**押し寄せ、襲い掛かかり**、敵軍を**追い立てて行きます**。

イワンは馬の向きを返しました。:

—もう、私がいなくてもうまくやるだろう！

彼の方に向かって、(隠れていた)ツァーリの年上の婿たちが、側近の家来たちと共に**駆けて来ます**。味方の兵士たちに追いつこうと**大急ぎです**。サーベルを**振り回して**“ウラー”と**さけびます**。(そしてイワンの脇を)通り過ぎて行きました…」(民衆の伝承, 40)

このような例は、ロシアの民話の中から数かぎりなく引くことができる。しかし、過去に関する言葉の中の現在時制形式のすべてを「歴史的現在」と呼ぶことはできない。なぜなら、この種のテキストの中でのそれらの役割は文体的なものではなく、純粋に文法的なものだからだ。話が、相次いで起こる動作に及ぶとすぐに過去時制の形式が義務的に使われる。

Н.С. ポスペロフは次のように書いている：「praesens historicum の場合と区別しなければならないのは、実際には過去に起きた動作が今存在するように眺められるときの、想像される現在の用法である。そのようなものが、例えば、プーシキンの「ポルタヴァ」の中で、ピョートル大帝が出てくる描写の最初の文での現在時制の使用である：“Выходит Петр. Его глаза сияют ピョートルが出てくる。彼の両眼は輝いている”。少し後で、現在時制の形式が交代で起こる動作を表すとき、それらは歴史的な意味で使われている。」[96,296、сн.4]

考慮しなければならないのは、「想像される現在」の形式で表される動作が、その後で最初に言及され、過去時制の形式に立つ動作と同時であることが少なくないということだ。そのような場合は、実際には本当の歴史的現在とみなしてはいけない。それらは、同時的な意味での、時制形式の相対的使用の例である。

この他、H.C. ポスペロフは書いている：「歴史的な意味での現在形使用の特別なモーダルな性格が現れるのは、ここでは過去の場に移された動詞の動作が、もう存在しないものとみなされているという点である」[同上]。

しかし、動作が発話時に存在するかどうかということは、モーダルな基準というより、むしろ純粋な時間的基準である。現在形で表された過去の動作は、依然として十分な真実性をもって伝えられている。そのような動作は、もう存在しないものと**みなされて**いるのではなく、現実に過去の**ものである**のだ。しかし、過去についての話の中の現在形自体は発話時に対する先行性を示さないし、圧倒的多数の場合、付加的なモーダルのニュアンスのない直説法の形式のまま、相対的である（前に掲げた民話からの引用を参照）。

相対的時制の広範な使用がみられるのはフランス語である。しかし、フランス語には、いくつかのロマンス語、ゲルマン語においてと同様に—また、これがそれらの言語がロシア語と原則的に異なる点なのだが—特別な相対的時制が存在する。

「フランス語の動詞の際立った特性は、それが同時性、先行性あるいは後続性の概念を、現在の時との関係だけでなく、過去、未来のどんな時との関係においても表すということでもある」[66,187]

「フランス語では、時制の形式によって…ある動作のある時への時間的関係（同時性、先行性、後続性）が表される」[12,256]。

「フランス語のシステムの独特な性格が現れるのは、ある動作が現在（発話時）ではなく、過去あるいは未来の時に結び付くときである。なぜなら、そのような条件下でフランス語では、ロシア語とは違って、現在、過去、未来の特別な形式である“相対的時制”が使われるからだ。その中では、それが表しているのは時制そのもの（つまり、現在、過去、未来）ではなく、まさに同時性、先行性、後続性であることが特に顕著に現れる」[同書]。

しかし、フランス語では、先行性が、過去に対するもの、過去における未来に対するもの、現在に対するもの、未来に対するもの、と区別される。

ドイツ語では、「完了は未来完了（前未来・第 2 未来）の表現のための相対的形式として使われる。それは基本的な動作が現在で表されるか単純未来（第一未来）で表されるかに左右されない。未来完了の意味の完了が最も頻繁に見られるのは、時あるいは条件の従属節である」[81,76]。

こうして、「未来完了の意味での第 2 未来をほとんど完全に排除して」[同上]、ドイツ語の完了は先行性全般の意味をもつようになる、つまり純粋に相対的な文法的時制に変わっていくのだ。

イラン諸語では、直接的な意味をもつ時制が、相対的な意味でも使われうる。例えば、ペルシャ語では、「現在時制が、“絶対的な”現在と“歴史的な”現在の意味をもち、さらに、もしコンテキストがそういう意味を付け足すなら、未来時制の意味でも使われる；生き生きした叙述の中では、現在形が、過去に起きた別の動作と同時に起きたもう 1 つの過去の動作、つまり、その時点にとってはあたかも現在であるような動作を表すこともある」[17,7]。

パシュトゥ語(アフガニスタンの)では、諸時制の相対的使用が、主文中にも従属文中にも見られる。現在時制の形式は「規定的な、また補語的な従属文の中で、主文の動作がなされた時に実在した具体的な動作の意味」をもつ [52,13]。

日本語の相対的時制を研究するために重要な意味をもつのが、現代アラビア文章語の時制に関する資料である。なぜなら、A.A. コヴァリョフの研究に照らして判断すると、相対的な意味はアラビア語動詞の「単純な」時制の**基本的な**意味だからだ：「動作の“未完成”というアスペクト的な意味を基礎として、この形式の一般的な時の意味が発達した―それは、発話時、あるいは文中で直接的または間接的に語られている別の時に対する、動作の時間的な**並行性、同時性**(強調は引用者 H.C.)の意味である」[60,82–83]。

多分、このような純粋に相対的な形式を、A.A. コヴァリョフのように、あえて現在時制と呼ぶ必要はないだろう。まして、これに対立する、彼に過去形と呼ばれている形式が、非常にしばしば未来についての話の中でも使われ、A.A. コヴァリョフが引用している多数の例から当然予想でき、また明らかであるように、先行性を表しているのだからなおさらである。

単純な諸時制の他、A.A. コヴァリョフはアラビア語に分析的諸時制をも見出している：遠い過去、予定未来そして過去中の未来である。それらを彼はためらいなしに相対的と性格づけている [61 参照]。他の著者たちは同時性と先行性を、完了と不完了に対するアラビア語の総合的な時制の基本的な意味と考えていたが [108,73 以降、参照]、これは A.A. コヴァリョフにより説得力をもって徹底的に批判された。

ナーナイ語と満州語の時制に関する非常に興味深い資料が B.A. アヴローリンの論文に引用されている。これらの言語の文法的な現象は日本語研究にとって特別な意味をもっている：ナーナイ語と満州語の文法体系は、周知のように、日本語の文法体系に近い。特に、それらで一致しているのは語順である（述語が最後にくる、規定語が被規定語の前にくる)。動詞は、近代日本語と同様に、形式を変えることなしに規定語として使うことができる：*най нирухэн*（人が書いた)、*нирухэн най*（書いた人)、*най нируйни*（人が書いている)、*най нируйни бичхэ*（人が書いている手紙)［6,32 参照]。

しかし、B.A. アヴローリンはこのような形式を《動作名詞》と名付けており、これには同意し難い。Н.И. フェリドマンは次のように指摘している、「これを、B.A. アヴローリンが“述語的動作名詞”と呼んだように動詞のシステムから除外するのはとても合理的とは言えない」［129,232]。問題は、B.A. アヴローリンがナーナイ語の動詞形式の性質を、他のアルタイ諸語と比較せず、ロシア語だけと比較して研究していることにある。だが、何らかの言語における動詞の存在といった問題は、該当する諸形式の特性を共通にもつ語族全体にとって一律的な解決をしなければならないのだ。

B.A. アヴローリンの研究の欠点は、いろいろな言語における時制について書いている他の多くの著者たちの研究の欠点と同様に、時制が 1 つの複文の中だけで研究されているということである。そのようなやり方なので、主文の中のあれこれの形式が、後に続く文の時制との関連でどのように使われるかという問題が提起されないのだ。B.A. アヴローリンによって学界に**紹介された**ナーナイ語と満州語の事実については，時のつなぎの前の時制形式について検討する 5 章で述べることにする。この章では、未来についての発話中の条件文の中での時制形式の使用だけに注意が向けられる。

B.A. アヴローリンは、ナーナイ語に 2 つの基本的な時制、伝統的に現在と過去と呼ばれているものがあると指摘しつつ、次のように書いている：

「いわゆる“現在”および“過去”の時制の しるしづけ は、二次的な動作を表す単語の意味にいったい何をもたらすのか？　それらは、二次的な動作が行われる時と発話時との時間的な関係を定めるだろうか？　時には定めるようである。それが起こるのは、述語と状況語句の時制の しるしづけ が一致するときである。その他すべての場合には定めない。そのような場合に現在時制の しるしづけ が表しているのは、主要な動作が始まる時までに二次的な動作がすでに始まっており、まだ終わっていないか、主要な動作がまさに始まる時に終わろうとしていることである。過去形のほうの しるしづけ はと言えば、主要な動作が始まる時までに二次的な動作がすでに終わっていることを表している。それだけである。それ以上のものを我々はこれらの しるしづけ に見出すことができない」［6,34–35]。

「複数の例が示しているのは、主要な動作は二次的な動作と同時に起こっていると考えられているか、あるいは、二次的な動作が完了した直後に始まるものと考えられているかであり、その二次的な動作は完了しているにも関わらず、いくらかは続いているように感じられている。別の言葉で言えば、主要な動作と二次的な動作は、それらが行われる時に関しては発話時に対していろいろな関係にあるのだ。もしそうであるなら、われわれは当然それらが同一の時制的形式をとることを予想してもよいはずだ。だが、実際には、見ての通り、そうなってはいない」[6,34]。

《*Эси-кэ симбивэ баогохан осини-ка, нэ вадямби* “А теперь, тебя нашла если, обязательно убью”, “Теперь уж, если я тебя найду, то обязательно убью”
「今度は、お前を見つけたら、必ず殺す」「今度は、お前を見つければ、必ず殺す」(ずるい狐)》[6,37]。[viii]

このような例でB.A. アヴローリンはこう指摘する、「見たように、その完了の後で別の動作の完了のための条件として役立つような、未来の中で考えられた動作の名づけは過去のしるしづけを伴っている。言い換えると、それらは、すでに終わったものと考えられている動作の名づけに伴うのである［同上］。

条件文中で、現在時制形式が未来についての発話に使われている例を引いてB.A. アヴローリンは書いている：「従属的な動作名詞の現在形がここで物語っているのは、それらの動作名詞が表しているのは未来において考えられる動作で、その終結ではなく経過が他の動作がなされるための条件となる動作だということである。これらの場合の現在形の しるしづけ が示しているのは時ではなく動作の継続や未完了である。つまりこの しるしづけ はアスペクトの形成要素として働いているのだ」[6,38]。

B.A. アヴローリンのこの結論には同意できない。ここで表現されているのはむしろ同時性であって、未完了というアスペクト的な意味ではない。そのうえ、その先で彼自身がこう指摘しているのだ：「前に引用した資料が示しているように、ナーナイ語には、次の両極的に対立する2つの基本的なアスペクトのカテゴリーがはっきり見てとれる：1)終了した、中断された動作のアスペクト、および2)終了していない、継続している、あるいはまだ始まっていない動作のアスペクトである。仮に、これらのアスペクトを“終了”と“非終了”と名付けてもよいかもしれない。

ロシア語動詞の基本的なアスペクトと同様に、ここでも動作の終わりの観念が支配しているが、ロシア語とは違って、動作の終わりが何らかの結果を残すような全き完成としてはみなされていない。動作の終わりは、ナーナイ語にとっては、その動作が以前に始められたが、この時点ではもう続いていないということだけを意味している。このようなアスペクト的分割は、ロシア語の場合よりも、時制のカテゴリーにより近いので、この方向に発展する可能性がより大きい」[6,39]。

その定義から判断すると、それらの意味はまさに先行性と非先行性である。だが、B.A. アヴローリンはこれらの用語を使わない。検討されている形式の意味としての先行性と同時性の指摘が彼の論文の中にあるにもかかわらず。

B.A. アヴローリンによって他の論文に引用された満州語の資料も非常に示唆的である：「満州語の動作名詞は、“時制” のカテゴリーに関して、満州語に最も近いナーナイ語の動作名詞と、基本的には同じ様相を呈する」［7,63］。

B.A. アヴローリンは次の例を引いている：「*Си(ни) алара дэ би доньчжимби* “При твоем говорении я слушаю［君が話している時私は聞いている］” および *Си (ни) алара дэ би доньчжихаби* “При твоем говорении я слушаю”（明らかな誤植 “слушал［聞いていた］” となるべき Н.С. 引用者）［君が話している時私は聞いていた］… *Си (ни) алаха дэ би доньчжимби* の意味は次のようになる После того, как ты сказал я слушаю (буду слушать)［君が言った後で私は聞く（聞くだろう）］」［7,64］そして、さらに書いている：「ここにはもう、二次的な動作の実行時の発話時に対する関係をほのめかすものさえ見つけることができない」［同上］。

「他のすべての統語的ポジションで、発話時は、動作名詞によって表示された動作の特性描写のために全く何の役割も果たさないが、ここ、述語のポジション（主文の—Н.С. 引用者）ではそのような役割を果たす。それは、ただ統語的ポジション自体によって引き起こされるからである…」［7,65］。

一般言語学の見地から見て、ナーナイ語と満州語の時制に関する B.A. アヴローリンの仕事の大きな長所は、さまざまな統語的ポジションにおける時制の研究である。しかし、主文の時制は発話時との関係によって決まり、その原因は統語的なポジション自体であるという B.A. アヴローリンの主張は、資料によって裏付けられていないし、研究から出た結論というよりはむしろアプリオリの前提のように見える。ナーナイ語、満州語、その他のツングース・満州語族の主文における時制は、広い文脈で、1 つの文の述語と続く文の述語の時制がどのように結びついているかを明らかにした上で研究すべきであると思われる。

*　　*　　*

非常に簡潔ながら引用された資料をながめると、相対的な時制が多くの非常に多様な言語にあることが分かる。いくつかの言語では絶対的時制と並んで特別な相対的な時制が存在する。しかし、ある言語（アラビア語、ナーナイ語、満州語）では、これらの言語の専門家でない者が判断できる限りにおいて、基本的な時制としての純粋に相対的な時制がある。

大過去のタイプの文法的な時制を、純粋に相対的な時制と同一視してはならない。なぜなら、大過去で表される動作は（そういう形式がある言語で）、他の過ぎ去った動作と相関するだけではなく、過去だけに関係づけられることもあるに違いないからだ：「大過去と前未来時制の形式はそれ自体が、発話時に対して一定の(過去または未来の)時を示す。まさにこの発話時への関わりによって、これらの先行時制が互いに区別される」[13в,207]。それで、ドイツ語の完了のような時制は、それによって第2未来(つまり、前未来)が駆逐された後、純粋に相対的な意味を持つようになったのだ。

それと同じ純粋に相対的な時制が、ビルマ語の「先行的な過去または先行的な未来(どちらであるかはコンテキストで決められる)である」[161,69]。

その広い分布にもかかわらず相対的な時制あるいは時制の相対的な意味が、文法体系の他の側面と比べてわずかしか研究されていないことを指摘しないわけにはいかない。相対的時制が非常にはっきりと表れている所でさえ、言語学者がそれに気づかないことがまれではない。その結果、相対的時制研究の方法論と理論は、一般言語学の課題と化しており、その解決には、同族の言語も同族でない言語も含めた比較資料が広く使われなければならない。

その際、しかし、一般的に受け入れられている2つの用語を拒否することが望ましい：「過去(未来など)の局面」と「基準点」である。「過去の局面」について語られるとき、考えられているのは発話時まで流れていた客観的な時間のある部分である。K.M.リュビーモフにならって[76参照]、客観的過去、未来、現在を、客観的な時間の**諸断片**と呼べば、より正確になるだろう。確かに、この場合、われわれは空間の表記から借用した用語で時間を呼んでいるかのようだが、このようなことを我々は非常にしばしば行なっているではないか。たとえば「言語の線条性」についての命題を取り上げてみようか。実際に、言葉は時間の中に伸展される。言葉は本質的に通時的なのだ。しかし、その記録に際しては(磁気テープへの場合も筆記記号による場合も)、時間的長さの空間での長さによる置き換えが起きる。録音を音声化するときには話のテンポをいくらか速めたり、遅くしたりすることができるが、空間的な長さを時間的な長さに戻す再変換を行うのは事実であり、これを免れることはできない。厳しく言えば、線状的なのは記録された言葉だけであり、音声による言葉ではない。「第4次元」(時間)を、第1次元に置き換えながら、我々は仮定的に言葉の線条性についても、客観的な時間の断片についても語ることができるのだ。客観的な時間における発話時を直線上の点にたとえることができる。その点を、絶対的な文法的時制の形式を選ぶ目印あるいは基準と名付けることはできる。しかし「基準点(直訳：計算の点)」は、数学から、計算など行わない分野に用語を無思慮に持ち込んだものだ[122,207も参照]。A.B.イサチェンコのような、物事の考察に厳密性を求める言語学者たちがこれらの用語を用いないのには理由があるのだ。

注

1　この引用の規則は、ロシア語の原典でも他のいかなる原典でも、研究者は留意しなければならない。もしその研究者が従属文の中だけではなく、主文の中での時制の使用をも究明しようと思っているなら。残念ながら、大部分の研究で、時制の研究に際して、よくても複文の範囲内にとどまっている。

訳注

i　понес は понести［運び始める、運び去る（完了体）］の単数男性過去形だが、-л が付かないタイプ。たまたま「《*-л*》で終わる過去形」という表現とは合わないが、それと同等のものとして扱われている。

なお、ロシア民話からの引用は、この話からイワンの話まで、完了体過去形の後に不完了体現在形（太字斜体の動詞）が続き、その後最初に完了体過去形が現れるまでが書き抜かれている。（訳注 ii にある完了体未来は例外。）

ii　《***катится*** 転がる》、《***идет*** 行く》、《***тащится*** ついて行く》は不完了体現在形、《бросил 投げた》は完了体過去形。《устанут 疲れる》と《поедят 食べる》は完了体未来形の特殊な用法。

iii　уродилась は完了体過去形、続く斜体の動詞は不完了体現在形（***тучнее*** は形容詞または副詞の比較形。動詞は省略されている）。最後の文の動詞 приспело（時が来た）は完了体過去形。

iv　кликнул、подсели、выпил は完了体過去形、***сидят***、***угощаются*** は不完了体現在形。

v　вышли、показался、подошли は完了体過去形、***пасется*** は不完了体現在。

vi　взошли、сели、поехал は完了体過去形、その他太字斜体の動詞は不完了体現在。

vii　ужаснулися、кинули、побежали、приободрилися、поворотил、проскакали は完了体過去形、その他太字斜体の動詞は不完了体現在。

viii　ロシア語訳では「見つける」という動詞が、初めの文では完了体過去形、後の文では完了体未来で訳されている。

第3章

なかどめ活用の時制形式

第Ⅰ部　序説

1　諸言語における副動詞の時制

日本語のなかどめ形はある意味で副動詞に似ている。副動詞のある言語、例えば印欧諸語の多くでは、副動詞が日本語におけるよりもはるかによく研究されている。だから、他の言語の資料を引用することはただ比較のためだけに価値があるのではなく、研究者がある言語について正しい結論を出すために、もし同じような資料によって他の言語ですでに結論が出ていたなら、それが助けになるだろう。では、いくつかの言語の副動詞の時間的な意味を検討しよう。

ロシア語の副動詞が相対的な時間の意味をもっていることは広く知られている。A.M. ペシコフスキーは次のように書いている：「副動詞における**時間**のカテゴリーは…プロセスの時間の**発話**時に対する関係ではなく、(動詞によって表現された)**主要な動作**の時に対する関係を表す」[i]［89,138–139］。

《читая 読みながら》と《прочитав (прочтя) 読み終わって》の形式は「我々が動詞に見た現在と過去とはまったく違う。一方の形式と他方の形式との間の相関性はこの場合でもまったく同じであるし、意味もまったく類似であるのだが。動詞の場合でも副動詞の場合でも現在形は同時性を表し、過去形は先行性を表すが、動詞の場合では発話時との同時性、発話時に対する先行性についての話であるのに、副動詞の場合では(動詞で表される)主要な動作との同時性、主要な動作に対する先行性の話だ、ということができる」［89,139］。

このように、A.M. ペシコフスキーは同時性と先行性をロシア語の副動詞の基本的な**時間的**意味とみなしている。この視点をЛ.В. シチェルバ、В.В. ヴィノグラードフその他のロシアの文法学者も共有している[1]。

バシュキール語の副動詞の時間的な意味を、Н.К. ドミトリエフは、現在にも、過去にも、未来にも関係をもたないものとして定義していた。「いくつかの学校の教科書の筆者は副動詞を時によって分類している。*алгас* タイプの副動詞は過去、*алып* タイプの副動詞は現在、*алганса* タイプの副動詞は未来のものとして…。しかし、話し言葉と書き言葉の現実を観察すると、どちらでも同じ程度に、それぞれの副動詞の意味は、その副動詞が主要な動詞に対してどういう関係にあるかによって決まることが分かる…。

-а と *-й* で終わる副動詞は、主要な動詞の動作と同時あるいは並行して起きる動作を意味する」[46,187]。

「*алып* タイプの副動詞は、この動作が主要な動作より先に起こるということだけを示すが、*алгас* タイプの副動詞は次の 2 つの時を示す：a) この動作は主要な動作よりも先に起こる、б) 主要な動作と最小の時間間隔で離されている」[46,188]。

「*алганса* タイプの副動詞の基本的な時間的意味は、H.K. ドミトリエフの著書から明らかだが、順次性である。

韓国語の副動詞の時間的意味に関する、いくつかの貴重な指摘を Г. ラムステッドが行なっている。例えば、*-ко* で終わる副動詞について述べながら、彼は書いている：「この語尾が添えられるのは、2 つの動詞が**並立的に結び付いている**とき、つまりそれらが**互いに同伴する**動作または質を表しているときで、それによって 2 つの動作の**同時性**または話者の視点からの**等価性**を言おうとしている場合の、最初の動詞である」[101,119]。「もし、2 つの動作が同時でないとしたら…、この副動詞の使用は、これらの動作の**同じ重要性**を指す意図をもっている」[同上]。

韓国語の動詞の多数のなかどめ形の中から、ラムステッドは**同時性の副動詞**にも言及している：「"その間に"、"～している間"、"～しているときに" という副動詞の意味は、副動詞形式で表された動作が、それに続く主要な動詞で表される動作にとって必要な時間のあいだ中、続いていることを示している」[101,133]。

したがって、検討された副動詞はどちらも同時性という相対的な時間的意味を表していると考えられる。

語尾 *-a* をもつ**過去の副動詞**についてラムステッドは次のように書いている：「この形式を**先行性**の副動詞と呼んでもよいのではないか。これは、第 1 の動詞の表す動作が第 2 の動詞の表す動作より先に起こるという観念を表現している。同じこの形式が、話者にとって第 1 の動詞の表す動作が第 2 の動作より重要でないということを表現するのに使える」[101,120]。

「未来時制の副動詞…この副動詞の語尾は *-ke*」[101,122]。

「この副動詞はまた、**後続性**の副動詞と呼ぶことができる。これは第 1 の動詞で表された動作の、第 2 の動詞で表された動作に対する後続性（時間において、または話者の考えにおいて）の観念を表現している」[同上]。

総じて、Г.Д. サンジェエフ教授が指摘しているように、「われわれに知られている世界のほとんどすべての言語において、同種成分をもつ文あるいは並列文の中で、同時に行われたり、順次行われたりする動作について語られている」［105,116］。

このように、副動詞は、日本語に近い構造の言語も含む多くの言語で、相対的な時間的意味をもっているのだ[2]。

第Ⅱ部　　結びあわせの形式

2　接尾辞なしの形式、*-te/-de* で終わる形式、*-nagara* で終わる形式

周知の通り、ロシア語の《Я сижу и читаю 私は座って読む。直訳：私は座る、そして読む》というフレーズを、動詞のいいおわりの形式を2つ使って日本語に訳すことはできない。最初の形式は必ずなかどめ形でなければならない。まったく同じように、2つの文がつなぎなしに並立するとき、最初の文の述語は何らかのなかどめ形をとる；つなぎ があるときだけ、最初の述語はいいおわりの形式をとることができる。このような現象は、いくつかのアルタイ諸語に見ることができる。このため、これらの言語におけるなかどめ形の使用頻度は、印欧諸語における副動詞の使用頻度に比べてはるかに高い；つなぎのほうは、これらの言語では現代の印欧諸語におけるよりも使用頻度が低い。

専門的な文献で、日本語のなかどめ形に本来的な時間の意味の存在を完全に否定する視点が広められている。この見解はロドリゲスにまでさかのぼる。*wosore* ヲソレ と *nigakou* ニガクというなかどめ形、彼の用語では動詞と形容詞の「語根」、の述語を含む例を引用して、彼は書いている：「*wosore* ヲソレは語根であり、それゆえに直説法現在の意味をもっている。なぜなら、［いいおわり形式］*wosorou* [ii] ヲソルという動詞の時と法を取り入れているからだ；…*nigakou* ニガクは形容詞的動詞 *nigai* ニガイの語根であるが、直説法現在の意味をもっている。なぜなら［いいおわり の］動詞の時制を取り入れているからだ」［237,14］。ロドリゲスは、日本語ではなかどめ形の述語は「直説法の形式」には立つことができず、かならず「語根形式」を取り入れるということについて語った後、こう指摘している「そのような場合、［いいおわりの述語に］先行する語根は、同一の時制、同一の法にあると理解しなければならない」［同上］。

-te/-de で終わる副動詞についてロドリゲスは次のように書いている：「過去分詞 *motomete* モトメテは、時制に関しては、それが置かれた後にある直説法と同じである：それは、動詞の時制を取り入れ、接続法に一致する。現在の例は：*Korewo*

tadazite mirouni コレオ　タダシテミルニ（これを明らかにして、見ている）。過去の例は：*Motomete kita* モトメテ　キタ（［私は］受け取った後で来た）。未来の例は：*Motomete sinyô*［シンジョー］）（私が受け取ったら［受け取った後で］、あなたに進呈いたします）［237,26］。

同じ視点を何人かの現代の学者も共有している。E.M. コルパクチ教授はこう指摘する、「これらの動詞形式は時間の特徴を持っておらず、いいおわりの動詞と同じ時制だと考えられている」［62,029］。

アカデミー会員 H.И. コンラッドは、第2語幹を用いた並立について次のように書いている：「並立の第1のタイプとは、最初の並立文が第2の文と同列に並ぶが、それ自体では完全ないいおわりにはならないという場合である。その時制、法、ときには態も第2の文によって決まる…いいおわりの述語の時制、法が、なかどめ形の述語の同じ要素を自らによって決める」［65,285］。

H.И. フェリドマンは「連結形式の動詞では時制も法も統語的な機能も表されない。しかし、態とアスペクトと否定は必ず表される；もちろん最後の否定はそれが要求されればだが」と考えている［127,981］。

『日本語教科書』の中では「*-te* の接尾辞をもつ副動詞は**時制を表さない、**時制は終止の述語の形式によって示される。それは副動詞が表現している結びつきが状況的・従属的であるか、並立的であるかには関わりがない」［54,195］と述べられている。

しかし、И.К. ブーニナはこう指摘している、「動作の相対的な時間的順序を文法的に表現する動詞の形式の中に…副動詞や形動詞も見られる。だからこれらを、動作の時間的前後関係を表現する文法形式の体系に含めるべきだ。周知の通り、これらの形式は通常時制の体系の中では検討されない。それらが“自らの時”を持っていないことを根拠にして」［16,20］。

これまで副動詞に時間の意味を認めることを妨げていた理由の1つは、H.И. フェリドマンの言葉で言うと「並立の一般法則」で、それは「文の同種成分は、最後のものを除くすべてが、各品詞に応じた連結形式をとる。そして、最後の成分だけが文の他の諸成分と結び付くための文法的な形式を整える、ということである。したがって、最後にある並立成分の形式の意味が、その前のすべての並立成分に広まることになる」［127,980］。

実際に、同じ格に立つ2つあるいはいくつかの単語のうち、最後の単語だけがその格の接尾辞を取り入れている；他の単語はつなぎにより、まれに休止によって相互に結び付く。しかし、動詞のなかどめ形との類似性は不完全である。なぜなら、動詞の連結形式が1つではなく、いくつかの組合せがあるからだ。ある形式が他の形式と、文法的な時制に関して異なることがありうる。

もう1つの理由は、接尾辞なしの形式（第2語幹）が、並立する文のうちの最初（とにかく最後ではない）の文の述語の役を果たしていて、特定の主語をもっていると、それをロシア語に訳すとき、主要な文の述語と同じ時制形式を使わなければならない、ということだ。例えば：そこ-にわ、うつくしい　くさ-が　いちめん-に　**はえ**、かわいらしい　とり-が　おもしろく　うたって　いました（読本，IV，111）。ここのなかどめ形の述語を、副動詞を使ってロシア語に訳すことはできない（ロシア語では副動詞は特定の主語を持てないので）[iii] ということから、接尾辞なしのなかどめ形はいいおわりの動詞から時制を借用する、という考えが何人かの著者のもとで形成されているのだ。

この形式で表現される時制は、事実、いいおわりの動詞の時制と一致するが、それはこの形式に時間の意味がないからではなく、固有の**同時性**の意味があるからだ。このことは、なかどめ形全般の時間的性質を否定する著者たちでさえ認めている。*-te* 形式の副動詞の意味を多くの人が**先行性**の意味と規定しているが、同時性と先行性は一般言語学においても、また特にロシア語文法においても時間的な意味とみなすことが受け入れられているのに気づいていない。

ある著者たちは、*-te* 形式の時間的性質を否定しつつ、これを完了体の形式と呼んでいる［128,852–853 を参照］。**完了体**の副動詞は**不完了体**の副動詞と対立するはずだろう。だが、この観点を展開する Н.И. フェリドマンは、*-te* 形式にたいして *-nagara* 形式を「2つの動作の同時性を表現する現在時制の副動詞」［128,853］として対立させている。

しかし、こういう規定は次のような反論を呼び起こす：

1. 著者の意見では時間的な意味をもたないという形式を、**現在時制**の形式と呼ぶことはできない。

2. 完了体への所属がたとえ証明されたとしても、それは時間的な意味と完全に両立する。なぜなら日本語のいいおわりのアスペクト形式は**すべて**時間的な意味ももっているからだ。

3. ロシア語と日本語ではアスペクトのカテゴリーは各動詞の**すべての**形式に備わっている。例えば、日本語の継続相は、すべての法のなかどめといいおわりの形式をもっている。したがって、完了体もただ1つだけの形式、ましてなかどめ形だけをもつということはありえない。

4.「完了体の副動詞」という名称は、*tott-, mit-* タイプと同じ語幹から作られたのに完了体とは認められない他の諸形式の名称と共通するものを何ももっていない；このため、*トッテ —トッタラ — トッタ*　のタイプのパラダイムは相互のつながりがなくなりバラバラになってしまう；パラダイムに入っている諸形式は文法的な意味に関して何の共通性ももたないことになる；この3つの形式の形態論的な共通性は、このような解釈のもとではまったく説明がつかない。

Н.И. フェリドマンとはやや違ったやり方で、И.Ф. ヴァルドゥリは *-te* 形式の完了体説を発展させている：「小林多喜二の作品と補足的に使用した資料の分析をすると、*-te* に動作の完了の指標という意味を認めることを拒む文法家に同意することはできない。同時に、*-te* が常に完了の意味をもつわけではないことも否定できない。*-te* は2つの意味をもっている。その1つは伝えられている動作の完了、完成をしめすことである…。*-te* の第2の意味は結び付けである」［18,176–177］。

このような視点に、*-te* は *-tu*（古代日本語の完了体の接尾辞）の第2語幹であるという語源が反映しているのかもしれない。*-te* が現代語でも完了の意味をもつという印象が生まれるのは、副動詞によって表された動作の終わりが先行することが、その動作の完了として理解されるからだ。しかし、これはいつもそうなるわけではない。例えば：ちょーど　しおり-お　**みて**　きょねん-の　なつ-の　こと-お　おもいだした　よーに（国語，中学，2［1］，38）（話者は、去年の夏を思い出しながらしおりを見続けた）；わたし-わ　しおり-お　て-に　**とって**、しばらく、みやじま-の　おもいで-に　ふけった（同書，37）（ここでは、*-te* 形式がやはり、ある動作の始まりが他の動作の始まりよりも先行するということだけを表している：話者はしおりを手に取り、宮島のことを思い出しながら、しおりを持ち続けている）；きょねん-の　なつやすみ-に、ちち-に　**つれられて**、ひろしま-から、みやじま-え　いった…（同書，36）（話者は旅行の間ずっと父と共にいたのだが、父に同行し始めたのは、広島を出るよりも前である）[iv]。

ある動作の始まりが他の動作の始まりよりも先行するという先行性の意味がロシア語の完了体副動詞の多くに固有であるために、日本語の *-te* 形式にそのような意味のニュアンスがあることが、多くの日本語学者たちを、日本語にも完了体副動詞があるという考えに導く。しかし、例えばロシア語の《**уйдя**》（出て）にアスペクトの意味をもたらしているのは副動詞の形式自体ではなく、語尾でもなく、動詞の語幹（中でも接頭辞の у-：離れる動作等を表す）である。日本語には同じようなものはなにもない。

これに対して次のように反論はできる。そもそも接頭辞が非常に少ない日本語では副動詞に完了体の意味をもたらしているのは接尾辞つまり *-t-/-d-* であると。しかし、それなら完了の意味は同じ接尾辞がある *-ta/-da* 形式にも固有であるはずだ。したがって、この形式は *-te* の形式に対して、なかどめ形に対するいいおわりの形式として対立する：1）これらの形式には形態論的共通性という特徴がある；2）これらはいつも同じアクセントをもっている（タ**ベ**ルだが、**タ**ベタ、**タ**ベテ；3）*-te* 形式は *-ta* 形式で置き換えることができる。最後の法則性に気づいたのは、Е.Г. スパリヴィン教授-で、ミセ-エ　イッテ、パン　ヲ　カッテ、カネ　ヲ　ハラッテ、

ウチ　エ　カエリマシタ　という例を分析して、次のように述べている：「もし、…並立文のそれぞれを主文に変えるとすると、ひとつひとつの述語は、この場合ならみんな過去時制形式にしなければならない」[v]［114,75–76］。

この他、もし接尾辞のない形式のなかどめ形述語を主文の述語に変えるとすると、その形式は *-u* 形式に置き換わる。例をあげよう：なるほど、おに-の　**よー-でも　あり**、ひと-の　よー-でも　ある（読本，Ⅳ，116）。同種成分をもつこの文の各部分が完全にパラレルであることは明白だ。もし、アリ の後に句点を打ったなら、それは アル に変わらなければならない。

日本の言語学者松下大三郎は、*-ta* 形式と *-te* 形式は**同じ**時間的な意味をもっているとみなしたが、ここには彼の合理的な解釈の核がある。確かに、彼はこの時間的な意味を《завершенность》（カンリョー）と規定していたのだが。

И.Ф. ヴァルドゥリは松下の視点を鋭く批判した。И.Ф. ヴァルドゥリが *-te* 形式の従属的性格を否定したのは正しいように見える。しかし、彼はなかどめ形しか検討していないので、松下の時制に対する考えを全体的に把握していないし、松下を完全には正しく解釈していないところもある。例えば、松下は完了をアスペクトとしてではなく、まさに時間として理解していた。「完了はやはり文法的な時相の1つでなければならない」［174,420］と彼は書いている。つまり、松下は *-te* の時間的な性格を否定してはいない。これは、彼の書物中の *-te* に関する部分と *-ta* に関する部分を比較するまでもなく分かるだろう。それだけでなく、松下は、古代日本語の接尾辞 *-nu* と *-tu* は時間とのかかわりをもたないとしていた山田の視点を否定しているのだ。

И.Ф. ヴァルドゥリは、*-te* は**常に**完了を表すという松下の主張に同意しない。実際、この主張を証明しようとして、松下は明らかなこじつけに頼っている。どうやら、*-te* の意味（したがって *-ta* と *-tara* の意味も）は何か別のものなのではないか。

И.Ф. ヴァルドゥリは、松下の *-te*　についての次のような見解を引用している：「文法上完了といふのは実際の事件の完了を指すのではない。事件の観念を完了的に取扱ふことをいふのである。故に先件後件は観念の取扱方に於ける順序であつて事件の先後とは必ずしも一致しない」［175,268］[3]。

現象の観念の完了という主張は詭弁であり、これは松下が、トナリ-ワ　カネ-ガ　**アッテ**、ウチ-ワ　ビンボー-ダ（同上）という用例中の *-te* の用法も、発話時には終わっていないどころかまだ始まってもいないかもしれない未来の動作についての発話の中での「完成（完了）時制」の適用も説明するために必要だったのだ。

『日本語教科書』の中に、*-te* 形式の副動詞の時間は「終止述語の形式によって表される」［54,195］と述べられている。この主張を論破するのは容易である。同じ教科書から例を引こう。《キョー　コノ　シゴト-オ　**ハジメテ**　ミョーニチ-マデ

-ニ　オワリマス '*Начав* эту работу сегодня, закончу[ее]завтра' 》[同上]。ハジメテという動作は発話時には何のかかわりももっていない。日本語、ロシア語のどちらの文からも、話者が発話時までに仕事を始めたのか、まだなのかを知ることはできない[vi]。同様に、副動詞で表される動作は、いいおわりの述語が属する時間に必ず属するわけではない。さらに、キノー　コノ　シゴト-オ　**ハジメテ**　ミョーニチ-マデ-ニ　オワリマス 'Вчера эту работу *начав*, завтра[ее]окончу'[vii] ということもできる。この例から明らかに、ハジメテ という副動詞の時間は オワリマス という動詞によって決まるのではないことが分かる。

副動詞の時間的な意味についての問題を正しく解明したのは A.A. ホロドヴィッチ教授で、「動詞＋動詞」タイプの「隣接の関係」を検討して述べている：「隣接の関係は、2 つの動作の相互関係に新しい内容を持ち込む。それは **2 つの動作の時間的な相関関係**（強調は引用者）の指示と、1 つの動作による他の動作の質的性格付けということである」[132,168]。

その時間的な相関関係とはどういうものなのか？　これは次のような A.A. ホロドヴィッチの定式化から明らかになる：「先行する動作の形式をとった従属的な動詞（*te* の語尾をもつ、いわゆる過去の副動詞）」[132,169]。

「同時の動作の形式をとった従属的な動詞（*tutu* の語尾をもつ、いわゆる現在の副動詞）」[132,170]。

確かに、引用された A.A. ホロドヴィッチの本は、文語体の 1 つ、軍事関係の文献の文体を研究対象としたものだ。だから、この本の中では「第 2 語幹＋ *nagara*」のような形式は検討されていない。文語体の時制システムは現代語のものとは異なる。それと同時に、20 世紀に文語体で書かれたテキストの文法は、古代日本語の時代にあった文法とはほど遠いものである。同様に、軍事関係文献の文体は、古代の文章語とは「その独特の**語彙**」だけでなく「狭められ、選び取られた**形式**」の点でも異なっている。

なかどめ形に属するものに、*-nagara* 形式の副動詞もある。これはわずかではあるが、古代の日本文学作品（竹取物語、3 を参照）や 16–17 世紀の古文書にも見られる。これは、現代語では、二次的な動作についての発話の中で、接尾辞なしの形式を駆逐しながら、頻繁に使われるようになった。*-nagara* 形式の副動詞が同時性を表しているのは周知のことなので［参照 65,311］、改めてそれを証明するまでもない。

実際の資料の分析に移ろう。

先に述べたように *-te* 形式は先行性全般の意味をもっている。つまり、ある場合には 1 つのプロセスの終わりが他のプロセスの始まりよりも先行すること（以後、「終わりの先行」と略す）を意味し、他の場合は 1 つのプロセスの始まりが他のプロセスの始まりよりも先行すること（以後、「始まりの先行」と略称）を意味する。《затянув песню 歌い始めて》—始まりの先行、《затянув пояс 帯を締めて》—終わりの先行、を比較せよ。日本語の例：かぎ-お　**はずして**、へや-から　ぬけだす　ひま-も　なく…（国語，中学，2［1］，16）。‘Не имея времени для того, чтобы, *отперев* дверь, выскочить из комнаты ... ’（終わりの先行）[viii]；にわ-に　**たって**　あおいで　いた　わたくし…（同書，30）‘Я смотрел вверх, *стоя*（直訳：*став*）в саду ... ’（始まりの先行）[ix]。ロシア語では、動作の始まりまたは終わりの意味はすべての動詞の形式において、動詞自体に収められる。次を比較せよ、《сел и застрочил》（つまり、［座って］走り書きを始めた。あるいは、ミシンで縫い終わった）[x] と《сяду и застрочу》［未来形：座って、走り書きを始める。あるいは、ミシンで縫い合わせる］。日本語の特性は、動作の始まりと終わりのニュアンスが *-t-/-d-* の形式だけに固有だというところに現れている。その他、動詞の語彙的な意味がその形式の文法的な意味に及ぼす影響は、日本語では極めて小さい。おそらく大多数の動詞から、動作の始まりが先行するニュアンスも、動作の終わりが先行するニュアンスをももつ *-te/-de*　の形式が可能である。この2つのニュアンスの区別がないのは古代からある現象である：かぐやひめ-を　**みまほしう-して**、もの-もくはず　おもひつつ、かの　いへ-に　**いきて**、たたずみ　ありきけれども、かひあるべく-も　あらず「赫映姫を**見まほしうして**、物も食はず思ひつゝ、かの家に**行きて**、佇み歩きけれども、かひあるべくもあらず」（竹取，2–3）（この文の ミマホシウ-シテ の形式は始まりの先行を意味し、イキテ の形式は終わりの先行を意味する；その　かたつぶり-を　**とって**　たかう　**とびあがり**、いし-の　うえに　をとさしぇられい「その蝸牛を**取つて**、高う**飛び上がり**、石の上に落させられい」（エソポ，449）（この文ではなかどめ形の意味が区別される：トッテは始まりの先行を、トビアガリ は同時性を意味する。）

-te 形式はもう1つの特徴をもっている。ロシア語では副動詞は二次的な動作を表し、直説法は、いわゆる同等の動作、つまり主要な動作と同様に重要な動作を表す（例えば、次の2文を比較せよ、《*Усевшись*, я стал писать **腰かけると**、私は書き始めた》と《Я *сел* и стал писать 私は**腰をかけた**、そして書き始めた》[xi]）。これに対して日本語では、なかどめ述語の役割をする *-te* 形式が、二次的な動作も、主要な動作と同等な動作も表すことができる：こけまる-わ　にっこり　**わらって**　その　ゆみ-を　とりあげ、てつ-の　や-を　**つがえて**、まんげつ-の　よー-に　ひきしぼりました「こけ丸は、にっこり**笑って**その弓を取上げ、鉄の矢を**つがへて**、満月のやうに引きしぼりました」（読本，IV，120）。

ワラッテは二次的な動作であるが、**ツガエテ**は主要な動作のうちの1つである。しかし、それらは形式的には区別されていない。

-te 形式とは違って、接尾辞のない形式は同等な動作だけを表す。それは、*-nagara* で終わる副次的、二次的な動作を表す副動詞に対立する。だが、*-te* 形式に対立するものは何もないので、どちらの意味でも使うことができるのだ。例を挙げよう：きょーだい-わ、その　おとこ-に「こけ-まる」とゆー　な-お　**つけ**、しばらく　うち-に　**おく**　ことに　しました（読本，IV，116–117）（ここでは2つの同等の動作であることは確かだ）；まず　どだい-お　**つくって**、それから　いっぽいっぽ　たかく　**のぼり**、さいご-の　もくてき-に　たっする　よーに　なさい「先づ土台を**作つて**、それから一歩々々高く**登り**、最後の目的に達するやうになさい」（読本，XI，73）（科学的な高さについて問題にしている）；その　あと、のりなが-わたえず　**ぶんつー-して**　まぶち-の　おしえ-お　**うけ**、しでい（ママ）-の　かんけい-わ　ひいちにちと　しんみつ-の　ど-お　くわえた…（読本，XI，73–74）「其の後、宣長は　絶えず**文通して**真淵の教を**受け**、師弟の関係は日一日と親密の度を加へた…」、

比較のため、動作の二次的なニュアンスをもつ *-nagara* 形式が含まれる文を引用しよう：わたくし-わ　よーやく　ほっと-した　こころもち-に　なって、まきたばこ-に　ひ-お　**つけながら**、はじめて　ものうい　まぶた-お　**あげて**、まえ-の　せき-に　こし-お　おろして　いた　こむすめ-の　かお-お　いちべつ-した「私は漸くほつとした心もちになつて、巻煙草に火を**つけながら**、始て懶い瞼を**あげて**、前の席に腰を下してゐた小娘の顔を一瞥した」（芥川，131/2，蜜柑）。

-te 形式の使用によると二次的な意味と同等の意味の区別ができないので、時には第一の動作と後続の動作とが同じ重要性をもつことを示すために、2つの動作が時間的に一致しないときでさえ、第一の動作を表す動詞が接尾辞なしの形式で使われることがある。：りゅーきゅー-に　ふね-お　もって　きて、がいこく-からの　いろいろな　ぶっし-お　ひじょーに　やすく　**かい**、それ-お　かごしま　や　もじ　や　おーさか-に　うりさばく　しょーばい-お　して　いた「琉球に船をもってきて、外国からのいろいろな物資を非常に安く**買い**、それを鹿児島や門司や大阪に売りさばく商売をしていた」（徳田，11）。

しかし、文学作品では接尾辞なしの形式に代わって、副次的な動作についての言葉の中では *-nagara* 副動詞が、同等の動作についての言葉の中では *-te* 副動詞が使われることが、特に並立複文において多くなってきた。接尾辞なしの形式（日本語の用語では、*レンヨウケイ*、“つなぎの［ための］形式”）の使用は、もう古風になった表現とみなされる場合がしばしばある。例えば、三矢は、この形式の*カゼガ*　**フキ**　*アメガ*　*フル*（直訳　’Ветер *дуя*, дождь идет’ [xii]）タイプの文での使用は、現代では文語の影響の結果と見るべきだ、と指摘している。カゼガ　**フイテ**　アメガフル（直訳 ‘Ветер *подув*, дождь идет’ [xiii]）タイプの文を彼は純粋な口語であるとみな

している［179,95参照］。このような場合、*-te*形式はもちろん先行性の意味を失っている。

注目すべきは、すでに1902年に草野が逆の誤りにたいして警告していることである：「*カゼ*　**フキテ**　*カラス*　*ナク*」（直訳 'ветер *подув*, вороны каркают'）のような例における*-te*の使用は誤りとみなされなければならない。」［18,210より引用］彼は明らかに文語を念頭に置いていた：これは例文の文法形式（現代語のフイテの代わりのフキテ）が示している。

「読本」で接尾辞なしの形式が見受けられるのは、主として遠い過去についての物語の中である：きょーだい-わ、おもい　とーり　たいしょー-と　**なり**、これまで　ゆりわか-の　いた、りっぱな　しろ-に　**すんで**、いばって　いました「きゃうだいは、思ひ通り 大将 と **なり**、これまで 百合若 の　ゐた、りつぱな 城 に **住んで**、ゐばつて ゐました」（読本，Ⅳ，114）。以上のように用いられた例はさらには（読本，Ⅳ，120，Ⅺ，73，Ⅺ，73，74）を参照。

しかし、時おり、接尾辞なしの形式がなかどめ形の述語の位置で、日常的な内容の物語の中でも使われている：つき-わ、くも-に　はいった　か　と　おもうと、すぐ　**で**、でた　か　と　おもう　と、すぐ　また　はいります（読本，Ⅳ，41）。（さらに読本，Ⅲ，44–45参照）；かれら　さんにん-わ　**ゆき**-も　**かえり**-も[xiv]、きがねなく　わらったり　はなしたり-した「彼等三人は**往きも帰り**も、気兼ねなく笑つたり話したりした」（芥川，174/2，秋）

小林多喜二、志賀直哉その他現代作家たちの文学作品の膨大な資料を、И.Ф. ヴァルドゥリが研究した。彼は、「結合的な並立の基本的な手段は第2語幹と接尾辞*-te*をもつ形式（つまり副動詞の形式）であるとみなすべきだ。一方、小詞*de*（むすびのなかどめ形）あるいは接尾辞*-tari*がつく形式（多回体）は、文をつなぐ手段としては非常にまれである［18,145］」「*si*をはじめとする結合のつなぎは比較的まれである［同上］」と指摘している。

「『（一九二八年）三月十五日』（小林多喜二の作品―引用者注）の中で、文同士をつなぐ*-te*形式の件数は、同じ用法の第2語幹の件数の2倍である。この比率は、『沼尻村』と『不在地主』では、やや*-te*形式のほうが増える。また、『蟹工船』と『地区の人々』では、*-te*形式が第2語幹よりも、ほぼ2.5倍も頻繁に見られる。

第2語幹と*-te*形式との間の、大体同じような比率が選文集（『トクホン』）と菊池の作品で認められる。逆に、我々が目を通した志賀直哉の短編作品では、第2語幹による文のつなぎが、同じ機能での*-te*形式の使用よりも頻繁に現れる。

これらの資料と、芥川龍之介の作品の言葉についての私の観察とを比べることができる。それらの作品では、接尾辞なしの形式は非常にまれにしか見られない。おそらく、文学の言葉ではまだ第2語幹の使用基準が定まっていないようだ。

3 -*te* + *kara* 形式

-te 形式の文法的意味としての先行性は、出発を表すカラを伴うと何の疑問も呼び起こさない。カラがこの構造で使われるようになったのは、いいおわりの時制形式の後について理由のつなぎの役割で使われるよりも前だった（5 章、50 節の カラについての記述参照）。

17 世紀の言語資料の中で テ＋カラ が使われている例：え、こー**して をいて-からわ**、いかほど ねて-も くるしゅー ござらぬ「ゑ、かう**しておいてからは**、いかほど寝ても苦しう御ざらぬ」（狂言記，Ⅰ，64）；をれ も その よーに、みづくそー **をもわれて-からわ**、いらぬ ほどに、さこどの-の ところ-え ゆきまする ぞ「をれも，そのやうに、水臭う**思はれてからは**、いらぬほどに（用もないので），左近殿の所へ行きまするぞ」（狂言記，Ⅰ，83）；あれ-を なんで あれかし、**たべて-から** やすらいましょー「あれを，何であれかし、**食べてから**，やすらひませう」（狂言記，Ⅰ，63）；もはや この てい-に **なって-からわ**、どーも はなされまいが「最早此体に**成つてからは**、如何も離されまいが」（狂言記，Ⅰ，180）；いや、むこー-え **ついて-から** しんじょー「いや、向かうへ**着いてから**進ぜう」（狂言記，Ⅰ，125）；しぶかき **くて-からわ**、うそ-の ふかれぬ ものぢゃ「渋柿**食てからは**、うその吹かれぬ物ぢや」（狂言記，Ⅰ，188）。

この構造は現代語においてもたいへんよく使われる。例えば：それ-が たがい-に ぶんがく とゆー きょーつー-の わだい-が **できて-からわ**、いよいよしたしみ-が ました よーで あった「それが互に文学と云ふ共通の話題が**出来てからは**、愈親しみが増したやうであつた」（芥川，174/1，秋）（読本，Ⅱ，42–43 も参照）。

4 -*te* + *wa* 形式

-te に小詞 *wa* が添えられたときの、*-te* 形式の副動詞の、なかどめ述語としての用法は特別なケースである。

アカデミー会員 Н.И. コンラッドは、「2 つの文をつないでいる *-te* 形式が選別の小詞 *wa* によって強められると、2 文の間のつながりは少しばかり条件のニュアンスを帯びることがある。例えば：

Koko-e haittewa warukaro: ‘Если войти сюда — будет плохо...
直訳：もしここへ入ると、悪いだろう ’
Omokuttewa motenai ‘Если тяжело — не смогу удержать...

直訳：もし重いと、持てないだろう’

しかし、この条件のニュアンスは義務的ではないし、大体において文法的な形式によってではなく、概念同士の現実的な相関関係によって引き起こされる」と書いている［65,314］。

松下は、*-te* + *wa* 形式のあとには、何か良くない結果について語られるのが普通だと指摘した。Н.И. コンラッドの例、および次の例を比較せよ：ぐずぐず-して　**いて-わ**　だめ-だ「愚図々々して**居ては**駄目だ」(藤村, 22/2, 生ひ立ちの記)。しかし、このような場合にいつも結果がよくないものだというわけではない。

А.А. ホロドヴィッチ教授は *-te* + *wa* 形式について次のように書いている：「*-te* はここでも、1つの動作が他の動作に先行することのしるし、つまり、先行的な継起のしるしである。しかし、それと共に付加的なニュアンスもある。その付加的なニュアンスとは次のようなものである。この形式は2つの出来事の単なる順次性を表しているのではなく、1つの動作が素早く、間断なく、一度ならず他の動作と代わるような順次性を表しているのだ」［135,419］。私が集めた例もこの定義を裏付けている：それ-お　しゅじん-に　きこえない　よーに、まど-の　ところ-え　**きて-わ**　うたいました-の-です「それを主人に聞えないやうに、窓のところへ**来ては**歌ひましたのです」(藤村, 27–28, 生ひ立ちの記)。全体のコンテクストから、この動作が何度も行われたことが明らかである［119,129 も参照］。

多くの場合、*-te/-de* + *wa* 形式の副動詞は、ロシア語に完了体未来形によって訳すことができる。この形式は過去についての話の中で、周知のように、「繰り返されるが、毎回完了する動作を表現するために」［69,35］使われる。А.Г. リャーブキンの論文も参照のこと［103a］。

すでに А.А. ポテブニャが、完了体の未来形はロシア語や一連のスラブ諸語において、そのような場合、最初の動作が、しばしば歴史的現在で表される後続の動作に先行することを立証している［99,107–120］。

このことは次のような可能性をもたらす。それは、日本語の原文で *-te* + *wa* 形式の副動詞の後に、いいおわりの述語として *-ta* /*-da* 形式が続くときにも、歴史的現在を使って翻訳できるということだ。動作が過去に属することは、ロシア語の小詞《бывало》で示すことができる。

第Ⅲ部　譲歩形式

5　*-te* + *mo* 形式、*-nagara*[*mo*] 形式、および トレド［モ］のタイプの形式

-te 形式が小詞 *-mo* と結び付くと、先行性の意味を保ったまま、付加的な譲歩の意味をもつようになる：「えらい　ぞ！　**ころんで-も**、よく　しまい-まで　はしった」（読本，Ⅳ，26）；いくら　**いばって-も**、そこ-から　とびおりる　こと-わ　できまい「いくら**威張つても**、そこから飛び降りる事は出来まい」（漱石，91/1，坊つちやん）。

-te + *mo* 形式は、広く使われている許可の表現の構成にあずかっている：「ハイッテ-モ　イイ　デス　カ？」（直訳：'*Войдя хоть*, хорошо будет?[xv] 入ったとしても、いいだろうか？'）

ここでも、先行性の意味があるのは疑いない[4]。

小詞 *-mo* が *-te* 形式に添えられることは古代日本語でもあった。*-te* + *mo* 形式は 16–17 世紀の日本語の中で広く使われていた。例：わら-で　**つくって-も**　をとこ-わ　をとこ　ぢゃ「藁で**造つても**男は男ぢゃ」（狂言記，Ⅱ，72）；どー　**をっしゃれて-も**、きょーはなりましぇぬ「どう**仰しやれて-も**、今日はなりませぬ」（狂言記，Ⅰ，137）；わたくし-わ　いづく-に　**ふしぇって-も**、くるしゅー　ござらぬ「私は，いづくに**臥せつても**苦しうござらぬ」（狂言記，1, 169）（直訳：'Я,где бы *ни лег*, плохо не будет 私は、どこに寝ても、悪いことにはならない' [xvi]）。

多くの場合、*tatoi*... *-te* + *mo* という呼応の構造が用いられる：あれ-わ　**たとい**　うちだす　と　**ゆーて-も**、いぬる　こと-でわ　ござらぬ「あれは**仮令**うち出すと**云ふても**、去ぬることではござらぬ」（狂言記，1, 117）；**たとい**　がい-を　**なしとーて-も**、いま　この　てい-でわ　かなわねば、を-いで-を　まちぞんずる「**たとひ**害を**なしたうても**、今この体では叶はねば、お出でを待ち存ずる」（エソポ，502）。

例から明らかなように、*-te* + *mo* 形式は過去についての話の中でも、未来についての話の中でも使われる。

現代日本語においては、*-te* + *mo* 形式に、非先行時制形式に属して同時性を意味する *-nagara*[*mo*] 形式が対立している：にいさん-わ、ごはん-お　**たべながら-も**、しじゅー　にこ-にこ　して　いました（読本，Ⅳ，18）。

狂言、『エソポのファブラス』、『金句集』の中では *-nagaramo* 形式を見つけることができなかった。その理由は、*-nagara* 形式の使用が少なかったということだけではなく、その時代には、*nagara* 形式は小詞 *mo* がつかなくても譲歩の意味をもっていたということでもある：をれ　**ありながら**、よー　ゆきとー　をりやった

の「おれ**ありながら**、よう行きたうをりやつたの（自分のような夫がありながら、よく他の男の元に行きたいといったな）」（狂言記，Ⅰ，83）；えい、ここな　ひと-わ、り-を　**もちながら**、まける　とゆー　こと-わ　ない　よ　の「えい、こゝな人は、理を**持ちながら**負けるといふ事はないよの」（狂言記，Ⅰ，80）；さてもさても　えんとわ　**もーしながら**、あのよーな　をとこ-を　もつ-わ、めいわくな　こと-で　ござる「扨ても〳〵縁とは**申しながら**、あのやうな男をもつは、迷惑な事で御座る」（狂言記，Ⅱ，86）：**はばかりながら**　しんじぇましぇい「**憚ながら**進ぜませい」（狂言記，Ⅱ，132）（エソポ，493，同様）；まんなか-え　**とりこめられながら**…「真中へ**取込められながら**…（盗賊の集団に取り囲まれながら）」（狂言記，Ⅱ，350）；それ-に　ついて、くにもと-え、なんぞ　みやげ-を　ととのえて、いちもん-の　ものども-え　とらしぇとー　ぞんじたれども、ながなが-の　ざいきょー-なれば、さよーの　こと-も　**をもいながら**、なりましぇなんだ「それについて、国許へ、何ぞ土産を調へて、一門の者共へ取らせたう存じたれとも、長々の在京なれば、さやうの事も**思ひながら**、なりませなんだ」（狂言記，Ⅰ，338）。

調査した資料から判断すると、16–17世紀の日本語では、譲歩の意味のない *-nagara* 形式は、ほぼ完全に使われていなかった。動作の同時性は、たいていの場合接尾辞なしの形式が示していた。しかし、*-nagara* 形式は、譲歩の意味でさえ、使われるのは非常にまれだったので、その時代に先行時制形 *-te* + *mo* 形式に対立したのは *-nagara* 形式ではなく、古代日本語から続くトレド［モ］、ミレド［モ］といったタイプの特別な総合的ななかどめ形だったと考えるのがより正しいだろう：**はら-わ　たてども**、まづ　またっしゃれい「**腹は立てども**、まづ待たつしやれい」（狂言記，Ⅰ，79）；たづね-に　**まいりとー-ござれども**、ついに　まだ　むこいり-を　いたさぬ　よって、なにとも　まいりにくーござる、と　もーして-も、まいらずば　なりますまい「尋ねに**まゐりたうござれども**、つひに未だ聟入を致さぬよつて、何とも参り悪うござる、と申しても、参らずばなりますまい」（狂言記，Ⅰ，22）；あの　をとこめ-が、やま-え　ゆけ　と　**もーしぇど**、やま-えもまいりましぇず、た-を　かれ　と　**もーしぇど**、かり-にも　まいりましぇぬ「あの男めが、山へ行けと**申せど**、山へも参りませず、田を刈れと**申せど**、刈りにも参りませぬ」（狂言記，Ⅱ，71）；その　うえ、やま-えも　ゆかず、また　かりた-が**あれど**、からぬ　と　いわるる「その上、山へも行かず、又刈田が**あれど**、刈らぬと云はるる」（狂言記，Ⅱ，72）；あのよーな　をとこ-わ、やぶ-を　**けて-も**、ごにん　や　さんにん-わ　**けだしますれど**、ひとり　ある　かなぼーし-が　ふびん-に　ござる「あの（亭主の）様な男は、藪を**蹴ても**、五人や三人は**蹴出しますれど**、一人あるかな法師（男の子）が不憫にござる」（同前）。

最後の例は、*-te* + *mo* 形式と *-edo* 形式が1つの文中で使われているので、とりわけ特徴をよく示している。*-te* + *mo* 形式は先行性を（ただし発話時に対してではなく、次の動作にたいして）示し、*-edo* 形式は主節の述語で表された動作と同時に存在する恒常的な可能性について語っている。

上に引いたのは現在について語った発話の例であるが、*-edo* 形式が過去についての発話に使われている例も少なくない。その場合、*-edo* 形式の意味は変わらない；それは譲歩の意味をもち続け、さらに同時性をも表し続ける：やぎゅー-わ　いつ　ひきあぐる　ぞ　と　**まてども　まてども**、きつね-わ　しらぬ　かを　して　いる…「野牛はいつ引き上ぐるぞと**待てども待てども**、狐は知らぬ顔してゐる…」（エソポ，491）；かりゅーど　その　ところ-を　**とーれども**、しか-を　みつけいで、ゆきすぎた「狩人その所を**通れども**、鹿を見付けいで行き過ぎた」（エソポ，494）（この文で、トオレドモとミツケイデという動作は同時である）；こども　われ-も　われ-も　と　ちから-を　つくいて　をって　**みれども**、すこしも　かなわなんだ「子ども吾も吾もと力を尽いて折つて**みれども**、少しも叶はなんだ」（エソポ，491）；ただいま　てうち-にも　いたそー　よーに　**ぞんずれども**、きょーうちまいり　と　もーすれ[xvii]（ママ）ば、みやこ-の　よーす-も　うけたまわりとーぞんずる「只今手打にも致さうやうに**存ずれども**、京内参りと申すれば、都の様子も承りたう存ずる」（狂言記，Ⅰ，71）；されば、みども-も　そー　をもーて、いろいろ　**じたい-すれど**、かえって　たのーだ　ひと-が、はらだてらるる　に　よって、じぇひ-のー　うけあった「されば、身共もさう思うて、色々**辞退すれど**、却つて頼うだ人が、腹立てらるゝによつて、是非なう請け合つた」（狂言記，Ⅱ，78）（使用人が辞退するのと主人が腹立つという2つの動作は同時に起こっている）；たびたび　ひと-を　**やりますれども**、ついに　さんよー-を　いたさぬ「度々人を**遣りますれども**、つひに算用（支払）を致さぬ」（狂言記，Ⅰ，135）（ここで話されているのは過去のことである。なぜなら、話者はこれらの発話を行ったあとすぐに借り手のところへ出かけたから；狂言記，Ⅰ，84参照）；いや、ほど-わ　**まいらねども**、くたびれて　ござる　ほどに、まづ　この　ところに　すこし　やすらいましょーず「いや、程は**参らねども**、草臥れてござるほどに、まづこの所にすこし休らひませうず」（狂言記，Ⅰ，25）。

最後の例では、ロシア語なら必ず過去形を使わなければならないところ[xviii]に非先行時制の譲歩形が使われている。これは、日本語における否定形の使用の特色と関係がある：起こらなかった動作は、他の動作に先行するとみなすことができないのだ（これについては第7章、3節で詳述される）。前出の例にある否定形 イタサヌ の用法、および、次の文例中の ヲリマセヌ という形式と比較せよ：そこらあたり-を　**たづねますれども**、をりませぬ「そこら辺りを**尋ねますれども**、居りませぬ」（狂言記，Ⅰ，22）。ここでは、探索が探す相手の不在と同時に行われている。これを示しているのは、譲歩の意味を伴った非先行時制のなかどめ形である。しかし、探されていた人の不在は、続いて言及される動作とも同時である。このため、この例では、現代語の東部方言および共通語の形式 オリマセンデシタ に当たる、否定法の先行時制形式 オリマセナンダ が見られないのだ。

以上に引いた例の中で *-edomo* の形は現在と過去についての発話だけに使われている。この形式が未来についての発話に使われた例は見つけられなかった。

6　トリタレド［モ］のタイプの形式

-te + *mo* 形式とは反対に、古い総合的な形式の *-taredo*[*mo*] は過去についての発話の中でだけ先行性を表した。：やい　ぼーず、あたま-わ　**まるめたれども**、もの-わ　しらぬ「やい坊主、頭は**円めたれども**、ものは知らぬ」(狂言記, I, 50)；みども-も　どーぞ　さんよー-を　いたしたい　よーに　**ぞんじたれども**、かれこれいたして、をそなわって、めいわく-に　ござろ「身どももどうぞ算用を致したいやうに**存じたれども**、かれこれいたして、遅なはつて、迷惑にござろ」(狂言記, I, 136)；みども-わ　みょーが-を　**たべましたれども**, もの-を　ひろいました「身どもは茗荷を**食べましたれども**, 物を拾いました」(狂言記, I, 114)[5, xix]；しゅじゅに　しあん-を　して　**みたれども**、べちに　しょー　よー-も　のーて…「種々に思案をして**みたれども**、別にせう様もなうて…」(エソポ, 490)；それ-で　だいみょー　しょーみょー-の、かかえさっしゃれ、みやこ-の　ちょーほー-に、それがし　ひとり　のこして　**をかっしゃれたれども**、そなた-の　あまり　ほしそーな　ほどに、ゆこー　か　と　もーす　こと-で　をぢゃる「それで大名小名の、抱えさつしやれ、都の重宝に、某一人残して**置かつしやれたれども**、其方の余り欲しさうなほどに、行かうかと申す事でおぢやる」(狂言記, I, 154)。

ここに引用されているのは第2活用の動詞と不規則活用のスルに *-taredomo* 形式がついた用例である。

第1活用の動詞に *-taredomo* 形式がついた用例：まことに　この　あたり　ほーぼー-に　うり-を　**つくりたれども**、それがし-が　よーな-わ　ござらぬ「まことにこの辺方々に瓜を**作りたれども**、某がやうなはござらぬ」(狂言記, I, 353)；注目すべきは、ここに *i* の弱化のない古い形式が保たれていることである(ツクッタレドモ の形式となってもよかった)。次の例も併せて比較せよ：そのぎ-ならば、しょーえもん　よー　あって　**まいりたれども**、を-め-に　かからいで　もどったと　をしゃって　たもれ「その儀ならば、庄右衛門用あつて**参りたれども**、お目にかゝらいで戻つたとおしやつてたもれ」(狂言記, I, 136)(狂言記, I, 85も参照)；たで-を　**くたれども**　わすれた(狂言記, I, 114)「蓼を**食たれども**忘れた」。

『金句集』のような16世紀の資料では *-taredomo* 形式は見られなかった。

7　推量法における譲歩形式

16–17世紀の日本語では、接尾辞 *-do*[*mo*] は直説法の形式にだけではなく、推量法の *-e-* 形式の語幹にも付いた：この　たび　しぇっかん-の　**くわよーずれども、** かさねて、しぇっかん-の　くわよーずる「この度折檻の**加へうずれども**、重ねて、折檻の加へうずる」(狂言記，Ⅰ，9)(さらに狂言記，Ⅰ，213参照)[6]；おのれ　ぼーず-で　なくば　くび-を　**はにょーずれども**、ゆるす「おのれ坊主でなくば首を**刎ねうずれども**、ゆるす」(狂言記，Ⅰ，77)；あやまり-の　まだ　ね-を　ささぬうちに-わ、あらたむる　こと-も　**かなをーずれども**、ふるい　くしぇ-わ　あらためにくい　こと-じゃ「誤りのまだ根をささぬ中には、改むることも**叶はうずれども**、古い癖は改めにくいことぢゃ」(エソポ，496)；われ-が　**しかろずれども、** さる　もの-と　きょー　しょーぶ-を　した　と　おもえ「われが**叱ろずれども、** さる者と今日勝負をしたと思へ」(狂言記，Ⅰ，255,256)；さればゞ、ちゅーき-わ、やど-で　ござらば、くすり-を　ちょーごー　**いたしましょーずれども**、とちゅー-の　こと-で　ござる「さればゞ、中気は、宿でござらば、薬を調合**致しませうずれども**、途中の事でござる(狂言記，Ⅰ，298)」；やかた-で　ならば、のしつけ-を[7] **しんじょーずれども**、みち-で　をーた　ぎ-で　ござる　に　よって… これ-を　しんずる　と　もーして　くれい「館でならば、熨斗つけを**進ぜうずれども**、道で逢うた儀でござるによつて…　これを進ずると申してくれい」(狂言記，Ⅰ，219)；ただいま　しょーくゎん　**しょーずれども**、ふろ-え　いれば　その　ふろあがり-の　ために、たくわえをけ「只今賞翫**せうずれども**、風呂へ入れば、その風呂上りのために、蓄へおけ」(エソポ，410)。

見ての通り、推量法の譲歩形式はほとんどの場合仮定の意味で、つまりそもそも行われなかった動作についての話の中で使われていた。

8　トル-トモのタイプの形式

16–17世紀の日本語には、*-u* に終わる直説法の非先行時制形式と小詞 *-tomo* から作られる分析的な譲歩形式があった。コリャードが指摘したように、この譲歩形式は他の譲歩形式よりも表現力に富んだ意味を表した［220,23参照］。この形式は非先行の意味をもっていた。例：ただいま　を-てうち-に　なる-と　もーして-も、え　わたりますまい、——なん-じゃ、てうち-に　**なる-とも**　え-わたるまい「唯今お手討になると申しても、え渡りますまい、——何ぢや、手討に**なるとも**え渡るまい」(狂言記，Ⅰ，175)(この文では未来のことについて話されている)；いま-わかよーの　もの-を　**あきないまする**-**とも**、いち-の　たな-を　かざり、まんぞー-くじ-を　ゆるされ、すえずえ-わ、きんぎん-など-を　あきのー　よーに　いたしたい　と　ぞんずる「今はかやうの物を**商ひまするとも**、一の棚(市場第一の店)を飾り、万雑公事(市場税)を許され、末々は、金銀などを商ふやうに致したいと存ずる」(狂言記，Ⅰ，186)(さらに狂言記，Ⅰ，195参照)。ここでは *-u+tomo* 形式が、この形式で表された動作が、副詞「いま」で表された長い期間中続くことを示している。

小詞 *tomo* は古代日本語でも使われていたが、その時代には動詞の**終止**語幹と形容詞の第1語幹に付いた［207,1081–1082参照］。近代日本語では トモ の前の終止形は連体形に取って代わられている。これが、コリャードの文献に、古い アグ-トモ の代わりに アグル-トモ の形式がみられる理由である［220,23参照］。

小詞 *tomo* は否定法のいいおわりの形式にも付いた。やいやい、ひゃくざし-に　**なわず**-**とも**、くゎんざし-に　なえ「やい〳〵、百緡(一文銭百枚を通した銭さし)に**綯はずとも**、貫緡(一貫(千文)を通した銭さし)に綯へ」(狂言記，Ⅰ，256)；め-にわ　**みえずとも**、こ-んど-わ　りょーにん-して　さがしましょ「目には**見えずとも**、今度は両人して捜しましよ」(狂言記，Ⅰ，272)。接尾辞 *-zu* は、否定法の *-zu* の終止形の接尾辞で、直説法の *-u* 形式とは違って、*-tomo* の前では連体形と交代しなかった：検討されている資料では、*-nu+tomo* 形式は記録されていない(さらに狂言記，Ⅰ，269,346,352,376,489,503；狂言記，Ⅱ，382参照)。

時おり *-o:* + *tomo* という推量法の形式が見られる：また、はな-を　けんぶつ[xx]-に　**ござろー**-**とも**、きんじぇい-じゃ　と　ゆーて　みせな「又、花を見物に**ござろうとも**、禁制ぢやと云ふて見せな」(狂言記，Ⅱ，399)(狂言記，Ⅰ，245,492も参照)。しかし、16–17世紀の日本語では、*-o:* 形式は時間的な意味をもたなかった(これについては、4章で詳述される)。

-u + *tomo*、*-o:* + *tomo* の形式は現代語においても見受けられる。

9　トリタリトモ のタイプの形式

-u + *tomo* 形式に対立したのは *-taritomo* 形式で、これは古代日本語にあったままで残っていた。この形式は終止形の *-tari*(第2語幹ではなく！) + *tomo* で成り立っている。コリャードは、*agueta ritomo*(予想される *aguetatomo* ではなく)という形式を提示しているが、*agueta* と《助辞 *ritomo*》のように誤った区切り方をしている［220,23］。私が調べた文書の中にこの形式はかなり頻繁に見受けられたが、*-taredomo* 形式よりは少なかった。例：たとい　をーかめ-が　**きたりとも**　そい

つめ-をば　うちころいて、かわ-を　はいで　のきょーぞ「たとひ狼が**来たりとも、**そいつめをば打ち殺いて、皮を剥いでのけうぞ」(エソポ，499)；いやはや　ひとり　つかわされまする　くわじゃ-の　ぎ-で　ござれば、を-ひま　と　**もーしたりとも**、くだされまい　と　ぞんじ、かそー-で、きょーうちまいり-を　いたして　ござる(「いやはや、一人使はされまする冠者の義でござれば、御暇と**申したりとも**、下されまいと存じ、かそうで(人目をかすめて)、京内参りを致してござる」狂言記，Ⅰ，70)(さらに狂言記，Ⅰ，222–223,320，狂言記，Ⅱ，357参照)；いやいや、やど-を　**ゆーたりとも**、おしりやるまい「いやいや、宿を**云うたりとも、**お知りやるまい」(狂言記，Ⅰ，425)；なん-の　あーと　**ゆーたりと**、ひとうち-に　して　くりょー-ぞ「なんの、あゝと**云うたりと**、一打にしてくれうぞ」(狂言記，Ⅰ，510)；おのれ-が、そのごとくに　くち-を　あき、て-を　ひろげ、のもーと　**をもーたりとも**　のまれまい　ぞ「おのれが、その如くに口を開き、手を広げ、呑まうと**思うたりとも、**呑まれまいぞ」(狂言記，Ⅰ，511)。記録されたすべての例が、*-taritomo*形式は未来についての話の中(これが基本的)でも、過去についての話の中でも先行性の意味で使われていることを証明している。この形式は主として、話や思考のプロセスを表す動詞から形成される。

10　16–17世紀の日本語における譲歩形式の概観

以上に示されたように、16–17世紀の日本語には、変革のプロセスの途中にある、譲歩形式の複雑なシステムが存在していた。ある形式は廃れた形式として使われなくなっていき(*-taritomo*形式)、あるいは純相対的でない(*-taredomo*形式は過去についての話の中でしか使われず、*-domo*形式は未来についての話の中では使われないといった)ことから使われなくなっていった。他の形式は――後になってはるかに頻繁に使われるようになった(*-nagara*[*mo*]形式)。ここから結論を出すことができる。それは、残されたのは純粋に相対的な形式――*-te+mo*形式とそれに対立する*-nagara*[*mo*]形式だけだということである。この、絶対的譲歩形式および純粋に相対的でない譲歩形式を排除するプロセスは、条件-時制形式のシステムにおけるよく似たプロセスと同時に起こっていた。[次の第IV部、および118，128–129参照]。クワヨーズレドモ のようなタイプの形式も消えていき、出会うのはまれになった。そもそもこのような形式を、ロドリゲスがしたように、(未来形、また大過去形を含めて)時間的な形式だとみなすことはできない。なぜなら、それに対立する先行的な時制形式がなかったからだ[8]。

11　譲歩のつなぎケレド［モ］の出現

なかどめの譲歩形式のシステムを破壊していったもう1つのプロセスは、譲歩のつなぎケレド［モ］の形成であった。

湯沢は、ケレド［モ］が現れたのは16–17世紀で、形容詞の譲歩形式、第一に疑惑法の形式 *arumazikeredomo* アルマジケレドモ > *arumaikeredomo* アルマイケレドモ から分かれたと考えている［201,214–215参照］。*z* 音の脱落の結果、形式の異分析が生じた：この形式は アルマイ＋ケレドモ と理解されるようになり、母音の a と i はこの形式を形容詞の形式と比べることを可能にした。当時 *-mai* 形式は形容詞と同様に変化し、連用形の *-maziku* や連体形の *-mazi*[*k*]i マジキ［マジイ］などをもっていたからなおさらであった。湯沢は興味深い例を引用している：ヒサシケレドモ の代わりの ヒサシキケレドモで、*-keredomo* の前に形容詞の語根ではなく、連体形が来ている［201,214参照］。

調査した資料の中で *-maikeredomo* には1度出会った：まず　てんかたいへいめでたい　みよ-じゃ　ほどに、さよーの　こと—わ　**あるまいけれども**…「まづ天下太平めでたい御代ぢやほどに、さやうの事は**あるまいけれども**…」(狂言記, Ⅰ, 153–154)。このような用例ではケレドモはまだ単語と切り離されてはいない。しかし；いぬ-わ　**すてまじい　けれども**、かみさま-わ　すてさしぇられて　このぶん-に　ござる「犬は**捨てまじいけれども**、上様は捨てさせられてこの分にござる」(エソポ, 424)；ゆーまじい　けれども…[201,214参照］などの文の中では、ケレドモ の前の疑惑法の形式が、つなぎやつなぎ単語の前のいいおわりの形式に特有の語尾をもっている。まさにそれによって、ケレドモ は、独立の補助的単語 — つなぎとして見られ始めた。前にポーズはもちろんなかったのだが。しかし、これは当時の大多数のつなぎの特徴であった。ポーズは、そもそもそれがある場合は、つなぎの後に来る(ケレドモの後の読点を見よ)。

しかし、調査した資料の中に タカイ ケレドモ のような例、つまり ケレドモ が形容詞のいいおわりの形式の後に来るような例が1つも見られなかったということに注意する必要がある。これは、ケレド［モ］の分離の次の段階は、形容詞の後に付いた用法であった、という湯沢の見解と食い違う。私の資料の中では、ケレド［モ］はすべての場合において形容詞の**語根**の後に続いている。つまり古代語と同じく、まだ接尾辞だったのだ。：さて　よ-の　なか-に　なぐさみ-わ　**をーけれど**、さっしょー-ほど　をもしろい　もの-わ　ない「扨世の中に慰みは**多けれど**、殺生ほど面白い物はない」(狂言記, Ⅰ, 447–448)；**はずかしけれど**　まをー「**恥かしけれど**舞はう」(狂言記, Ⅱ, 133)(狂言記, Ⅰ, 391参照)；をもしろけれど…「面白けれど」(狂言記, Ⅱ, 175)；だまされたる-わ　**にくけれども**　はやしもの

が　をもしろい…「だまされたるは**にくけれども、**囃子物が面白い」(狂言記，II，277–278)；やさしけれど…(狂言記，II，472)；あの　よーな　をとこ-に、のこり-をーい　こと-わ　**なけれど**、ひとり　ある　かなぼーし-が、ふびん-に　ござる「あの様な男に、残り多い事は**なけれど**、一人あるかな法師が不憫にござる」(狂言記，II，79)[9]。

-keredo[*mo*]が接尾辞になっているこのような例は、もし調査された資料の中で動詞の形式の後にも ケレド［モ］が見られなかったなら、湯沢の見解に対する反証とはならなかっただろう。それなら、ケレド［モ］はまだ数少ない疑惑法の形式から分離したばかりだったとみなすことができただろう。しかし実際には、ケレド［モ］は動詞の *-ta* 形式の後にも、*-o:* 形式の後にも見られるのだ。

《*-ta* + *keredo[mo]* 形式》の構造の例：いま-も　**あけた　けれど**、たれ-も　ない「今も**開けたけれど**、誰もない」(狂言記，I，528)；かがみ-と　ゆー　もの-じゃ　が、これ-わ　むかし-わ　かみがみ-の　たからもの-で、にんげん-の　もつ　もの-では　**なかった　けれども**、いま-わ　にんげん-の　たしなみどーぐと　なって、みやこ-でわ　いかよーの　いやしき　もの-までも　これ-を　もつ「鏡と云ふ物ぢやが、これは昔は神々の宝物で、人間のもつ物では**なかつたけれども**、今は人間の嗜道具となつて、都では如何様の賤しき者までもこれを持つ」(狂言記，I，341)(狂言記，I，442 も参照)。

-ta+keredo[*mo*]から成る構造は後に *-taredo*[*mo*]形式を駆逐するが、16–17 世紀の言語では両形式がまだ共存していた：されば　とり-が　なく　か　なく　かと　ぞんじて、ずいぶん　**きいて　いましたれども**、ついに　**なきましぇなんだけれども**、ひ-が　たけて　ござる　ほどに、まず　まいって　ござる「されば鶏が鳴くか〳〵と存じて、随分**聞いて居ましたれども**、終に**鳴きませなんだけれども**、日がたけてござる程に、まづ参つてござる」(狂言記，I，311–312)。

《*-o:+keredo*[*mo*]形式》の構造の使用例：やい、ゆくゆく-わ　な-をも　**つきょーけれども**、とーぶん　いままいり　と　つくる「やい、行く〳〵は名をも**付けうけれども**、当分今参とつくる」(狂言記，II，288)；それがし　これに　**いましょーけれども**、たろーくゎじゃ-を　これに　をきまする「某これに**居ませうけれども、**太郎冠者をこれに置きまする」(狂言記，II，480)。

《*-o:+keredo*[*mo*]形式》の構造は 1 つの文の中で他の譲歩構造と共に使われることもあった：もっとも　こなた-にわ　さよー-で　**ござろー　けれども**、しぇけん-から　みまして、あの　ごとくに　あたま-を　**はられて-も**、を-でいり-もーさねば　ならぬ　か　と　もーします「尤もこなたにはさやうで**ござらうけれども、**世間から見まして、あの如くに頭を**はられても、**御出入申さねばならぬかと申します」(狂言記，I，269)(さらに，狂言記，I，305 参照)。

《*-o:+keredo*[*mo*] 形式》の構造は、後に クワヨーズレドモ のような形式を駆逐した。この構造とこの形式は、ロドリゲスによって「未来形」の項目中に記載されている［184,128 参照］：ヨモーケレドモ（《*-ta+keredo*[*mo*] 形式》の構造についてのロドリゲスの言及はない）。

16–17 世紀のテキストに《*-u+keredo*[*mo*] 形式》の構造の使用例は、このような構造が後に現れて《*-edo*[*mo*] 形式》を、少なくとも生きた言葉から駆逐したにも関わらず、一件も見つけられなかった。この構造はロドリゲスにもない。

ロドリゲスは「完了」の項目［184,127 参照］の中に ヨミケレドモ という形式を挙げている（テキスト中に記されてはいない）。これは、つなぎとしての ケレド［モ］の発生について別の仮定を提起することを可能にする：ケレド［モ］は、ミタ［リ］ケレド［モ］のような形式から分離したのではないか？　ミタリ のような形式の中の *-ri* がすべての位置で消失したことに関連して、ここでも *ri* があとかたもなく脱落した可能性がある。一方 ミタ という形式はいいおわりの形式と見られるようになった。つまり、ケレド［モ］は切り離されていたということだ。このような形式の中での *-kere-* の意味は、形容詞の中での意味と比べて異なっていた：これは、いくらか大過去（古代日本語における）に強調のニュアンスが伴ったようなものを表していた [58,386–387 参照]。まさにこのため、*-kere-* は *-u* 形式の後と、やはり非先行時制の意味をもっていた形容詞の後ではまだ使うことができなかったのだ。

調査された資料の中で、つなぎの ケレド［モ］は、おおむね時間的な意味を失っていた *-o:* と *-mai* 形式の後でのみ使われている。しかし、その後 ケレド［モ］はつなぎとしてあらゆる時間的な意味を失った（それを促したのは、時間的な指標であった接尾辞 *-keri* そのものの消失であった）。そしてやっと、ケレド［モ］を動詞と形容詞の非先行時制形式の後に使う可能性が生じたのだ。

第Ⅳ部　条件—時制形式

12　現代語の条件—時制形式とその形態論

現代の日本語には 2 つの特別ななかどめの形式があり、文と文との条件-時制的なつながりの意味とともに、それぞれ固有の時制的な意味をもっている。それらは、トレバとトッタラ［バ］のような形式である。前者は非先行時制の語幹から形成され、後者は先行時制の語幹から形成される。しかし、以前はこのような形式はもっと多かった。ほんの 100 年か 200 年前まで 4 つの形式が生きて使われていた（文語体においてこれらの形式がごく最近まで使われていたのは言うまでもない）：

トラバ　—　トッタラ［バ］
トレバ　—　トッタレバ

最初の対は仮定的な条件を表し、2番めの対は現実的な条件を表すとみなされてきた。例えば、Д. スミルノフは次のように書いている。「一方の *eba* 語尾、他方の *aba* 語尾という条件形の間には若干の違いがある：*eba* 語尾はより肯定的な条件の意味をもっており、実際に起こりつつあったこと、少なくとも起こりそうなことにたいして使われるが、*ba* と *aba* はより仮定的な条件の意味をもち、まったく起こりそうになかったこと、あるいは1つの仮定に過ぎないことにたいして使われる。だが、実際にはこの違いにはあまり注意が向けられず、2つの形式は日常の使用の中ではしばしば混同されている；しかし文章語ではこの違いは守られている」［110,99］。

-tara[*ba*] 形式で表される動作が時間的な相関関係をもつのは発話時ではなく、後続の動詞によって表される動作が行われる時であることについて書いているのは、Д.M. ポズドネーエフ［92,80 参照］、黒野と B.П. パナーエフ［73,543 参照］、O.B. プレトネルと E.Д. ポリヴァーノフ［91,79–80 参照］、R. ランゲ［231,99 参照］、H. ヘンダースン［224, 272 参照］、そして本書の著者［詳しくは 118,123–124 参照］である。

しかし、異なる見解もある。例えば、E.M. コルパクチ教授はこう考えていた。「具体的な性質の条件は補助的な小詞 *-tara* によって表される」［62,033］。一方「一般的な性質の条件は *ba* によって表される」［62,034］。

自身の他の論文の中で E.M. コルパクチはこうも書いている：

「カケバ（条件-時制的な法　—　一般的な性質の条件を表す）。
カイタラ（条件-時制的な法　—　具体的な性質の条件を表し、仮定法に近いことも少なくない：カイタラ ヨカッタ）」［63,25］。

しかし、これらの命題は特に論拠もなく、また *-ba* の形式と *-tara*[*ba*] の形式との間の時制的相違の理論への批判もなしに提示された。

H.И. フェリドマンは「*ba* の語尾をもつ形式は、一般的な性質、具体的な性質のどちらの条件文をも形作ることができるが、*tara* の語尾をもつ形式が作るのは具体的な性質の条件文だけだ…」［128,881］と書いている。しかし、H.И. フェリドマンは条件形の時制的な意味を否定していない：「どちらの形式も時制的な意味のある文を作ることができる。つまり主節の述語の動作に直接的に先行する動作を表すことができる。この意味でより広範に使われるのは *tara* であり、*ba* の使用はまれで、普通は問いと答えを述べる場合にのみ使われる」［同上］。

なかどめの条件形を研究する際には、それをいくつかの領域で検討する必要がある：形態論的な領域、歴史的な領域、そして現代語における意味と用法の研究という領域である。

以下で述べられるように、条件形の意味と用法はその形態論的な構造に直接左右される。そのため、条件形の構成についての問題がまず第一に研究されなければならない。現代語における条件形の意味と用法についての問題は、本書では時間的な相違に関わることに限って触れられる。

トレバ、ミレバ のような形式の形態論的な分節にたいしては3つの視点がある。1つは伝統的なもので、これらの形式を「第4語幹」(*tore-*、*mire-*)と語構成要素 *-ba* に分ける。O.B. プレトネルは、第1活用の動詞では語根(つまり *tor-*)と接尾辞 *-eba*、第2活用の動詞では語根と接尾辞と連結の *-r-* で：*mi-r-eba* のように分解した［91,79 参照］。O. ヴァッカリは同じ形式を違うやり方で分節した：*e-* 語幹＋ *ba* と、単純な動詞語幹＋ *-reba* ［240,303 参照］。

トレバ、ミレバ のような形式の形成、それが歴史的にどのように生じたのかは、伝統的な視点から正しく説明される。しかし、現代語では、*-e* + *domo* 形式は生きた言葉でも芸術的な作品でも使われておらず、形態論的な境界はもう *-e-* と他の接尾辞(*-ba* を除いて)とを切り離さなくなっている。つまり境界は消え始めているのだ。ここで語ることができるのは、トレバ のような形式を：*tor-* + *eba* と、ただ2つの形態素に分節することだけである。同じことが第2活用にも認められる：*mir-* + *eba*。

語幹 *mir-* は、少なくとも3つの形式を対比することによって抽出できる：*mir-* + *u*、*mir-* + *eba*、*mir-* + *areru*(受動態の形式)が、もし、*-domo*(*mir-* + *edomo*)の形式を思い出すなら4形式の対比となる。もしも、*-r-* が本当にここで連結の子音の役割をしているなら、動詞の接尾辞がつく語幹のうちの1つ、つまり第1語幹あるいは第2語幹が *-r-* の前に来るはずである。第2活用の動詞ではこれらの語幹は語根と一致するが、変格活用のクルとスルでは、第1語幹は コ、セ になり、第2語幹は キ、シ となる。明らかに、クレバ、スレバ という形式の中の語幹 *kur-*、*sur-* は第1語幹でも第2語幹でもない。

したがって、条件形はどの活用形の動詞からも同じように形成されることはまったく明らかである。

トッタラ［バ］、ミタラ［バ］のような形式の形成にたいする見解も3つ存在する：

第1活用	第2活用
totta + *ra*[*ba*]	*mita* + *ra*[*ba*]
tori + *tara*[*ba*]	*mi* + *tara*[*ba*]
tott + *ara*[*ba*]	*mi* + *tara*[*ba*]

D. コリャードは、トッタラ［バ］、ミタラ［バ］のような形式の形成を、《小詞 *raba*》が過去形に付いたものだと説明した［220,34 参照］。伝統的な見解にしたがうと、この形式は第 2 語幹に タラ［バ］が付いてできている。その際、タ 形式が形成される場合と同じ音声変化が起こる。O.B. プレトネルは：「日本語にはさらに、条件的な過去のための特別な形式があり、次のような接尾辞が付加される：第 1 活用には、過去語幹に継ぎ足される アラ または アラバ、第 2 活用には タラ または タラバ である。」と書いている［91,79］。

O.B. プレトネルによる、第 1 活用の動詞のための条件形の形成の説明を正しいとみなすことはできる。しかし、「過去語幹」（つまり本書で提案している用語では「先行時制の語幹」）という言葉で、歴史的に一定の音声変化が記録されている、ある語幹だけを言い表す根拠はない。過去時制の語幹が第 2 活用の動詞だけではなく、例えばダス（出す）のような、スに終わる第 1 活用の動詞のように過去語幹が存在しない場合にも、過去時制の存在を別のやりかたで認めなければならない。ダシタ は *dasit* + *a*、ダシタラは *dasit* + *ara*、と分節されると考えるべきである。

13　近代日本語の条件—時制形式の歴史

第 4 部の冒頭でも述べたように、現代日本語では、4 つの条件形のうち残ったのは 2 つ—トレバ のような形式と トッタラ［バ］のような形式である。

現代語では、*-tara* 形式が、以前 *-tareba* 形式で表していたものも、*-taraba* 形式で表していたものも表現できる。このことは日本の伝統的な文法では、タレバ が（タリャー＞タリャを経て）タラ に、タラバ が タラ に音声変化した結果、両形式が一体化したと解釈されている。そのような見方はロシアの日本語学者たちにも影響を与えてきた。Д. スミルノフは書いている：「語尾 タレバ、または タラバ は、通常 タラ と略される」［110,96］。

Н.И. コンラッドもやはり現代の *-tara* 形式には起源が 2 つあると考えていた。彼は書いている：「なぜ外見上同一のタラ形式がまったく異なる 2 つの場合に見られるのかは、次のような分析に照らして初めて理解可能になる。実は、これは起源の異なる タラ がそれぞれ自身の基本的な意味を保っているということなのだ：第 1 語幹からのタラ（タラバ→タラ）は可能的な意味を、第 4 語幹からのタラ（タレバ→タラ）は現実的な意味を」［65,325］。

Н.И. コンラッドの意見によれば、現実的な結びつきと可能な結びつきとの間の違いは非先行時制形式においても保たれる：「第 1 語幹から作られる条件形は 2 つの動作の結びつきをただ仮定的でしかないもの、あるいは可能なものとして語ろうとしたが、第 4 語幹から作られる条件形は現実的な結びつきについて語った。例えば：

トワバ、コタエム　‘もしも問われたら、多分答えるのだが’
トエバ、コタエル　‘問われるときは、答える’

この意味的な相違が、現代では消失したのだろうか？　決してそんなことはない。しかし、可能の結びつきを表していた形式、つまり第1語幹＋バは消滅した。言語はいかにして危機から脱するのか？　それに対する答えは前述のすべてのことから明らかである：動詞の活用から第1語幹＋バの形式を排除した後、日本語は可能の結びつきを表現するために助動詞タリ—タラから形式を導入してすべての動詞に付け始めた。そのようにして、生じた空白が埋められたのだ」［65, 323–324］。

つまりН.И. コンラッドは、トッタラ のような形式は現代語において、古い**3つ**の形式：ただ可能性にすぎない結びつきを表した トッタラバ、現実的な結びつきを表した トッタレバ、そして「2つの動作の結びつきをただ仮定的でしかないもの、あるいは可能なものとして」表した トラバ：に取って代わったと考えている。ここから、第4の トレバ のような形式の意味と用法は本質的には変わっていないという結論を導き出すことができる。

しかし、トッタレバ のような形式の消滅が音声変化によって説明できるとしても、トラバのような形式の消滅を同じように説明するのは困難である。というのは、タレバ＞タレア＞タリャー＞タリャ＞タラという変化との類推によれば、トレバ と トラバ のような形式には次のような展開が予想されるからである：トレバのような形式では——トレバ＞トレア＞トリャー＞トリャ＞トラ；トラバのような形式では——トラバ＞トラア＞トラー＞トラ。しかし、トッタリャのような形式とトリャのような形式はすでに17世紀のテキストの中に、頻繁にではないが、見られるけれども、トラア、トラ は、トリャ が生きた会話や方言に広く登場する現代語にも存在しない。また、日本語にはそもそも リャ が ラ に移行する例がないのだ。これらすべてのことは、現代の *-tara* 形式は本質的に、起源も意味も異なる2つの同音異義的な形式だという通念に疑問を呈する。

今まで解明されないままになっている問題には、トッタラ［バ］—トッタレバ の対では前の トッタラ の形式が残り、トラバ—トレバ の対では後の形式が残ったのはなぜか、というものもある。

以上の諸問題に答えるために私はこれらの形式が完全に生きていた時代の用例を分析したが、その際、次のような課題を自らに課した：

1. トラバ—トッタラ［バ］のような形式の共通の意味は何だったのかを明らかにする：それらは本当に可能の条件（あるいは、他の著者の用語によれば、仮説的な条件)を表していたのか。

2. トラバ―トッタラ［バ］のような形式の間の文法的な違いは何だったのかを明らかにする：*-tara*[*ba*] 形式は *-tareba* 形式と同様にまさに**先行的**な条件を表していなかったのか。これは現代の *-tara* にかんして多くの著者から指摘されたことだ。

3. トレバ―トッタレバのような形式の、共通の文法的な意味とは何だったのかを明らかにする：それらは本当に、トラバ―トッタラ［バ］のような形式とは違って、現実的な(断定的な)条件だけを表したのか。

4. トレバ―トッタレバ のような形式の間の語彙的な違いは何だったのかを明らかにする：それは、トラバ―トッタラ［バ］の間に存在していた違いと類似のものではなかったか(それらの形式的な違いはまったく類似ではないか)。

5. それらすべての形式が、現在、過去、未来についての発話に使われていたのか、それともいくつかの形式が、いずれか 1 つまたは 2 つの時間的断片に限定的に用いられていたのかをつきとめる。

6. なかどめの条件-時制形式の用法と意味が、対応のいいおわりの形式、またなかどめの譲歩形式の用法と意味とどのようにつながっていたのかをつきとめる。

7. トラバとトッタレバのような形式が消滅した原因を発見する。

具体的な資料をそれぞれの形式別に検討しよう。

14 トラバ(タカクバ、トラズバ)のような形式

トラバ(タカクバ、トラズバ)の類の形式の例。

現在についての発話：あらば いそいで よべ「**あらば**急いで呼べ」(狂言記, Ⅰ, 183)；**あらば** もーしぇ「**あらば**申せ」(同前)；は、かわり-が **いらば**、いかほど-なりとも やろー「は、代が**いらば**、如何ほどなりともやらう」(狂言記, Ⅰ, 188)；やい そこな もの、かき-を くて **はずかしくば**、ごめん-なれ とゆーて、をっと しぇで いね「やいそこな者、柿を食て**恥しくば**、御免なれと云ふて、をつとせで去ね」(狂言記, Ⅰ, 120)。ここでは形容詞の第 1 語幹が当該の形式をとっている。

この形式の用例は否定法にもある：**つかずば**、いかほど-なりとも、はきかけ をれ「(付眉が)**つかずば**、如何ほどなりとも、(唾を)はきかけをれ」(狂言記, Ⅰ, 3)。

古典の日本語においては トラバ のような形式は通常現在についての発話の中では用いられなかった。この形式を 14 世紀の文献で現在についての発話に用いた個々の場合を落合直文は「誤用」と判定した：きょーじん-の まね とて、をーじ-お **はしらば**、すなわち、きょーじん-なり「狂人のまねとて、大路を**はしらば**、則ち、狂人なり」(『徒然草』, 引用文献, 182 番, Ⅳ冊, p.145)。しかし、ここには

どんな間違いもない：ただ *-ba* 形式が推定される動作を表しているだけで、そのことは第1語幹も示している。落合は、このような場合にはいいおわりの述語も仮定形にしなければならないと考えていた。しかし、いつもそうなっていたわけではない。

過去についての発話には、第1語幹＋バ でできた形式の用例は1つも採録できなかった。

未来についての発話の中での トラバ のような形式の用例：みちみち　めいしょ-が　**あらば**　かたれ「道々名所が**あらば**語れ」(狂言記, Ⅰ, 53)(参照. 狂言記, Ⅰ, 6,8,112)；かまえて　**なかば**、をーかめ-に　やろーず「かまへて**泣かば**、狼にやらうず」(エソポ, 498,499)；この　よーに　して　**とらば**、いかほど-なりとも　とらりょー「この様にして**とらば**、如何ほどなりとも取られう」(狂言記, Ⅰ, 354)。

第1語幹＋バでできた形式の、現在と未来についての発話での用例を分析すれば、ここには仮説的な**結びつき**はないことが見て取れる。たとえば、『エソポのファブラス』からの例で、泣く子を狼にやってしまうという脅しは、もちろん、断固たる口調で言われた。ナケバの形式が使われていないのは、発話者には子供が泣くかどうかは分かっていなかったからだ。しかし、当時は未来の動作のほとんどすべてが、ただ可能なだけのものとして見られていた。時間の観点からは、トラバのような形式はすべての場合に、これで表す動作は、その後で言及される動作と同時に起こることを表している。

(つなぎのナラ［バ］については第5章の32節を参照)

15　トレバ(タカケレバ、トラネバ)のような形式

トレバ(タカケレバ、トラネバ)のような形式の、**現在についての発話**の中での用例：いや、をまえ-を　**みますれば**、を-さむらい-そーに　ござる「いや、御前を**見ますれば**、お侍さうにござる」(狂言記, Ⅰ, 75)；たとい　がい-を　なしとーて-も、いま　この　てい-でわ　**かなわねば**、を-いで-を　まちぞんずる「たとひ害を**なしたうても**、今この体では**叶はねば**、お出でを待ち存ずる」(エソポ, 502)；もーし、もの-を　**おしゃらねば**、なんとも　めいわく-で　ござる「申し、物を**仰しやらねば**、何とも迷惑でござる」(狂言記, Ⅰ, 354)。

恒常的な、および繰り返される現象についての発話の中では、この形式は非常に多く見受けられる。例：*Cocoroni canaximiga* areba, *cacusarenu*「心に哀しみが**あれば**隠されぬ」(金句集, 509)；いつも　ぼん-に　**なれば**、わかいしゅー-が　をどり-を　しぇらるる「いつも盆に**なれば**、若い衆が踊りをせらるゝ」(狂言記, Ⅰ, 357)；ふん、きょーうちまいり-を　**すれば**、しゅー-に　ひま-を　こわぬ　ほー-

で　をりそー　か「ふん、京内参を**すれば**、主に暇を請はぬ法でをりそーか[10]」(狂言記, I, 70–71)；うち-の　もの-を　**やれば**、うり-を　ぬすみをる　に　よって、それがし-の　まいにち　まいらねば　ならぬ「内の者を**遣れば**、瓜を盗み居るによつて、某の毎日参らねばならぬ」(狂言記, I, 355)；はー、みょーが-を**たべますれば**、どん-に　なりまする　か「はあ、茗荷を**食べますれば**、鈍になりまするか」(狂言記, I, 113)。

過去についての発話の中でのトレバのような形式の使用例：**きけば**、むこいり-にわ、いろいろの　じぎ-が　ござるげな「**聞けば**、聟入には、色々の辞儀(挨拶)がござるげな」(狂言記, I, 11)；まだ　さと-に　かえろーずる　よー-が　**なければ**、また　うし-を　くろーた「まだ里に帰らうずる様が**なければ**、また牛をくらうた」(エソポ, 497)(ここに ナカッタレバ［なかったので］ではなく、ナケレバ［ないので］があるのは、従属文で述べられている動作を行う可能性が、主文の述語で表された動作がなされているときにはまだ現れていなかったからである)；このじゅー　ごじぇん-に　**つめて　あれば**、しんち-を　くゎっと　くだされた「此中御前に**つめてあれば**、新知(新領地)をくわつと下された」(狂言記, I, 6)［ここでは、次の例と同様に、アレバ がパーフェクト的ニュアンスの意味をもつ複合的な形式の構成部分になっている。話題となっているのは客観的な過去(話者は発話時点にはすでに自宅にいる)のことであるにもかかわらず、ここには アッタレバ が見られない。これは、アレバ が、他の非先行時制語幹をもつ諸形式と同様に、現在の時ではなく同時性を表すということで説明できる］；いち-の　たな-を　かざって　**ござれば**、あの　ものめ-が　たなさき-に　をって、のくまい　と　もーす…「一の棚を飾つて**ござれば**、あの者めが棚先に居つて、退くまいと申す…」(狂言記, I, 197)。

トレバ のような形式が過去についての発話で用いられている例から、この形式によって設定される条件-時制・原因の結びつきは、まさに同時的な原因あるいは条件を示していることがはっきりわかる。

トレバ のような形式は、まれではあるが、**未来についての発話の中**でも見受けられる：これ-に　**まければ**　いかが-じゃ「これに**負ければ**いかゞぢや」(狂言記, I, 152)；また　**いそぎ-なれば**、あまた-の　でし-が　あつまって、を-みぐし-を　けづり、を-て-を　きざみ、ころも-の　ひだ-を　とりいたす-の-をば、さて　それがし-が　にかわ-を　もって、ひたひたと　**つけますれば**、とき-の　まに　でけまする「又**急ぎなれば**、数多の弟子が集まつて、おみぐしをけづり、御手を刻み、衣の襞を取り致すのをば、扨某が膠を以つて、ひた〳〵と**つけますれば**、時の間に出来まする」(狂言記, I, 144)。

注目に値するのは、どちらの文でも未来についての発話の中で、いいおわりの動詞も直説法形式になっていることだ。これは当時としてはまだまれな現象であった。トレバ のような形式もやはり（直説法の形式と同様に）、まだ起きていない動作についての発話の中で使われるのは比較的まれであった。しかし、その後、トラバ のような形式や推量法の形式全般が、実現性の高い未来についての発話から排除されるのに応じて、トレバ のような形式の使用が広まった。

こうして、トレバ のような形式は、もうこのころには純粋に相対的な形式となり、3つのすべての時間的断片についての発話の中で使われて、同時的な条件・原因を表したり、あるいはなかどめの述語で表されたプロセスが続いて述べられるプロセスと同時に行われたことを示したりした。

16　トッタラ［バ］のような形式

トッタラ［バ］のような形式は、**現在についての発話の中**では使われていない。

過去についての発話の中では、この形式はかなり頻繁に見られる。例：**みもーたらば**　はら-を　たてて、こよい-わ　ばん-を　して　いる　こと-も　あろー「**見舞うたらば**腹を立てて、今夜は番をして居る事もあらう」（狂言記，Ⅰ，356）；**みもーたらば、**このよーに　して-わ　をくまい「**見舞うたらば、**この様にしては置くまい」（同前）；とび-が　**くたらば、**ふた-が　せず-に　あろー　が、たれ-が　くた　ぞ「鳶が**食たらば、**蓋がせずにあらうが、誰が食たぞ」（狂言記，Ⅰ，64）；この　じぶん-をば　**ぞんじましたらば、**てつだい-に　まいりましょー　もの-をば「この時分をば**存じましたらば、**手伝に参りませうものをば」（狂言記，Ⅰ，137）（テキストから、動作はすでに終わっていて、手伝うには遅いことが明らかである）；ぞんじょー-の　とき　それほど　すぐに　こころ-が　**あったらば、**いま　この　がい-をば　うけまい　もの-を「存在の時、それほど直に心が**あったらば、**今この害をば受けまいものを」（エソポ，495,496）；ささえ-を　**もったら、**よー　をじゃろー　ものを「竹筒を**持つたら、**ようおぢやらうものを」（狂言記，Ⅰ，131–132）（テキストから、旅人たちがもう家から離れてしまっていたことが明らかである）。最後の例の従属文は未来に関する希望ではなく、過去に関する希望を表現している；主文では現在のことが述べられている[11]。

トッタラ［バ］のような形式の過去についての発話の中の用例のすべてにおいて語られているのは、あるいは実際には実現されなかった動作であり、あるいはただ仮定することだけできた動作であった。*-tara[ba]* 形式は、過去に対する先行性も、現在に対する先行性も同じ程度に表している。

最も頻繁にトッタラ［バ］のような形式が使われているのは、**未来についての発話の中**である。例：なんじ-にも　もたしぇて、ともに　**つれたら**　よかろー　ものを「汝にも持たせて、供に**連れたら**よからうものを」(狂言記, I, 128)。文法的にはこの例は前出の数例と類似であるが、現実のシチュエーションが異なる：道を行く侍が、立派な刀をもった人を見る；彼は使用人に言葉を向ける、彼の言葉を、刀を奪えという意味だと使用人は理解する。つまり従属文の動作も主文の動作も未来に関係している。注目すべきなのは、未来についての発話の例文中でも、前出の過去についての発話の例文中でも同一の動詞形式が使われていることである：さりながら、もの-に　**よそえたら**　をぼえさっしゃれましょー　か「さりながら、物に**よそへたら**覚えさつしやれませうか」(狂言記, I, 35)；さりながら、たの一だ　ひと-が　ちゅーもん-の　をこされて　ござる　ほどに、これ-に　**をーたらば**　かいましょー「さりながら、頼うだ人が注文のおこされてござるほどに、これに**合うたらば**買いませう」(狂言記, I, 101)；ごじょー-を　**つかわされたら**　よーござりましょー「御状を**遣されたら**ようござりませう」(狂言記, I, 16)。広い文脈で分かることだが、最後の例文では未来について語られている：使用人が道の途中から引き返してきて、主人に、自分を遣わしている相手の女性に手紙を書くように忠告している。*-tara* 形式はここでは未来に予想される動作を意味している。

しかし、大部分の場合、*-tara[ba]* で設定される**結びつき**は、まったく現実的である：けだもの-が　**みたらば**　きも-を　つぶいて、あたり-えわ　よるまい(狂言記, I, 355)「獣が**見たらば**肝を潰いて、あたりへは寄るまい」；あれ-え　**ござったらば**、まづ　ふね-に　のらっしゃりょー「あれへ**ござつたらば**、まづ船に乗らつしやれう」(狂言記, I, 124)；して、くらい-に　**まけたらば**、そのほー-わ　うりこ-に　なる　か「して、位に**負けたらば**、其方は売子になるか」(狂言記, I, 40)；むこ-の　**わしぇたらば**、これ-え　と　もーしぇ「聟の**わせたらば**、これへと申せ」(狂言記, I, 106)；こちら　**むいたら**　とって　かむ　ぞ「こちら**向いたら**取つて噛むぞ」(狂言記, I, 69)；のーのー　よ-が　**あけたらば**、そーそー　とり-に　をじゃれ　や「なうなう、夜が**明けたらば**、早々取りにおぢやれや」(狂言記, I, 169)。

この時代には、非断定的な法の形式が、未来についての発話の中で、疑いなく到来するプロセスに関してさえも使われていた。このような形式によって設定される結びつきの性質も疑う余地のないものだった。

-taraba 形式と *-tara* 形式は、意味的にはまったく同一である。狂言において、同一の登場人物が同じ動詞に、ある時は *-taraba* 形式を使い、ある時は *-tara* 形式を使う、といったことはしばしばある：やい、それがし-わ　こよい、を-つーや-をもーす　ほどに、なんじ-わ、それ-に　をって、とり-が　**うとーたらば**、をこしましぇい. —とり-わ　なにとり-で　ござりまする　ぞ？—どんな　やつ　の、にわとり-が　**うとーたら**　をこしましぇい「やい、某は今宵、お通夜を申すほどに、

汝は、それに居つて、鳥が**うたうたらば**、起こしませい。—鳥は何鳥でござりまするぞ。—鈍な奴の、鶏が**うたうたら**起こしませい」(狂言記，Ⅰ，53)[12]。

このように、16–17世紀の言葉の中での *-tara*[*ba*] 形式の用例分析から、もう16–17世紀にはこの形式が現代の標準語とほとんど同じように使われていたことが分かる。

現代語における *-tara*[*ba*] 形式の用例：

こんな　ところ-お　てるこ-が　**みたら**、どんなに　いっしょに　ないて　くれる-で　あろー「こんな処を照子が**見たら**、どんなに一しよに泣いてくれるであらう」(芥川，177/1，秋)。この文では、実際には起こらなかった動作が語られている。

はなす-の-お　**やめたら**、
とーく-で　ひばり-が　ないて　いた(国語，3［1］，27)

ここでは過去の実際の出来事について語られている：*-tara* 形式は、以前には *-tareba* 形式にだけあった意味で使われている。

はし-の　した-お　**みて　いたら**、
さくら-の　はなびら-が、
ならんで　ながれて　いきました(同前，31)

この例では、ミテ イタラ が始まりの先行を表している。

うっかり-して、おととい-から　**みないで　いたら**、おたまじゃくし-わ、みんな、まえあし-が　でて　しまった(同前，47)。ここにもやはり始まりの先行がある：足が生えたのは語り手がおたまじゃくしを最後に見た(見ないようになった)すぐ後ではない；第1の動作の始まりと第2の動作の始まりの間にはいくらかの時間が経過している。

未来についての発話の中の *-tara* 形式は、基本的には直接話法や対話の中に見られる：えーと、このにんぎょー-を　みて、これ-と　そっくり-の　え-を　**かいたら**、どー(同前，66)；え-だけ-で　なしに、じ-も　**かいたら**(同前)；うち-に　おいて　あります　から、と　**かいたら**？(同前)；この　ぽすたー-の　ぶんしょー-わ、どんな　ふー-に　**なおしたら**、もっと　よく　なる　でしょー　か(同前，68)

最後の例ではまったく現実的な未来の動作が話題になっている。しかし、主文の述語は推量法形式の むすび をもっている。参照：あなたがた-が　きみこさん-**だったら**、きんじょ-の　うち-え　いった　とき、なんと　いって　たずねます　か」

(同前, 63)。ここでは、条件は明らかに非現実的である。それにもかかわらず、いいおわりの述語は直説法の形式になっている。この文も、前の文も疑問文である。つまり、仮定的な条件も現実的な条件も、現代語では形式的には区別されていないのだ。

17　トッタレバのような形式

トッタレバのような形式は、**現在についての発話の中**には見られない。

この形式の**過去についての発話の中**での用例：にょーぼー-を　**さったれば**、こころ-が　すっきりと　した「女房を**去つたれば**、心がすつきりとした」(狂言記, Ⅰ, 116)；をのれ-が　はわ　ろっかつき　まえ-にも　みづ-を　**にごらしたれば**、いかでか　その　つみ-を　なんじ-わ　のがりょー　ぞ「おのれが母、六か月前にも水を**濁らしたれば**、いかでかその罪を汝は遁れうぞ？」(エソポ, 443)；は-は、まこと-に　**ひろげさっしゃれたれば**、はて　いかい　すえひろ-で　ござる「はゝ、まことに**広げさつしやれたれば**、はていかい末広でござる」(狂言記, Ⅰ, 101)；ひる　**みたれば**　うり-が　いかい　こと　みえた　が、よる-ぢゃ　によって　みえぬ「昼**見たれば**瓜がいかい事見えたが、夜ぢやによつて見えぬ」(狂言記, Ⅰ, 354)；ぬすんだ　うり-を、さる　を-め-を　かけらるる　かた-え　**しんじょー-いたしたれば**、さて-も　よい　うり-ぢゃ、これ-わ　そち-が　てさくか　と　をーしぇられた　に　よって、なかなか、わたくし-の　てさく-で　ござる　と　**もーしたれば**、さても　よい　うり-ぢゃ…　と　をーしぇらるる「盗んだ瓜を、さるお目をかけらるゝ方へ**進上致したれば**、扨ても好い瓜ぢや、これはそちが手作かと仰せられたによつて、なか〳〵、私の手作でござると**申したれば**、扨も好い瓜ぢや…　と仰せらるゝ」(狂言記, Ⅰ, 355–356)；その　とき　ちち　ずわいども-を　こーて　ほどき、いちばづつ　めんめんに　**わたいたれば**、ぞーさ-も　のー　をった「その時、父標(折れなかった小枝の束)どもを乞うてほどき、一把づつ(子供たちの)面々に**渡いたれば**、造作もなう折った」(エソポ, 491,492)；にわとり-の　こえ-も　**きこえなんだれば**、ししおー　たちまち　とって　かやいて…「鶏の声も**聞えなんだれば**、師子王たちまち取って返いて…」(エソポ, 482)(ここでは、否定法の形式の キコエナンダレバ‘聞こえなくなった’は、始まりの先行の意味をもっている：獅子が帰ったときも、にわとりはだまり続けている)；しし　もって-の　ほかに　あいわづろーて、さんざん-の　てい-で　**あったれば**、よろづ-の　けだもの　それ-を　といとむろー　こと、ひま-も　なかった「獅子以ての外にあひ煩うて、散々の体で**あったれば**、万の獣それを問ひ訪ふこと、隙もなかった」(エソポ, 502)(*-tareba* 形式は、やはり始まりの先行を意味している：

はじめに獅子がひどい状態になり、次に彼を見舞いに来始める；しかし、獅子は見舞いの訪問が行われている間中患い続けている)；われ-わ　みなすそ-に　**いたれば**、なじぇに　かわ-の　かみ-を　ば　にごそー　ぞ「我は水裾に**居たれば**、なぜに川の上をば濁さうぞ」(エソポ，443)；ここ　かしこ-を　**みまわいたれば**、はち-わ　その　あるじ-お　さんざんに　**さいたれば**、うらみて　ゆー　わ…「ここかしこを**見廻いたれば**、蜂はその主を散々に**刺いたれば**、恨みて言ふは…」(エソポ，483)(ここには検討中の形式が二度現れている：最初の場合は始まりの先行を意味し、2つめでは終わりの先行を表している)。

文中の *-tareba* 形式の先行的な意味がそれほど明確でない文も見受けられる。そのような文では、ゾンズル‘思う’という動詞が *-tareba* 形式を取っている；よび-に　まわりましょー　と　**ぞんじたれば**、はや　をいで-なされた[xxi]「呼びにまはりませうと**存じたれば**、はやお出なされた」(狂言記，II，77)。しかし、この文は、客が来る**より前に**自分が迎えに行こうと考えていたことを発話者が強調したがっているように解すこともできる；それがし-よりも　さき-お(ママ)こー　もの-わあるまい　と　**ぞんじたれば**、かっこはり-が　きょろりと　して　をる[xxii]「某よりも先へ来う者はあるまいと**存じたれば**、鞨鼓張がきよろりとして居る」(狂言記，I，196)。もちろん、ここでも、発話者が、市場に最初に行くことを、鞨鼓張が来る**前に**考えた、と解することもできる。

時おり、*-tareba* が *-tarja:* と短縮されることがある：こころ-が　なをった　と　**ぞんじたりゃ**、わらする　たくみ-で　ござった([xxiii]「心が直つたと**存じたりや**、破らする工でござつた」狂言記，I，200)。(多分、これは集めた用例の中で、検討中の形式が相対的な意味以外で使われた唯一の例である)；かささぎ-の　はし-を　**わたしたりゃ**「かさゝぎの橋を**渡したりや**」(狂言記，II，142)(歌の一部で二度繰り返される)；…**わすれたりゃ**…　すそ-に　かんなくづ、**ふきゃ**　ちらした…「…**忘れたりや**…裾にかんなくづ、**吹きや**散らした…」(狂言記，I，519)(歌の一部、狂言記，II，113で繰り返される)。フキャ という形式は フケバ の形式から生じたもの。

研究されたテキストの中で、**未来についての発話の中**に トッタレバ のような形式が使われている例にはただ1件だけ出会った：それ-ならば、ずいぶん　かお-を　えどって　みて、**にたれば**、そなた-も　しあわしぇ、みども-も　くわほー-ぢゃ「それならば、随分顔を彩つて見て、**似たれば**、其方も仕合、身共も果報ぢや」(狂言記，I，392)。しかし、ニタレバ の形式は、ここでは動詞派生の形容詞「似た」からできた非先行時制の条件・時間的副動詞であって、動詞「似る」からできる先行時制の副動詞ではない。「似る」の条件形 ニレバ にはテキストの中で出会わなかった。

これらの例から、トッタレバ のような形式は、純粋に相対的な形式ではないことが分かる：それは過去の動作だけを表すのだが、その際他の過去のプロセスに対する先行性を意味することもあれば、現在のプロセスに対する先行性を意味することもある。

この形式で表される動作は常にまったく現実的なので、これによって設定される結びつきを**原因・時間的**と呼ぶこともできる。なぜなら、このような接尾辞をもつ条件的副動詞は見つかっていないからだ。17–18 世紀の言葉の中では、*-tareba* 形式はまだ生きていた［204,86］。その後、*-taraba* 形式に取って代わられていく。それによって、過去についての発話では、条件・時間的従属節の中で副動詞を使って現実的な動作と非現実的な動作を区別する手段がなくなってしまったのだ。

18　現代語における条件—時制形式の用法と解釈

多くの著者が条件形を「条件的な現在」(トレバ のような形式)と「条件的な過去」(トッタラ のような形式)に分けている。ローズ・イネスは書いている：「条件的現在はしばしば条件的過去の代わりに使われている。また、その逆もある」［238,17］。どうやら彼は、トレバ のような形式は現在についての発話の中でのみ使われるべきで、トッタラ のような形式は過去についての発話の中でのみ使われるべきだと考えていたようだ。しかし、彼自身が、それはこれらの形式の実際の使用とは一致しないことを認めている。彼はこんな例を引いている：スコシ　キ　ヲツケレバ　コワレ-ナイ　ノ　ニ(同前)。過去が話題になっていて、*-eba* が使用されているのである。ローズ・イネスの引いているもう 1 つの例：**デキタラ　モッテキテ　クダサイ**(同前)；これは、「できたなら、もってきてください」の意味と「できたときに、もってきてください」の意味を表すことができる。引用されたこれらの例から、トッタラ のような形式は発話時との関係を示すのではなく、先行性一般を表すことが明らかである(*tott-* のような語幹を共有する *-te* 形式と同様に)。

現代語の条件-時間的形式の両方が、過去についての発話の中でも、未来についての発話の中でも使用されることが、何人かの著者に「条件的な現在」、「条件的な過去」という用語を拒否させ、これらの形式を「第 1 および第 2 条件形」と呼ばせている。まさにそのことによって、むしろ、これらの形式に対する特定の見解を表す正確な定義を回避することになってしまう。例えば、E.Г. スパリヴィンは書いている：「実際には、しかし、第 1 と第 2 の条件形の間には何の違いもない。それらはしばしば、まったく頓着なしに互いが入れ替わる」［114,55］。おそらく、このような認識が E.Г. スパリヴィンの中に生じたのは、まさに、彼がこれらの形式の違いを、発話時を基準にしながら探していたからに違いない。それらの形式が過去についての発話の中でも未来についての発話の中でも使われるという事実に気づいて、E.Г. スパリヴィンはこれを「無頓着の入れ替わり」とみなしたのだ。

トレバ のような形式の使用は文学的な言葉の範囲に限られている。生きた言葉の中では、この形式は《*-u* 形式（*-te iru* 形式、*-nai* 形式）＋つなぎ ト》の構造にとって代わられつつある（第5章参照）。ただ特別な表現にのみそのような交代は起こっていない。例えば、*-ba* 形式が次のような義務を表す定型的な構造に使われている：はっきり　わかる　よーに、き-お　**つけなければ　なりません**（国語，3［1］，31）。形式：*-ba* ＋イイ も特別な構造と考えてよいのではないか：どこ-え　とり-に　**いけば　いい**　の　か（同前，66）。イイの前には *tara* の形式も見られる（同書の 56,64,65 を参照）。

これらの表現以外では、トレバ のような形式は3年生用の《国語》 I の 113 ページの中でたった1度しか出会わなかった：さんせんち-ぐらい-に　**なれば**、うしろあし-が　でる　と、せんせい-が　おっしゃった…（前掲，46）。

義務の表現の中にある、トレバ のような形式には6回出会い、イイのついたものには1回出会った。

だが、*-tara* 形式には、同じ本の中で、過去についての発話で16回、未来についての発話で10回、仮定的条件を伴うもので2回、イイ の付いた表現で3回出会った。義務的な表現の中ではこの形式に出会っていない。

『読本』Ⅳの中では、*-ba* 形式にはやはり1回しか出会わなかったが、*-tara* 形式には11回出会った。

一方、《*-u* 形式（*-te iru* 形式）＋つなぎ ト》の構造には、前掲の本『国語』の中で20回以上出会った。まさにこの形式が トレバ のような形式に取って代わりつつあるのは明らかである。

確かに、何人かの作家の文学作品の中では、*-ba* 形式はまだ残っている。しかし、*-tara* と *-ba* 形式がたがいに無頓着に入れ替わるなどとは決して言えない。

伝統的な日本語文法は、*-tara* と *-ba* の形式を関連づけていない。*-tara* 形式は *-ta* 形式の変化型の1つだとみなされ（これには、実際のところ同意せざるを得ない）、*-ba* 形式は：動詞の語幹＋《助辞》*ba* の結合とみなされる。これらの形式が互いに比較されることはないし、形態論の別々の部分で研究されている。例えば、木枝増一は、自身の『日本語文法』において、*-tara* 形式の例を3つだけ引用している：2つはこの形式の過去についての発話の中での用例で、「過去の助動詞」のパラグラフに掲載されており［58,455 参照］、1つは未来についての発話の中での用例で、「動作の完了の助動詞」のパラグラフに掲載されている［58,458 参照］。*-ba* 形式の用例は「接続助詞」の部に掲載されている；トレバ と トラバ のような形式には、文献によるそれらの歴史すべてにたいして、木枝の本のわずか1ページ半があてられているに過ぎない［58,585–586 参照］。

日本の著者たちは、*-ba* 形式が生きた言葉から消えつつあることに気づいていない、なぜなら彼らはおそらく、この形式の自由な用法を、それらが生きたまま残っている特別な表現の中での用法と区別していないからだ。そのような表現には、さらに次のようなものも加えることができる：スレバ　スル　ホド…のような表現。例えば：…**はやければ　はやい**　ほど　にほん-の　こくみん-に　とって　ゆーえき-で　ある(《アカハタ》Ⅰ．Ⅳ．1950)。

《*-ba* 形式＋コソ》の構造を、木枝は文語体の口語に含め、生きた口語には含めていない［58,586 参照］。このような構造は原因の意味をもっている：しかし、かなぶん-で　**あれば-こそ**、とーじ-の　こくご-お　じゆーじざい-に　つかって、その　じだい-の　せいかつ-お　こまかく　うつしだす　こと-が　できた-の　です「しかし、仮名文で**あればこそ**、当時の国語を自由自在に使つて、其の時代の生活を細かく写し出すことが出来たのです」(読本，Ⅱ，15)。ここでは、音節文字の使用が、その時代の生きた言葉を使うことを可能にした**同時的な**条件(原因)であったことが明らかである。

より詳細に *-ba* 形式の機能を丸山林平が検討している。彼はこの形式に 6 つの意味を見いだしている：1)「仮定的な条件」(この意味では トレバ のような形式が トラバ にとって代わった)；2) 原因(*-ba* 形式＋コソ)；3)「状況の併存」：かね-も　**あれば**、ひま-も　ある…；4) スレバ　スル　ホドのような表現における使用；5)動作の同時性：うち-に　**かえれば**　すぐに　いぬ-が　とびつく；6)あらかじめ決められた条件：この　くらい-に　**かければ**　たいした　もの　だ［参照, 171,285–287］。

丸山はあまりにも細かい項目を作っている：「仮定的な条件」と「あらかじめ決められた条件」との間の形式的な違いはなくなった。したがって、私の視点からは、それらを区別するのは時代錯誤である。その他の機能は 1 つの共通性をもっている—それは同時性である。この場合、*-ba* の形式の様々な意味のニュアンスはそれほど本質的ではない：重要なのはこれらのニュアンスのどれ 1 つとしてこの形式の時間的な意味、つまり同時性と矛盾しないということだ。

最後に述べなければならないのは、*-ba* と *-tara* の形式は特別な条件法の形式ではないのかという問題についてである。条件法についての理論は、日本語文法の最も古い課題の 1 つである。「接続法」および「仮定法」という用語を日本語のなかどめ形式に対して最初に使った著者はロドリゲスである。彼の著作に基づいてのみ：**ござりましょーば**、うたわしゃれましぇい(狂言記，Ⅰ，185)「**ござりませうば**、謡はしやれませい」の文の ゴザリマショーバ が間違いでないことを断定できる。ロドリゲスはこれらの形式を方言と評価していた：

「このように、フィジェン(現代の発音ではヒゼン、九州の一地方名)では話される：

Motomeôba, motomete aro:ba を、*Motomeba, motometaraba,* の代わりに、
Miou:ba, mite aro:ba を、*Miba, mitaraba,* …の代わりに、
Narawo:ba, narao:te aro:ba を、*Narawaba, narotaraba* の代わりに、」[237,18]

しかし、これらの形式が推量法に属することはその形態論的な構成から容易に判定できる：ここでは *-ba* が推量法のいいおわりの形式に直接付加されているのだ。重要なのは、ロドリゲスが条件形を2つの異なる法に分類しながらも、それらの形式がいずれかの時制に属することに少しも疑問をもっていなかったことだ。

「条件法」という用語をД. スミルノフとE.M. コルパクチも使っている。条件形にたいして詳細な特徴付けを行ったのはH.И. コンラッドである。法を詳しく検討しながら彼は次のように指摘している：「条件法と譲歩の法についても語ることができる。しかし…条件と譲歩の法は第2次的なものである：基本的な法のうちのいくつか、例えば希求法は条件法にも譲歩法にも当てはめることができる；そのうえ、これら2つの法は従属文の述語としてだけ見ることができるのだ」[65,185]。

言い換えると、条件法に加えることができるいいおわりの形式はないし、過去にもなかったということだ。そのうえ、考慮しなければならないのは、条件形を従属文で使うことが、いいおわりの述語の何らかの形式を決めはしないということだ；前に示されたように述語形式はどのようにもなり得る。

-ba と *-tara* の形式は、**条件の副動詞**と呼ぶのがより正しいのではないだろうか。モンゴル学者が *-basu* や *-bal* のなかどめ的な条件形を呼んでいるように[107,59]。

16–17世紀の日本語では、トッタラ［バ］のような形式は推量法に属し、トレバのような形式は直説法に属していた。しかし、日本語から トラバ のような形式とトッタレバ のような形式が消えた時、残された形式は法に関しての区別をやめてしまった。それらは今や時間に関してのみ区別されている。モーダルな面では、これらは肯定的であり、条件的否定形と対立する。

まとめ

1. 近代日本語の動詞と形容詞のなかどめ形式は、ロシア語を含む多くの他の言語の副動詞と同じように、相対的な時間的意味をもっている。それは、**先行性**(*-te/-de*、*-temo-/-demo*、*-tara/-dara* 形式)と**同時性、並行性**(接尾辞なしの形式、*-nagara[mo]* 形式の副動詞、トレバ のような条件形、そして論説文体や文語体では *-tutu*(ツツ)形式の副動詞[13])である。

2. 16–17 世紀の日本語では、当時の文学的な資料の専門的な研究が示しているように、現代日本語におけるよりも多くのなかどめ形式があった。その時から なかどめ形式の全体数が減少しただけではなく、それらの使用も減った［120,80–82 参照］。これは　つなぎ　の数が増え、盛んに使われるようになり、それらの前には動詞・形容詞の**いいおわり**の形式がおかれるようになったことと結び付いている。

3. 日本語の接尾辞なしの形式と *-te*/*-de* 形式は独自の時間的な意味をもたず、いいおわりの述語から時間を借用するのだという主張は、他の言語における副動詞の相対的な時間についての学説と食い違っており、否定されるべきである。そういった主張は、外国人のための日本語学習文法の最も古い考えに属しており、ロドリゲスにまでさかのぼる。彼は**翻訳**を容易にするために適した規則を作り上げたのだ。

4. なかどめの形式はいいおわりの形式とは違って、後続する動作を表すためにはほぼ完全に使われない。このため、接尾辞なしの形式、*-nagara*[*mo*] と *-tutu* の形式の相対的な時間的意味は、これらの形式が表す動作の、後続の述語（必ずしもいいおわりの形式でなくてもよい）が表す動作にたいする**同時性、並行性**（頻繁ではないがときには、**同等の重要性**）の意味として規定することになる。いいおわりの時制形式の非先行の意味と比較されたい。その意味の中では同時性と後続性が、後続性を表す特別な副動詞をもつ言語のようには区別されていない。

5. **先行性**は、必ずしも なかどめ形式で表された第 1 の動作の**終わり**が第 2 の動作の始めに先行するということだけではなく、第 1 の動作の**始めが**第 2 の動作の始めに先行することもあると理解しなければならない。

6. 現代語の条件的な なかどめ形式のトレバのような形式とトッタラのような形式の間の違いは相対的時間にかんする違いであり、モダリティの違いではない。現実的な条件と仮定的な条件は、これらの形式によっては区別されない。

7. 日本語に接続法[xxiv] はない。非現実的な動作に関わる条件形と共に使われるいいおわりの述語が、ロシア語なら完全に接続法の使用が義務的であるようなときでも、直説法に立つことができる。

重要なのは、接続性と、条件形で表される動作の仮定性とは全く別のものだと頭に入れておくことだ。時々、ロシア語の接続法が、従属節では *-tara* 形式、主節では推量法の形式によって訳される、という指摘がされる。しかし、これは事実の一部に過ぎない。多くの場合、現実にはなされなかった動作を表す形式でも直説法に立つ。

8. このように、条件形は 3 つの文法的な意味を表す：a）時間（同時性、または、続いて言及される動作に対する先行性）、b）文と文（従属節と主節）との間の条件-時間的、または条件-時間-原因的なつながり、これは**昔も今も常に断定的である、**

c)従属節の動作そのもののモダリティ(確実性の度合い)。現代語ではなかどめの形式は3つの法をもつ：肯定法、否定法、希求法である。しかし、16–17世紀の日本語では条件的な肯定形式の中で直説法と推量法が形式的に区別されていた。従属節の動作自体の、この推量性、仮定性は、多くの文法学者によって条件の仮説性としてとらえられてきた。実際には、条件の仮説性は日本語でもロシア語でも語彙的にしか表現されない：「もし明日天気がよければ、彼は、**おそらく**、散歩に出かけるだろう」。条件の仮説性についての語彙的な指示の欠如は断定性として理解されるが、このことを**動作**自体の仮定性と混同してはならない。

9. 現代日本語では、条件形と譲歩形の、確実なものと推定されるものとの間の違いが消えてしまった。これは、最もよく使われる なかどめの形式—トリのような接尾辞のない形式、および トッテ のような形式の影響があってこそ起こった。これらの形式は以前から確実なものと推定されるものとを区別しなかったのだ。

10. 16–17世紀の日本語では、次のようななかどめの譲歩形が使われていた。

直説法

非先行時制	先行時制
トリナガラ	トッテ-モ
トレド［モ］	トリタレド［モ］
トル-トモ	ミタリトモ

推量法

ハニョーズレド［モ］‘切り取ったとしても’
(非時間的形式)

その後、まずハニョーズレド［モ］のような形式が消え(16–17世紀のテキストでもまれだった)、次に、純粋に相対的な形式ではなく、過去についての発話の中でしか使われなかった トリタレド［モ］のような形式が消えた。時間システム全体が純粋に相対的なものに変わっていったので、そのような形式はいいおわりの形と食い違うようになり、純粋に相対的な形式に自らの位置を譲った。ミタリトモのような形式も、その形態論的な組成が古びて、急速に消えてしまった。他のどれよりも長く残っていたのは トレド［モ］の形式で、これは過去についての発話でも、現在についての発話でも使うことができた(未来についての発話の中での使用は記録されていない)。

11. 現代の国民共通語では、次のようななかどめの譲歩形が見られる：

非先行時制	先行時制
トリナガラ-モ	トッテ-モ
トル-トモ	トッタ-ッテ（totta-tte）

12. 16–17世紀の日本語では、次のようななかどめの条件-時間的な形式が使われていた：

直説法

非先行時制	先行時制
トレバ、ミレバ、タカケレバ	トッタレバ、ミタレバ
過去、現在、全時的なプロセスについての、まれには未来についての発話での条件（動作の原因または完了）の**同時性**の意味をもった条件-時間-原因的なつながり	過去についての発話のなかでの原因（または動作の完了）の**先行**の意味をもった時間-原因的なつながり

推量法

非先行時制	先行時制
トラバ、ミバ、タカクバ	トッタラ［バ］、ミタラ［バ］
仮定されている動作についての発話での**同時性**の意味：つまり現在についての発話での条件的なつながり、未来についての発話での（確実な、また、おしはかりのプロセスの区別なしの）条件-時間のつながり	レアルにはおこらなかった動作についての発話での**先行**の意味：つまり過去についての発話での条件的なつながり、未来についての発話の（確実な、またおしはかりのプロセスの区別なしの）中での条件-時間的なつながり

したがって、条件-時間的な諸形式を比較するとき、それらの形式だけではなく、異なる時間的断片における使用を考慮しなければならない。

16–17世紀の異なる時間的断片における条件‐時間的副動詞

	直説法形式		仮定法形式	
	非先行時制	先行時制	非先行時制	先行時制
過去についての発話	トレバ	トッタレバ	—	トッタラ［バ］
	ミレバ	ミタレバ	—	ミタラ［バ］
現在についての発話	トレバ	—	トラバ	—
	ミレバ	—	ミバ	—
未来についての発話	—	—	トラバ	トッタラ［バ］
	—	—	ミバ	ミタラ［バ］

つまり、モダリティに関して対立していたのは、理論的に可能な6対のうち2対だけだったわけだ。これが、後に肯定の条件形のモダリティに関する分化がなくなる一因となった。

13. 16–17世紀の日本語でまだ生きていた4つの基本的な条件形のうち、現代語に残ったのは トレバ と トッタラ の形式だけである。これらは、**純粋に相対的な**形式として使用することができたからである。*-tara* 形式は（主節と従属節の）文どうしの間の原因的なつながりのニュアンスをもたなかった、つまり、その意味はトレバの形式より狭く、より具体的であったし、いまもそうである。このため、*-tara* 形式は トレバ のような形式にも劣らず安定的だったのだ。*-tara* 形式の意味は、条件‐時間的なつながりと原因的なつながりが分化していく傾向と矛盾におちいらなかった。この傾向は、ここ2–3世紀の間に、特別な**原因**のつなぎでもう条件‐時間的な意味のニュアンスをもたないもの（カラ、ノデ）（5章参照）と、特別な条件‐時間的なつなぎで原因的な意味のニュアンスをもたないもの（ト）が生まれることに現れた。このようなつなぎの使用は、なかどめの条件‐時間‐原因的な形式と ホドニ、トコロ のようなつなぎが優勢であった時代にはまれであった。

14. トッタレバ のような形式と トラバ のような形式は純粋に相対的な意味をもたなかった。前者は過去の動作にたいする先行性を表し、後者は現在あるいは未来だけのプロセスとの同時性を表した。これが、これらの形式が消滅した原因の1つである。

15. なかどめ の条件‐時制諸形式に起こった変化は、近代日本語の時間システム全体の中の変化と結びついていた。例えば、なかどめの条件形で直説法と推量法の区別が消失したことは、古代日本語でもそのような区別がなかった トリ‐トッテ のような形式の影響で起こった。トッタレバ のような形式の生きた言葉からの消失は、トッタレド［モ］のような譲歩形の消失と同時に進行した。これは トッタレバ と同じく、過去についての発話でのみ先行の意味で使われたのだ。

未来についての発話での トラバ のような形式の消失は、未来の確実な事実についての発話で直説法のいいおわりの形が広く使われるようになったことと結びついていた。このプロセスと並行して、トレバ のような形式による トラバ のような形式の駆逐が進行した。

16. 16–17 世紀の日本語で法の観点から区別されていた条件諸形式を、特別な条件法のうちに加えてはならない。なぜなら、それらは譲歩形と同様に、自身のいいおわりの形式をもったことがなかったからだ。

17. 何人かの著者によって使われている「現在時制の副動詞」という（*-nagara* の形のための）名称は、彼ら自身の、副動詞はいかなる時制も表さないという主張と矛盾している。*-nagara* 形の副動詞は、（*-tutu* 形の副動詞と同様に）純粋に相対的な時間形式であり、同時的副動詞あるいは**同時性の副動詞**と呼ばれるべきである。

18. *-te/-de* 形は、先行性の副動詞あるいは**先行時制の副動詞**と呼ばれるべきである。

19. *-tara/-dara* 形は、**先行時制の条件-時間的副動詞**と呼ばれるべきである。

20. トレバ のような形式は、**非先行時制の条件-時間的副動詞**と呼ばれるべきである。

注

1 アカデミー会員 Л.В. シチェルバの次の鋭い観察は非常に重要である。彼は、副動詞で同時性と先行性を表す場合、アスペクトの違いが「どういうわけか、うすれている」［144,177］ことに気づいた。明らかに、彼も同時性と先行性を時間的な意味とみなしていたのだ。

2 まったく副動詞をもたない言語もある。例えば、ドイツ語やアラビア語がそうだ。また、タジク語のように副動詞を 1 つだけもつ言語もある；もちろん、単一のなかどめ形は時制の形式にはなりえない。なぜならそれを用いていくつかの時を区別することができないからだ。

3 私の翻訳は И.Ф. ヴァルドゥリの翻訳とはやや異なっている［18,172 参照］。

4 譲歩表現の同じような用法が В.А. アヴローリンによってナーナイ語でも指摘されている［6,36 参照］。

5 狂言「鈍根草」からとられた例。その主題は茗荷を食べた人は愚かになるという迷信に基づいてつくられている。動詞 *kuu* は当時、過去時制では、語幹は *kut-* であって、予想されそうな *ku:t-* ではない。

6 「せっかん-の」の「-の」形式は（属格ではなく）対格の格助詞である：これは、-Nw-

の -nn- への音声的転換である［123,81 参照］。

7　のしつけ ― 剣の鞘に固定された、高価な金属で作った薄板。

8　検討した形式の他に、ロドリゲスは次のようなタイプの継続相の形式を引用している：*yôde attaredomo, yôde aro-zuredomo, yôde aritomo, yôde attatomo, yôde aro:tomo, yôde attareba tote*［184,128 参照］、しかし、実際的にはこれらが使われることはまれであった。

9　調査された資料の中には、複合的な接尾辞 *-takeredomo* をもつ希求法形式は見つからなかった。その代わりに分析的な形式が使われている：さらば　さらば　さらば　と **もーしたく-わ　あれども**，みども-が　まいる-も，ここ-じゃ「さらば〳〵と**申したくはあれども**、身共が参るも，こゝぢや」(狂言記，II，393)；**ゆるぎたく-も　なけれども**，だんなしゅー-の　のぞみ-ならば，いと(ママ)また　ゆるご　よ「**ゆるぎたくもなけれども**(体は揺れたくないけれど)，だんな衆の望ならば，ちとまたゆるごよ(狂言記，II，417)」；これ-わ　**やりとー-わ　あれども**…「これは**やりたうはあれども**…」(狂言記，II，298)。

10「をりそー」形式：存在動詞「をる」(現代語の「おる」)の第二語幹と古代の助動詞「そーろう」の残存との接続である。

11　例から分かる通り、*-o: /-o* と *-mai* の形式は、過去も含むどの時間的断片についての発話の中でも使うことができた。これらの形式には、先行時制の語幹をもついかなる形式も対立していなかった。したがって、これらは全く時制的なものではなかった。

12　研究された資料の中では *-TARAA* という表記は見つからなかった。狂言では「ア」の字が各種の間投詞で *a* の音を長くのばすために使われているのだが。つまり、*a* の音を長くのばすという意味の表記法は存在したのだ。このため、*-taraba* から *-tara* への発展経過が通常指摘されている［65,324 参照］通りだったと確信はできない。*ba* の音節全体が一度に落ちた可能性もある。なにしろ、*-taraba* と *-tara* という形式は何世紀にもわたって共存したのだから。しかし、*-taraa* という要素を見つけ出すためには、*-ba* の落ちた例に最初に出会った資料から後のすべての資料(16–17 世紀だけではなく、もっと早い時期からの)を詳しく調べる必要がある。

13　*-tutu* 形の副動詞は検討された 16–17 世紀のテキスト中には見られなかった。ロドリゲスは ヨミツツ の形式を誤って文語体の過去時制形に加え［237,67 参照］、*-turu* と *-tu* の間に載せている。彼のこの誤りは、当時 *-tutu* 形式があまり使われていなかったためと考えられる。

訳注

i　ロシア語の副動詞については、巻末の「ロシア語動詞要覧」の副動詞の項を参照。

ii　本書で底本とされている 1825 刊 M.U.Landresse の「小文典」仏語訳のローマ字では、ウは ou と表記される。

iii　ロシア語訳は “Там красивая трава повсюду *росла*, прекрасные птицы приятно пели.” で、述語動詞は *росла*（生えていました）、пели（歌っていました）となっている。

iv　例文のロシア語訳で、「**みて**」は увидев、「**とって**」は взяв と完了体副動詞で訳され、

「**つれられて**」は сопровождая（同行しながら）と不完了体副動詞で表されている。

v　ロシア語訳では動詞が「いった」пошел,「かった」купил ,「はらった」заплатил,「かえった」вернулся と、すべて完了体過去形で表されている。

vi　ロシア語の副動詞は相対的な時間だけを表すので、*Начав*（ハジメテ）が確実に表しているのはзакончу завтра（アシタ　オエル）よりも前に起こったということだけである。

vii　この文では вчера（昨日）が時を明示している。

viii　отперев（かぎをはずし［終わっ］て）完了体副動詞。

ix　「たって」の直訳は、完了体副動詞 став（立ち上がって）になるが、主体は立ち続けているので、不完了体副動詞 стоя（立ったまま）が使われている。

x　застрочить は、接頭辞 *за-* が動作の始まりを表す場合と完成を表す場合で意味が異なる。

xi　усевшись は完了体副動詞、сел は直説法・完了体過去の動詞。

xii　дуя［吹きつつ］（不完了体副動詞）。

xiii　подув［吹いて］（完了体副動詞）。

xiv　идя туда［往きつつ］、возвращаясь［帰りつつ］のように副動詞を用いてロシア語訳されているが、「ゆきもかえりも」は、名詞の並列と考えられるので、なかどめ形の述語とすることは不適当である。

xv　войдя は、完了体動詞 войти（入る）の副動詞（入って）。

xvi　「ふせって」の部分 *лег* は完了体動詞 лечь（横になる、寝る）の過去形。前の бы と共に仮定法を形成する。

xvii　四段動詞であるのに、已然形が「もーせば」ではなく、一段活用の形になっている。

xviii　ロシア語訳では「程は参らねども」の部分が прошел не много（少ししか歩かなかったが）と過去形で訳されている。

xix　原注 5 の後半はタベルではなくクウについての解説なので、6 節末の「蓼を食たれども忘れた」（狂言記，Ⅰ，114）のほうに該当するが。筆者のうっかりミスか？

xx　トル-トモを現代語に用いられる形とするのは不審。著者は何によったのであろうか。

xxi　ロシア語訳の大意：「あなたを呼びに行こうとちょうど私が思ったところに、あなたがおいでになった」。

xxii　ロシア語訳の大意：「自分よりも早く来る者はいないと思っていたが、鞨鼓張が気持ちよさそうに居た」。

xxiii　ロシア語訳の大意：「彼の私への態度が良くなったと私は思ったのだが、その時彼は［私の壺を］私に割らせようと思ったのだ」。

xxiv　元のロシア語は сослагательное наклонение。ロシアのアカデミア文法などでは動詞の法カテゴリーを、直説法、命令法、接続法の 3 種に分類する（インフィニティブは不定**形**であって、法としては扱われない）。接続法は、動作を仮定的なもの、可能なもの、希望されるものとして提示する。主文にも従属文にも使われる。日本の最近のロシア語文法書では「仮定法」と訳されることが多い。第 1 章の訳注 iv も参照。

第４章

文法書におけるいいおわりの時制形式の問題

近代日本語と現代の国民的な日本語における、いいおわりの形式の時制に関するさまざまな理論は、互いに原理的に異なるいくつかの視点を中心としてグループ分けすることができる。

1　三時制論

三時制の理論は1620年、J. ロドリゲスによって最初にまとめられた。:「それぞれの法は相応の語によってできる3つの時制だけをもつ；これらの時制は、*kouako, guenzai, mirai* という用語で表され、過去、現在、未来のことである；未完了と大過去は、現在と過去、または むすび をともなう過去の形動詞によって代行される」[1] [237,12]。むすび をともなう形動詞という言葉をロドリゲスは *-te* + *aru*/*iru*/*woru* の形式の意味で使っていた。

ロドリゲスの理論は、当時の日本語のいくつかの現象を十分正しく反映していた。*-ta* の形式（否定形は *-nanda*）は実際に主として過去についての発話で、*-u* 形式（否定形は *-nu*）は現在と全時制のプロセスについての発話で用いられ、未来についての発話では *-o:*/*-o:zu*/*-o:zuru*（疑惑は *-mai*）の使用が義務的であった。

E.M. コルパクチの研究が示すところでは、古代日本語では接尾辞なしの形式（トルのような）はほとんど「未来時制を表すためには」使われなかった［64,93］。E.M. コルパクチは膨大な数の研究資料の中からわずか２例、*-u* 形式の未来についての発話での使用（終止形の述語で）を見つけ出した。

17世紀の日本語では、もう未来の発話の中に *-u* 形式がより頻繁に見られる。例えば：さき-え　まいって　**こしらえまする**「先へ参つて**こしらへまする**」。（狂言記，Ⅰ，167）しかし、そのような例は、まだ少ない。（同様に、狂言記，Ⅰ，69,136,187；エソポ 491 を見よ。）

トローのような形式（疑惑はトルマイ）は、確かに、もうそのころ現在についての発話の中でも、過去についての発話の中でも使用でき、それはロドリゲスにも知られていたが、トローのような形式を含む例の80–85パーセントは未来についての発話の中である。

その後、諸形式の用法は大きく変わった。例えば、*-u*（と *-nai*）形式は未来の確実な事実についての発話の中でしばしば使われるようになり、一方 *-o:* と *-mai* の形式が使われることははるかに少なくなった：現代語では *-o:* 形式の使用は、筆者の計算では時制形式全体の2–5%であるが、16–17世紀のテキストでは6–12%だった。また、*-mai* 形式の使用は100分の数パーセントで、16–17世紀のテキストでは2%であった［120,81参照］。*-ozu* /*-ozuru* 形式はまったく消えてしまった。

しかし、たとえいいおわりの形式の使用が全体としてロドリゲスの三時制理論と矛盾しないように見えるとしても、この理論は当時でも正しくなかった。それはこういうことである、*-o:* と *-mai* の未来についての発話の中での使用は、実はそれらの時間的な意味によってではなく、それらが別の法–推量（と疑惑）に属することで説明される。なぜなら未来の動作はすべて推量されるだけとみなされていたからだ。このような現象は多くの言語に存在した。しかし、推量的だとされたのが現在あるいは過去の何らかの動作であっても、それはやはり同じ *-o:* /*-o:zu* /*-o:zuru*（または *-mai*）の形式で表すことができた：いや、も　はや　ほとけ–も　でけましょーず「いや、最早仏も出来ませうず」（狂言記，Ⅰ，145）；…ばん–の　もの–わ　ないか　しらぬ。ある　ならば　こえ–を　**たちょー**　が、ない　もの–ぢゃ「…番の者は無いか知らぬ。有るならば声を**たてう**が、無いものぢや」（狂言記，Ⅰ，354）；をなご–の　こと–ぢゃ　ほどに、まだ　ほど　とをー–わ　**ゆくまい**「女子の事ぢやほどに、まだ程遠うは**行くまい**」。（狂言記，Ⅰ，117）ロドリゲスはこのような事例に気づいていたが、これを特別な法—可能法に分類した［184,85–87参照］。この法のパラダイムの中で *agueôzu* の形式が彼によって全時制で出されている［184,85参照］。だが、同じ形式で未来についての発話中の確実な動作を表しているものを、ロドリゲスは直説法に分類している。

実際は、この形式は推量（あるいは仮定）法に属している。この法の形式は時間的なものでは全然なかった。なぜなら、すべての客観的な時間帯についての発話で使われていたし、*-t-* を含む対立の形式をもっていなかったからだ[2]。

三時制の図式は現代語にも適用できない。なぜならその図式には推量法の *-taro:* 形式が入る位置がないからだ［65,120参照］。のみならず、時枝が指摘したように、現代語では *-o:* 形式は「二人称あるいは三人称の動作については使えない…それはむしろ（一人称の）意志を意味している」［195,202］。デカケヨーは「さあ、行こう」「さあ、私は行く」を表すのであって、「君が行く」「彼（彼女）が行く」を表すのではない。だが、何らかの時間の形式はすべての人称に当てはまるべきである。現代語では「多分、君は（彼・彼女は）行く」の意味をもつのは、デカケルデショ-の構造だけであり、そのうちの デショー は むすび デス から生じる推量形で、モダリティーの助辞であって、未来時制の語尾ではない。デショー（16–17世紀の言葉では—デアロー）は *-ta* 形式にも付くことができ：［デカケタ-ダ（デア）ロー］、総合的な形式 デカケタロー を駆逐している。

19世紀末から現れた多くの日本語文法では、伝統にしたがって三時制理論が適用されている。それらは、アストン、スミルノフ、芳賀矢一の文法、日本の文部省編『口語法』、松宮、木枝、コルパクチ、コンラッド、フェリドマンの文法である。

もちろん、時制形式のそれぞれの解釈は自身の特徴をもっている。例えば、芳賀矢一は「「読もう」「投げよう」「来よう」「しよう」の類は未来の時の意味にも用ゐられるが、未来の事は元来不定の事柄故、転じては全く推測の意味にも用ゐる。」［199,53］。「現在の時の形は…一般に時を言ふ必要の無い事柄をいふ場合が多い。即ち知れ渡つた真理、確定した事実などをいふ場合で、此等の場合には時が無いといつてもよろしい；［これらの形態を］過去や未来に対して普通の時といつてもよろしい」［199,52］と考えていた。私は、このような現象は**全時制的**と名付けるのがより正しいと思う。

『口語法』には、過去についての発話の中での現在形の使用が指摘されている。日本語ではかなり希な現象である、つなぎのない文（節）どうしの結合についてだけではあるが。『口語法別記』に記された、このような例の説明で、著者たちは、これらの場合「過去の事を、目の前に見るようにいふのである」［170,129］。「過去の意味をもつ状況の文では、［現在形が］過去の事であるように感じられる」[i]［170,130］と主張している。しかし、最も広く行われている時制のずれ——過去についての発話の中の、従属節において、つなぎと被修飾名詞の前で第3語幹が使われること——は『口語法』の著者たちの視野の外に残されたままである。彼らはまた、トロー のような形式が、単純な推量の意味において トルデショー のような構造に取って代わられていることも考慮していない。

木枝増一は、未来と全時制のプロセスについての発話での *-u* 形式の使用を指摘し、これを次のように説明している「文法と論理は必ずしも範疇を同じくしないものであるから、時限に関係なく、動作が述べられたり；或は形式が現在［形式］でありながら意味は未来であつたり、又形式が過去でありながら意味は現在であつたりする様なことが行はれるのである」［165,318］。「現在時は、或時は不定時に用ひられ、或時は未来に用ひられるのである。併し文法では形式を第一義においてこれ等の動詞の時は総て現在時とするのである［165,321］。Д. スミルノフは三時制理論を重要な付帯条件付きで受け入れている：「現在形と未来形の違いは、肯定でも否定でも、ロシア語におけるほど顕著ではない；違いは時間的なものというよりはむしろ、それぞれに固有の特別な表現のニュアンスにある：前者は何らかの動作あるいは状態について事実として述べ、後者はただそれについての意見を表現する。どちらも同様に、状況を見ながら、現在としても未来としても翻訳が可能である」［110,71］。

三時制の図式の正しさをいっそう強く疑ったのはE.Γ. スパリヴィンである：「現在時制は、特に単文においてある程度ロシア語の現在と一致するが、確実な未来とも関わることができる…

未来時制は最もその名に合致していない。より正確には仮定時制と呼ぶことができる…これは推量または仮定を、現在においても未来においても表現できる」［114,53］。

日本語の現在がロシア語の現在と、少なくとも複文において一致しないというE.Γ. スパリヴィンの考えは、私の資料でも確認できる。しかし「仮定時制」という用語は、形式の文法的な意味をただモダリティの視点から規定するものであって、時間的な視点から規定するものではない。

ロシアの日本学者の中ではすでにД. スミルノフが、近代日本語における特別な推量法の存在を認めていた。しかし、彼はこの法に2つの形式だけを入れていた：「推量過去」と名付けられた *-taro:* 形式と、「肯定的推量未来」と名付けられた ヨム ダロー のような分析的な形式である［110, 83–84］。彼に比べて、E.M. コルパクチは一歩前進して、推量法に *-o: /-jo:* の形式を加えた。

しかし、E.M. コルパクチは、第5語幹（*-o: /-jo:* 形式）が表現するのは：1）直説法の未来時制、2）推量法、3）勧誘法、だと考えていた。このような解釈はロドリゲスの見解に近い。しかし、現代語では、確実な動作は *-o: /-jo:* 形式では表さないから、これを直説法のパラダイムに含めることはできない。

-o: /-jo: で終わるすべての形式は、現代語では（もっとも、16–17世紀の日本語でもそうだが）、推量-勧誘法だけに入れるべきである。

同意できないのはまた、*-o: /-jo:* 形式と並んで「未来の確実なことを表すために、**ロシア語におけるのと同様に**（強調は引用者—H.C.）、現在形が用いられる」［62,020］という部分である。第一に、前に述べたように、現代語では *-o: /-jo:* 形式は事実の認定という意味をもっていない。第二に、非常にまれなロシア語の未来についての発話の中での現在形の使用を、日本語の未来についての発話の中での *-u* 形式の使用と同一視してはならない。なにしろ、ロシア語には、たびたび出会う**直説法の未来時制**形式があるけれど、日本語にはそれがないのだから。ロシア語の未来についての発話の中の現在形はどれでも、意味の上で何も失うことなく未来時制形式に取り換えることができる。日本語で確実な未来についての発話の中で *-u* 形式を使うことは**規範**である。第三に、ほとんどの場合、未来についての発話の中の

-u 形式を現在形を使ってロシア語に訳すことはできない。

私が思うに、E.M. コルパクチは、「未来時制における推量法は、発話全体の内容全般との関係によって理解される」［62,020］と言う時に誤りをおかしたのだ。なにしろ、法はしかるべき副詞がない場合にはまさに動詞あるいは形容詞の語尾によって識別されるのだから。

H.И. コンラッドは推量法の存在を認めず、*-o:* /*-jo:* 形式を直説法の未来形と呼んだ。

H.И. コンラッドはいみじくも、「そもそも日本語の時制は、ロシア語に訳すにはかなり厄介な現象なのだ」と指摘している［65,175］。実際には、この現象は（コンラッドの）「標準日本語のシンタクス」［65］に示されているよりもさらに複雑である。同書では拡大単文[ii]における時間についてしか述べられていないので。

H.И. コンラッドの基本的な注意は現代日本語の時間とアスペクトとの相関関係の問題にあてられている。彼は、カイテ イマショー は「書くだろう」を意味し、アメ-ガ　フッテ　イマショー は「雨が降るだろう」を意味する、と書いている［65,178］。しかし、現実にはこのような例に出会うのは非常にまれである。*-te* + *imasjo:* の形式がパーフェクトの意味をもつことの方がはるかに多い：みぎ-の　め-が　**つぶれて　いましょー**…まえば-が　にさんぼん　**ぬけて　いましょー**（読本，Ⅴ，44）。

H.И. フェリドマンは直説法1つに、断定的な肯定形と否定形、それに非断定的な肯定形（つまり推量形）と否定形（つまり疑惑形）を入れているが、形態論的にもモーダルな意味にかんしてもこれらの形式は対立するものだ。それだけでなく、もし、トブ、トバナイ、トボー、トブマイのように多様な総合的な形式［128,851参照］を直説法に入れると、日本語のこの法の意味は他の言語と比べてはるかに広いものになってしまう。直説法のそのような全般的な意味をはっきりと規定するのは非常に困難であろう。

1つの法に含めることができるのは、アスペクト、態、時はさまざまで、**同一のモーダルな**意味と形態論的な共通性をもつ形式である。日本語ではさまざまなモーダルな意味をもつ総合的な形式が形態論的に分別されるのだから、それらは異なる法に属しているということなのだ。

H.И. フェリドマンは、1つの形式（例えば トブ）は現在についての発話の中でも、未来についての発話の中でも使われるので、2つの意味をもつとみなしている。

しかし、A.A. ポテブニャが指摘したように「2つは別のことである：ある言語に2つの同じ音の形式があり、1つは現在のため、もう1つは未来のため、ということと；ある言語にどちらのための形式もない、ということとは。前の場合は言語それ自体が時制の違いを意識するようになる…；後の場合は現在と未来の時制の違いは(もし他の方法で表示されていないなら)その発話の意味の中へ、発話そのものではなく、その言語が立脚していない別の点から(例えば他の言語の視点から)持ち込まれるかもしれない」[99,97]。

そのように、ロシア語(動詞のわずか5％が《женю(私は)結婚させる》、《ориеитирусь(私は)自分の方向を決める》のように同じ形式で現在についての発話でも未来についての発話でも使うことができる)では動詞が「使われるたびごとに、不完了現在であったり、完了未来であったりする」[iii] [99,98]。

だが日本語では、100％の動詞が *-u* 形式で、現在についての発話でも過去についての発話でも同時性の意味で使えるし、未来についての発話で順次性の意味で使うこともできる。つまり、日本語の動詞のシステムの中では、現在と未来の動作、同時的な動作と順次的な動作が区別されていない。これらの動作を表す形式が、1つの意味をもっているのだ。

Е.Л. ナヴロンは、トル と トッタ のような形式を直説法に、トロー と トッタロー のような形式を推量法に分類しており、それには同意せざるをえない。それぞれの法の中の **2つ**の形式を **3つ**の時制に振り分けるのは難しそうに見える。しかしЕ.Л. ナヴロンは書いている：「直説法の現在時制と未来時制は形態論的には一致している。しかし、それらはコンテキストの中で、しばしば時を示すしかるべき名詞または副詞があるために区別される」[54,135]。だが、コンテキストの中で区別されるのは形式自体ではなく、時を示す副詞あるいは名詞そのものである。もしЕ.Л. ナヴロンのように考えるなら、すべての「時制形式」が「形態論的に一致」している言語においてさえ3つの時制を認めなければならなくなるだろう。

1960年に三時制理論の支持者にA.A. ホロドヴィッチ教授が加わった：「現代日本語の、絶対的な意味をもつ時制は1つでも、2つでも、4つでもなく、3つである(少なくともいいおわりの位置で)…：

過去― ノンダ
現在― ノム
未来― ノモー [137,87–88]。

この分類からは、ノンダロー(「多分飲んだ」の意味)の形式がどこに入るのか明らかでない。これを黙って見逃してはならない。それにそもそも、もし異なる法の時制形式の用法の違いを考慮しないのであれば、日本語の時制についての正しい一般概念を形成することはできない。例えば、A.A. ホロドヴィッチは、過去についての発話の中で現在時制の否定形がこれほど頻繁に使われるのはなぜか、説明しなければならないはずだ。

A.A. ホロドヴィッチはまた、ノモー のような形式の彼の用例がすべて1人称の動作についてのものであることを見過ごしているが、ノム のような形式は3つの人称すべての動作を未来についての発話の中でも表すことができるのだ[137,82–85 参照]。このことだけからも、ノモー のような形式を特定の時制とみなしてはならないのだ。この権利不安定な形式を、A.A. ホロドヴィッチは非アクチュアルな(予測できない、予測不可能な)未来と名付けている[137,86 参照]。しかし、具体的な資料の分析によってこの見解は検証されていない。A.A. ホロドヴィッチは、ノム と ノモー の違いを、古代ギリシャ語のパーフェクトとインパーフェクトの特徴を日本語の未来についての発話の中の形式に当てはめて、アクチュアルか非アクチュアルかで区別しようと考えるようになった。日本語の過去形 ノンダ と ノンダロー はまさに法によって区別されているのだが(詳しくは 122 参照)。

すべての言語に3つの時制があるはずだという考えは、客観的な時間についてのわれわれの現代的な理解に基づいている。しかし、古代には西洋でも東洋でも時の進行については**周期的**な認識が支配的であった。

「未開から文明へ移行していた中世の初期には、ヨーロッパの諸民族の意識は、生をただ過去から現代を経て未来へ流れるプロセスとしては受け入れていなかった。自然や農業の周期の規則的な繰り返しのように、人々の生も永劫回帰に類するものと認識されていた。子孫の中に先祖が再生する：人間の行いは、以前に神により、文化的英雄により、原初の人々によって成された行いを再現する度合いに応じて意義を獲得した。時間をこのように体験している場合、過去は現在から隔てられない」[45a,157]。

時間についての周期的な認識はヨーロッパの古典古代にだけ特有なのではなく、金、銀、銅、鉄の時代が際限なく繰り返されるとの教えをもつ仏教のものでもある。中世史の専門家 A. グレヴィッチは指摘している、「新しい時代に初めて人間は、今われわれに自明なもの、明瞭なものと感じられるものを完全に認識するようになった：過去、現在、未来の間にあるはっきりとした違いを。この違いが最終的にはっきりするのは、やっと線的な(ベクトル的な)時間の考えが完全に勝利するときだ。もし、周期的な時間が根絶されず、いつまでも残るなら、線的な時間はもう取り戻せず、帰れぬように失われてしまうだろう」[45a,174]。

2　絶対的二時制論—過去と現在-未来(非過去)

何人かの文法家たちの、トロー のような形式が トル のような形式と異なるのは時間に関してではなく、法に関してだけである、という認識は、彼らを2つの時制の理論へと導いた。例えば、すでに B.H. チェンバレンは書いている「日本語の動詞はわれわれのとは違って、現在と未来の時（time）をはっきりと区別しない。日本語の動詞は 2 つの形式をもっている：1 つの形式（トル のような—引用者注）は現在、未来、あるいは習慣的な任意の**確実な**動作や状態を表すのに使われ、他の形式（トロー のような—引用者注）は、現在あるいは未来の**単に推定されるだけの**動作を表すのに使われる。基準になるのは確実性または不確実性であって、時間（time）ではない。しかし、未来の動作や現象は、事の性質上、現在の動作あるいは現象にくらべて、不確実であることが多い。このため、確実性を表す形式はほとんどの場合現在時制に用いられ、単なる推定を表す形式はほとんどの場合未来時制に用いられる。これが、日本語文法について書いた多くの著者たちに、前者を現在時制（tense）、後者を未来時制と呼ばせたのだ。しかし、この用語は実際は正しくない：これがヨーロッパの人々と日本人との間の多くの誤解の原因となった」［219,172–173］。

「確実な過去と推定の過去との違いは、確実な現在あるいは未来と、推定の現在あるいは未来との違いとまったく類似している」［219,175］。

しかし、B.H. チェンバレンの「確実な現在あるいは未来」という用語は、「確実な過去」と同じほど明瞭なものとは認められない。

チェンバレンは、現在時制の形式が、つなぎやその他の補助的な語の前（彼はこのような例しかあげていない）で「非論理的に」つまり過去についての発話の中で使われ、また過去時制の形式が未来についての発話の中で使われることに気づいた。

そして実際、私の統計も、一連の芥川の小説の中の「過去時制」の形式の数は同じ作品のロシア語訳（公刊されたフェリドマンの訳を使用）に比べておよそ半分であることを示している。このような事実を日本語の非論理性の現れとみなしてはならないだろう。この事実は、ロシア語の《-л》で終わる過去時制の形式と、*-ta/-da* で終わる日本語の形式の文法的な意味は一致しないということによって説明すべきだ。形式の文法的な意味はそれぞれの言語によって別個に定義されなければならない。日本語での時制の使用には疑いなく、今後明らかにすべき独自の論理があるのだ。

二時制理論の支持者の中に C. バレがいる。「法は 8 つある—と彼は書いている—直説法、疑惑法、条件法、譲歩法、希求法、命令法、反復法そして副動詞である。

最初の 4 つの法はそれぞれが 2 つの時制を含んでいる。その 1 つは現在と未来に属し、もう 1 つは過去に属する」［214,126］[3]。

同じ理論をバーナード・ブロックも堅持している。日本語の動詞の語形変化 10 個を合わせて検討し、彼は「直説法非過去」（*-u* 形式）と「直説法過去」（*-ta/-da* 形式）、そして「条件法」（*-tara/-dara* 形式）などについて書いている［216,98–99 参照]。こうして、ブロックはチェンバレンにはなかった「直説法非過去」という用語をもたらし、この形式はまさにその過去ではないという性格全般によって「過去」と対立すると解釈した。

A.A. ホロドヴィッチは、自身の博士論文の中で形式の時制的な意味に特別な章節をあてていない。しかし、他のこととの関係で時制の問題に触れ、「過去時制」と「非過去時制」という用語を使っている。もし日本語で過去についての発話の中に「非過去時制」がこんなにも頻繁に使われていなかったなら、これらの用語に反対せずともよいだろうが。

2 つの絶対的時制理論の支持者に И.В. ゴロヴニンも加わった。現代日本語におけるいいおわりの動詞形式の時制についての彼の論文には、先人たちの論文よりもはるかに多くの資料が使われている。

時制システムの歴史（最も研究がされていない問題）に触れながら、И.В. ゴロヴニンは次のように書いている：「古代文語には動詞の多くのグループに個別の連体形と終止形が存在した。次第に独立した終止形は使われなくなり、連体形が、終止・連体形に変化して、終止形の機能でも使われるようになった。まさにこの時期からこの形式は現在・未来時制の意味をもち始めた。その時期までこの連体形は、規定される語としての支配語（体言）の前に置かれる被支配語形に過ぎなかった[iv]。

しかし、古代語における動詞の終止形も、現代の形式ほどその用法がはっきり決まっていなかった。その時間的な意味は現代の形式におけるようには抽象的ではなかった」[32,87–88]。

И.В. ゴロヴニンは、古代日本語の *-u* 形式に時間的な意味があったのか疑っている。なぜなら、例えば トリタリ の形式は規定語の位置ではトリタルに変化するからである。実際、*-u* が *-tar-* のような完了の接尾辞にも付いたのなら、*-u* という語形成要素が現在–未来時制の意味をもたなかったことは明らかである。しかし、現代日本語における時制の指標は *-u* ではなく、*tor-* のような語幹である。これは O.В. プレトネルによって明らかにされ、И.В. ゴロヴニンにも受け入れられている。

И.В. ゴロヴニンは、いたずらに「現実の現象がますます抽象的に再現される傾向のおかげで、それ（現在–未来の形式—引用者注）は時とともにその使用範囲を制限し、直説法の現在–未来形というはっきりとした時制形式に変った」［32,88］などと断言している。だが、もし形式の意味がますます抽象化されていくなら、それにしたがってその使用範囲は（他に抵抗する要因が無ければ）制限されるのではなく、反対に、広がるはずではないか。そのようなことが、実際に起こっている：未来についての発話の中での *-u* 形式は、最近 3–4 世紀の間に、はるかに頻繁に使われるようになったのだ。

しかし、実際に *-u* 形式の使用が制限された事実もある。第一に、古代語では直説法の形式だけではなく、いくつかの他の法の形式も *-u* で終わった。例えば、近代日本語で トル（*toru*）と トロー（*toro:*）は語尾で表される法（*-u* は直説法の語形成要素、*-o:* は推量法の語形成要素）において互いに対立するが、古代日本語では トル 形式が推量法の形式 トラム に対立し、トラム の構成中には同じ *-u* が疑いなく含まれていた。トラム＞トラン＞トラウ＞トローという移行と、さらに、おそらく ミタル のような形式での *-ru* の脱落は純粋に音声的な現象である。このような現象の結果 *-u* で終わる形式の数が言葉の奔流の中で減少したとしても、このことと「現実の現象がますます抽象的に再現される傾向」とはまったく結びつかない。第二に、古代日本語ではアスペクト形式の *-nuru/-nu*、*-turu/-tu*、*-ru*、および大過去の形式 *-keru* も *-u* で終わった。これらすべての形式の規定語の位置での語尾として働いているのがまさにこの *-u* であることは *-e* で終わる第 5 語幹：*-nure*、*-ture*、*-re*、*-kere* との比較で分かる。しかし、日本語から *-u* で終わるそのような形式が消えたことは、トル のような形式の歴史に直接的な関係はない。その形式の時制形式システムにおける位置にある程度の影響を及ぼしたとしても。

要するに、古代日本語において *-u* 語尾それ自体が時制的な語形成要素でなかった（現在もそうでないように）としても、我々には今のところ、トル のような形式が時制形式のシステムに入らないとする何の証拠もないのだ。

これに関連して、指摘すべき重要なことは、古代日本語では *-u* という要素が（近代日本語とは違って）直説法の語尾としては働いていなかったということだ。それは動詞の終止形の語尾であったに過ぎず、第一活用の動詞と、ミルのような動詞では―同音異義の連体形の語尾でもあった。（アルのような動詞では、*-u* は連体形だけの語尾だった。）近代日本語になってやっと、非先行時制で語尾 *-u* は直説法の語尾として、推量法の語尾としての *-o:* と対立するようになった。先行時制でも、*-taru* 形式が *-taro:* と対立していた間は同じであった。*-ru* が脱落したとき、先行時制での直説法の要素はゼロとなり、異分析の結果、*-ro:* が推量法の語形成要素になった。

2 つの絶対的時制の理論の弱点は、その理論が過去についての発話の中での**否定法**の現在・未来形の使用［第 7 章参照］という非常に広まっている事実をも説明できないことである。もしも *-ta* の形式が過去を表しているなら、**否定法の**過去形が過去についての発話の中で現在形よりも少なく見られるはずがないだろう。いずれにせよ、絶対的な時制をもつ他の言語でそのような現象は指摘されていない。И.В. ゴロヴニンは、「否定の現在・未来形は、しばしば、過去に動作がなかったこと、そして現在におけるその結果を強調するために使われる」［32,91］と考えている。しかし、そのような特徴がなぜ日本語において見られるのか、これを 2 つの絶対的時制の見地からいかに説明できるのか、И.В. ゴロヴニンは語っていない。

彼が自分の論文［32］に引用している直説法の動詞の用例60のすべてに含まれているのは肯定形のいいおわりの述語である。もちろん、このような選択は人為的である：なにしろИ.В. ゴロヴニンは否定形も直説法に入れているのだから、それらも引用すべきだったのだ。

50年代に、2つの絶対的時制論者に金田一春彦教授が加わった。『日本語動詞のテンスとアスペクト』という専門の論文で彼は、存在の動詞と形容詞と むすび だけから見てではあるが、「過去時制」と「非過去時制」について語っている。金田一は、現在、未来、そして「超時間的」な事実は同一の形式で表され、その形式は1つの文法的な時制を意味する、と考えている。彼はこの時制を非過去と呼んでいる［164,65参照］。――ライネン　ウケテ　**ダメ-ダッタ**　トキワ、ライライネン　ウケル　サ。「来年受けて**だめだった**時は、来来年受けるさ」；モシ　タベテ　ニガカッタラ　オ-ステナサイ。――という *-ta* 形式が未来についての発話に使われている例文を引いて、金田一は、このような場合の *-ta* は「**過去時制を表わすのではなく、先行性（以前）を表わしている**」［164,67］と指摘している。「「た」は状態動詞や形容詞につく場合、二種類の意味をもつことができる。（甲）話の行われている時よりも以前、すなわち過去であることを示す場合、と、（乙）次に述べられる事実よりも以前であることを示す場合とである」［同上］。

金田一は十分な根拠をもって、日本の言語学者の間に広まっていた「キノー　カレ-ニ　アッタ。」のような文と「アッ！ツキガ-デタ！」のような文の *-ta* 形式は違う意味をもつ、という見解を批判した。彼はここに本質的な違いを見出さなかった［164,68参照］。

しかし、金田一は、状態の動詞、形容詞、むすび に結び付くか、動作の動詞に結び付くかによって、同一の語形成要素に異なる意味をあてはめてしまった。後者の場合、金田一は、*-ta* の意味を松下にならって「完結性」、「完了性」と規定している。しかし、言語それ自体が1つの形態素で表現しているのに、その意味を区別するいかなる根拠もない。また、松下から借用した「態」という用語（後述内容を参照）も適切とは言い難い。金田一はこの用語を、多くの日本の研究者がしているように「動詞のアスペクト」の意味で使うことはせず、もろもろの個別的な文法カテゴリーに近い意味で使っており、つまりテンスもアスペクトも同じ用語で呼んでいる。1つの分析的な形式が、彼によれば同時に3つの「態」に属することになる。そのうえ、金田一は *-ta* 形式の用法を現実的なコンテキストの中で研究しなかった。それが、*-ta* 形式の主要な意味を明らかにすることを妨げたのだ。*-u* 形式については、金田一はほんの少ししか語っていない。

日本の言語学者の論文の中で、最も方法的に厳密で、実際的な資料が豊富なのは鈴木重幸の論文である［189参照］。過去と現在・未来という2つの時制について語っているのだが、彼は終止形述語の位置にある直説法の形式だけに限定している。否定の時制形式は肯定形のようには使われないことに注意を払い、彼は後者だけを研究している。推量法で ヨム-ダロー と ヨンダ-ダロー／ヨンダロー のような肯定の形式をもつものの存在を認めながら、彼はこの論文ではこれを検討していない。それは推量法の形式が直説法の形式と同じように使われるか否かがまだ分かっていないからだ。重要なのは、鈴木がヨモーのような形式を時制形式の数に全く入れていないということである(多分、その勧誘の意味のためだろう)。彼は自国日本の先人たちを、時間の形式から形態素を分離して、それらを別々に研究し、そのため動詞活用の現実のパラダイムを明らかにすることを不可能にしたと批判している。彼は、状態の動詞と動作の動詞とでは、発話時現在の表現にちがいのあることを指摘している［さらに 12 節参照］。状態の動詞では、現在と未来が同様に表される［189,14 参照］。

3　絶対的二時制論―過去と未来

過去についての発話の中で *-u* 形式があまりにも頻繁に用いられるので、ある著者たちは、そもそもこの形式は時制的なものなのだろうか、という疑いを抱いている。そのような見解を発展させたのが小林と O.B. プレトネルである。

小林好日は、プレトネルや一部のアメリカやイギリスの日本語学者たちよりも先に、*-u* 形式の時間的な意味を否定した。彼は、「注意しなければならぬことは、現在時を現すには動詞そのままを用ひて時を現す助動詞(すなわち、接辞―引用者注)を添へないが、之を逆に言つて動詞に時を表す助動詞を添へないものは、常に現在時であると云ふのではない。

一、　太陽は東から出る
二、　明日運動会がある

(一)は時間に関係なく、動作又は存在を述べたものであつて、過去・現在・未来に通ずる事実である。是を**不定時**と称ける。(二)は未来の事実を述べて居るが、時の関係は「明日」といふ副詞によつて現され、動詞は唯々動作の観念を表白して居るのみである。この外又歴史的現在と呼ばれて居るものも動詞は時の関係を表白しないものであつて、急激な事件の引続きを叙述する場合に、時間的関係は前後の文章に任せて偏に動作の描写に意を注いだものに過ぎない。従て「現在」といふ名称は当を得てゐると云はれない」［166,244–245］と書いている。

コノ　ホン-オ　ヨム　ヒト-ハ　チューイシナサイ という文を分析しながら、

小林は書いている：「これも『読む』といふ動作は未来である。文語では『この書を読まん者は注意すべし』といふ。しかし口語の方には未来の助動詞を用ひてゐない。さればとて『読む』が現在形であるのではない。もし過去の事実や未来の事実を現在であらはすとせば誤謬である。『よむ』といふ動詞は『よむ』といふ動作の観念をあらはすばかりで、それが未来に属することは前後の関係で分つてゐるから敢てあらはさうとして居ないのである」［166,246］。

「吾人が動作の観念を発表する時、必ず過去・現在・未来の時の区別を付与すると考へるのは宜しくない。論理的の区別は必ずしも言語上にあらはれるものでない。動詞の過去・現在・未来の三つの形式は、凡て論理上の過去・現在・未来に相関するものではない。日本語に於ては文法的範疇としては過去と未来とがあるばかりである。過去・現在・未来といふのはただ論理的範疇である」［167,389］。

専門的論文「文法的範疇と論理的範疇、特に「時」について」において、小林は、次のように論じている：「我が国語に於いては複数を表すに-ラ、-ドモ等の接尾語がある。それだからと云つて、これらの接尾語を伴はない体言を目して、皆単数と云ふならば、誰も誤といふに躊躇しないであらう。「あそびけり、あそびき」と云ふのが過去であるからとて、「遊ぶ」が現在であると云ふのは、これと同じ誤である」［168,74］。

複数の接尾辞との類推は適当ではない。日本語でそれらに出会うのは非常にまれだから。おそらく、現代日本語で複数語尾の使用が義務的なのは、人称代名詞だけだろう。まさにその代名詞で単数形も見ることができる。「わたくしども」が「われわれ」を意味する一方で、「わたくし」は常に「私」を意味する。しかし、圧倒的多数の名詞には、コンテキストから単数ではなく、複数に違いないと判断されるものでも、そんな接尾辞はない。

しかし、過去時制の形式は、複数の接尾辞に比べて何倍も多く使われている。われわれは、名詞に複数形のカテゴリーが存在するかどうかについて語ることはできない。だから、単数形のカテゴリーについても語らない。しかし、*tott-* と *tor-* のように、よく使われていて、互いに対立している語幹があることは疑いようのない事実である。小林の異議は体系性の原則自体に対して向けられている。彼は、文法的な諸時制はそれ自体の文法的な意味によって互いに対立することを認めていない。この問題についての彼の立論は、われわれが見た通り、根拠が薄弱である。しかし、彼の別の論証はより重要である。小林は、第3語幹（つまり、トル のような形式）は現在の事実の表現だけではなく、過去や未来の事実の表現にも使われ、同じく、もちろん全時間的なプロセスの表現にも使われることを指摘している。彼は、同様の現象が印欧諸語においても見られることに気づいたが、「違ふところは、日本語ではこの所謂現在形の用ひられる範囲が甚だ広く見えることである。文法上の時の論がかつて日本の文法学者の間に、やかましく論ぜられたことがあるのも、その一半の理由はここに在る」[同上]と述べている。

私見では、この観察は正しい。しかし、小林は方法においてある誤りをおかしている。時間システムについての問題の中で、古代日本語と近代日本語を区別していないのだ。だが、文献資料のあるほぼ1300年の日本語史の中で、その時間システムは著しい変化をこうむっている。*-u* 形式に、少なくとも第1活用の動詞において何の変化も起こらなかったと考えるのは正しくないだろう。この形式の使用は変化している；ある場合には使い方が狭まり、ある場合には広がったのだ。そして、このことから、この形式の意味も変わることになった。また、近代日本語において *-u* 形式は、古代日本語でそれが属していた形式のシステムにはもう入らないのだ。小林は、*-u* 形式が未来の意味で広く使われていることを指摘している。*-u* 形式は、実際、未来についての発話の中で用いられるが、しかし、それは近代日本語においてだけである。しかし小林は、過去時制に向かうと、不当にも**古代日本語**の形式を引用している。

トル のような形式の時間的意味を、O.B. プレトネルも否定しようとしていた：「'u' 形式をわれわれが現在時制の形式と呼ぶのは仮のことである。なぜなら、第一に、これには、例えば過去(praeteritum)のような明確な時間指示がなく、第二に、この形式の意味そのものが過去や未来といった単純な時制形式の意味よりもはるかに大きいからだ(より正確に言うなら、概念の外延は大きいが、概念の内包は小さい——ここには、形式的に時制を特定するものが欠けている：時は示されずに思い描かれる、またはもっと正確に言えば——示された時が思い描かれるのではない)」[91,67]。

彼が「現在」と「過去」時制の語幹の形態論的な対立を初めてはっきりと示した論文にあるこのような主張には説得力がないように思われる。これらの主張からは、O.B. プレトネルが言語の体系性を十分に考慮していないこと、また *-u* 形式の用法を絶対的な時制の観点からは説明できていないことが分かる。

言語の体系性を軽視することは二時制(過去と未来)理論の最も重大な欠陥である。もし、*-u* 形式が時制を表さないとすれば、形態論的にそれに対立する *-ta* 形式も時間的な意味でそれに対立しなくなることになる。

しかし、小林、プレトネルや彼らの追随者たちを *-u* 形式の時間的意味の否定に導いた初めの考えは、かなりの程度正しい。これらの研究者たちは、おそらく、時制形式の使用はどんな場合でもその形式の基本的な意味から発して、それによって説明されるべきだと考えていたようだ。もし、何らかの形式の使用例の多数がその形式の基本的な意味で説明できないなら、つまり、その意味が誤って定義されたということだ。

もう1つの正しい考えは、時制システムに関して、さまざまな言語の独自性を認めたことである。現在時制が印欧諸語にあるからといって、これはまだ、それが日本語にも必ずあるはずだということを意味しない。

しかし、O.B. プレトネルのいくつかの主張は二時制理論と食い違っている。例えば、O.B. プレトネルは次のように書いている：「第一活用のための *-o:* 形式と第二活用のための *-jo:* 形式：イコウ、タベヨウ も、通常は時制形式とされる。これらの形式は未来形と呼ばれる。しかし、われわれは、これら *-o:* 形式、*-jo:* 形式を推定形と呼ぶ方がより正しいのではないかと思う。例えば、タベヨー-カ は‘未来の時に食べる’ことを意味しない。むしろ、この言葉には例えば次の句の中のように疑いが表現されている：コノ　オ-カタ-ワ　カキ-オ　タベヨー-カ？‘このお方は牡蠣をめしあがるだろうか？’。

タベヨー-カ は「たべましょう」という別の意味を表すこともできるが、第一の場合にも、第二の場合にも時のニュアンスはない。だから、*-o:* 形式（第一活用のための）と *-jo:* 形式（第二活用のための）を、われわれは時制形式には入れず、それらを推定または疑問を表す形式に加える」［91,74］。

確かに、*-o:/-jo:* 形式は未来時制の形式ではないが、現代語でこれに タベタロー のような形式が対立する限り、*-o:/-jo:* を全く時間的な意味のない形式とみなしてはならない。

他のところで O.B. プレトネルは書いている：「時制の形式に、われわれは次の2つを含める：現在時制形式と過去時制形式である。

しかし、実際のところ、現在時制形式は、過去時制形式が過去を表すようには、はっきりと現在を表すのではない。しばしば現在時制形式が、ロシア語でも時々あるように、まったく何の時制も表さないことがある…」［91,72–73］。

これらの発言から、時制の問題についての O.B. プレトネルの態度は揺れ動いていたことが分かる。彼の堅持する術語が、形式の文法的な意味に対する彼の見解と一致していないのだ。実際には、O.B. プレトネルはもう一時制理論に近づいているのだ。

4　一時制論

文法学者で、特別な未来時制を認めないが、*-u* 形式の時制的な意味を否定する人々は一時制の理論に向かう。その時制とは過去である。

そのような見解を述べていた G.B. サンソムは、古代日本語の終止形について次のように書いている：「チェンバレンはこの形式を確実な現在と呼んだが、私はこの呼び名が誤解を生じさせていると思うようになった。述語形式の機能は、時制とは関係なく、陳述にある。

この形式は時間に関しては中立であり、英語には現在形によって訳せることは確かだが、コンテキストが他の時制を要求することもあり得る。例えば、*Gogo rokuji ni kaikanshiki owaru* は、次の意味を表し得る。

午後6時に開館式が終わる、
午後6時に開館式が終わった、
午後6時に開館式が終わるだろう。

まったく同様に、叙述的な散文に *Hatachi no toki ni bjo:shi su*（「彼は20歳の時に病死した」の意味）のような文に出会うが、これを歴史的現在と呼ぶのは、術語の助けを借りて困難を避けることを意味する」[239,131]。

最後の主張には同意せざるをえない。しかし、サンソムが古典語に関する著書の中に引用している文語体の例には、未来についての発話に *-u* 形式が現代の口語から入り込んでいる。古典語にはそんな用法はなかった。現代語の形式を、サンソムは当然よく調べていないのだ。「時制とは無関係な純粋な陳述の表現」を彼は多分日本語史のすべての時期での *-u* 形式の意味だとみなしているらしいのだが。そのような見解が他の著者たちの見方にも影響を与えた。その中には、外国人のための日本語教科書の著者も含まれている。

例えば、アメリカで出版されたある教科書には、次のような記述がある：「文法的時制は、日本語の動詞では概して比較的重要性の低い要素であり、実際、動詞の無時制の終止形が、文法的な時制を表すことが特に必要だと思われる場所であっても使われる。唯一の文法的時制で過去時制（time）に当たるのは、完了の一種で、動詞の非終止語幹に *-ta* を付け加え、例えば デス から デシタ、マス から マシタ のように作られる。完了の厳密な使用規則を作り上げるのは難しい。というのは、非常に多くのことが、個々の場合における話者の主観的な気分に多かれ少なかれ左右されるからだ。だが、言えることは、この形式が使われるのは、動作が過去のいずれかの時点に最終的に完成したものと思われる時だということである」[221,9]。

そのような理論を正しいと認めることはできない。なぜなら、1つの文法的時制をもつ言語などありえないからだ。時制は2つ以上でなければならない。言語は1つの体系である。それはもちろん、次第に変化するが、単一時制理論の支持者たちは、*-u* 形式が時間的な意味を失っていると考えているのではなく、時間的な意味をもったことがないと思っているのだ。このような主張がされたのは、それらの著者たちが *-u* 形式の時間的な意味を明らかにすることができなかったからだ。この形式が現在あるいは現在・未来を表すのではないという事実を、彼らはすでに認識していたにもかかわらず。

時制形式に対する無体系な取り組みでは、唯一の時制の使用規則でさえ「作り上げるのが難しい」ということなのだ。もちろん、時制の選択において話者の主観的な気分をもちだすことには根拠がない。文法学者は、まず時制形式使用の**文法的な規則**を明らかにしなければならない。つまり、唯一の決まった時制形式の使用が義務的であり、1つの時制形式が他の時制形式に交換されると意味が変わり、出来事の順序を異なるものにするという統語的ポジションを明らかにしなければならないのだ。もちろん、ときにはどの時制形式を選んでもかまわないということもある。例えば、ロシア語では《Завтра я иду（現在形）в театр 私は明日劇場へ行く》とも《Завтра я пойду（未来形）в театр 私は明日劇場へ行くつもりだ》とも言える。だが、第一に、ここに可能なのはすべての時制形式ではなく、現在形と未来形だけである。第二に、同様な例には日本語では出会わない。こういう場合に使用可能なのは *-u* 形式だけである：アス　シバイ-エ　ユク。

5　*-ta* 形式における時制的同音異義論

時制形式 *-ta* の同音異義理論を提起したのは三矢重松である。彼の主著である文法書の時間に関する部分は、いくつかの新しい観察を含んでいる；その中では口語の時制が特に検討されている。三矢は常に古代日本語と近代日本語の比較を行っている――これはもちろん、基本的に古代日本語について書かれた本には必要不可欠である。ところが、三矢はどうも近代日本語における接尾辞 *-ta* が、古いアスペクト・時制の接尾辞の代わりをするとともに、同じ文法的な意味を表していると考えているようだ。彼は書いている：「時に関する口語は文語に比して極めて簡単なり。…口語の時は一口に言へば今の支那語に似たり」[179,273]。*-ta* 形式は彼によれば、「文語タリの下略。ツ、ヌ、タリ、リの四つの文語［接尾辞］[v] に当る。完了を表すが当然の職任なれど、口語には過去［時制］辞なきより［タは］過去をも表す。（言語其の物よりいふ時は［口語には］過去は無きなれど文語には［過去と完了体のあいだに］現然たる区別あるにより之に対して完了形をも過去と言ひ得るなり）」［同上］。

三矢の言説からは、なぜ「完了を表す」のが *-ta* 形式の「当然の職任」であるのか明らかでない。三矢はこの場合、*-ta* の起源はアスペクトの接尾辞 *-tari* であるという事実に基づいている。だが、*-ta* のそのような起源は、現代語においても *-ta* が古い意味を保っているということを全然証明しない。日本語から古いアスペクト・テンスの接尾辞 *-tu*、*-nu*、*-ri* が消えたなら、それらと共に同一のシステムに入っていた、（*-tari* 由来の）*-ta* の意味も変わらないはずがないのだ。それに加えて、

三矢が *-ta* は古代日本語の 4 つの接尾辞とだけ一致すると言っているのは、まったく正しいとは言えない。なにしろ、*-ki* と *-keri* という接尾辞も消滅したが、彼自身これらを過去時制の語構成要素であると呼んでいるのだから。

三矢は現代語の文を、文語にいかに翻訳しなければならないかに応じて分析している。例えば、イマ　キタ を三矢は、察せられる通り、完了相にあてているが、その根拠は古代日本語ならここにあるのは キタリ で、他のものではない、ということである。キノウ アメ-ガ　フッタ という例には、三矢は括弧内に、［過去カ完了カ不明ナリ］［同上］という注を付けている。三矢にとっては、古代日本語において、アメ フリキ とも アメ フリタリ とも考えられるところに不明確性が含まれるのである。これらの形式のどちらに今の フッタ が取って代わったのか？　私の意見としては、答えは単純であるべきだと思う：両形式は区別されない。

自著の別の場所で、三矢は現代語形式の「概念的」分析の、もっと驚くべき例を示している：「「今手紙を書いた」といへば「書ク」といふ動作の完了せるを表せど、其の動作の過去にありしをいふにあらず。故に現在時を表す副詞「今」ありて、時は現在なり」［179,235］。

三矢は、イマ という副詞とともに現在時制の形式が非常に多く使われていることを考慮に入れていない。《сейчас письмо пишу 今手紙を書いている》という意味の文と《сейчас письмо написал 今手紙を書いた》という意味の文との間にあるのはまさに時間の違いであり、それは動詞の形式によって表されているのであって、副詞によってではない。

三矢はこの例に他の文：「昨日書いた手紙を今日郵便に出した」を対比して、次のように分析している：「「書イタ」は（「今手紙を書いた」という文中の *-ta*：引用者注）の *-ta* と等しく「タ」なれども文語にては「シ」といふ（つまり、カキシ の形式を使う：引用者―H.C. 注）処にて過去に属し、「出シタ」は此の完了なり。口語にては過去の助動詞無く、完了の「タ」を仮りて用うるより、過去と完了との区別極めて立てにくけれど、文語にては明瞭なる別あり」［同上］。

もちろん、過去時制の *-ta* と完了相の *-ta* との違いを見極めるのは困難だ。近代日本語自体にそんな区別が存在しないのだから。もしある言語が過ぎ去った 2 つの動作の表現のために同一の形式を使うとしたら、その形式の意味を 2 つに分ける何の根拠もない。

ところが、これは三矢だけではなく、他の多くの日本の文法家たちもしている。例えば、丸山林平は次のように書いている：「時制の助動詞（つまり接尾辞―引用者）は過去、完了、そして未来を表す。現在は動詞の終止形のみによって表される」［171,210］。

このように、日本語に異なる時制を表す同音異義形式 *-ta* を認めて、丸山と、それほどはっきりではないが三矢は、現代語における**4つの絶対的な時制理論**の論者となっている。

時制形式 *-ta* の同音異義理論は日本語に関する教育書（教授法も含む）に広く浸透している。例えば、岩井良雄は、この形式をもつ文を分析して、ある場合にはこれを「現在完了」（英語の術語 present perfect と比較せよ）と呼び、他の場合には「過去」と呼んでいる［160,138 参照］。

高木武は中学用の口語基礎文法の中でやはりこう書いている。「文の意味に従って、完了の助動詞―「た」と過去時制の助動詞―「た」を区別しなければならない」［190,41］。彼は、この理論を自身の別の著書―国語教師のための参考書の中でも堅持している［191,107 参照］。

有名な日本語史学者吉沢義則は、中学用の日本語文法教科書の中で次のように書いている：「完了の *-ta* と過去の *-ta* の違いは次のところにある：もし、すでに実現した運動の結果が残っているなら、完了の *-ta* を意味し、もしそうでないなら、過去の *-ta* を意味する」［156,76］。このような見解はやはり、古代日本語でこのような場合に *-taru*（ママ，*-tari* か）形式と *-ki* 形という2つの異なる形式が使われたことに基づいている。

浅野信もまさにこれについて書いている：「「た」は過去と完了を表す」［151,120］。

2つの同音異義的な -ta 形式の理論の広範な普及は、明らかに古代日本語文法だけではなく、英文法の影響、さらに「概念的カテゴリー」理論に近い考えの影響によってもたらされた。この考えを小林は詳細に展開している：「一の国語に於て単に論理的範疇として現るるものが、他の国語に於ては文法的範疇に達する或段階に進み、他の国語に於ては明瞭に外形的発表を取つて、一定の文法的範疇をなしてゐるものもあり、又その反対の経路を取つて、一の文法的範疇が破壊してやうやく単なる論理的範疇に復らんとし、又全く論理的範疇になり終つてゐるものもある。後者のよい例としては、近世イギリス語に於ける文法上の性を挙げることが出来、前者の例としては、生物無生物の範疇をあげることが出来る。前者は説明するまでもないが、後者はスラヴ語に於て、無生物をあらはす語の対格は主格と同じく、生物をあらはす語の対格は領格と同じくする習慣をその一例とすることができる》」168,65］。

そのような見解がどんな批判にも耐えられないことは明らかである。近代英語における論理的な（つまり概念的な）カテゴリーとしての性の保持について語るとき、小林は文法的な性を、生物学的な性と混同しているが、周知の通り、それはまったく別のものである。古代英語では、どの生物学的な性にも属していない無生物の名も文法的な性をもっていた。しかし、現代の英語からは、どの性の生き物をも表していない何らかの単語が、古代英語でどの文法性をもっていたかなど知りようがない。だから、近代英語における文法的な性の保持について論ずることなど、たとえ論理的なカテゴリーとしてであろうと、無用である。

また、文法的な性は（それが存在する言語においてさえ）、すなわち文法カテゴリーであるわけではない。なぜなら、それは形式をもってはいても、文法カテゴリーの別の最も重要な特徴——文法的意味をもたないことがあるからである。

他方、もしスラヴ語のいずれかにおいて以前活動体名詞と不活動体名詞の間に対格語尾の区別がまったくなかったとすると、これはそもそもその言語の文法体系にはそのような区別が無縁であったということになるのだ[vi]。

ある言語に、他の言語にはあるような文法的カテゴリーのどれかが欠けていた場合は、その言語は当該の特徴にかんしてカテゴリー化をしておらず、当該の意味の文法的カテゴリーも概念的カテゴリーもないとみなさなければならない。

しかし、古代日本語と英語の文法の影響、および、文法的カテゴリーと論理的カテゴリーの相互関係の誤った理解、これは時制形式 *-ta* の同音異義理論を生んだ原因のごく一部でしかない。それに劣らず重要な原因は、*-ta* 形式の意味は過去時制としてだけでは説明することができないという、それ自体は正しい考えであった。そのため、過去の意味での *-ta* と合致しないものはすべて、他の *-ta*、つまり完了の *-ta* に負わされているのだ。

-ta 形に 3 つの意味を立てる試みもある。例えば、木枝の意見では、*-ta* 形式は、過去、現在、そして完了の 3 つの意味で使われるという。*-ta* 形式の現在時制での意味の用法として、木枝はつぎのような例をあげている。トートー　アメ-ガ　フッテ　キタ［165,324 参照］。そのような解釈には同意できない。なぜなら、この例にみられるのは通常の始まりの先行であるからだ。雨が今降っているとしても、**降り始めた**のは発話時よりもいくらか前である。

-ta 形式の完了時制の意味での用法としては、木枝は ボーシ-オ　**カブッタ**　ヒト-ガ　クル　のような文をあてている。木枝がここに過去時制を認めないのは、この文は「（過去のいつかに）帽子をかぶっていた人が来る」を意味することができないからである。しかし、この場合、*-ta* 形式はおそらく古いパーフェクトの意味で使われている：動作は過去に遂行され、その結果は、主節で述べられている動作が行われているときにも残っている。完了の動作であるなら、その結果が残ったか、消えたかに関係なく、この時点以前に終了しているはずなのだ。（ちょうどわれわれがロシア語の完了体動詞の過去形で見るように）[vii]。

木枝は「未来時制の助動詞」について述べながら、それらを同音異義の「予想または想定の助動詞」と区別するのは困難だと指摘し、この場合「多くその文中に未来の時を表はす状況語があるから、これにて判断するより仕方がない」［165,326］

と認めている。

やや異なる見解を湯沢が発展させ［204,84–89 参照］、彼に続いて戸田は *-ta* 形式の次のような意味を指摘した［192 参照］：完結性、完了性［「運動の動きが終わっているが、その結果は今も存在している」］、および過去である。「過去」に対して戸田はたった 2 つの用例しかあげていない：かんとー - だいしんさい-の　とき-で **あった**「関東大震災の時で**あった**」(読本，Ⅳ ,134) と ソコエ、オダ　ノブナガ-ガ 35000- ノ　ダイグン-ヲ (ママ)　ヒキツレテ　セメ (テ) クル　トユー　シラセ-ガ **アッタ**「そこへ、織田信長が三万五千の大軍を引きつれて攻めて来るといふ知らせが**あつた**」［192,15］。

このように、戸田は半繫辞 (- デ) と存在の動詞の例だけに限定している。これは偶然ではない：彼は特に、*-ta* 形式は過去時制の意味ではしばしば動詞 アル と イル と共に使われて、存在あるいは状態が過去に属することを示す、と説明している。しかし、戸田は、多くの他の著者と同じく、コンテクストなしで孤立した文だけを取り上げており、また、大事なのは、*-ta* 形式を時制システムの外で、それがどう呼ばれる時制であろうと、他の時制と切り離して検討していることである。

引用された例から、戸田は時制形式の正しい**研究の方法論**など考えていないことが分かる。

1 つ 2 つの例をあげてすむことではないのだ。まず明らかにしなければならないのは、本当にその時制形式の使用が、その一区切りの時間についての発話の中での**そのポジションにおいて規範的である**かということだ。もし、同じ一区切りの時間についての発話の中の正にそのポジションで他の時制形式が使用可能であるなら、その使用が何によって引き起こされたのか、またそれはその形式の全般的な意味といかに結びつくのかを説明しなければならない。

そのような観点から、戸田の最初の例を分析してみよう。これは「それはいついつのことだった」の類いの、お話の典型的な冒頭である。もし、*-ta* 形式が本当に過去時制の意味を (たとえ、このポジションにおいてだけでも) もっているなら、われわれは、同じようなコンテクストで、遠い過去についての発話の中に、*-ta* で終わる むすび の、**規範としての**使用を当然予期できるはずだ。

実際、*-ta* 形式が同じようなポジションで見受けられる：ある　あめ-の　ふる　ひ-の　ごご-で　**あった**「ある雨の降る日の午後であつた」(芥川，134/1，沼地)；この　とき-**でした** (読本，Ⅴ，30)；しょうわ -6 ねん-の　あき　**でした** (読本，Ⅷ，8)[4]。

しかし、大体の場合、われわれはそのようなお話の出だしでは *-u* 形式を認めるのである。：あるひ-の　くれがた-の　こと-で　**ある**「或日の暮方の事で**ある**」(芥川，3/1，羅生門)；ある　くもった　ふゆ-の　ひぐれ-で　**ある**「或曇つた冬の日暮である」(芥川, 131/1, 蜜柑);てんぽー　-2 ねん-9 がつ-の　ある　ごぜん-で **ある**「天保二年九月の或午前で**ある**」(芥川, 88/1, 戯作三昧);11 がつ-の　ある はれた　あさ-で　**ある**「十一月の或晴れた朝で**ある**」(芥川, 157/1, あの頃の自分の事)(同様に芥川, 57/1,186/1 参照)。次のような複文の中間部にも「現在時制」の *-u* 形式が見受けられる:ソノ　**トキ-デス**、ドシント　オーキイ　オト-ガ　シマシタ(読本, VI, 9)。

お話の出だしをロシア語に翻訳するとき、もし むすび が *-ta* 形式であったら《случилось(それはたまたま)起こった》を使うことができ、もし むすび が *-u* 形式であったら《было(それは)あった》を使うことができる。この他、例えば「…秋です」のような述語は《стояла осень 秋だった…》と訳すことができる。

-ta 形式の むすび の用例は、この形式が過去時制の意味をもつという証明にはならない。なぜなら、このポジションでこの形式の使用頻度は *-u* 形式よりも低いからだ。

東京の国立国語研究所報告集では、*-ta*(*-taro:*, *-tara*)形式の用例が 4 つの項目に分けられている:1) 動作または作用が過去に行われた:2) 動作または作用が完了または実現する意味をもつ;3)動作または作用(またはその結果)が継続して存在する;*-teiru*, *-tearu* で置き換えることができる;4) 確認、強意—そのほかに、詠嘆の意味をもつ[153,252–254 参照]。

最後の項目には *-de atta* と *-dewa nakatta* という むすびをもつ名詞述語だけが取り上げられている。だが、強意あるいは詠嘆のニュアンスは文全体の属性であって、*-ta* 形式だけに依存するものではないと思われる。それに、この項目で述べられているのは、*-ta* 形式の時制的な意味ではない。他の点では、ここに記された解釈は湯沢-戸田の見解と変わらない。

-ta 形式の複数の同音異義理論は、この形式の全般的な意味の確定の失敗によって生まれたもので、その意味に関する問題を解決するものではない。

6　四時制論

当然のことながら、多くの日本の言語学者は *-ta* 形式に 2 つの意味を認めていない。例えば、松下大三郎は *-ta* 形式の意味を(その用法のすべての場合に渡って)定義するのにただ 1 つの術語「カンリョータイ(完了態)」を使っている。動詞のアスペクトと解することが受け入れられているこの「タイ(態)」という術語を、見たところ松下は広く個別的な文法カテゴリーの意味で使っているようだ。それらのカテゴリーの総体を、彼は普通「ヴォイス」の意味で使われる「ソー(相)」という術語で呼んでいる。そんな次第で、彼の用語法による「ジソー(時相)」は、「時制システム」に一致し、「ゲンザイタイ（現在態）」は「現在時制」に一致する。とはいえ「ソー」の概念が「システム」の概念と完全に同義ではないのはもちろんである。

松下は：「時相に現在態、完了態、過去態、未然態の四様が有る」［174,451］と書いている。

この命題には注釈が必要である。口語の完了時制に松下は *-ta* 形式をあて、過去には廃語になっている *-kke* 形式［これについてはH.И. コンラッドの65,175参照］をあてている。「ミゼン」に松下があてているのは、非断定形式の *-o:/-jo:* と *-mai* である。この術語について彼は次のように解説している：「［術語］ミゼン（未然）とはまだわからないことを此れからわかるべきものとして予想した考へである。（過去の事でも現在の事でも未来の事でも不拘時の事でも）今まだわからないがこれから先にわかる場合が有るべきであるとして考へるのである。即ち未来の様に考へるので実際未来であるかどうかは別問題である」［175,185］。

「「未然」は所謂る「未来」であるが、「未来」といふと語弊が有るから「未然」といふ」［175,185］。

これらの時制の他に、松下は現代語に「複合時制」―「未知の完了時制」（カンリョー ミゼンタイ）を見出し、これに サイタロー のような形式をあてている［174,452参照］。

松下は、サイタロー のような形式の現代語の用例を引き、古代日本語ではそれに少なくとも3つの異なる形式が当てはまることを示している。

(1) 上野の桜はまう散つたらう（古代語. ―散りたらむ）

(2) 昨日は花が散つたらう（古代語. ―散りけむ）

(3) 昨日外に置いたら此の盆栽の花は散つたらう（古代語. ―散らまし）

しかし、松下は、現代の文語体では、後の2つの場合は「ちりし-ならむ」と書かれるだろう［174,450］、すなわち活用動詞の 過去形プラスむすび の推量形の構成が使われるだろうと指摘している。つまり、今では文語体においてさえ単純な推定と仮定とを区別する方法がなくなったということだ。

松下は、多くの古い教科書に見られ、ロドリゲスから出ている、*-taro:* 形式は未来の意味を表すという主張を否定している。

7　時制形式におけるアスペクト的意味の論

絶対的時制を拒否した文法家の一部は、まず日本語の時制形式、とくに *-ta* 形式を**アスペクト**に類似するものと考えるようになった。例えば、H. ヘンダースンは次のように書いている：「この *-ta* は動作の終了を指すから、英語の過去あるいは完了時制にだいたい一致するものを構成する。しかし、注意すべきは、時制的な要素はこの形式の意味に必ずしも含まれないということだ。すべての過去の動作は完了している。だから、英語なら我々が過去時制を使うだろうというときに *-ta* 形式を使うことができる。だが、完了している動作のすべてが必ずしも過ぎ去ったものではない：だから、*-ta* 形は、英語の過去時制は使われないだろうといういくつかの文の中でも使われ得る」［224,269–270］。

ロシアおよびソヴィエトの日本学にはこのような見解の影響はなかった。なぜなら、独自のアスペクト体系をもつロシア語を知る日本学者には日本語の *-ta* 形式が完了体ではないことが分かるからだ。

しかし、そのような見解は英語で執筆する何人かの著者の考えに影響を与えた。そして、ヘンダースンは彼が明らかにしようとしていた *-ta* 形の意味をまだ直接的にアスペクト的と呼ばなかったのに対して、W.P. レーマンと L. ファウストはそれを行った：「日本語の時制的な語尾は、［他の言語の］時間的関係だけを意味する動詞語尾とは、その意味にかんしてやや異なる…。日本語の動詞語尾は…動作が終了したか終了していないかを、つまりアスペクトもテンスも表す。

現在時制は完結していない動作を表す：*Hasso: su* は‘発送は完結していない’、‘彼は発送している / 発送するだろう’を表す。

過去時制は完結した動作を表す」［232,52］。

レーマンとファウストの文法教科書は文語体だけを扱っている。しかし、時制形式の半アスペクト的性格についての基本的な考えを彼らは現代の標準語にもあてはめている。

ヘンダースン、レーマン、ファウストが時制形式の用法に対する従来の見解を再検討するようになったのは、何よりもまず、絶対的時制理論がその用法を満足に説明できないからであった。レーマンとファウストは書いている。「日本語の時制形式の用法には、日本語のアスペクト体系に基づいてのみ理解できるような場合がいくつかある。そのような場合の 1 つが否定形の使い方である。「我々はまだ発送しなかった」という文を［日本語に］翻訳するには *Hasso: sezu*‘発送していない’（*sezariki* ではなく *sezu*）と言わなければならないが、これは、発送がまだ行われていない、つまりそれは完了していないということである。まさにそのため、完了していない状態を言外に表す現在時制形式が使われているのだ」［232,52–53］。

確かに、否定法の形式の用法は絶対的時制理論の観点からは理解できない。日本語の時制形式にアスペクトの意味があるという理論は、一見これらの事実を説明してくれるように思われる。しかし、もし、*-ta* 形式が完了体の意味をもっているとすると、*-te* 形式の副動詞あるいは第 2 語幹に付いて動作の終了を指す補助動詞の「シマウ、オク、キル、ハテル」は不必要ということになる。さらに、*-u* 形式はレーマンとファウストによると非終了を意味するのだから、これらの補助動詞を *-u* 形式で使えないことになってしまう。

8　時制システム不在論

英語による教科書の著者たちよりも思慮深く日本語の時制についての問題に取り組んだのは20世紀の日本の著名な文法家山田孝雄である。彼は次のように指摘している：「*-ta* は文語の *-tari* の変じて出来たものであるが、…口語では *-taru*…，形の上にも意義の上にも用法の上にも頗る変化を来たした」［209,119］。タダイマ　カエリマシタ、5ネン-マエニ　トウキョー-エ　キタ、キョー　アメ-ガ　フッタ、チョット　マッタ、イマ　ソコ-エ　キタ［209,120参照］の用例を比較して、山田は、他の研究者のようにはこれらの中に *-ta* の異なる意味を見出さなかった。彼は、おそらく、*-ta* の一般的な意味がこの形式の個別的な用法すべてを説明できるはずだと思ったのだ。山田は、トガッタ　ヤマ；イヌ　ミタヨーナ　モノ；キノー　ショーカイ-シテ　オイタ　ヒト-ガ　キタ　カ；キノー　イッタレバ　イナカッタ［同前参照］という例を引き、それらに基づいてこう結論している：「*-ta* は過去を示すものであるといふ説もあるが、これらの用例で、*-ta* が、所謂過去でないことをさとることが出来る。ここにも西洋文典流の説明はさほど、効のないといふことを見る」［同前］。

山田は「*-ta* は或は回想をあらはし、或は決定をあらはすもので」［209,119］、日本語においては「西洋流の意味の時制はない」［同前］と考えるようになった。

その際彼はアスペクト-テンスの接尾辞に対して、古い術語「助動詞」を拒否し、「複語尾」という適正な術語を使った［207,408～参照］。

山田は日本語に未来時制を認めず、古代日本語の接尾辞 *-mu*（接尾辞 *-masi* および否定の接尾辞 *-zu*、*-zi* と共に）を「非現実性の思想をあらはす複語尾」としている［207,453］。

山田は、文法的時制についての問題の理論を述べている、キルヒマンとヴントを引用し、つぎのようにまとめている：「哲学的にいへば時間は実有のものなり。然れども吾人が之を認識するは主観の存在を第一の条件とせざるべからず」［207,416–417］。

この主張には、もちろん同意できない。時間を認識する第一条件は、時間とは物質の客観的存在形式の1つであるということに他ならない。それに、われわれの存在もやはり客観的事実である。

「動作、作用、状態等の時間的差異をあらはすものをば英独語にては皆動詞の時と称せり。かれらの流を汲める我が（即ち、日本人—引用者注）文法家又然り。唯古来の語学家は［この形式を］過去といひ、未来といふが如きことをいはざるにしもあらねど、一人も之を用言の時などいふ人なかりき」[207,421]。

タイヨー-ガ　ヒガシ-ヨリ　イズ（スイートから採られた例）のような文において、山田は運動を「**時間の区別を超絶したるもの**なり。しかも時間的性質を有す」[207,423]。と判断した。

しかし、ハッキン-ハ　モットモ　オモキ　キンゾク-ナリ のような文では、山田の意見では、「**時間其の者を超絶したる**純粋なる断定と称する意識作用をあらはすなり」[同前] という。

いかに山田が「この区別は頭脳を思索的に鍛錬せる読者には直に承認せらるべきなり」[同前] と思ったとしても、これに同意することはできない。第一に、プラチナはそのすべての特性をもって時間の中に存在するのであって、時間を越えたところにあるのではない。第二に、日の出は「超時間」に属するような恒常的にとどまる動きというよりは、むしろ周期的なものである。第三に、言語学者の興味を引くべきものは、動作あるいは質自体の多数の変種間にある違いではなく、それらの違いのうちのどれが、その言語の発展の段階において文法的な区別をしているかということである。だから、恒常的な動作と、その時だけに起こっている動作とを、我々が区別する権利があるのは、言語自体がそれらを異なる形式で表している場合だけである。例えば、ロシア語にはそのような区別はない。

過去、未来と相関する「真の現在」を研究するのに、山田はまず過去と未来についての発話の中での現在の用法に注意を向けた。彼は、そのような用法が日本語だけでなく、他の言語にもあると指摘している。山田は特に英語とドイツ語を引き合いに出し、スイートとハイゼの言葉を引用している。しかし、その際、日本語にはこの現象が他の言語より格段に広く見られることに注目していない。

山田はつぎのようなスイートの言葉を引用し「“文法的時制”は常に文法的形式を念頭において使われていることを忘れてはならない。時間の違いを表すのに、文法的な時制を使わない方法はたくさんある。例えば、“私は明日出発する”［という文］で未来を表しているのは“明日”という副詞であり、動詞自体は現在形に立っている。我々が“私は出発する”を現在とみなすのは、この形式が通常現在時制（time）を意味するからであり、形式が一度一定の名を得てしまうと、形式はその名を意味のヴァリエーションすべてにおいて保ち続けるのだ」[207,425]、そして、続けて書いている：「実に現在を以て未来をあらはすものとせば、甚しき不合理にして氏（スイート―引用者注）がかくいひたりとて決して吾人は首肯しうるものにあらず」[同前]。

山田が引用しているハイゼの文中には、「時制の混同」は「修辞上の目的におけるにぎやかしとかざりのために」[同前] しばしば使われると述べられている。山田は「若修辞上の必要より来れるものならば、そは修辞上の問題にして文法上の問題にあらざるなり」と指摘している［207,426］。

さらに山田は、岡沢鉦次郎の見解の検討に移る。岡沢は、文法的時制について書かれた数少ない先行論文の1つの書き手であり［180参照］、やはり過去…未来についての発話の中での現在形の使用の問題に関わっている。岡沢は特に次のように指摘している。未来についての発話での現在時制の使用を、多くの日本の文法家たちが非論理的とみなしているのは正しくない。なぜなら、このような傾向は「古今を論ぜず東西を別たず所により時代により用例の多少はあれど殆ど、人間一般に亘りたる言語上の一種の傾向として存在する、…それゆえ、理論上よりも非難するべき理由あることなし」［山田の論文から引用。207,426–427参照］。

山田が非論理的とみなしたのは、過去と未来についての発話での現在の使用そのものというよりは、むしろそれに対して通常なされる説明である。彼は書いている：「もしも事実が未来あるいは過去のものであって、一方我々の意識はそれを現実として表現するとしても、それはまったく矛盾でもなければ、非論理的でもない。だが、［未来と過去の表現が］現在時制形式によってなされると考えると、そこに初めて非論理的という印象が生じる」[viii]［207,428］。

山田は、彼以前にこのことを指摘したのは草野清民だと述べている。山田によってなされた大量の引用から、草野は過去についての発話の中での第三語幹の使用は、「一事をいふに、単に其動作又は有様のみを述べて其事の過去となると否とを判別すべき詞（フォルマント—引用者注）を常に正確に用ゐざる慣例あり」［山田の論文から引用、207,430参照］と考えていたことが分かる。山田は、過去についての発話の中での *-u* 形式の用法へのこのような説明に対して異議をとなえ、このような用法はまさに日本語の特徴であるという草野の主張を否定している。

同時に山田は草野に賛同して、過去についての発話の中での *-u* 形式の使用は間違いではなく、最も古い時代から見られるものであるが、現在形の過去の意味での用法だと説明することはできないと考えている。

山田は「“Platinum is the heaviest metal” のような文は、決して tense を有せず従つて、スヰートの説の “neutral present” といふ目も不当なるなり。」［207,431］と主張している。山田の意見では、このような文は判断であるが、文法的な時制について語ることができるのは、出来事が話題になっているときだけだ［同前］。

全時間的なプロセスおよび性質に対するそのような評価には同意することができない。いくつかの言語では現在時制形式がこのような文で使われるが、それはプロセス（あるいは性質）が現在も保たれているからである。また、現在についての発話のなかで他の形式、例えば持続相が使われる言語もある。しかし、山田は、全時間的なプロセスが日本語で持続相の形式 *-te iru* を使って表せるか、それはいつも *-u* 形式によって表されるのかという問題を立てていない。

山田はさらに書いている：「「時」を区別しうべき範囲を縮少せしめて(“プラチナは—最も重い金属だ”のような文をそれから排除して—引用者注)、さて考ふるに、かくて現在と称するものは、如何？過去、未来と称するものは如何。［この文法的時制は］出来事を時の点より観察すといふスヰート氏の言も、［それは］陳述者の現在の瞬間に対する関係よりして出来事をあらはすものとするハイゼ氏の言も共に充分なるものといふべからず。何となれば、之に関しては二様の見解ありとす。即ち一は［時を］(現在の瞬間を基本として)時の三別の上に存する出来事をあらはすものと解すべく；一は其の出来事を時間的に如何に意識するかといふ事をあらはすものと解すべし。甲を仮に動作式の時といはば乙は思想式の時といはばいはるべし」[207,433]。

「岡沢氏は西洋語の時は時間式的動作式にして我のは動作式なりといはれたれど、吾人はかれのが動作式にして吾人のは思想式なりと思惟す。寧進んで彼我共に思想式なるべきを信ず」[207,434]。

まさにこのため、山田は発話時点を区分の基準とするような時制への日本語の時制の帰属を否定している。彼は「今日の仕事はもう終わった」という意味の文のヴァリエーションを２つ挙げている：

コンニチ－ノ　シコー－ハ　スデニ　オワリキ；
コンニチ－ノ　シコー－ハ　スデニ　オワル。(「おわる」の文字通りの意味は‘終わりつつある’)。

そして書いている：「吾人は第二を以て「施行の終る」といふ思想をば、直接に表象し、第一は之を回想したりと説明するなり。…所謂過去界に属するものは必回想の複語尾［の使用］によるべしといふにあらず。回想作用をなしうべきものは、必、過去界の事実なるべしと雖、過去界の事実は必しも回想すべきにあらざるなり。この故に吾人の説明は確に旧来の難点を排し去りたるものと信ず」[207,437–438]。

このような解釈は、もし**どんな**過去の事実でも日本語で過去形または現在形の二通りに表すことができるのなら真実に近いかも知れない。しかし言語資料の研究は、時制形式の選択に完全な自由はないことを示している：ある場合には未来についての発話の中であっても *-ta* 形式の使用が**義務的**であり、他の場合には過去についての発話の中でさえ *-u* 形式が義務的である；その上、ときにはある形式の代わりに別の形式を使うことができるとしても、それによって発話の内容が変わってしまい、出来事の順番がもう別のものになってしまうだろう。また、もし問題が、当該の事実が想起されるのか、あるいは直接提示されるのかという点だけにあるとしたら、過去についての発話の中での2つの時制形式の使用は、どんな場合でも自由だということになってしまう。

それにまた、山田は *-ta* 形が近代日本語で未来についての発話の中でも使われることを忘れている。これはもう「回想」の見地からはまったく説明できない。

確かに、山田が用例を論証に利用している古代日本語の *-ki* という形式は、未来についての発話の中では使われなかったようである。だからといって、古代日本語の文法に関する考察の結果を現代語に機械的に移し替えてはならないが、山田がしたのはちょうどそういうことで、「回想」の意味を *-ki* 形式だけではなく、それとは全然違う文法的な意味をもつ *-ta* 形式にも当てはめてしまったのだ。

19–20世紀までにやや変化した文語体の使用規則に基づき、山田は「明日卒業式が行われる」という意味の文の2つのヴァリエーションを例に挙げている：

> アス　ソツギョーシキ-オ　オコナウ（オコナウ の文字通りの意味は‘行っている’）；
> アス　ソツギョーシキ-オ　オコナワム。

彼はこう述べる、「第一の例は［客観的］時間の区別よりいへば未来なれど、之は既に決定せる事なれば直接表象としてあらはし第二は予期せる［運動］なり」［同前］。

「設想的語法は未来を以て対象とす。然れども未来界をあらはすは必設想的語法を以てするにはあらざるは論なきなり。この点は回想の［接尾辞使用の任意性］と同じきものなり」［207,438–439］。

山田の指摘によれば、多くの文法家たちは推量形を未来と呼ぶので、それが推量をも意味すると認めざるを得なくなっている。「かくていづれがいづれか区別すること難きなり。しかして諸家は唯いひたるのみにて、区別する方法を示さず。吾人の見る所によれば、所謂未来は即想像推測推量等なれば、即二種の用法あるにあらずして唯一の用法に立つのみ」［207,439］。

「かくの如くなれば、所謂未来をあらはすといふもの［（文法的手段）］は設想以外に存在せざるなり。以上吾人は思想の根源よりして文法上の説明よりして又国語の状態よりして所謂文法上の時を否定せり」［同前］

山田の考えでは、過去と現在は知覚に基づく現実の時間であり、推量的な時間としての未来と対立する［207,440参照］。

このような考えは、具体的な言語の事実から離れて、抽象的に論じるなら、許容できるだろう。しかし、日本語の歴史から分かるように、古代語では**すべての**未来の動作がただ予想されるものとしてのみ呈示されたのに対して、近代日本語にはすでに、推定される未来の動作（*-o:/-jo:* 形式および *-u* 形式＋ *de aro:*）と完全に確実な未来の動作（*-u* 形式）とを区別する手段がある。すなわち、客観的な未来に属する動作は日本語のさまざまな発展段階において、**さまざまに**表されていたのだ。つまり、未来を常に推量とする山田の主張は、日本語の事実に一致していないということだ。

山田は、彼に寄せられるかもしれない 1 つの反対について察し、次のように書いている：「吾人の説く所の如くならば、如何なる語法をとりても可なる事となりて其の間に規律なきに至らむかと。然れどもこは杞憂にすぎず。吾人の論ずる所は法則の探求にあり、作文の模範にあらず。如何なる時に直接表象を用ゐ、如何なる際に回想作用をあらはし、如何なるに設想作用を用ゐるかといふ、その適否は人々の固有の見識による。敢へて吾人の関係する所にあらず」［207,440–441］。

このように、規則の研究を、まるで文例集の著者だけに必要なものであるかのように拒否して、山田は**意識的に**抽象的な考察の枠内にとどまった。

以降の各章では、多くの場合は時制の使用は**話者の恣意に左右されるのではなく**、言語の法則にしたがうもので、その法則は一定の時代の多くの具体的な資料に基づいて研究しなければならないということについて論証される。

山田の観点は何人かの言語学者に影響を与えた。例えば、宮崎静二は書いている：「もし**テンス**が我々の実在の運動の時間的関係をさししめす文法的範疇であるとするなら、日本語には、ヨーロッパの文法において用いられている意味での（“時制組織” という概念—引用者注）、何ら特定のテンスはないということができる。…日本語でテンスといわれているものは［言語］主体のある運動、状態、…性質に対する精神的な態度の違いを表しているのである」［235,109］。

宮崎は時制的な意味とモーダルな意味とを混同し、日本語の時制は客観的な時間の中を経過する出来事の間の時間的関係ではなく、それらに対する主観的な関係だけを表すと、主観的-観念的な解釈をしている。

実際的な問題においては、彼は本質的に三時制理論の立場にとどまっており、ただ時制の呼び名を「確定」（*-u* 形式）、「完了」（*-ta* 形式）、「不確定」（*-o:* 形式）と変えているだけである［235,110 参照］。*-u* が未来の動作に使われることがあることを指摘しながら、宮崎は過去についての発話の中でのその形式の使用については何も語っていない：彼は伝統的な方法に従い、時制をコンテキストから切り離した単文の中でのみ研究している。

山田の理論の支持者に細江逸記もいた。彼は英語の時制についての本を書いたが、その中には他の言語の資料も引用されている［200 参照］。

山田の学派には現代の文法家阪倉篤義も加わっている。［著書の］「過去と完了の助動詞」という章、その題名はおそらくただ文法の伝統にしたがったもののようだが、そこで彼は古代日本語の時制の接尾辞も現代の接尾辞 *-ta* も検討している。阪倉の意見では、「[これらの接尾辞は] 実際に過去にあったとか完了してしまっているとかいうことを表すというよりは、話し手が [運動を] どうとらえて表現しているか—つまり、それを回想したり確認したりする、話し手の主体的な立場を表現するものであると言うほうが正しいのではないか…」[185,248–249] という。

阪倉は、彼が引き合いに出している山田と同様に、*-o:/-jo:* 形式に対して「未来時制」という術語を使わない；この形式を検討している章は「推量の助動詞」という名が付いている [185,151 およびそれ以降参照]。

阪倉は、現代の タ のもとになったテアリの中のアリは「もとは客体的な存在や状態を表していた」が、その後、「だんだん辞的になって、結局、話し手の [何らかを] 確認する気持ちをあらわすようになったのである」と考えている [185,249]。

同じ考えを亀井孝も述べている：「…日本語には時の助動詞は存在しない。しかし、これは、時の表現のしかたを日本語がもたないというのでは、もとよりない」[162,691]。

-u 形式が未来の動作も「一般的な真理」も表すという事実から、亀井は山田に続いて次のような結論を出した：「日本語には現在の時を表す固有の形もない」[162,690]。亀井の考えでは、日本語には未来を表す固有の形式もない；それと同時に現在と過去との対立も常にはっきりしているわけではない。例えば、亀井によれば、接近してくる電車について、ホラ　デンシャ-ガ　クル とも ホラ　デンシャ-ガ　キタ とも言う。持続相の形式は「時としての現在を表すのではなく、持続を表すのである(例えば電車の中の立ち話で友達に：「いまぼくは国語学辞典の原稿を書いています」など)」[同前]。

「日本語では現代の時代に『よんだ、かいた、みた』などの [ような形式] の—過去の表現の発展だけをえた。しかし、これと同様に、『もえさかる　ひ-の　なか-え　とびこんで　こども-お　すくいだした』の『もえさかる』のような形式の存在にも注意しなければいけない」[同前]。

このように、亀井は、過去についての発話での、*-u* 形式の規定的な節における使用に注目した数少ない人々の一人であったが、彼はこの事実を誤って解釈した。彼は、おそらく、このような事実は日本語における過去時制の文法的カテゴリーがまだ未発達であることを物語ると考えていた。亀井は、規定的な節と イマ　アノヒト-ニ　アッタ のような文とを比較している。「「あった—完成した運動、しかし主観の立場からは、—現在。つまり、「よんだ」のような形式は、おそらく、ある程度までドイツ語のパーフェクトに似ている」[同前]。

確かに、これらの形式にはある程度の類似性がある；ドイツ語のパーフェクトの形式と日本語の *-ta* 形式は両方とも相対的である。しかし、まさにこのことを、日本語の時制は絶対的なものではないと認めている日本の言語学者たちでさえ見過ごしている。

日本語に文法的な時制がないという理論の支持者にもう一人、現代の文法学者時枝誠記を加えることができる。しかし、彼は古い見解を守り続けて、*-ta* は接尾辞ではなく、存在或は状態を表はす詞」［195,198］であると考えている。時枝の考えでは、「このやうな（*-ta* のもとになった）「てあり」の「あり」が、次第に辞に転成して用ゐられるやうになると、存在、状態の表現から、事柄に対する話手の確認判断を表はすやうになる」［195,199］。

しかし、「話手の確認判断」というのは *-ta* 形式、*-u* 形式両方のモーダルな意味であり，これは直説法のすべての形式の共通の意味である。そのような意味の存在は、これらの形式間の時制的な相違についての問題を取り下げることにはならない。もし、山田がしたように、*-ta* 形式の意味を「回想」であると認めるなら、なぜ過去についての発話の中の *-u* 形式の意味も同じように定義できないのか分からない。

9　アスペクト-テンス形式の退化論

前述の内容からも分かるように、多くの日本の言語学者たちは、日本語の時制とヨーロッパの言語の絶対的時制との間には根本的な違いがあることを理解していた。だが、この違いがどういう点にあるのか、それはなぜ生じたのかということについての日本の言語学者の説明は一様ではない。一部の学者は、日本語史のある期間にアスペクト-テンスの接尾辞の数が減少したことに日本語のアスペクト-テンスシステムの「退化」を認める。

例えば松岡静雄は、「現代語の不備」という小見出しをもつ「時の活用」の節で、時制的意味を表す「助動詞」について語りながら書いている：「口語に在りては之が運用は甚だしく衰退し、今日では西洋人の普通に用ひる時格すらも満足にいひ現す事ができぬのみならず、文語を読み書きする人でも唯漠然たる意識を有するのみで、的確に時相を釈明し得るものは少いやうである」［172,205］。

確かに、近代日本語にはアスペクト-テンスの接尾辞が、古代日本語よりはるかに少ない。しかし、これはヨーロッパの言語からの翻訳と直接的な関係をもってはいない。なぜなら、母語を使って翻訳しなければならないのは、1つ1つの形式ではなく、内容だからだ。

だが、古代日本語を知っている人々でさえ時制について漠然とした意識しかもっていない、という松岡の言葉は事柄の意味を非常によく表している。もちろん、現代日本語話者には、古代語の多くのアスペクト-テンスの接尾辞は余計なものと思われるに違いない。A.A. ホロドヴィッチの資料によれば、文語体の文法的な特徴をたくさん保っている軍事関係の文書にさえ、古いアスペクト-テンスの接尾辞 27 種類のうちわずか 7 種しか残っていなかった［132,4–5 参照］。おそらく、これはまさに全国民的口語の影響の結果として起こったのだ。

日本語の「退化」については松下も書いている：「…にき、にけり、てき、てけり、たりき、たりけり、りき、りけり、などは微妙な違いと、言うに言われぬニュアンスをもっている。だが、現代口語には過去形がなく、以前これらの接尾辞が用いられたすべての場合に、今では *-ta* 1 つが使われる。この側面は間違いなく日本語の退化である。もちろん他のことに関しては、日本語は多くの点で大きな進歩を遂げたのだが」［174,440–441］[ix]。

言葉の退化という考え自体は日本の言語学者たちの間で独自的に生じたものではないだろう。ここには 19 世紀のヨーロッパの文法家たちの影響があったにちがいない。それらの文法家たちの多くはロマンス諸語の文法体系、第一に形態論的な体系の簡略化に（ラテン語と比較しての）退化を認めていた。実際には、言語の発展過程における形式の数の減少は、退化ではなく、反対に、新しい、より抽象化されたカテゴリーの創造を物語るものであり、このことは文法体系の完全化、「システムの自律調整」、言語の進歩を示すものだ。

松下の、古代日本語の多くの複雑なアスペクト-テンスの接尾辞に合致するのは現代日本語では *-ta* 1 つだけだという考えにも同意することができない。後に示すように、（直説法だけを考慮しても）過去についての発話の中では *-u* 形式も、*-te iru* 形式も、*-te ita* 形式も使われるのだ。

10　時制基準における主観性論

すでに述べたように、一部の文法家たちは、発話時点は日本語において文法的諸時制を区別する基準にはなり得ないと確信している。松下の理論では、時制の基準は、客観的な時間のどの部分へも頭の中で移動できる話者自身である：「現在態は［話し手］（時の基準）を事件の行はれる時と同じ位置へ置いて事件と接触を保つとして事件の観念を取扱ふものである。事件が真の現在であれば時相の現在が真の現在と一致する。しかし［時相上の］現在態は、事件が過去又は未来の事件であつても［話し手］の位置を事件の行はれる時へ置くのであるから…時相上の現在は真の現在とは一致しない」［174,415］。「完了態は［話し手］（時の基準）を事件の直後に置いて其の事件が我と別れるのを送るものとして事件観念を取扱ふものである。［話し手］（時の基準）を置く位置即ち事件の直後が実際の現在であるならば時相上の完了と一致する」［174,418］。松下は、この場合、パーフェクトを念頭に置いていないと特記している。

松下は文語体と古代日本語に過去時制（*-ki* 形式と *-keri* 形式）を認める。「過去態は追想態である」［174,432］。「山田孝雄氏が「き」「けり」を回想の語であると云つたのは実に明論である」［174,433］。

松下の意見では、過去時制の使用に際しては、「我（時の基準）を事件の過ぎ去つた後に置いて之を回想追想するものである。

…真の過去の事件を追想するに用ゐることもあるが、…現在の事件を過去として表す場合もある」［174,432］。

「時相は動詞の、時に関する運用法である。しかし動作の行はれる実際の時を示すものでは無くて単に時に関する観念の運用法である」［174,414］。

したがって、松下の視点では、時制の使用は話者の恣意に左右され、話者は自分勝手に時を認識し、自分勝手に時制形式を選ぶことになる。しかし、このような主張は実際の資料の研究に基づいておらず、容易に論破される（第 5 章を参照）。

11　時制基準における非恒常性論

三矢と松下は、時間の基準は恒常的ではないと考える。

三矢は時間の基準の問題に丸々 1 つの章をあてている。彼は、どの言語にも 3 つの絶対的時制があるはずだという説の誤りを理解していた：「支那語には時なき反対に、英語などは記事文叙述文共に過去を用うること多きは、其の国語の特性にて、何処の国語にも亘る規則にはあらず」［179,366］。

三矢は、日本語では過去についての発話の中で現在形が広く使われることに注目し、この現象に対して自分の説明を行っている：

「時は世に存在せし事実は皆過去なれど、之をすべて過去として記述せんは煩しきに堪へず。且我等の思想は過去の動作にても之を時より離して事柄と考ふることを得るなり」［179,365］。おそらく、三矢は過去についての発話の中での現在時制の使用を、無時間的なものとして理解しているのだ。

「およそ言語は思想事実を表すものなれど、同一の事実に対する思想は必しも同一ならず。随って同一の事実は常に同一の言語にて表さるる者にあらず。この事実と言語との関係を第一に心得ざるべからず。「御出下サイ」といふ［観念］は―「御出下サレ」「御出下サルベシ」「御出下サレタシ」「御出アラマホシ」「御出ヲ乞フ」など十数様の言語にて表さるる如く、時に関しても同様の現象あるべきは想像するに難からず。…是に於いて時には：1）事実と一致する者と 2）事実と一致せざる者との両種を立てざるべからず」［179,363–364］。

「事実と時制との一致」という言葉で三矢が指しているのは、過去についての発話での過去形の使用、現在についての発話での現在形の使用などである。しかし、語彙的な類義表現との三矢のアナロジーは文法的な時制には適合しない。なぜなら、それらの類義表現は、システムの成員が互いに意味的に対立するような明確なシステムではないからだ。

「事実上の時は言語にては副詞にて表すを本体とす。歴史的現在と称するも［用いられる時は］、身を其の時代々々に置きて事を叙ぶるにて、現在が次第に推移する様に言ひなすなり。芝居にて過去の事を現在に演ずるが如し」［179,365］。

このように、三矢は、発話時が常に時制使用の基準となるわけではないという結論の直前まで近づいている。歴史的現在を使用する場合、現在形を用いながら、続いて起こる一連の出来事について語るとき、時の基準は、本質的に、出来事の連鎖の中でいま語られている時点ということになる。

しかし、もし過去の出来事について過去形で語られるなら、基準は現在の時点ということになる。「沿革由来などを記せる文は事実の現在を基本とすること多きにより［文法的な］過去の記載多くなるなり。而して実際に於いて此の両種の文の入り交りたるが多きより、初学ふと思ひ惑ふことあるものなり」［179,365–366］。

時制の非恒常的基準の理論には、別の立場からではあるが、松下も近づいている：「実際の時は真の意識を基準にするのではあるが其れが真の意識たる場合もあり仮想の意識たる場合もあるから基準が固定的でない」［174,414］。

このように、真の時制基準を見つけることができないことが、松下を主観主義的な立場に導く。時制使用の法則性は明らかにされぬままである。

もちろん、時制の基準が恒常的でないと考える言語学者たちのすべてが、同じような見解を時制全般に対してもっているわけではない。しかし、彼らすべてが、少なくとも2つの基準が存在し，それらは何らかの法則性もないまま、あいまいな手順で交代することを認めている。

このような断り書きをしたうえで、時制の非恒常的基準理論の支持者たちにИ.В. ゴロヴニンを加えてもよいだろう。彼は現代語に時制形式の絶対的用法も相対的用法も認める。彼の意見では、ある時は発話時が、ある時は語られている現実の現象間の関係が時制の基準となり得る。とはいえ、いつ、どんな手順である基準が別の基準に代わるのかは不明のままだ。

12　継続相―現在時制論

継続相形式は未来についての発話で比較的まれにしか使われないという事実が、「…現在時制は、厳密な意味では継続相の現在によって表される」［130,42］という考えに導く。それなら、この理論の主であるН.И. フェリドマンが考えるように、「未来の動作を意味するためには一般的現在形が用いられ、それはしかるべき副詞と結び付いて、あるいはコンテキスト全体のおかげで未来の意味を帯びる」［130,43］とみなすことができる。

このように、Н.И. フェリドマンは、最新の論文において、「…現代語には未来時制を表すための特別な形式はない」［同前］という意見に同意している。しかし彼女は、特別な推量法の存在は認めず：「それぞれの時制は、断定的な形式と非断定的な形式で表すことができる」［130,43–44］と述べている。

鈴木重幸は、単純な *-u* 形式を継続相の *-te iru* 形式に対比させて、同じ時間的状況語「いま」をもつ文を比較しているが、これは方法論的にまったく正しいやり方である。ここで鈴木は、より正確に、**運動の動詞**から作られる *-u* 形式だけが未来を表せることをはっきり述べている。しかし、これは、そのような動詞が未来の意味を基本的なものとしてもっているという意味ではない。忘れてならないのは、鈴木が終止形述語の位置でのみ動詞を研究したということである。他の位置ではそれらの動詞はしばしば現在にも過去にも関わる。

Н.И. フェリドマンが、否定形を、それとは形式的にも意味的にも対立する肯定法に含めているかどうかはあまり明らかではない：「**肯定―否定は、**それが総合的に表現されるかぎりにおいて動詞のカテゴリーである。そのため、大部分の形式は肯定と否定の様相で存在する…」［130,42］。しかし、チュルク学から日本学に浸透した様相の理論が正しいと言えるのは、もしも、一方が肯定のため、他方が否定のためという、統一的な語構成要素があればのことである。もちろん、肯定の語構成要素がゼロということもありうるだろう。しかし、否定の統一的な語構成要素を我々は日本語に見出せない。それぞれの法には、それを否定する形式が対置されている：トレ―トルナ、トロー―トルマイ、トル―トラナイ。統一的な否定の要素があるのは日本語ではなくロシア語である（もちろん、ロシア語の否定の小詞《не》は動詞の語構成要素ではないが）[x]。思うに、否定の様相についての学説が生じたのは、あらゆる否定が普遍的であるロシア語の現象を、法のシステムが形式の系列のペア（ポジティブとネガティブ）でできている日本語に転移したせいではなかろうか。日本語では、それぞれの系列が個別の法なのだ（《結論》も参照）。

-te iru 形式が現代語では現在時制の形式に変化しているという意見は、理論的には十分認められる。直説法現在形の意味が分析的な形式で伝えられる言語はある（例えばヒンディー語）。だが、*-te iru* 形式も *-u* 形式も同時性（あるいはもっと広く非先行性）の意味で、過去についての発話の中でも広く使われている。それについては Н.И. フェリドマンも指摘している［130,43 参照］。つまり、それらの間の違いはテンス的なものではない。すなわちアスペクト的なものである。加えて、*-te iru* 形式は未来についての発話の中でもちいられる場合もある（特に多いのは マッ

テ-イル である。)（第8章、第11(2)部参照)。

13　多時制論

松下は1901年にすでに出版された口語文法の中で、独創的な時制の理論を展開しているが、それは支持を得られず、後に彼自身も破棄した。しかし、時制についてその本の中で語られていることは、まだ完全ではないものの、相対的な時制の理論に近づいた年代的に一番早い試みとして興味深い。

まず最初に、松下は時制を2つの種類に分ける：ワセツジ(話説時)‘談話の時制’(つまり、発話時を基準とする時制、言い換えると絶対的時制)、と ジジョージ(事情時)で、後者はだいたい、‘状況的時制’と訳すことができる。話説時(談話の時制)を彼は現在、過去、未来、不特定時に分けていた［173,178 参照］。

「事情時とは用詞の一職任にして［事情時は］話説中の一事情を標準としてその用詞の表はす事実がその標準とする事情の存在する時より先後なるか同時なるかを表はすものなり。例へば モウ遅イカラ、私ガ学校ヘツク頃ニハ授業ハ始ツテ居ラウ のごとし。始マル といふ作用をその話説中の「始ツテ居ル」又は「ツク」といふ一事情に比してその先なるを示せり。また 私ガ停車場ヘ着イタ頃ニハ汽車ハ出ヨウトシテ居ツタ のごとし、出ル といふ作用を話説中の「出ヨウトシテ居ツタ」又は「着イタ」を標準としその標準より後なるを示せり。

事情時を話説時と混ずべからず。話説時は話説を標準とするを以て話説時よりいへば前例の「始マツテ居ラウ」の如きは未来なれども、事情時よりいふときは始マツテは居ラウより既然なり。出ヨウトシテ居ツタは話説時よりいへば過去なれども事情時よりいへば将然なり。よくその別を弁ずべし。

事情時を分ちて現然、既然、将然[xi]の3つ［時制］とす。

現然［時制］　現然とは用詞の表はす事実を話説中の一事情に比してその同時なるをあらはすものなり。私ハ今日行ク、花ハ昨日散ツタ、私ハ明日帰ラウ の「行ク」「散ツタ」「帰ラウ」などのごとし。行ク、帰ル といふ事実を行ク、散ツタ、帰ラウ といふ事情に比してその同時なること［時制］を表はせり。現然は事情時に関する変化を未だもうけざる形を以て之をあらはす。

既然　既然とは用詞の表はす事実を話説中の一事情に比してその先なるをあらはす職任なり。「私ハ汽車ノ出タ時停車場ヘツイタ」「学校ノ引ケタ時分ニ出カケヨウ」「アナタガ来ル時ニハ私ハ帰ツテ居ラウ」の「出タ」「引ケタ」「帰ツテ居ラウ」などの如し。出ル、帰ル といふ事実を 出ル、引ケル、帰ツテ といふ事情に比してその既然なるをあらはせり(話説時よりいへば、此の「引ケタ」「帰ツテ居ラウ」は未来なり。)」［173,182–184］。

将然　　将然とは用詞の表はす事実を話説中の一事情に比してその後なるをあらはす職任なり。「私ハ汽車ガ出ヨウトスル時停車場ヘツイタ」「学校ノ始マラウトスル時分ニ出カケヨウ」の「出ヨウトスル」「始マラウトスル」などのごとし。出ル、始マル といふ事実を「出ヨウトスル」「始マラウトスル」または「ツク」「出カケル」といふ事情に比して将然なるをあらはせり」[173,184,185]。

上に引いた松下の言葉から分かるように、彼は、発話時が時制形式の普遍的な基準ではないこと、そして、ある動作と、同じ文で語られている動作との関係も、しばしば時制の基準になることを理解していた。

だが、この理論はそもそもの初めから欠陥をもっており、そのために広く受け入れられなかった。

第一に、松下は1つの文という枠内にとどまっていた。確かに、1つの文の中にいくつかの述語があれば、それらの間にある時間的な関係を示すことはできる。しかし、もし文が単文であり、コンテキストの外へ取り出されたものだったら、なぜその文中で使われているのがある時制形式で、他の形式ではないのか、判断することはできない。松下は、単文の中の動詞のある形式を、同じ動詞の第三語幹の基本形で、その文中にはない形式と比べている。そのような比較は明らかなこじつけであり、何も証明しない。

第二に、松下は状況的(つまり相対的)な時制が表す、同時性、先行性、後続性という意味を正しく規定していながら、どんな**形式**がそれらの意味をもつのかを明らかにしなかった。松下の理論に従えば、例えば同時性はどんな形式によっても表すことができる。もちろん、これは正しくない。

第三に、松下は、日本語では後続性と同時性が文法的に区別されないことを考慮しなかった。彼は2つではなく3つの相対的時制を設定するという誤りをおかしたのだ。

しかし、彼の著作の「既然(先行［時制］)」という節は価値あるものだ。そこで松下はおそらく初めて、*-ta* 形式は、過去についての発話の中でも、未来についての発話の中でも、同じ意味、つまり先行性の意味をもつことを指摘したのだ。だが、それでも松下は *-u* 形式に同時性の意味があることを明らかにすることができなかった。その代わりに彼は、*-te oro:* 形が、前に言及された動作に対しての先行性を示しうるということを発見したのだ。

松下の考えでは、談話の時制と状況の時制とは合体することができる。松下はそれらを掛け合わせ(4 × 3)た結果として、日本語には12(！)もの時制があるという結論を出した。

14　相対的時制論

ここまで我々が見てきたように、日本語における時制の問題は膨大な量の研究で論じられ、それについて互いに矛盾する判断が少なからず述べられたが、提示された結論を満足できるものと認めることはできない。

一方ロシアの日本学では、きわめて様々な言語で知られている、時制形式の相対的意味という現象を考慮した別の研究方針が、もうずっと以前から着目されている。

これについては、もう1911年にД.М.ポズドネーエフが書いている。まず最初に彼は日本語の特殊性を認めている：「日本語動詞の法と時は、ヨーロッパ言語のそれと、もし一致するとしても、きわめて遠い意味で一致する」[92,48]。

形式的には三時制の図式を採用（未来形は推量の意味をもつという断り付きで）しつつ、Д.М.ポズドネーエフは既に自分の教科書で「時制の用法」という名の特別な指導をしている。彼は次のように書いている：「日本語の動詞のさまざまな法と時は、ロシア語の動詞といつもぴったり一致するわけではない。現在、過去、未来の用法についての一般的な規則は、最後の未来の意味の特殊性を保留したうえで、次の点にある。すなわち、日本語の談話において現在とみなされるのは、発話時点というよりも、むしろ話されていることがらの時点であるということだ」[92,77]。

「直説法現在は、ロシア語と同様に現状［例えば デル は‘私は今出るところだ’］を意味するほか、つぎのことを表す：

A. 従属節において、主節の動詞の未来あるいは過去時制との同時性：「［ワタクシ　ガ］　タツ　トキ［ニ］　ハハ　ガ　タイソオ　ナキマシタ；ヒ　ガ　クレル　トキ［ニ］、カエリマショー（未来形の特殊な意味が保たれているという条件のもとで）。

B. 確実性を表し、また、（ロシア語と同様に）絶対的な確実性と決定性のもとで未来を表すのに用いられる：アス、トオキョウ　エ　イキマス；コンバン　キット　マイリマス。

C. コトという語に伴われて、名詞として、あるいはロシア語の不定法のように、あるいはまた、抽象的な語の意味で用いられる」[92,77–78]。

この引用から分かるように、Д.М.ポズドネーエフは直説法の意味を正しくとらえていた。ただ、形態論的に何によって法が表され、何によって時が表されるかを、彼は明らかにしていない。また、彼はまだ デル のような形式の一般的な時制的意味の定義もしていない。

非常に重要なのは、*-u* 形式が「従属節において、主節の動詞の未来あるいは過去時制との同時性」を意味することについて初めて定式化された命題である。しかし、この命題には1つの非常に本質的な補足をしなければならない：もし、過去についての発話と未来についての発話の中で、ある一定の形式（この場合は―現在時制の形式）が、一定の統語的なポジション（この場合は―従属修飾節）で、一定の時制的意味（この場合は―同時性の意味）をもつとしたら、現在についての発話の中でも、同じ形式が同じ統語的なポジションで同じ相対的な時制的意味を表すだろうと考える十分な根拠がある。

上に引用された現在形の意味の定義の欠点は、モーダルな意味とテンスの意味とをいくらか混同していることである。実際に、*-u* 形式は未来についての発話の中で確実性を表すが、しかし、現在についての発話の中でもこの形式は同じモーダルな意味をもっていることは疑いない。つまり、未来についての発話の中での *-u* 形式の使用を**確実性という特徴**によって特別な項目に分ける必要はないのだ。

また、第三の、コトという語に伴われる *-u* 形式は、名詞のように、あるいはロシア語の不定形のように用いられるという、現代でも広く普及している命題にも同意できない。なぜなら、コトの前には *-ta* 形式も使われるし、否定法、希求法の形式も使われるからだ。

だが、列挙した欠点や若干の不完全さがあるとはいえ、従属節における *-u* 形式の同時性の意味についてのД.М. ポズドネーエフの指摘は、当時としてはまったく新しい、日本語における実際の状況を正しく反映するものだった。Д.М. ポズドネーエフによる *-u* 形式の研究は *-ta* 形式の分析と結びついており、それについて彼はこう書いている：「過去形は当該の状況が存在したこと、実行されたことを示す。

A. それは、終了した動作を意味することがある：アノ　ホン　ヲ　ヨンダ。

B. まだ続いている動作を意味することもある：キシャ　ガ　オクレタ；[イマ] キマシタ。

C. それについて語られている時点に対する過去時制とみなされることもある：ハナヤ　ガ　キタ　トキ、キク　ヲ　カイマス（カイマショオ）；チチ　ガ　シンダ　トキ、セイヨオ　エ　イキマス（イキマショオ）；アレ　ワ　ステタ　ホウ　ガ　イイ」[92,79]。

項目《A》で述べられているのは、おそらく発話時に対する先行性についてであるが、Д.М. ポズドネーエフ自身はそういう定式化を避けている。項目《B》の例の *-ta* 形式の意味は、私の用語を使うなら、始まりの先行として説明することができる：キシャ　ガ　オクレタ　は、「汽車が遅れ始めていた」の意；[イマ] キマシタは、「それは到着し始めていた」の意である。

項目《C》には、*-ta* 形式が（少なくとも従属節の中では）発話時点に対してだけではなく、それについて語られている時点に対して、あるいは次に言及される動作の完了時点に対しての過去時制とみなされうる、という事実が初めて指摘されている。

また、日本語の時制のこの特性――それらの(現代の用語でいうなら)相対的な性格――をД.М.ポズドネーエフが *-tara* 形式にまで、つまり部分的になかどめ形にまで広げて適用したことには、大きな意義がある。

しかし、この理論は発表当時には認められず、また、1923年にД.М.ポズドネーエフによって再び述べられたけれども［93参照］、その後刊行された日本語文法の書物には反映されなかった。

1930年代の終わりに日本の文学作品を研究しているとき、私は *-u* 形式が規定のポジションで同時の意味を持ちうることに気づいた。その後、私は主節の述語のポジションにおいてもこの形式は過去についての発話で、次に述べられる動作と並行する動作を表し、また *-ta* 形式は先行性の意味をもつという結論に達した。この考えを私は教育の実践、特に日本語史の授業での読解において、また大学院の報告(1947年)において利用した。

後年、私の学生В.Н.オルロフが、ロシア語から日本語への翻訳(東京で出版されたチェーホフとツルゲーネフの作品)を資料として、*-ta* 形式の相対的な意味はその形式の基本的な意味であるかどうかを確かめることを自らの課題に設定した。

出版された研究結果の要約［86参照］は、*-ta* 形式の相対的な意味についての基本的な考えを裏付けている。

В.Н.オルロフは重要な観察をした：多くの場合、物語あるいは独立した章節の冒頭で、過去に同時に成されたいくつかの動作について述べられた時、それらのうち**最初の**動作が日本語訳では *-ta* 形式で表され、その後に述べられるものは *-u* 形式で表されるのだ。

従属節におけるいいおわりの時制形式の相対的な意味は、Н.И.フェリドマンも認めている［128,875–876参照］。

しかし、Н.И.フェリドマンは *-ta* 形式の先行性の意味を**時間的**従属節だけに限定している。後に示されるように、*-ta* 形式は先行性の意味をどんな従属節においてももち得るし(6章を参照)、主節においてももち得る(7章を参照)。

現代標準日本語のいいおわりの時制形式についての問題が、И.В.ゴロヴニンの学位論文で、先行研究におけるよりも詳細に研究されている。この研究にИ.В.ゴロヴニンは、日本の文学作品とロシア語からの翻訳の豊富な原資料を使った。

И.В.ゴロヴニンは、日本語の特別な未来形の存在を否定している。彼は、*-u* 形式と *-o:/-jo:* 形式との文法的な意味の違いはモダリティの不一致、特に異なる法への帰属にあると考える文法家たちに合流したのである。まさにこのことによって、彼は4つのいいおわりの動詞形式を、2つの時制と2つの法に正しく配分して、二時制の理論に近づいている。

И.В. ゴロヴニンは、従属節では特別な相関的-時制的意味が、*-u* 形式にも（並行性または後続性)、*-ta* /*-da* 形式にも（先行性）あると認めている。それだけでなく、彼は主節でのいいおわりの形式の相対的使用の例も挙げている。

И.В. ゴロヴニンの研究の肯定的な面に、「全時間的」という術語を（「超時間的」の代わりに）使ったことも加えられる。

しかし、И.В. ゴロヴニンの学位論文と、その資料に基づいて書かれた論文には欠点もある。

日本語のいいおわりの時制形式の**基本的な**意味は絶対的意味であると И.В. ゴロヴニンは認めており、しかも、その考えは膨大な資料の研究結果の結論として得られたのではなく、「内部構造」や「動詞の文法的時制の本来の性質」といったことをもちだし、自明の理として取り入れられているのである［32,96］。

もし、相対的な意味が、И.В. ゴロヴニンが主張するように直接的な意味から発生したとしても［同前参照］、だからといって現代日本語において直接的な意味が基本的意味のまま残っているということにはならない。インパーフェクト（未完了過去）の消失および、現在時制によるその肩代わりが、過去についての発話の中の同時性の表現において、たとえば、ボーア語（アフリカーンス）で認められている［241,410 参照］。その際、パーフェクトの形式は先行性の意味をもつようになる［241,411 参照］。

数百年の時の流れの中で、純粋に相対的な意味での時制形式の使用が、日本語においても十分に発展し得て、時制形式の相対的な意味が基本的な意味となったのである。

И.В. ゴロヴニンは、それぞれの時制形式を他のすべての時制形式と切り離して検討している。まず、「直義的な（文字通りの）意味」の例が挙げられ、つぎに「相関的（な意味）」、続いて「転義的-モーダル（な意味）」と「転義的-アスペクト（の意味）」の例が挙げられている。ところが、直義的な意味について述べた章の中に、動詞の形式が相関的な意味で使われている例も見受けられる。だが、このような例は分析のしようがない。И.В. ゴロヴニンは、どんな意味（絶対的か相対的か）での時制形式がより頻繁に見られるか、ということについての問題提起をしていない。直義的な意味の優位性が、異なる意味での時制形式の使用数を調べることもなく主張されているのだ。

他の日本語学者と同じように、И.В. ゴロヴニンは時制形式を様々な統語的ポジションでは研究しなかった。そのため彼は、つなぎおよびつなぎ単語の前での時制使用の個別的な規則を作りあげることができなかった。彼は多くのつなぎの前では *-ta* 形式と *-te iru* 形式が使われないということに注意を払わなかった。

И.В. ゴロヴニンが、転義的-モーダルな意味と転義的-アスペクト的意味という特別な時制形式の意味を取り出したことにも同意できない。彼はこう書いている「過去は、まだ消滅しない現在として伝えられることもあり、現在-未来形の転義的-モーダルな用法により表現されうる…例えば：「…とーきょー-の　なん　じゅーまん-の　いえ-わ、いちど-に　しんどー-した。かわら-が　**おちる**、まどがらす-が　**とぶ**、いしがき-が　**くずれる**」（トクホン，VI，135）〈…東京の何十万の家は、一度に震動した。瓦が**落ちる**、窓ガラスが**飛ぶ**、石垣が**くづれる**〉［32,86］。一体、読者はこの文を「まだ消滅しない現在として」受け取るだろうか、はたして読者は石垣が崩れ続けているなどと思うだろうか。この場合、過去についての発話で *-u* 形式が使われているのは、語られている出来事が同時に起こったからである。直説法のすべての形式に固有である、確実な事実の指摘以外のいかなるモーダルなニュアンスもここにはない。

おそらく、И.В. ゴロヴニンは、*-u* 形式は過去についての発話の中で異なる意味：主節では転義的-モーダルな意味、従属節では相関的な意味をもつと考えていたのだ。だが、少なくともスラヴ諸語の資料でつぎのことが証明されている，「時制形式の相対的な意味を、従属節での使用のためだとしてはならない。動作を相対的時制の形式で表すか、絶対的時制の形式で表すかは、文の構造によって決まるのではない…」［16,57］。

И.В. ゴロヴニンは、歴史的現在を転義的-モーダルな意味だとみなしている［32,90 参照］。だが、歴史的現在にあてはめてよいのは、過去についての発話の中での現在形の文体的な（任意の）使用だけである（これについては第7章でより詳細に述べられる）。しかし、**規範**である事例には文法的な解釈が見出されるはずである。

И.В. ゴロヴニンは、過去についての発話の中で、なぜ *-nai* 形式が *-nakatta* 形式よりも多く使われるのか説明していない。彼は肯定形の例しか挙げていないのだ。もちろん、そのような用例の集め方は人為的である。

膨大な資料を使い、さまざまな統語的ポジションでの時制形式を研究した結果、私は日本語における2つの**純粋に相対的な時制**の理論を導き出した。

客観的な先行性と非先行性を表す、2つの**基本的な**純粋に相対的な時制を用いて、話題となっている現実のプロセス間の時間的関係が、発話時点を介することなく、直接的に設定される。つまり、時制形式の選択は、動作の実行時が話者の現在とどんな関係にあるかには左右されないのだ。

どんな言語であろうと、純粋に相対的な時制システムの存在についての考えがこのように明確に提出されたのは初めてである。だから、この考えには厳密な根拠がなければならない。それが続く各章の課題である。

まとめ

1. 一連の日本語研究者の観察は、同一の文法的時制に多種類の形式が属しうることを示している。それには、ほとんど同義的な形式も、異なる法やアスペクトに関わる形式もある。

例えば、16–17 世紀の日本語では先行時制に次の形式が属していた：総合的な形式の *-ta* 形式と分析的な形式の *-te aru*（*gozaru*、*woru*、*iru*）形式である。分析的な形式はパーフェクトのニュアンスをもっていたが、多くの場合、先行性を広く指す総合的な形式と自由に入れ替わることができた（分析的な形式の中の種々の存在動詞は、ていねいさのいろいろな段階を表していた）。

2. もし、いくつかの形式が本当にほとんど同義的であるなら、時制およびモーダルな形式の**同音異義**に関して提起された考えのどれ 1 つとして批判に耐えられない：

a）同一の形式を異なる時制に当てはめることを、その形式がラテン語やロシア語やその他の何らかの言語のいくつかの時制に一致するのを根拠に行なってはならない。現代日本語で *-u* 形式が現在についての発話でも未来についての発話でも使われるとき、現代ロシア語で区別されていることが、1 つにまとまっているのだ。日本語の *-u* 形式は 1 つの文法的時制を表しており、1 つの意味をもつ；

b）また、同一のモーダルな形式を異なる法に当てはめてはならない。これは何人かの研究者が、1 つの形式が現実性の程度に違いのある動作を表すこともあるという事実をよりどころに行なっていることだが。16 世紀の日本語ではほとんどすべての未来の動作が、不可避的に起こるに違いないものでさえ、トロー / トローズ / トローズル のような形式、あるいは別の、やはり非断定的な法の形式によって表された。未来についての発話での不可避的な動作と推定される動作が文法的に区別されるようになったのは、前者が直説法（または否定法）で表されるようになってからである。不可避的動作を表した *-o:/-o:zu/-o:zuru* の形式を直説法に当てはめ、同じ形式が推定される動作を表す場合には非断定的な法に当てはめたとき、ロドリゲスや彼の追随者たちは、実のところ、言語表現の研究のかわりに動作それ自体の実現性の程度を評価していたのだ；

c）もし、近代日本語の 1 つの形式が古代日本語のいくつかの形式に取って代わったとしても、だからといってこの形式がいくつかの異なる意味をもつわけではない。近代日本語は古代日本語が区別していた意味を 1 つにまとめたのである。

3. 近代日本語の動詞と形容詞のいいおわりの形式すべてが時制的であるわけではない。時制形式ということができるのは、法とアスペクトが同じで時制が異なる形式と、形式的にも自身の時制的意味においても対立するものだけである。トロー

/ トローズ / トローズル のような形式は、それらに対立する トッタロー のような形式をもたなかった（16–17 世紀の文献中に未見）し、未来についての発話の中だけではなく、現在や過去の仮説的な動作についての発話の中でも使うことができた。したがって、この形式はまったく時制形式ではなかった。

現代日本語において、トルマイ のような疑惑形、および命令法と禁止法のすべての形式は時制形式ではない。なぜなら、それらに対立する、同じ法の異なる時制形式が存在しないからである。

4. 以前は時制的でなかった形式が、それに対立する異なる時制の形式が現れるとともに、時制の一形式として時制形式システムに加わることがある。

例えば、トロー のような形式は、以前は時制形式ではなかったが、後にトッタロー のような形式が現れるとともに時制的な意味を獲得した。

5. 時制的であった形式がその時制的な意味を失い、モーダルな意味を獲得することがある。

例えば、*-o:* で終わる形式のうち、現代日本語において推量法・非先行時制の純粋に仮定的な意味を保っているのは、形容詞と助動詞の形式だけである。この形式は、本動詞の部分となったときは第一人称の動作だけを表すことができる。その際、この形式は勧誘の性格をもつ：トロー、‘（一緒に）取りましょう’、‘取ろうかな’、‘さあ、取ろう’。そのほか、トロー のような形式は連体従属節（規定的な文）では使われなくなった。これらの原因により、この形式の現代日本語での使用は、16–17 世紀と比べてほぼ 5 分の 1 に減った。‘（第三人称の）多分取るだろう’ の意味をもっているのは、トル‐デショー という構成で、その中の デショー（むすび デス の推量法の形式）は、モーダルな助辞に変化し、時制の意味をもたない（トッタ‐デショー と比較せよ）。

つまり、デショー、トロー のような形式を直説法の未来形とみなしてはならない。なぜなら、日本語の時制形式は人称語尾をもたず、3 つの人称すべてに当てはめることができるからだ。そればかりではなく、トロー のような形式はそもそも時制形式ではなくなりつつある。だが、このプロセスはまだ完了しておらず、今のところ トロー — トッタロー という対立がある程度残っている。

6. ロシア語とは違って、むすび のない名詞述語は日本語では時制的な意味をもたず、どの時間帯についての発話にも関わることができる[xii]。

7. 一定の文法的時制に属さないいいおわりの述語形式が存在するということは、どんな時間的意味にも関わらない文が存在するということだ。

8. 形態論的な見地からみて最も正しいのは、現代日本語に **2 つ**の文法的時制形式を認める理論である。2 つの時制形式とは、*tor-*、*mir-* のような語幹を含む形式と、*tott-*, *mit-* のような語幹を含む形式である。したがって、時制的意味は**語幹**

に含まれるのであって、語尾にではない。

9. 二時制理論支持者の多くはこれらの時制を、過去と非過去（あるいは現在-未来）と呼び、発話時を基準とする絶対的な時制だとみなしている。

だが、時制形式の統語的使用の一連の特徴が、その考えと食い違っている：

a）非過去時制の形式が過去についての発話の中にあまりにも頻繁に見られる一方、過去時制の形式は、同じテキストのロシア語訳における -л をもつ過去形のほぼ半数という少なさである；

b）否定形の用法が肯定形の用法と異なっているが、これは絶対的な時制をもつ言語にとって特徴的ではない。過去についての発話の中で、否定法の非先行時制形式が、対応の肯定文では直説法の先行時制形式が適用されるような場合でも使用される。

B.H. チェンバレンと彼の追随者たちは、日本語の動詞の肯定形と否定形の用法が異なることに、日本語自体の非論理性を見ていた。しかし、A.B. イサチェンコはいみじくも次のように指摘している、「もし、スコラ学の伝統という束縛から解放されて、文法的な形式によって表される客観的に存在する関係を明らかにしようと努めるなら、悪名高い言語の『非論理性』がいくらかは『非論理的』でないことが分かるだろう。なぜなら文法形式は常に『ある何か』を表すのだが、その『ある何か』は言語外的な実体の現実世界に相関項をもっているのだから」［57a,43］。

10. 過去についての発話の中での非過去時制形式の使用を、印欧諸語でも知られている歴史的現在として説明してはならない。日本語では、非過去時制の形式が過去についての発話の中で、印欧諸語における歴史的現在よりもはるかに頻繁に使われる。歴史的現在は文体的現象であって、文法的現象ではない。歴史的現在のどの形式も過去形に置き換えることができる。しかし、ほとんどの場合、過去についての発話の *u* 形式、*-nai* 形式、*-o:* 形式は、対応する過去時制の形式で置き換えることができない。したがって、過去についての発話の中での非過去時制形式の使用は、これらの場合は文法的規範である。

11. *-u* 形式と *-o:* 形式に時制的な意味を認めない言語学者たちは、**単一時制理論**を作り上げ、それは「パーフェクトの一種」[xiii] と解された。

システムは 1 つの文法的カテゴリーでは成立しえないのだから、1 つの文法的時制だけをもつ言語は存在しないし、存在しえない。

12. 多くの日本の言語学者たちは日本語とヨーロッパの言語の時制の間に根本的な違いを見ているが、その説明は一様ではない。何人かの著者（松岡静雄、松下大三郎）は、現代日本語はアスペクト-テンスの接尾辞の多くを失い、この点では退化したと考えている。

だが、古い時制形式の喪失は、もっと抽象化された文法カテゴリーから成る新しい時制システムの創造を意味する。それらの文法カテゴリーは文法構造の完全化のきざしである。

13. *-u*形式、*-ta*形式のアスペクト的意味理論は、これらの形式に不完了と完了の意味があるとする理論である。しかし、動作の終了を意味する補助動詞の*-u*形式での使用はこの理論と矛盾している（現在形をもたないロシア語の完了体と比較せよ）。

14. 時制形式の**非恒常的基準**の理論にも同意することができない。なぜなら、それが基準の交替規則を明らかにしていないからだ。だが、この理論は、現代日本語において発話時は時制形式選択の普遍的な基準にはなりえないという、山田、三矢、松下のような重要な学者に認識された事柄から生じた。

15. 日本語の時制形式の相対的な意味を考慮している理論だけが、それらの用例の最大量に説明を与えることができる。

16. この問題の歴史は、多くの言語学者が現代日本の文学作品や論説の言葉を研究していないことを示している。彼らの考察は極めて貧弱な資料により、しばしば文法家自身によって作られた資料によって進められている。これが、時制に関する問題の解決に不一致を生んだ原因の1つである。

17. 日本語の時制について書いた著者たちはすべて、それぞれの時制を他の時制と切り離して調べている。まさにそのことによって、彼らは、一定の統語的ポジションでは何らかの時制形式に出会わないということに気づかなかったのだ。

試みなければならないのは、統語的ポジションを基礎とし、多くの資料によって、どんな時制、アスペクト、法の形式が、どんなつなぎあるいは他の付属語の前に現れるかを、規定ポジション（連体節）と主節の中で研究し、明らかになった法則性に対する説明を見つけることで ある。

だが、形式の時制的な意味が統語的なポジションによって決まると考えてはならない。統語的ポジションは時々形式の選択にのみ影響を及ぼすにすぎない。形式の意味はいかなるポジションにおいても変わらない（若干の例外については第5章の第VI部を参照）。

このようなアプローチによってのみ、時制形式は、共存する形式の単なる寄せ集めとしてではなく、**互いに対立し合う文法カテゴリーのシステム**としての全貌を表すだろう。

注

1 「未完了と大過去の現在形での代行」について語るとき、ロドリゲスは日本語の現在形によるこれらのラテン語の時制の翻訳を考慮していた。この興味深い観察は、当時も過去についての発話の中でトルのような形式が使われていたことを示している。

2 ロドリゲスは *aguetaro*[*zu,zuru*]［184,51 参照］を**未来**形に分類しているものの、「文はこの形式で終わることはできない。この後には必ず名詞が続く」［同上］と記している。しかし、私が調べた資料の中にこの形式は一度も出てこなかった。

3 C.バレは、「疑惑法」という用語を、モースマイのような形式ではなく、モーソーとモーシタローのような形式の意味で使っている［214,131 参照］が、私はこれらを勧誘法と推量法にあてている。

4 この種の日本語文には通常主語がないが、それには「とき」という単語をあてることができる。

訳注

i 原典『口語法別記』では「「一昨年わ」「昨年わ」と云ふ過去の意味を持つて居る副詞句で、過去の事に聞こえるのである」と記されている。

ii 拡大単文—ロシア語文法で文の構成の説明に使われる用語。文の主要成分(主語、述語)のほかに二次的成分(補語、状況語、定語)をも含む単文を指す。

iii 直前の(　)内にあるような、完了体と不完了体が同形の動詞の場合である。

iv ロシア語では、例えば「形容詞＋名詞」の語結合に際して、形容詞は名詞の性・数・格に形を一致させる。この時、名詞は支配語、形容詞は被支配語という関係が生じる。

v 引用原典には「接尾辞」なし。

vi ロシア語の場合、人・動物以外を表す不活動体名詞の対格は主格と同形であり、人・動物を表す活動体の男性名詞は単数・複数で、女性名詞は複数で対格が属格と同形になる。

vii ロシア語の完了体動詞の過去形は、パーフェクト的な意味(過去に完了した動作の結果が残っている)を表すことも、アオリスト的意味(動作が完了したことだけを結果と無関係に示す)を表すこともある。つまり「パーフェクト」＝「完了」ではない。

なおスィロミャートニコフは、日本の文法書を引用する際、日本語の「完了(の)〜」という言葉を、通常ロシア語文法で完了を表す形容詞 совершенный 以外の завершенный［完遂された］、законченный［終結した］、перфектный［パーフェクトの］などの類義語を使って訳していることが多い。また、同一の著者による「完了」を別々のロシア語で訳している場合もある。ここでは、木枝の「完了」が、《время：時》を付けて《завершенное время》と訳されているが、当該部分の木枝の原文では単に「完了」と記されている。

viii 著者による翻訳と山田の引用原文に相違点があるので、翻訳をのせた。原文は以下の通りである。「たとへ事実は未来なり、過去なりとはいへ、吾人の意識が之れを現実として発表すること豪も矛盾にも背理にもあらず、然れどもスキート氏の例の「I start to-morrow,」岡沢氏の(七)の例の如きものは「明日」といふ語ありて明に未来を示せるに然も現在的語法を以てせるものなりとせば、こゝにはじめて背理とふべき感想生じ来るなり」

ix　松下の引用文と本書の翻訳には異同が大きいので、翻訳を掲載したが、原文は以下である。
「完了に過去を重ねて「にき」「にけり」「てき」「てけり」「たりき」「たりけり」「…りき」「…りけり」などと云つた。そうして其の間に微妙な区別があつて云ふに云はれない趣が有る。然るに今人の口語は過去がなくてそれらの場合に何でも彼でも「た」の一点張である。この点は確に国語の劣化である。勿論他の点に於て古より進歩して居る点は非常に多いけれども此の点は確に劣化だ。」

x　ロシア語では、否定小詞 не が、名詞、形容詞、副詞、動詞、語結合などの否定に使われる。若干の名詞、多くの形容詞や副詞は、не- を接頭辞として否定的な語を派生し得るが、動詞の場合は否定小詞は、(語構成要素にはならず) 別の単語として前に置かれて否定の意味を表す形が普通である。

xi　本書の用語でいえば、「現然」は「同時」、「既然」は「先行」、「将然」は「後続」にあたる。

xii　直訳は「名辞 (名詞と形容詞) 述語」だが、日本語の場合、基本的には繋辞が付くのは名詞述語なので、名詞述語とする。

xiii　この部分、どのような立場をさすのかわかりにくい。しいていえば、4 節の「一時制論」のところに、「-u 形の時制的な意味を否定する人々は一時制の理論に向かう。その時制とは過去である。」また、アメリカの教科書からの引用で、「唯一の文法的時制で過去時制 (time) に当たるのは、完了の一種で、動詞の非終止語幹に -ta を付け加え…」というのがあるので、著者は、-ta 形式だけを時制とし、しかもそれを完了の一種と考える人たちを指しているのではないかと考えられる。

第 5 章

つなぎ要素とおわりの前の時制形式

第Ⅰ部　序説

1　つなぎ要素の定義と本章の構成の論拠

この章では、従属節と主節、あるいは従属節と他の従属節を結びつけているつなぎや、つなぎ-接尾辞、つなぎ単語、つなぎ小詞やつなぎ助辞の前での、2 つの時制のいいおわりの形式の用法と意味が研究される。そのような補助的な語や助辞を**つなぎ要素**と呼ぶ。それらとは別の部［Ⅵ、Ⅶ、Ⅷ部］でいくつかのおわり表現(コトガ デキタなど)の前での時制形式が検討される[i]。

つなぎとして扱われるのは補助的な形態素で、名詞の同種成分どうしの結合関係(ト、ヤ)、あるいは節どうしの時間的、反意的、結合的な関係(ト、ヤ、ナラ、シ、ガ)を表すが、文の成分としては使われないものである。つなぎには助辞も格を表す接尾辞も付くことはない。

つなぎ-接尾辞と呼ばれるのは、文の成分にも、従属節にも、自らの意味を大きく変えることなく、直接的に結合する要素である。これらは独立しては使われないが、つなぎとは違って、格を表す接尾辞や助辞に伴われることがある。例えば：ゴトニ、ニ［ワ、モ］、マデ［ニ、ニワ、モ］、イゼン、イジョー、カタワラ、などである。つなぎ-接尾辞は文の同種成分を結ばない。

つなぎ単語は文の自立的な成分になり得る(つなぎの意味ではなく、名詞としての意味で使われる場合)。これらは非常にしばしば、格を表す接尾辞や助辞を伴う。例えば：トキ［ニ、ワ、ニワ］、マエ［ニ、ニモ、ワ、カラ］、ウエ［ニ］。ほとんどすべてのつなぎ単語は名詞の属格の後で後置詞のように用いられる。

つなぎ小詞(いいまわし)は、たいてい格を表す接尾辞と自立語［+助辞］からできている。例えば：ガ　ハヤイ カ、ニ ツレ［テ］、ニ ツケ［テ］、ニ シタガッテ。

しかし、文と文(節と節)の位置では、形態論的には分割できるものの、機能的には明確な語彙的統一体である。

時間的なつなぎ要素の前での時制形式とその意味の研究が、とりわけ必要不可欠である。それによって、*-u* 形式の基本的な意味を最も正確に判定することが可能になる。もし、*-u* 形式が同時性を表すなら、同時性の意味をもつつなぎ要素の前で、*-u* 形式は過去についての発話の中でも使われるはずだ。だが、もし、*-u* 形式の基本的な意味が発話時の現在であるなら、同時性を表すつなぎ要素の前の過去についての言の中では、過去を表す *-ta* 形式が *-u* 形式よりもはるかに多く見られるはずだ。

実際的な資料の研究が示しているように、時制形式の使用に重大な影響を及ぼすのはつなぎ要素の**意味**であって、その構成や語源ではない。そのため、以後の各パラグラフ【2 節～】ではある 1 つのつなぎ要素の前での時制形式が考察されるが、それら形式のパラグラフは使われている付属語の時制的意味にしたがって各部【II～Ⅷ】にまとめられる。

第 II 部　同時性を表すつなぎ要素の前の時制形式

2　つなぎのトの前の時制形式

つなぎの ト の起源はさまざまに説明されている。ある著者たち(Н.И. フェリドマンなど)は、条件-時間のつなぎの ト の意味は、並列の接尾辞 *-to* の意味と本質的なつながりをもっている、と考えている［129,270 参照］[1]。他の著者たち(特に E.M. コルパクチ)は、「ト は名詞の トキ に起源がある」［62,037］とみなしているが、この名詞「時」は古代からつなぎの意味、より正確にはつなぎ単語の機能でも使われている。

条件-時間のつなぎの ト と、並列の接尾辞 *-to* とのつながりは、大いに可能性がある。(2 つめの、トキ に起源を求める説については後の 134 ページで検討しよう)

つなぎの ト のいくつかの用例が日本語の最古の文献の中に見られる。例えば、『万葉集』の 107 番歌に「いも　まつ　**と**　［われ］ たちぬれぬ」(妹待つ**と**我れ立ち濡れぬ)とある。しかし、このような例は非常にまれであり、概して古代日本語ではつなぎのトの条件-時間の意味での適用は見られない。山田孝雄は、古代日本語ではつなぎの ト は、トモ と同じ譲歩の意味をもつものだけだとしている。このような ト［モ］は、動詞の終止形か［207,605–607,1081–1083,1434,1450 参照］、あるいは推量法の-*mu*、後代は *-o:*/*-jo:* となった形式に付いた。

J. ロドリゲスと D. コリャードは、16–17 世紀の言葉の中の条件-時間のつなぎの

ト の存在については語っていない。彼らが記録しているのは、古代日本語にも存在していた、名詞を結び付ける並列的なつなぎの ト だけである。条件のつなぎのうちロドリゲスが挙げているのは ナラバ、バ、ニオイテワ だけである［237,89 参照］。また実際に、年代が 16 世紀の最後の 10 年間と確定している文献の中には、条件-時間の意味をもつつなぎの ト は見られず、譲歩の意味がつなぎの ト に保たれ続けている。しかし、1660 年に刊行された狂言の中には、*-u* 形式の後でつなぎの ト が条件-時間の意味で使われている例をもう、いくつか記せるようになっているのである。これは 17 世紀の言葉の狂言の言葉への影響の証拠の 1 つである。だが、17 世紀の言葉の中でも、条件-時間のつなぎの ト にはまだ稀にしか出会わない。これは、その時代に条件-時間、および条件-時間-理由の総合的な形式が広く使われていたということで説明できる［123,278］。

その後、「*-u* 形式＋つなぎの ト」の構成の使用が、*-eba* 形式に代わって広がっていく。これは、総合的ななかどめ形式が分析的な形式にとって代わられた現象の 1 つである。この時代の言葉で、条件-時間のつながりと原因のつながりが区別されるようになった。「*-u* 形式＋ト」の構成は、*-eba* の形式からただ条件-時間の意味だけを受け継いだ。狂言の中で、この構成は、頻繁に現れはしないものの、どのような動作についても使われるが、現在における一度の動作は除かれる。というのは、現在についての発話の中では、この構成はほとんど常に、何度も繰り返される動作か一般的な動作[2] を意味するからだ。

調査した資料が示すところでは、つなぎの ト の前にある動詞によって示された動作と、後続の節(主節あるいは他の従属節)で語られている動作との間の関係には 3 種類ある：1) 両方の動作は同時に行われる、2) 2 番目に言及される動作は最初の動作より先に始まっている、3) 最初の動作は 2 番目の動作より先に始まっている；最初の動作は 2 番目の動作が始まるまえに終わっているかもしれない、だがこの場合でもつなぎの ト をもつ構成は、2 つの動作の間のいかなる時間的な隔たりをも表さない。

これらの時間的な関係を具体的な資料で詳しく見てみよう。

1. 2 つの動作が同時：きつね-わ　まつば-で　**ふすべる　と**　いやがる　とゆー「狐は松葉で**燻蒸べると**嫌がるといふ」(狂言記, Ⅰ, 461)：こー　**いたしまする　と**、きつー　ひろがりまする「かう**致しまする**と、きつう広がりまする(こうすると、傘はよく広がります)」(狂言記, Ⅰ, 103)；たに-お　**でる**[3]　**と**、あたり-が　すこし　ひろく　なって　きました「谷を**出ると**、あたりが少し広くなつて来ました」(読本, Ⅴ, 70)：こーふくに　**くらしてる　と**　とし-わ　とらない　よ「幸福に**暮してると**年は老らないよ」(啄木, 110/2, 鳥影)；**はたらかないで　いると**、どんなに　おもしろい　こと-で-も、だんだん　つまらなく　なって　くる-

の　だ(国語，2［2］，72)；よしのさん-が　**いないと、**おれはさっぱり　つまらない…「吉野様が**ゐないと**俺は薩張り詰らない…」(啄木，133/3，鳥影)；で、こーこの　おんな-に　かお-お　**みられる　と**、くすぐられる　よーな、かつがれてるよーな　き-が　して、みょーに　まぎらかす　きかい-が　なく　なった「で、恁う此女に顔を**見られると**、擽られる様な、かつがれてる様な気がして、妙に紛らかす機会がなくなつた」(啄木，152/2，鳥影)。

引用した例から分かるように、「*-u*形式＋つなぎの ト」の構成は、完全な同時性の意味の場合、繰り返されるか、あるいは恒常的なプロセスについての発話の中で使われるのが普通である。過去の一回の同時的な動作についての発話の中では、この構成の適用は比較的まれである。

2. 2番目に言及される動作は最初の動作より先に始まっている：まず　あれ-え**まいる　と**、なにと-やら　ひそかに　あった…「まづあれへ**参ると**、何とやら密にあつた…」(狂言記，Ⅰ，234,235)；**みあげる　と**、おーきい　はし-が　あって、ひと　や、くるま　や、むま-が　とーって　いました「**見上げると**、大きい橋があつて、人や、車や、馬が通つてゐました」(読本，Ⅴ，72–73)；あるひ、はまべ-お　**とーって　いる　と**、こども-が　おーぜい　あつまって、なにか　さわいでいました。**みる　と**、かめ-お　いっぴき　つかまえて、ころがしたり、たたいたり　して　いじめて　いる-の　です(読本，Ⅲ，108)；つき-の　ひかり-に　すかして　あちらこちら　**さがします　と**、まつばやし-の　なか-に　いし-の　ろー-が　ありました「月の光にすかして、あちらこちら**探しますと**、松林の中に石のらうがありました」(読本，Ⅲ，44)；もっと　すすんで　**いきます　と**、こんど-わ、たにがわ-で、ひとり-の　わかい　おんな-が、しくしくと　なきながら、せんたく-お　して　いました(読本，Ⅳ，60,61)。

3. 最初の動作は2番目の動作より先に始まっている。調査した資料の中では、このような時間的関係の例が圧倒的に多かった：**を-め-にかかると**、まづ　なんじ-が　こと-を　とわっしゃれて　ある　ぞ「**お目にかかると**、まづ汝が事を問はつしやれてあるぞ」(狂言記，Ⅰ，234)；しばらく　**する　と**、おじーさん-が　でて　きました(読本，Ⅲ，82)；しかし、その　うちに、おとーさん　や　おかーさん-の　こと-お　**かんがえる　と**、うち-え　かえりたく　なりました(読本，Ⅲ，116–117)。

つなぎのトの前には *-te iru* 形式も見られる：かに-が、した-から　**ながめています　と**、さる-が、あそび-に　きました(読本，Ⅲ，116–117)。

［カ］ト オモウ ト の表現では「*-u*形式＋つなぎの ト」の構成が常に用いられる。その際、動詞「おもう」の意味はまったく消えている：それ-が　かお-に　かかった　**か　と　おもう　と**、うらしま-わ、かみ-も、ひげ-も、いちどに　まっしろ

に　なって、しわだらけ-の　おじーさん-に　なって　しまいました（読本，Ⅲ，121）（読本，Ⅱ，90–91 と比較せよ）。

引用したすべての用例では、初めの動作が第2の動作よりも先に始まっていても、完全には終わっておらず、第2の動作の始まりで中断されてはいない。

だが、それに劣らぬ数の、互いに入れ替わっている動作について述べた例も引用することができる：しんごーが　おちついた　こえ-で　あんない-お　**こう　と**、こなまいきらしい　17–8-の　しょせい-が　しょーじ-お[4] あけた「信吾が落着いた声で案内を**乞ふと**、小生意気らしい十七八の書生が障子を開けた」（啄木，109/2，鳥影）：ちゃ-お　はこんで　きた　しずこ-が　**でて　ゆく　と**、おく-の　からかみ-が　あいて、まきたばこ-の　ふくろ-お　つかんだ　しんご-が　はいって　きた「茶を運んで来た静子が**出てゆくと**、奥の襖が開いて、巻莨の袋を攫んだ信吾が入つて来た」（啄木，111/2，鳥影）；わたくし-が かご-の　と-お　**あけます　と**、やまがら-わ　とびだして…（読本，Ⅳ，55）。

つなぎのトの前に「終わる」という意味の動詞が来るときは、2つの動作が並行することは、短時間であってもありえない。例：きょー-わ　さいわい　どよーび-な　ので、じゅぎょー-が　**すむ　と**　すぐ　かえった「今日は幸ひ土曜日なので、授業が**済むと**直ぐ帰つた」（啄木，114/2，鳥影）；あいさつ-が　**すむ　と**、しずこ-わ　すぐ、ちえこ-が　かたずけかけた　ぬいもの-に　め-お　つけて、「まー　いい　がら　ね」「挨拶が**済むと**、静子は直ぐ、智恵子が片付けかけた裁縫物に目をつけて、『まあ好い柄ね。』」（啄木，117/3，鳥影）。第2の動作の即時の始まりを、このような例では スグ という副詞も示すのであるが、その使用は義務的ではない：すっかり　しごと-が　**すむ　と**、うんてんしゅ-わ、おじさんたち-に、「さあ、どーぞ。お-まちどーさま-でした」と　いいました（読本，Ⅲ，97–98）。

しかし、副詞 スグ がない場合でも、1つの動作はまるで直接つながるように次の動作へ移っていく。

「*-u* 形式＋つなぎの ト」の3種の用法は、それぞれの時間的関係が一様ではないように見えるが、1つの共通の特徴をもっている：第1と第2の動作の間に、何の**時間的間隔も考えられていない**、ということである。その際、両方の述語の主語はしばしば別である。だが、どんな場合でも、条件-時間のつなぎの ト の前に *-ta* 形式が置かれることはありえない。

ここからどんな結論が出てくるだろうか？

第一に、すべての時間帯についての発話での *-u*、*-nai*、*-te iru* 形式の、つなぎの ト の前の用法は、このポジションでのこれらの時制形式の意味が純粋に相対的であることを示している。この意味を同時的、並行的などと呼ぶことはできない。なぜなら、一連の場合に、第1の動作は第2の動作の始まりの前までに完全に終わっており(第1と第2の動作の間にはっきりとした時間的な間隔はないけれど)、また他の場合には、(つなぎのト の前のポジションにある動詞で表される)第1の動作は第2の動作よりも後で起こっているからだ。順次性を表す特別な形式は現代の日本語にはない。これらの意味のニュアンスを一般化すると、*tor*-、*mi*［*r*］-タイプの語幹をもつすべての形式の基本的な共通の意味は、それらがどんなアスペクトや法に属するとしても、**非先行性**であるというのがより正しいだろう。これらの形式によって表される時制は、**非先行時制**と呼ぶべきである。

この時制は、後で示されるように、*tott*-、*mit*- タイプの語幹の形式をもつ別の時制に対立する。別の時制とは、ある動作の終わり(または始まり)と次の動作の始まりとの間に何らかの間隔のある**先行性**を表すものである。

第二に、ト が トキ から発生したという仮説は否定することができる。なぜなら、トキの前で *-ta* 形式が使われることは少なくないからだ。それだけでなく、もしトキが つなぎの ト の古い形式だったとしたら、それはまったく廃れてしまったか、あるいは古めかしく聞こえるだろう。しかし、トキ は資料のある日本語史のすべての期間で生きた単語であり続けている。さらに、トキ の後には、周知の通り、ニ、ワ、ニワ、カラ、モその他の接尾辞や助辞がしばしば用いられる。だが、つなぎの ト はいかなる助辞にも伴われることがない。

絶対的時制理論の支持者たちは、過去についての発話の中でのつなぎの ト の前の *-u* 形式の用法をどのように説明しているのだろうか?

外国人のための日本語文法の著者たちは、通常、つなぎの ト の前ではいつも動詞の *-u* 形式、形容詞の *-i* 形式が使われるということを示すだけである［110,389;62,037 参照］。

H. プラウト(Plaut)は、おとぎ話「桃太郎」のテキストの注の中で、条件-時間のつなぎの ト の前での *-u* 形式の使用例すべてを「歴史的現在」と呼んでいる［90,19 参照］。このような説明は批判にたえない:歴史的現在はほとんどの場合過去形で置き換えることができるが、*-ta* 形式を *-u* 形式の代わりにつなぎの ト の前に置くことはできない。

A.И. フォミンは次のように書いている:「現在時制で肯定または否定の先行する動詞につく接尾辞 ト は、節どうしの間に条件または時の関係をもたらす。このような場合の ト は、ロシア語では “если(もし〜なら)” または “когда(〜のとき)” を使って訳される。このような構文の従属節の時制は、主節の述語の時制によって決まる」［131,93］。なぜ、ト の前では現在形だけが使われるのかは、A.И. フォミンは示していない。

多くの日本の著者たちは、どのような時制形式がつなぎの ト の前で使用可能か、ということについてまったく問題を立ててもいない。例えば、木枝は書いている：「**口語**において、ト は、活用語の終止形といっしょに、次のように用いられる：

a)まだ実現していない条件との順接的なむすびつきについての仮定を表わす：アマリ　**シャベル　ト**　ツカレル　ダロー；ハヤク　**カエラナイ　ト**　シンパイ-スル　デショー；

b)実現した条件との順接的なむすびつきについての仮定を表わす。この場合を前の場合と区別することが必要である。アマリ　**シャベル　ト**　ツカレル；ハヤク　**カエラナイ　ト**　シンパイ-スル；[ii]

c)2つの事実が同時に存在することを表わす。ここには順接的な結びつきが表現されているが、条件の意味は存在しない；これは—同時的な述べ方である：リョコー-カラ　**カエル　ト**　ビョーキ-ニ　ナッタ」[58,587]。

木枝は、いたずらに、実現した条件と実現していない条件との違い、つまり、外国語に訳す場合に、時のつなぎを使うべき文と条件のつなぎを使うべき文との違いを見つけようとしているように思われる。そのような違いは日本語にはない。木枝の考えでは同時性を示しているという例　c)自体、まさにそんな表示を含んでいない：第2の動作の開始時までに、第1の動作はすでに終わっている。また、「おまえがはやくかえらない時、私は心配する」という文の中にどんな仮定を見出せるのか、不可解である。ここで言われているのは直接的な断言である。ダロー をもつ例で仮定を表しているのは、まさにその仮定（推量）法の むすびであり、つなぎのト 自体ではない[iii]。

Н.И. コンラッドは、つなぎの ト を、「シンタクス」の「並列格における補語的従属節の特例」の名をもつ特別なパラグラフで検討している。彼は書いている、「…日本語には…ト を使うことによる従属があり、これを条件-時間の従属と呼ぶことができる。なぜならそれは条件の意味も時の意味も併せ持つからである。もちろん同時にではなく、異なる意味的な組み合わせの中においてである」[65,338]。

だが、文の頭につなぎのモシ（文学作品や生きた言葉で出会うのはまれ）がなければ、つなぎの ト の条件-時間の意味は分けられないままである。これは翻訳にも影響しており：つなぎの ト はロシア語では “когда（〜のとき）” または “если（もし〜なら）” でも訳せることがしばしばある。

しかし、翻訳の際にロシア語がある1つのつなぎ—“если” または “когда”—のどちらかを要求する場合であっても、日本語にはそのような区別はない。条件のニュアンスをもつ構文が時のニュアンスをもつ構文と何の違いもない以上、つなぎのト は条件-時間というただ1つの意味だけをもつと考えるのがより正しいのではないかと思われる。

それで、例えば、「はやく　**おきない　と**、がっこー-が　おくれます」（読本，Ⅱ，97）という文は、あるコンテキストでは、ロシア語に、《*Если* быстро *не* *встанешь,* опоздаешь в школу. もしすぐに起きないなら、君は学校におくれるぞ》と訳さなければならない。しかし、もちろん、他のコンテキストでは同じ文が違う形のロシア語に訳される：«*Когда не встают* рано, опаздывают в школу.（人々が）早く起きない時、彼らは学校に遅れる》ないしは «*Когда не будут* рано *вставать,* будут опаздывать в школу.（人々が未来において）早く起きない時、彼らは学校に遅れることになる》。

A.A. ホロドヴィッチは、つなぎの ト の前の -*u* 形式の使用の問題に、文法的な関係全般の研究という視点で言及している：「日本語にとって疑いなく現実的なのは、過去形の非過去形に対する関係である。だが、すべての場合にこの関係が存在するわけではない。例えば、この関係は、ある種の従属節の中（例えば、1つの動作が他の動作と速い時間で交代するような文の中）では対立が中和されるようだ。おそらく、このことによって、ガッコー-オ　ソツギョー-スル　ト、スグ　クニ-エ　カエッタ　のような文の従属節に過去時制の述語はありえない、ということが説明できるだろう：ここでは非過去形が優位となって対立関係が解消しているのだ」［135,XXXVII］。

だが、前に示したように、条件-時間のつなぎの ト は互いに急速に交代する動作だけではなく、同時に成される動作をつなぐためにも使われる。のみならず、つなぎの ト が、第2に言及される動作よりも遅く始まる動作を表す動詞の後に使われる場合が少なくないことを前に指摘しておいた。つなぎの ト の前で非先行時制の形式だけが使えることは、動詞の形式そのものの基本的な時制的意味によって説明できる。これは、つなぎ小詞　ト　トモニ、ト　イッショニ、ト　ドージニ　を含む文から特に明らかになる。これらがつないでいるのは、同時に成される動作を表す動詞であって、たがいに交代する動作ではない。

3　つなぎ小詞　ト　トモニ　の前の -*u* 形式

先に挙げた3つのつなぎ小詞のうち、ト　トモニが最も古い。-*u* 形式の動詞の後にある ト　トモニの例をすでにコリャードが提示している：*mosu to tomoni*［220,58 参照］。だが、彼はこの例に主節の述語を出していないので、ト トモニの前で -*u* 形式が過去についての発話で用いられることに彼が気づいていたのか、それとも彼は、現在についての発話の中でだけこの用法を考慮に入れていたのか、明らかではない。調査した 16–17 世紀のテキストの中で出会った「動詞＋ト トモニ」の構成の例はたった 1 つだった［123,297 参照］。

現代語ではこの構成はもっと広く使われている。その前で使うことができるのは -*u* 形式だけである：わたくし-わ　この　え-の　まえに　たって、これ-から　う

ける　かんじ-お　**あじわう　と　ともに**、こーゆー　ぎもん-も　また　さしはさまず-にわ　いられなかった-の-で　ある「私はこの画の前に立つて、それから受ける感じを**味ふと共に**、こう云ふ疑問もまた挟まずにはゐられなかつたのである」（芥川，134/2，沼地）；かれ-の　な-わ　しそん-の　ふえる　と　ともに、しだいに　とーく-まで　つたわって　いった「彼の名は子孫の**殖えると共に**、次第に遠くまで伝はつて行つた」（芥川，287/2，老いたる素戔嗚尊）；わたし-わ　いち**じ**-の　いきどーり-が　**しずまる　と　ともに**、じぶん-お　はんせい-する　き-に　なって　いた「私は一時の憤が**鎮まると共に**、自分を反省する気になつてゐた」（広津，18/2，やもり）；その-ご　まつおか-わ　くめ-が　みやうら-え　**うつる　と　ともに**、ほんごー　ごちょーめ-え　げしゅく-お　うつっ（ママ）た「その後松岡は久米が宮裏へ**移ると共に**、本郷五丁目へ下宿を移した」（芥川，161/1，あの頃の自分の事）；さんねん-お　**きゅーだい-する　と　ともに**、たいがく-して　しまいました（広津，32/2 未確認）；かのじょ-の　ほかに、はは-お　**くわえる　と　ともに**、そこ-で　また　わたし-の　くろー-わ　にばい-にも　さんばい-にも　ならねば　ならなかった「彼女の外に、母を**加へると共に**、そこで又私の苦労は二倍にも三倍にもならねばならなかつた」（宇野，351/1，苦の世界）；「いよー、べっぴん。」と　こーふ-の　ひとり-が、うろたえて　かけこむ　お-よー-の　すがた-お　**みる　と　ともに**　さけんだ「『いよ、別嬪。』と工夫の一人が、狼狽へて駈け込むお葉の姿を**見ると共に**叫んだ」（荷風，76/2，新橋夜話）；かれ-の　せいかつ-わ　こーふく-で　**ある　と　ともに**、ほーまん-で　あった　から「彼の生活は幸福で**あると共に**、豊満（ママ）であつたから」（菊池，3/3，ある敵打の話）（もし、この文の時制形式が絶対的な意味をもっているとしたら、これを、「かれの生活は［今は］幸福であるが、［以前は］豊満であった」のように訳さなければならなくなるだろうが、これは正しくない）。

同様に、宇野，351/1；芥川，135/2，188/3；久米，244/2，246/2，257/3；菊池，3/2；荷風，79/2，146/2，152/1，182/3，185/2，188/1，189/3，195/3，196/1も参照。

これらの例は、現代語のすべての文体において、ト トモニ の前には、過去についての発話の中であっても、*-u* 形式だけが使われるということを示している。言い換えると、このポジションでは、*-u* 形式は非先行性という相対的な意味だけをもつということだ。*-nai* 形式と *-te iru* 形式はこのようなポジションでは見られない。

4　つなぎ小詞 ト イッショニ（漢語 一緒 から）の前の *-u* 形式

調査した資料の中では、文と文（節と節）の間の ト イッショニ は極めてまれであり、そのうえ、名詞化した *-u* 形式の後だけに見られた：わたくし-わ　たなかさん

-が　**いきます-の-と　いっしょに**　いきました［参照，194,182］；やない-が　**かえる-の-と　いっしょに**…「柳井が帰るのと一緒に」(久米，247/2，破船)。

5　つなぎ小詞 ト ドージニ(漢語 同時 から)の前の時制形式

ト ドージニ の用例は特に注目に値する。なぜなら、この場合、つなぎの小詞の意味と、動詞の形式自体が要求する時制的な意味とが一致しているからだ。もしも、日本語の時制形式がこのようなポジションで絶対的な意味をもつなら、ロシア語の《Он смотрел в окно и одновременно разговаривал по телефону 彼は窓から眺めていた、と同時に電話で話していた》というタイプの文に出会うはずである。だが、ト ドージニ の前の動詞は原則として非先行時制の形式である：ふね-が　げんかい-に　**かかる　と　どーじに**、みるみる　うみ-が　あれはじめた「船が玄海に**かかると同時に**、見る見る海が荒れ初めた」(芥川，481/1, 上海游記)；こし-の　おろち-お　たいじ-した　すさのお-わ、くしなだひめ-お　**めとる　と　どーじに**、あしなつち-が　おさめて　いた　ぶらく-の　おさ-と　なる　こと-に　なった「高志の大蛇を退治した素戔嗚は、櫛名田姫を**娶ると同時に**、足名椎が治めてゐた部落の長となる事になつた」(芥川，287/1，老いたる素戔嗚尊)；しかし　ほほえみ-が　**うかぶ　と　どーじに**，め-にわ　しぜんと　あつい　なみだ-も、にじみだして　きた-の-で　ございます「しかし微笑が**浮ぶと同時に**、眼には自然と熱い涙も、にじみ出して来たのでございます」(芥川，282/2，報恩記)；じぶん-わ　もん-お　**でる　と　どーじに**、ひよりげた-お[5]　はいて　いる-の-に　こころずいた「自分は門を**出ると同時に**、日和下駄をはいてゐるのに心づいた」；(前掲，326/1，子供の病気)とーきょー-の　つち-お　**ふむ　と　どーじに**、ふかい-と　あっぱく-とが　わたし-お　おそって　きた「東京の土を**踏むと同時に**、不快と圧迫とが私を襲つて来た」(広津，14/1，やもり)；あに-わ　わたし-と　はなれたくない-と　**おもう　と　どーじに**、また　じぶん　ひとり-なら　あしてまとい-が　ない　から、おもいきって　かつどー-が　できる　と　おもって　いる　らしかった-の-です(芥川，41/1，未確認)；げにん-わ、ろーば-の　こたえ-が　ぞんがい、へいぼんな　の-に　しつぼー-した。そーして　**しつぼー-する　と　どーじに**、また　まえ-の　ぞーお-が　ひややかな　ぶべつ-と　いっしょに、こころ-の　うち-え　はいって　きた「下人は、老婆の答が存外、平凡なのに失望した。さうして**失望すると同時に**、又前の憎悪が、冷な侮蔑と一しよに、心の中へはいつて来た」(芥川，6/1，羅生門)。最後の例は、ト ドージニ の前に、前文において *-ta* 形式で使われたばかりの動詞が *-u* 形式でおかれている点で注目に値する。語られているのは過去に完了した動作であるのに、ト ドージニ の前でこの動詞を *-ta* 形で繰り返すのは不可能ということなのだ。

ときには、ト ドージニ の前の節が ノ を使って名詞化される：しんいちろー-わ　せいねん-の　きか-お　**いたむ-の　と　どーじに**、あわよく　まぬがれた　じしん-の　こーふく-お、よろこばず-にわ　いられなかった「信一郎は青年の奇禍を**傷むのと同時に**、あはよく免れた自身の幸福を、欣ばずにはゐられなかつた」(菊池，145/2，真珠夫人)。

ト ドージニ の前には否定法の *-nai* 形式と形容詞も可能であるが、それらがこのポジションで見られるのはかなりまれである。例を挙げる：それ-わ　かなしみ-も　す**くない　と　どーじに**、よろこび-も　すくない　あさゆー-だった「それは悲しみも**少いと同時に**、喜びも少い朝夕だつた」；(芥川，234/2，六の宮の姫君) それ-わ　かなしみ-も　**しらない　と　どーじに**、よろこび-も　しらない　しょーがい-だった「それは悲しみも**知らないと同時に**、喜びも知らない生涯だつた」(前掲，233/1，六の宮の姫君)。

調査した全資料の中で、ト ドージニ の前に *-ta* 形式が使われた例はわずか1つだけだった：そーして、…ぼく-が、かのじょ-と　けっこん-する　とゆー　**けっしん-お　した　と　どーじに**、さがみ-の　かいがん-に　いてん-して　いった　こと-お　きみ-わ　しって　いる-だろー「さうして、…僕が、彼女と結婚すると云ふ**決心をしたと同時に**、相模の海岸に移転して行つた事を君は知つてゐるだらう」(広津，24/2，波の上)。ここでト ドージニ の前に *-ta* 形式のシタが使われているのは、この形式で表されている動作が第2の動作よりも前に起こったからである(語り手はまず結婚する決心をした。その後、結婚してから妻と共に相模へ移転した)。つまり、この文で *-ta* 形式は、その基本的な意味である先行性の意味で使われているのだ。一方、ト ドージニ がここで使われているのは、このつなぎの小詞が動作とまったく同じ時点だけでなく、もっと長い時間の幅をも表すことができるからである。ト ドージニ の前に *-ta* 形式が使われているこの例は、これ自体が珍しいものであるとはいえ、例外としてとらえてはならない：動詞の形式もつなぎの小詞も、ここでは自身の基本的な意味を保っているのだ。

特別な例が、「副動詞 *-te* 形式 + キタ + ト ドージニ」の構成である。ここでの キタ は助動詞であり、「来た」という意味はもっていない。より正確にいうなら、このような用法(移動を意味しない動詞から作られた副動詞の後)での キタ は、空間ではなく、語られている時点を含む時間における接近を示す。例えば：ところが　さいきん　わがくに-でわ　げんしりょく-の　へいわりよー-に　たいする　かんしん-が　**たかまって　きた　と　どーじに**、げんしりょく-の　きょーい-に　たいする　かんしん-が　うすらぎつつ　ある-の-でわ　ない　か　と　ゆーりょ-される「ところが最近我国では原子力の平和利用に対する関心が**高まってきたと同時**

に、原水爆の脅威に対する関心が薄らぎつつあるのではないかと憂慮される」(『世界』, 1956, No124, 56p［坂田昌一 1963『科学と平和の創造』p.25］)。

運動 ウスラギツツ アル が現在に属していることのうちに、この複文の特殊性はある。従属節で述べられている「たかまってきた」が先行時制で表されているのはなぜなのか、2つの運動は同時に起こっているのに(原子力の平和利用への興味が高まり続けているのは明らかではないか)、おそらく、*-te kita* の形式が、後続して言及されている運動の到来の瞬間まで中断しない運動を表す、特別な分析的な形式であり、特別な意味を獲得するからだ。すでに認められているように、近づいてくる電車を遠くからみとめながら、日本語では、実際には「電車が来た《трамвай подошел》」と言えるが、それは《трамвай подходит 電車が近づいている》という意味であり、もっと正確に言えば《трамвай начал подходить 電車が近づき始めた》ということである。つまり、*-te kita* の形式は始まりの先行を意味するのだ。

トドージニ の前の *-u* 形の補足的な用例は：荷風, 135/3, 156/1, 167/1, 186/3, 195/1, 芥川, 132/2, 239/2 を参照。トドージニ の前の *-te iru* 形式、および *-te ita* 形式は発見できない。

6 つなぎ ヤイナヤ と ガイナヤ の前の *-u* 形式

つなぎの ヤイナヤ は語源的には：助辞ヤ(この場合疑問の助辞)＋イナ(〜ない)＋同じ助辞のヤ：という組み合わせである。したがって、ハナス ヤイナヤ は文字通りには、「話しているかいないか」、つまり「彼は言ったか、あるいは言えなかったか」、「彼は…と言う間がなかった」、「ちょうど彼が言ったときに」という意味である(正確には、という意味であった)。

つなぎの ヤイナヤ は、ごく少数ではあるが、17世紀のテキストに、過去についての発話の非先行時制の形式の後で見られる：やっと ゆーて てあわせ-を **する やいなや**、はっし はっし と うって きたれば、まなこ-が くらくらとした「やつと云ふて手合せを**するや否や**はつし〱と打て来たれば、眼がくら〱とした」。この文は、筋の似た「はなとりすもお」(狂言全集, Ⅲ, 15［幸田露伴, 博文館 M36, p.234 による］)という狂言の中にも見られる[6]。

現代語ではつなぎの ヤイナヤ は、もう、いくらか古めかしく聞こえる。しかし、一部の著者たちはいまだにこれを使っている：が、かのじょ-が その なかま-え **はいる やいなや**、みしらない ふらんす-の かいぐんしょーこー-が、…しずかに あゆみよった「が、彼女がその仲間へ**はひるや否や**、見知らない仏蘭西の海軍将校が、…静に歩み寄つた」(芥川, 194/1, 舞踏会)；お-りゅー-が…しんご-の かお-お **みる やいなや** …たしなめる よーに いった「お柳が…信吾の顔を

見るや否や　…譴めるやうに言つた」(啄木，114/1，鳥影)；ひと-が　**おきあがる　やいなや**　だんぱん-お　ひらかれた　の-で　おーいに　ろーばいした「人が**起き上がるや否や**談判を開かれたので大いに狼狽した」(漱石，99/3，坊つちやん)；いま　あける　まぶた-の　うら-に、この　ひかり-が　**とどく　やいなや**　じぶん-わ　かじ-だ　と　がてん-して　とびおきた「今開ける瞼の裏に、この光が**届くや否や**自分は火事だと合点して飛び起きた」(漱石，223/3，永日小品)；それ-が　じぶん-の　みみ-に　**はいる　やいなや**　…じぶん-わ　たちまち　さい-の　へや-お　おーまた-に　よこぎって、つぎ-の　ま-に　とびだしながら、なん-だ！とどなりつけた「それが自分の耳に**這入るや否や**…自分はたちまち妻の部屋を大股に横切って、次の間に飛び出しながら、何だ！と怒鳴りつけた」(同前)。よーやく-に　して　お-よー-わ　なんしょ-お　**のがれる　やいなや**　かける-よーに　さかみち-お　おりて　いった…(「漸くにしてお葉は難所を**逃れるや否や**駈けるやうに坂道を下りて行つた…」荷風、76/2，新橋夜話)；みなり-の　ちがった　お-よー-の　すがた-お　**みつける　やいなや**　げじよども-わ…ふしんそーに　その　つまさき-から　あたま-の　うえ　まで-お　ながめた「風俗の異つたお葉の姿を**見付けるや否や**下女どもは…不審さうにその爪先から頭の上までを眺めた」(荷風，78/2，新橋夜話)；しかし　かれ-わ　ながい　としつき-を　きそく-に　しばられた　がっこー-お　**そつぎょー-する　やいなや**　けいけん-の　ない　わかい　みそら-わ　ただちに　はげしい　かいらく-の　ゆーわく-お　うけた「然し彼は長い年月を規則に縛られた学校を**卒業するや否や**経験のない若い身空は直に激しい快楽の誘惑を受けた」(荷風，134/3，見果てぬ夢)；また、参照：荷風，[169/3，182/2，189/3，194/2，195/2，198/1]。

ありふれた事実についての発話の中で：…おんな-わ　つま-と　**なる　や　いな-や**(芥川，354/2，地上楽園)「…女は妻と**なるや否や**…」(いいおわり の述語は［過去形ではなく］*-u* 形式である)。

調査した資料の中には、つなぎの ヤイナヤ の前に *-ta* 形式、*-te iru* 形式、および推量法の形式は見られなかった。つなぎの ヤイナヤ は、1つの動作が別の動作に急速に入れ替わることが表現される文で用いられ、しかも第一にとりあげられた動作は第二の動作にたいして非先行的なものとみなされている。

つなぎの ヤイナヤ の前の時制形式の使用についてヴァッカリ(夫妻)は次のように書いている：「ヤイナヤ は単純な現在動詞の後で用いられる」[240,231]、「ヤイナヤ はほとんど同時の動作を示す…」[240,443]。まさにこれにより、ヴァッカリは ヤイナヤ の前では *-ta* 形式、*-te iru* 形式が使われないことを間接的に指摘しているのだ。

もちろん、つなぎの ヤイナヤ の前での *-u* 形式の使用は、基本的な意味—非先行性によってこそ説明できる。また、否定法と希求法の形式もつなぎの ヤイナヤ の前では見受けられないことも指摘しておかなければならない。

調査した資料の中には ガイナヤ の用例もあった：お-よー-わ…ねどこ-から **おきる がいなや**、いつも-の よーに こいぐち-の はんてん-お きて、…ざしき-の そーじ-に かかった「お葉は…寝床から**起きるが否や**、いつものやうに鯉口の半纏を着て、…座敷の掃除にかゝつた」(荷風, 73/1, 新橋夜話)；しかし ちょーど にちよーび-に あたって…ゆーめし-お **すます がいなや** まだ…ふいと うち-お でて しまった(「然し丁度日曜日に当つて…夕飯を**済すが否や**まだ…ふいと家を出てしまつた」荷風, 156/1, すみだ川)。これらの用例から、ガイナヤの前での *-u* 形式の使用も、やはり純粋に相対的なものであることが分かる[7]。

7 つなぎ ヤ の前の *-u* 形式

つなぎの ヤ は 16–17 世紀のテキストには見つかっていないが、20 世紀の文学作品の中ではまれに出会う。つなぎの ヤ の前では必ず *-u* 形式が使われる：こーえん-の はざくら-の かげ-ばかり-が はや よるらしく くらく なって いる-の-お **みる や**、わたし-と いわさ-とわ …ことさらに くらい こだち-の おく-の こしかけ-お えらんで こし-お おろした「公園の葉桜の蔭ばかりが早夜らしく暗くなつてゐるのを**見るや**、私と岩佐とは…殊更に暗い木立の奥の腰掛を撰んで腰をおろした」(荷風, 145/2, 新橋夜話)。

8 つなぎ単語 マニ の前の時制形式

つなぎ単語 マニ は、名詞 マ「空いた場所」、「時間」＋与格・場所(ありか)格の接尾辞ニ という結合である。マニ は、時間も場所も表すつなぎ単語の大きなグループに属している(比較→ アイダ, ウチ, トコロ)。

16 世紀のテキストにおいては、過去についての発話の中で マニ の前で使われたのは *-u* 形式だけだった：わな-を なげすてて まづ その あし-を **なでさする まに** はと-わ この よし-を みをよお(ママ)で、たちまち そこ-を たって いんだ と もーす「(蟻に攻撃された人は)継を投げ捨てて、まづその足を**撫でさする間に**、鳩はこの由を見扱うで、たちまちそこを立って往んだと申す」(エソポ, 469)。

マニ は、現代語でも依然としてよく使われている。その前に見られるのは非先行時制の形式だけである：ふね-の ゆくて-に、こぶし-ほど-の しろい くも-が わいた と おもう と、**みる まに** それ-が そら-いちめん-に ひろがって、こんじき-の　たいよー-お　かくして　しまった「船の行手に、拳程の白い雲が沸いたと思ふと、**見る間に**それが空一面に広がつて、金色の太陽を隠してしまつた」(啄木，317/2，白い鳥、血の梅)(同じく、久米，250/3)；『あっ！』と**おもう　まに**，おの-わ，ふかい　いけ-の　なか-え、どぶんと　おちて　しまいました(読本，Ⅲ，79)。

マニ は固定した語結合「マタタク　マニ」[‘またたきする(した)間に’ > ‘瞬間に’] の構成要素になっており、この語結合は辞書にも記載されている。例：**またたく　まに**　きゅーな　はしご-お　よる-の　そこ-え　かけおりた「**またたくまに**急な梯子を夜の底へかけ下りた」(芥川，6/3，羅生門)(同じく参照，久米，249/2)。

マニ は、ヤイナヤ とは違ってある程度の長さの時間(非常に短いこともあるが)を表すので、その前には *-te [i]ru* 形式も見ることがある：おもそーな　りょこーかばん-お、しんごーが　てつだって，あたま-の　はげた　まつぞー-に、**せおわしてる-まに**、しずこ-わ　つくづく　その　よーす-お　みて　いた「重さうな旅行鞄を、信吾が手伝つて、頭の禿げた松蔵に**背負してる間に**、静子は熟々其容子を見てゐた」(啄木，101/1，2，鳥影)(同じく、久米，255/1 も参照)。

マニの前の *-u* 形式、あるいは *-te* [*i*]*ru* 形式の動詞は、同時性を表す[8]。

-ta 形式、および *-te* [*i*]*ta* 形式は マニ の前には見られなかった。

9　つなぎ単語 タビ［ニ］の前の -*u* 形式

過去についての発話の中の タビ［ニ］の前では *-u* 形式だけが使われる：かれ-わ　ここ-え　**くる　たびに**、かならず　この　うた-お　おもいだした「彼は此処へ**来る度に**、必ずこの歌を思い出した」(芥川，335/2，保吉の手帳から)；のぶこ-わ　きしゃ　でんしゃ-え　**のる　たびに**、どこ-で-でも　いんしょく-する　こと-お　はばからない　かんさいじん-が　みな　いやしく　みえた「信子は汽車電車へ**乗る度に**、何処ででも飲食する事を憚らない関西人が皆卑しく見えた」(芥川，176/2，秋)；そこ-え　なみ-が　**あたる　たびに**、たぶりと　ゆー　かすかな　おと-が　きこえた「そこへ波が**当る度に**、たぶりと云ふかすかな音が聞こえた」(芥川，451/1，尾生の信)：でも　その　おかげ-で、かちりと　ちゃわん-の　おと-が　**する　たびに**　じぶん-でも　き-が　ついて、きもの-お　よごす　くせ-わなおって　ゆきました「でもその御蔭で、かちりと茶碗の音が**する度に**自分でも気が着いて、着物を汚す癖は直つて行きました」(藤村，17/2，生ひ立ちの記)；そんな　こと-お　**みる　たびに**、わたし-わ　この　としがい-の　ない　ろーじん-にたいして　さげすみ-の　ねん-お　いだきました「そんなことを**見る度に**、私は斯の年甲斐のない老人に対してさげすみの念を抱きました」(藤村, 19/2, 生ひ立ちの記)；ふたり-わ　びーる-の　かわり-お　**する　たびに**、「こら」とか　「おい」とか　ゆー　ことば-お　つかった「二人は麦酒の代りを**する度に**、「こら」とか「おい」とか云ふ言葉を使つた」(芥川, 335/2, 保吉の手帳から)；ほかの　ぶらく-でわ、まいねん　まつり-が　**ある　たびに**　くび-お　とって　そなえて　いた「他の部落では、毎年祭が**ある度**に首を取つて供へて居た」(読本, Ⅷ, 15)；ぼく-わ　しごと-お　**すませる　たびに**　みょーに　よわる-の-お　つね　と　して　いた「僕は仕事を**すませる度に**妙に弱るのを常としていた」(芥川, 352/2, 年末の一日)。

過去についての発話での タビ ［ニ］ の前の *-u* 形式は、次のような作品の中にも見られる：芥川, 160/1, 242/1, 363/3, 367/2, 367/3, 380/2；荷風, 4/1；橋本, 40/2。

ごくまれに、タビ が接尾辞 ニ なしで使われることがある：たけのこ　や　きのこ-が　あめ-の　**ふる　たび**　しめった　じめん-から　あたま-お　だす「竹の子や茸が雨の**降る度び**湿つた地面から頭を出す」(荷風, 144/3, 新橋夜話)。

ときには、タビ が重ねて使われているのにも出会う：すけぞー-の　うわさ-が　かじん-の　くち-に　**のぼる　たびたび**、かれ-わ　じぶん-の　みのうえ-お　それ-と　なく　こころひそかに　ひかく-した「助造の噂が家人の口に**上る度々**、彼は自分の身の上を其れとなく心潜に比較した」(荷風, 134/3, 新橋夜話)。

タビ ［ニ］ の前には、*-ta* 形式、*-te* ［*i*］*ta* 形式だけではなく、*-te* ［*i*］*ru* 形式やナイ形式も使われない。

10　つなぎ-接尾辞 ゴトニ の前の *-u* 形式

『金句集』の中では、ゴトニ は古代文語文の中だけで見られる：*Fitotabi* xocusuru gotoni, *sunauachi caxocuno cannanuo vomoye*「一たび**食する毎に**、便ち稼穡の艱難を念へ」(金句集, 518)。口語への言い換えの中では ゴトニ の代わりに タビニ が使われている：*Mono* cu: tabini *tagayexi uyuru xinro:uo vomoiidaxe.*「もの**食ふ度に**、耕し植ゆる心労を思出せ」。同様に参照：*Fitotabi* qirugotoni,*sunauachi fo:xeqino xincuuo vomoye*「一たび**衣る毎に**、即ち紡績の辛苦を思へ」。—*Monouo* qiru tabini, *vorinu: toqino xincuuo vomoiidaxe*「ものを**着る度に**、折縫ふ時の辛苦を思出せ」(同前)。

ゴトニ は現代の文学にはあまり見られない。動詞の後ではもうつなぎ単語の タビニに取って代わられており、かなり堅苦しく響くからである。しかし、名詞と副詞[iv] の後ではゴトニが依然としてよく使われている。

ゴトニの前では *-u* 形式だけが使われる：のぶこ-わ　この　しょーじょらしい

てがみ-お　**よむ　ごとに**、かならず　なみだ-が　にじんで　きた「信子はこの少女らしい手紙を**読む毎に**、必涙が滲んで来た」(芥川，175/3，秋)；つま-の　へんじ-お　**おもいだす　ごとに**、しんい-に　もえなかった　ためし-わ　ない「妻の返事を**思ひ出す毎に**、嗔恚に燃えなかつたためしはない」(芥川，258/1，藪の中)；かれ-わ　やま-から　**でて　くる　ごとに**、すみだわら-の　うえに　あるいわいっけん　ほど-の　じねんじょ、あるいわ…やまもも-など-お　のせて、いつも-の(ママ)　みやげ-お(ママ)　した「彼は山から**出て来る毎に**、炭俵の上に或は一間程の自然薯、或は…楊桃などを載せて、毎も土産にした」(蘆花，104–105，思い出の記)。

ゴトニ は タビ に付くこともある：なんども　しっぱい-した　が、**しっぱい-する　たびごとに**、あたらしい　げんき-お　だして、けんきゅー-お　かさねた(国語，3[1]，92)。ここでは、ト ドージニ の場合と同じく、*-ta* 形式の動詞を繰り返すことは不可能である。

11　つなぎ-接尾辞 カタワラ の前の時制形式

カタワラ が使われるのはまれである。カタワラ の前では非先行時制の形式しか見られない：たげい-な　ひと-で、わか-の　てんさく-など-お　**する　かたわら**、その　いえ-え　うつって　きて　からわ　ご[9]かいしょ-の　かんばん-お　かけました「多芸な人で、和歌の添削などを**するかたはら**、その家へ移つて来てからは碁会所の看板を掛けました」(藤村，19/1，生ひ立ちの記)；*-te iru* 形式＋カタワラ が、*-ta* 形式のいいおわりの述語とともに使われている例が荷風の作品中にある(荷風，184/1 参照)。

12　つなぎ小詞 ニ シタガッテ の前の時制形式

このつなぎ小詞は、動詞 シタガウ から派生した副動詞 シタガッテ と、シタガッテ に従属する格の接尾辞 ニ からできている。調査した16世紀のテキストの中では ニ シタガッテ には一度しか出会わなかった：**せいじん-する-に　したごーて**、のちにわ　だいぬすびと-と　なって…「**成人するに従ごうて**、後には大盗人となって…」(エソポ，475)。

現代語では、ニ シタガッテ は非先行時制の形式の後でのみ使われる：ひと-わ　**せいちょー-する-に　したがって**　いかに　こーふく-お　うしなって　ゆく　もの　か-お　あきらかに　けいけん-した「人は**成長するに従つて**いかに幸福を失つて行くものかを明かに経験した」(荷風，163/2，すみだ川)；その　みあたらな

い　こと-が　**たびかさなる-に　したがって**，ないぐ-の　こころ-わ　しだいに　また　ふかいに　なった「その見当らない事が**度重なるに従つて**、内供の心は次第にまた不快になつた」(芥川，8/1，鼻)；きしゃ-の　**すすむ-に　したがって**，どんな　ふー-に　して　あに-に　あったら　とゆー　かんがえ-が　あたま-お　くるしめて　きました「汽車の**進むに従つて**，どんな風にして兄に会つたらと云ふ考へが頭を苦しめて来ました」(広津，66/2，死児を抱いて)(また、菊池，138/2参照)；よ-が　**ふける-に　したがって**　かえって　そこ　ふかく　とどろきだす　とーい　くるま-の　おと-お　みみ-に　した「夜が**深けるに従つて**却つて底深く轟きだす遠い車の音を耳にした」(荷風，136/2，新橋夜話)；この　しんりじょーたい-わ　よくじつ　また　その　よくじつ-と　ひかず-の　**たつ-に　したがって**　ますます　はげしく　なって　いった「この心理状態は翌日又その翌日と日数の**たつに従つて**ます〳〵激しくなつて行つた」(荷風，148/2，新橋夜話)(また、荷風，156/2，菊池，3/3参照)。

非先行時制の動詞と ニ シタガッテ との間に、準名詞接尾辞 ノ が入ることもある：その　かみのけ-が、いっぽんずつ　**ぬける-の-に　したがって**、げにん-の　こころ-からわ、きょーふ-が　すこし-ずつ　きえて　いった「その髪の毛が、一本づつ**抜けるのに従つて**下人の心からは、恐怖が少しづつ消えて行つた」(芥川，5/1，羅生門)。

ニ　シタガッテ　の前に *-ta* 形式、*-nai* 形式および推量法の形式がある例は、調査したテキストの中には見つからなかった。しかし、*-te iru* 形式には出会った：しかし　その　え-の　なか-に　おそろしい　ちから-が　ひそんで　いる　こと-わ、**みて-いる-に　したがって**　わかって　きた「しかしその画の中に恐しい力が潜んでゐる事は、**見てゐるに従つて**分つて来た」(芥川，134/2，沼地)。

13　つなぎ小詞　ニ ツケ［テ］の前の *-u* 形式

このつなぎ小詞は、格の接尾辞 ニ と、動詞 ツケル のなかどめ形から成っている。調査したテキストの中では、ニ ツケ［テ］は *-u* 形式の後だけで用いられていた：おば　や　わたし-と　**なじむ-に-つけ**、あの　ひと-わ　えんりょ-が　なくなった(芥川，51/1，未確認)；それ-お　**みる-に　つけ　きく-に　つけ**、ありさん-の　ばんじん-わ　こころ-お　うごかされた「それを**見るにつけ聞くにつけ、**阿里山の蕃人は心を動かされた」(読本，Ⅷ，15)；しかし　うれしい　こと、また、かなしい　こと-が　**ある-に　つけて**、こども-わ　しんだ　ははおや-お　こいしく　おもいだした「しかし嬉しいこと、また、悲しいことが**あるにつけて**、子供は死んだ母親を恋しく思いだした」(少年，270–271，牛女)；**おどろきあきれる-に**

つけて　わたし-わ　かかる　むるい-の　ぼーけん-お　あえて　せしめた　その　げんどーりょく-に　ついて　さらに　はげしい　おどろき-と　ふしぎ-とお　かんじた-が　…「**驚き呆れるにつけて**わたしはかかる無類の冒険を敢てせしめたその原動力について更に激しい驚きと不思議とを感じたが　…」(荷風，148/1，新橋夜話)（同じく、広津，6/1 参照)。

14　つなぎ小詞 ニ ツレ［テ］の前の -*u* 形式

ニ ツレ［テ］は、格の接尾辞 ニ と、動詞 ツレル のなかどめ形から成っている。このつなぎ小詞が見られるのは -*u* 形式の後だけである：が、なみうちぎわ-え　**ちかずく-に　つれ**、だんだん　いそくささ-も　つよまりだした「が、浪打ち際へ**近づくにつれ**、だんだん磯臭さも強まり出した」(芥川，357/1，蜃気楼)；じだい-が　**すすむ-に　つれて**、だんだん　うつくしく　みがいた　もの-も　つくられる　よーに　なった「時代**が進むにつれて**、だん〳〵美しく磨いたものも作られるやうになつた」(読本，XII，10)；つき-の　でが　よごと　おそく　**なる-に　つれて**　その　ひかり-わ　だんだん　さえて　きた「月の出が夜毎おそく**なるにつれて**其の光は段々冴えて来た」(荷風，158/3，すみだ川)；ひ-が　**たつ-に　つれて**、れなーど-わ　だんだん　ふたり-の　こどもたち-と　なかよし-に　なりました「日が**たつにつれて**、レナードは、だんだん、ふたりのこどもたちとなかよしになりました」(国語，4[2]，125)。

ニ ツレ［テ］が文末にある文(節)の主語は属格の接尾辞を伴うこともある：ふね-の　**ゆれる　に　つれて**…「舟の**ゆれるにつれて**…」(荷風，153/1，すみだ川)；みず-の　おもて-の　**たそがれる-に　つれて**…「水の面の**黄昏れるにつれて**…」(荷風，152/3，すみだ川)。

ニ ツレ［テ］の前には、準名詞接尾辞 -*no* が来ることもある：たがい-に　**ちかづく-の-に　つれ**、わいしゃつ-の　むね-なども　みえる　よーに　なった「互に**近づくのにつれ**、ワイシャツの胸なども見えるやうになつた」(芥川，358/2，蜃気楼)。

15　つなぎ小詞 ガ ハヤイカ の前の -*u* 形式

このつなぎ小詞は、主格の接尾辞 ガ＋形容詞 ハヤイ＋疑問の助辞 カ、という結合である。ガ　ハヤイカ は、-*u* 形式の後だけに見られる：「どん」。**きく　が　はやい　か**、かけだしました(読本，IV，22)（ここには2つの動作の間に時間のへだたりがない：走者はドラの音を聞いた瞬間に走り始めた)；その　うちに　ぼく-わ

とびたつ　が　はやいか、いわ-の　うえ-の　かっぱ[10]-え　おどりかかりました「そのうちに僕は**飛び立つが早いか**、岩の上の河童へ躍りかかりました」(芥川, 373/1, 河童)；あの　おんな-わ、わたし-が　たちうち-お　**はじめる　が　はやいか**、ひと-の　たすけ-でも　よぶ　ために、やぶ-お　くぐって　にげた-の-かも　しれない「あの女は、わたしが太刀打を**始めるが早いか**、人の助けでも呼ぶ爲に、藪をくぐつて逃げたのかも知れない」(芥川, 256/3, 藪の中)；わたし-わ　30-さい-お　こした　のち、いつでも　れんあい-お　**かんずる　が　はやいか**、いっしょーけんめいに　じょじょーし-お　つくり, ふかいり-しない　まえ-に　だっきゃく-した「わたしは三十歳を越した後、いつでも恋愛を**感ずるが早いか**、一生懸命に抒情詩を作り, 深入りしない前に脱却した」(芥川, 418/2, わたし)；それ-が　かれ-の　かお-お　みる　と、とつぜん　げんかくに　きょしゅ-の　れい-お　した。**する　が　はやい　か、**ひとおどり-に　やすきち-の　あたま-お　おどりこえた「それが彼の顔を見ると、突然厳格に挙手の礼をした。**するが早いか**一躍りに保吉の頭を躍り越えた」(芥川, 337/3, 保吉の手帳から)。最後の例から分かるように、第一の文にシタの形式で出ている動詞 スル が、ガ ハヤイカ の前のポジションで繰り返されるときは、非先行時制の形式 スル で使われる(ト ドージニ、タビゴトニ　の前のポジションでの同じ形式と比較せよ)。

日本の文法学者と辞書編集者は、ガ ハヤイカ が定着した統一体であることを認めていない。このつなぎ小詞を ハヤイ の項目に載せているのは、和英辞典、和露辞典、その他の 2 か国語辞典だけである。

多くの作品の中で、ガ ハヤイカ の前には -u 形式だけが見られる。(芥川, 162/1–2, 233/3, 235/2, 236/2, 238/1, 244/2, 255/2, 277/2, 280/3, 281/3, 282/3, 340/2, 347/2, 384/3, 385/3, 388/3, 391/1, 読本, IV, 30 参照)。

第Ⅲ部　将来性(後続性)を表すつなぎ要素の前の時制形式

第Ⅱ部で引用した用例から明らかなように、**同時性**を表すつなぎ、つなぎ単語、つなぎ小詞の前では、動詞とつなぎ要素の間に分離の間(ま)がなければ、事実上**先行時制の形式**には**出会わない**。だが、日本語では、次に述べられる動作と同時に行われる動作を表す動詞と、次の動作よりも後の動作を表す動詞とが、文法的には区別されない。そのため、**将来性**(後続性)を表すつなぎ要素の前でも非先行時制の形式だけが使われると予想できる。

16　つなぎ-接尾辞　マデ［ワ、ニ、ニワ］の前の時制形式

このつなぎ-接尾辞は、限界格の接尾辞 マデ［＋助辞 ワ あるいは、与格・場所格の接尾辞 ニ、または ニワ］から成っている。

動詞の後のポジションでの マデ は、すでに狂言の中に見られる［123,289 参照］が、17 世紀のテキスト中の文と文（節と節）の間で マデ に出会うのは非常にまれである。このため、過去についての発話の中で マデ の前にどのような形式が規範であるのかを明確にのべるのは難しい[11]。

現代語では、外国人のための日本語教科書が指摘しているように、マデ の前のポジションでは「動詞の時制は常に現在形である：*Oka:san ga* kaerimasu made, *kodomo wa nemurimasen deshita*」［211,160］。調査したすべての資料が、現代語において、つなぎの意味での マデ［ワ、ニ、ニワ］の前では *-u* 形式だけが使われることを示している。例えば：

しょーねん-の　じだい-から…　ふつーきょーいく-お　**うける　まで**、わたし-わ　もっとも　それ-お　とくいに　しました「少年の時代から…普通教育を**受けるまで**、私は最もそれを得意にしました」（藤村，23/1–2，生ひ立ちの記）；ここのつ-の　あき-に　とーきょー-え　ゆーがく-に　**でかける　まで**、わたし-の　すきな　こと-わ　やまが-の　こどもらしい　あらくれた　あそび-でした「九歳の秋に東京へ遊学に**出かけるまで**、私の好きなことは山家の子供らしい荒くれた遊びでした」（藤村，13/1，生ひ立ちの記）。

マデ に助辞の ワ が付くときは、従属文に補足的な選別の意味が加わる：ぎんさん-わ　くに-に　いる　ころ-から　わたし-と　ちがいまして…あし-に　おーきな　とげ-などが　ささって-も　おやたち-に　**みつかる　までわ**　それ-お　かくして-いる　とゆー　ほー　-でした…「銀さんは国にゐる頃から私と違ひまして…足に大きな刺などが差さつても親達に**見つかる迄は**それを隠して居るといふ方でした…」（藤村，20/1，生ひ立ちの記）。

マデニ［ワ］は、マデ とやや異なる意味をもっている：おんな-の　こ-も　…どーにか-こーにか　ほーこー-の　**できる　までに**　せいちょー-した　こと-おもーしあげたい　と　おもいます「女の兒も…どうにか斯うにか奉公の**出来るまでに**成長したことを申上げたいと思ひます」（藤村，2/1，生ひ立ちの記）；みんな-の　たんせい　ひとつ-で　よーやく　がっこー-え　**かよう　までに**　こぎつけた-のです「皆なの丹精一つで漸く学校へ**通ふまでに**漕ぎ付けたのです」（藤村，1/3，生ひ立ちの記）；この　ばーさん-と　いぜん-の　よーに　くち-お　きく　よーに　**なる　までには**、だいぶ　わたし-にわ　ほね-が　おれました「斯の婆さんと以前のやうに口を利くやうに**なる迄には**、大分私には骨が折れました」（藤村，9/3，生

ひ立ちの記)[12]。

17 つなぎ単語 マエ［ニ、ワ、ニワ、モ、カラ］の前の時制形式

このつなぎ単語は名詞 マエ で、それに相手＝場所格の接尾辞 ニ、または助辞 ワ または助辞 モ、または ニワ、または奪格の接尾辞 カラ が加わる。マエニ は名詞の属格の後に付けて後置詞のように使われ、空間的な意味と時間的な意味を兼ねる：イエ-ノ　マエニ、シンネン-ノ　マエニ。

16–17 世紀のテキストでは、動詞の後の マエニ に出会うのは非常にまれである。1 つの例が『エソポのファブラス』の中に見つかった：かしこい　ひと-の　ならい-にわ、まづ　こと-を　**はじめぬ　まえに**、その　をわり-を　みる　もの　ぢゃ「賢い人の俗には、まづ事を**始めぬ前に**、その終りを見るものぢゃ」(エソポ, 491)。

現代語ではマエ［ニ］はかなり頻繁に使われる。マエ［ニ］の前では非先行時制の形式だけが使われる：**ねる　まえに**　しゅんきち-わ、えんがわ-の　あまど-お　いちまい　あけて、ねまき-の　まま　せまい　にわ-え　おりた「**寝る前に**俊吉は、縁側の雨戸を一枚開けて、寝間着の儘狭い庭へ下りた」(芥川, 179/3, 秋)；そこで　かのじょ-わ　そーさく-お　**はじめる　まえに**、まず　せけん-の　しゅーかんどーり、えんだん-から　きめて　かかるべく　よぎなく　された「そこで彼女は創作を**始める前に**、まづ世間の習慣通り、縁談からきめてかかるべく余儀なくされた」(芥川, 174/1, 秋)；やすきち-わ　きょーしつ-え　**でる　まえに**、かならず　きょーかしょ-の　したしらべ-お　した「保吉は教室へ**出る前に**、必ず教科書の下調べをした」(芥川, 339/1, 保吉の手帳から)；きっと　あの　おとこ-わ　**ころされる　まえに**、よほど　ていたい　はたらき-でも　いたした-の-に　ちがい　ございません「きつとあの男は**殺される前に**、余程手痛い働きでも致したのに違ひございません」(芥川, 253/2, 藪の中)；この　おーぎ-わ　ぼく-の　ここ-え　**くる　まえに**、たれか-の　おきわすれて　いった　もの-だった「この扇は僕のここへ**来る前に**誰かの置き忘れて行つたものだつた」(芥川, 351/3, 湖南の扇)；最後の文で、従属節の主語に、主格の接尾辞 ガ の代わりに属格接尾辞 ノ が付いている(僕の)ことは、マエニ が規定されており、「僕のここへ来る」は規定節として組み立てられていることを示している。

従属節と マエ［ニ］の間に副詞が置かれることもある：すいふと-わ　**はっきょー-する**　すこし　**まえに**、こずえ-だけ　かれた　き-お　みながら、「おれ-わ　あの　き-と　よく　にて　いる…」と　つぶやいた　こと-が　ある　そー-で　ある「スウイフトは**発狂する**少し**前に**、梢だけ枯れた木を見ながら、『おれはあの木

とよく似てゐる。…』と呟いたことがあるさうである」(芥川，341/2，侏儒の言葉)。

マエ［ニ］の後には、区別する助辞ハが見られることも少なくない：あね–がとしより–から　こども–まで　つれて　おっと–と　いっしょに　**きこく–する　まえにわ**、いろいろな　こと–が　ありました「姉が年寄から子供まで連れて夫と一緒に**帰国する前には**、種々なことが有りました」(藤村，18/2，生ひ立ちの記)。

この資料から分かるように、マデ［ワ］と マエニ［ワ］はこれらが文と文(節と節)の間にある時にはほとんど類義的である。だが、例えば芥川は明らかに マエニを好んでいる。

マエ の後には奪格の接尾辞 *-kara* が付くこともある：じゅーきち–わ　げんかく–の　むこ–に　**なる　まえ–から**　ある　ぎんこー–え　つとめて　いた「重吉は玄鶴の婿に**なる前から**或銀行へ勤めてゐた」(芥川，363/2，玄鶴山房)。

もし マエ で終わる文が名詞に対する規定であるなら、マエ の後には接尾辞 *-no* が付く：それ–わ　しずこ–の　がっこーなかま–で　あった　ひらさわ　きよこ–が、いしゃ–の　かとー–と　**けっこん–する　まえ–の**　ひ–で　あった「それは静子の学校仲間であつた平沢清子が、医師の加藤と**結婚する前**日であつた」(啄木，100/3，鳥影)。

マエ［ニ、カラ］の前で否定法の -nai 形式に出会うことも少なくない：お–とり–わ　げんかく–の　**ねこまない　まえ–から、**——7–8ねん　ぜん–から　こしぬけ–に　…なって　いた「お鳥は玄鶴の**寝こまない前から**、——七八年前から腰抜けに…になつてゐた」(芥川，363/3，玄鶴山房)；げんかく–わ　お–よし–お　**かこいださない　まえ–にも**　かのじょ–にわ　「りっぱな　おとーさん」–でわ　なかった「玄鶴はお芳を**囲い出さない前にも**彼女には『立派なお父さん』ではなかつた」(芥川，365/2，玄鶴山房)；わたしは　30–に　**ならぬ　まえ–に**　ある　おんな–お　あいして　いた「わたしは三十に**ならぬ前に**或女を愛してゐた」(芥川，429/3，侏儒の言葉)。ある場合には従属文を、否定なしでロシア語に訳さなければならない：まだ　げいしゃ–なぞにわ　**ならぬ　まえ**、りっぱな　しょーか–の　むすめ–で　あった　じぶん「まだ芸者なぞには**ならぬ前**、立派な商家の娘であつた時分」(荷風，137/1，新橋夜話)[v]。

引用した資料から分かるが、集められたすべての用例において、マエ［ニ、ワ、ニワ、モ、カラ］の前では *-u* 形式あるいは *-nai* /*-nu* 形式が使われており、継続相や推量法の形式には出会わない。

まれに マエニ［ワ］の前に *-ta* 形式が使えることもあるが、その場合の マエニ［ワ］はつなぎ単語ではなく、空間的な意味をもっている：もどりばし–の　ほとり–え　まいります　と、もー　その　くび–お　**さらした　まえにわ**、おーぜい　ひと–が　たかって　おります「戻り橋のほとりへ参りますと、もうその首を**曝した**

前には、大勢人がたかつて居ります」(芥川, 281/3, 報恩記)。

マエニ の前で *-u* 形式を使うことはヴァッカリが指摘している：「接続詞 *before* の前にあって、現在または過去に関わる動詞は、(日本語で—引用者)単純な現在形で訳すことができ、その後に *mae ni* を続ける」[240,277]。

18　つなぎ単語 タメ［ニ、ニワ］の前の時制形式

タメ［ニ、ニワ］は、古代日本語にも、16–18 世紀の日本語にも、現代語にも見られる。タメ［ニ、ニワ］は、名詞属格の後に続く後置詞としても、目的あるいは原因の従属節の述語の後に続くつなぎ単語としても用いられる。

16 世紀の言葉では、古代日本語と同様に、タメニ の前には、もしそれが目的の意味をもっていたなら、基本的に推量法の形式が使われた［123,293 参照］。

狂言では、タメ［ニ、ニワ］は、主に後置詞としてたまに使われただけだった。

現代語では、タメ［ニ、ニワ］は、目的の意味では非先行時制の形式の後でのみ使われる：かれ-わ　いしゃ-の　め-お　**さける　ために**　がらすまど-の　そと-お　ながめて　いた「彼は医者の目を**避ける為に**硝子窓の外を眺めてゐた」(芥川, 420/1, 或阿呆の一生)；くらばっく-お　**あざける　ために**　ろっく-お　ぼく-の　まえ-に　たたせた-の-だ「クラバツクを**嘲る為に**ロツクを僕の前に立たせたのだ」(芥川, 386/1, 河童)：これ-お　**かく　ために**、あの　おそろしい　できごと-が　おこった-の-で　ございます「これを**描く為めに**、あの恐ろしい出来事が起つたのでございます」(芥川, 109/3, 地獄変)；かれ-わ　おもわず　くび-お　ちぢめながら、すなほ(ママ)こり-の　たつ-の-お　**さける　ためか**、はんけち-に　はな-お　おーって　いた　たぐち-いっとーそつ-に　こえ-お　かけた「彼は思はず首を縮めながら、砂埃の立つのを**避けるためか**、手巾に鼻を掩つてゐた、田口一等卒に声をかけた」(芥川, 222/3, 将軍)；　かれ-わ　あいて-に　**みつからない　ため**、ひとまず　おーかわ-の　みず-の　なか-え　すがた-お　かくそー　と　けっしん-した「彼は相手に**見つからないため**、一まづ大川の水の中へ姿を隠さうと決心した」(芥川, 229/1, 将軍)；また　きょーふ-に　**ひしがれない　ためにわ**、できる-だけ　よーき-に　ふるまう　ほか　しよー-の　ない　こと-も　じじつ-だった「また恐怖に**挫がれないためには**、出来るだけ陽気に振舞ふほか、仕様のない事も事実だつた」(芥川, 222/2, 将軍)。

現代語では、過去についての発話の中で、タメニ が原因を表す場合でも非先行時制の形式がその前で使われることもある：いや、あるいわ「こーのさん」-が　**いる　ために**　よけい　ふざける　くらい-だった；「いや、或は『甲野さん』が**ゐる為に**余計ふざける位だつた」(芥川, 364/2, 玄鶴山房)；つま-わ　ちち-お　**のま**

せられぬ　ために、たかし-わ　なく…と　いった「妻は乳を**飲ませられぬために**、多加志は泣く…と云つた」(芥川, 326/2, 子供の病気)。

しかし、大多数の場合には、原因を表すタメニの前には *-ta* 形式が置かれる。なぜなら、原因は結果に先行することがほとんどだからだ。

このように、つなぎ単語タメ［ニ、ニワ］の前の時制使用は純粋に相対的である。何人かの著者の、タメニ が原因の意味をもつなら常に *-ta* 形式の後に続くという主張［参照, 10,77, 下から 2L］は現実と一致しない。

19　つなぎ単語 ヨーニ の前の時制形式

このつなぎ単語は漢語の「様」yang(>yau>yo:)と副詞的接尾辞 *-ni* から成る。ヨーニ は目的と比況の 2 つの意味をもっている。

目的の意味の ヨーニ の前の動詞は将来性を表し、それは古代日本語では通常 *-mu* 形式で、後の 16–17 世紀の言葉では *-o:/-o*、*-o:zu/-ozu* あるいは *-o:zuru/-ozuru* で表された：いつか-とーか-の　うち-にわ、**らち-も　あこー　よーにも**　ぞんじて　ござる　が…「五日十日の内には、**埒もあかうやうにも**存じてござるが…」(狂言記, Ⅰ, 338)。

その後、将来の確実なプロセスについての発話の中で、ヨーニ の前でも *-u* 形式や(否定では) *-nu/nai* 形式が使われるようになった：じょちゅー-に　あしだ[13]-お**だす　よーに**　と　いった「女中に足駄を**出すやうに**と云つた」(芥川, 325/3, 子供の病気)；やすきち-わ　けいれい-される-の-も　けいれい-に　こたえる-の-も　このまなかった-から、けいれい-する　ひま-お　**あたえぬ　よーに**、つめしょ-の　まえ-お　とーる　とき-わ　とくに　あし-お　はやめる　こと-に　した「保吉は敬礼されるのも敬礼に答へるのも好まなかつたから、敬礼する暇を**与へぬやうに**、詰め所を通る時は特に足を早めることにした」(芥川, 340/2, 保吉の手帳から)。

しかし、文学作品では、ヨーニは比況の意味で使われることがはるかに多い。このような用例はすでに 9 世紀のテキストの中に見られる：かぐやひめ　**のたまう　やうに**　たがわず　つくりいでつ「赫映姫**のたまふやうに**違はずつくり出つ」(竹取, 7)。同様の文の中でヨーニの前の動詞は、ほとんどの場合同時性の意味をもつので、*-u* 形式の動詞はロシア語には不完了体の副動詞によって訳すことができる[vi]：へいちゅー-わ…あんない-お　**こう　よーに**　せきばらい-お　した「平中は案内を**請ふやうに**咳ばらひをした」(芥川, 269/3, 好色)；それから　じょちゅー-の　みみ-お　**はばかる　よーに**、てるこ-の　ほー-え　かお-お　やりながら…と、ひくい　こえ-で　いいつずけた「それから女中の耳を**憚るやうに**、照子の方へ顔をやりながら、と、…低い声で云ひ続けた」(芥川, 181/1, 秋)；すとーぶ-のひ-わ　いき-お　**する　よーに**、とろとろ　きいろに　もえあがったり、どすぐろい　かいじん-に　しずんだり-した「ストオヴの火は息を**するやうに**、とろとろと黄色に燃え上つたり、どす黒い灰燼に沈んだりした」(芥川, 327/1, 寒さ)；おーうら-わ　くしょー-お　うかべた　まま、みずから　**あざける　よーに**　はなしつづけた「大浦は苦笑を浮べたまま、自ら**嘲るやうに**話し続けた」(芥川, 340/3, 保吉の手帳から)；しょーさく-の　ふとい　まゆげ-が、**ひきつける　よーに**　ぴりぴりと(ママ)　うごいた「昌作の太い眉毛が、**痙攣ける様に**ピリヽと動いた」(啄木, 113–114, 鳥影)；…と、じぶん-に　**めいずる　よーに**　こころ-に　ちかった「…と自分に**命ずる様に**心に誓つた」(啄木, 116/3, 鳥影)；はは-わ　つま-の　ことば-も　**きこえない　よーに**…ふーふー　たかし-の　あたま-お　ふいた「母は妻の言葉も**聞えないやうに**…ふうふう多加志の頭を吹いた」(芥川, 326/3, 子供の病気)。

しかし、もちろん ヨーニ の前にある *-u* 形式の動詞を別の方法でロシア語に訳すこともできる[vii]：よなかごろ-に　なる　と、きゅーに、おつきさま-が　じゅー-も　でた　か　と　**おもう　よーに**、あたり-が　あかるく　なりました「夜中ごろ　に　なる　と、急に、お月さま　が　十　も　出た　か　と　**思ふ　やうに**、あたり　が　明るく　なりました」(読本, IV, 34–35)；**どなりつける　よーに**　まっぐ-に　はなしかけました「**怒鳴りつけるやうに**マツグに話しかけました」(芥川, 390/2, 河童)；うち-に　するどい　ぴすとる-の　おと-が　いっぱつ、くーき-お　**はねかえす　よーに**　ひびきわたりました「家に鋭いピストルの音が一発、空気を**反ね返へすやうに**響き渡りました」(芥川, 389/3, 河童)まるで　みず-の　におい-や　も-の　におい-が　おと-も　なく　かわ-から　**たちのぼる　よーに**、うらうらと　たかく　のぼって　いった「まるで水の匂や藻の匂が音もなく川から**立ち昇るやうに**、うらうらと高く昇つてしまつた」(芥川, 452/1, 尾生の信)；「しかた-が　ない、こーさい-だ　もの。」と　**なげる　よーに**　いって、しきいぎわ-に　こし-お　おろした「『為方がない、交際だもの。』と**投げる様に**言つて、敷居際に腰を下した」(啄木, 112/3, 鳥影)；「だれ-が　きてる-ん-だい？」—とゆー　ちょーし-わ　ひくい　ながらに　**たしなめる　よーに**　するどかった「『誰が来てるんだい？』と言ふ調子は低いながらに**譴める様に**鋭かつた」(啄木, 112/1, 鳥影)(外見はするどく、非難するようであった)。

ヨーニが比況の意味をもつとき、その前では非先行時制の形式だけではなく、ときには先行時制の形式も使われる：と　みる　と　やまのうち-わ　くいかけ-の　むぎせんべい-の　やりば-に　**こまった　よーに**　おくびょーらしく　もじもじ-して、かお-お　あからめて　あたま-お　さげた「と見ると山内は喰かけの麦煎餅の遣場に**困つた様に**、臆病らしくモヂ〱して、顔を赧めて頭を下げた」(啄木,

113/2, 鳥影)；…ただ、なにか　きたるべき　ふかしぎな　もの-ばかり-お　まって　いる。ちょーど　あの　びせい-が　…えいきゅーに　こない　こいびと-お　いつまでも　**まちくらした　よーに**「…唯、何か来るべき不可思議なものばかりを待つている。丁度あの尾生が、…永久に来ない恋人をいつまでも**待ち暮したやうに**」(芥川, 452/1, 尾生の信)。この例では、後の文は先の文の一部が倒置されたものだと考えられる：'丁度尾生が待ち暮したやうに…私は待つている…'。集められたすべての用例で、ヨーニの前の*-ta*形式の動詞は先行する動作を意味している。

*-u*形式の動詞とつなぎのヨーニは、ヨーニが比況の意味をもつとき、しばしば固定的な語結合あるいは1つの単語さえ形成する。それはヨーロッパの言語には副詞で翻訳され、辞書にも登録されている。例えば：モエルヨーニ(動詞 モエル から)、アマエルヨーニ、など。副詞的性格の固定的語結合で、行われている動作の特徴を示すものは、まさに同時性の意味の*-u*形式から造られている。例えば：がただ、おさえきれない　しっと-の　じょー-が、**もえるよーに**　ひとみ-お　ほてらせて　いた「が、唯、抑へ切れない嫉妬の情が、**燃えるやうに**瞳を火照らせてゐた」(芥川, 181/1, 秋)。

同様の語結合が規定の役割で使われることもある。その場合、いわゆる名詞的形容詞と同じように、(古代日本語の むすび ナルからでた)*-na*という語尾を伴う：**もえるよーな**　えんぜつ；**あざけるよーな**　こえ(芥川, 6/3, 未確認)など。

しかし、ときには、規定の役割で「*-ta*形式＋ヨーナ」の組み合わせが使われることもある。つゆ-に　**あらわれた　よーな**　うすあかり…「露に**洗はれたやうな**薄明り…」(芥川, 453/1, 東洋の秋)；わたし-わ　まったく　ひとり-で　――はは-からも、あね-からも　はなれて――　はやくから　たにん-の　なか-え　**なげだされた　よーな**　もの-でした「私は全く一人で――母からも、姉からも離れて――早くから他人の中へ**投げ出されたやうな**ものでした」(藤村, 20/2, 生ひ立ちの記)。

だが、このような場合、「*-ta*形式＋ヨーナ」の組み合わせを固定した統一体としてはならない。そのことは構成要素の分かち書き「なげだされた　よーな」にも反映されている。

20　つなぎ単語 ホド の前の時制形式

このつなぎは、同位格の接尾辞 ホド と共通の起源をもつ。つなぎ ホド(より古くはホドニ)は日本語の最古のつなぎの1つである。16–17世紀の言葉では ホドニ は、原因(理由)-時-条件という分けられない意味をもっていた。しかし、ロシア語にはこの3つの意味のうちの1つで訳すのが普通である[viii]：**いそぐ　ほどに**、これ

-わ　はや　くにもと-に　ついた「**急ぐ程に**、これははや国許に着いた」(狂言記, Ⅰ, 340)；このじゅー-わ　なに　と　いたした　やら、しあわしぇ-も　**あしゅー　ござる　ほどに**、うけたまわれば　うとくにん-が　あり、むこ-の　いる　よし-を　**うけたまわる　ほどに**、まいり　むこ-に　なろー　と　ぞんずる「この中は何といたしたやら、仕合せも**悪しうござるほどに**、承れば有徳人があり、聟のいる由を**承るほどに**、参り、聟にならうと存ずる」(狂言記, Ⅰ, 108)（この文においては、ホドニが2度用いられている：1度は原因のニュアンスで、2度目は時制的ニュアンスで)；ひかず-を　**へる　ほどに**、しだいに　ししろっこん-わ　よわりはて、しんだい　ここに　きわまった「日数を**経るほどに**、次第に四肢六根は弱り果て、進退ここに窮まった」(エソポ, 463)；いろいろ-の　つもる　ものがたり、もーつ、うとーつ、**あそぶ　ほどに**、はや　よあけ-の　からす-が　ないた「色々の積る物語、舞うつ、歌うつ、**遊ぶ程に**、はや夜明けの鳥が鳴いた」(狂言記, Ⅰ, 235)（ホドニの前に非先行時制形式があるのは、従属文の動作が主文の動作の開始まで中断されなかったからである)。

このように、16–17世紀の言葉ではもう ホドニ の前の時制の用法は相対的であった。もしその前の動詞が先行の動作を表していたら *-ta* 形式が用いられ、非先行の動作を表していたら(過去についての発話であっても)、*-u* 形式が使われた。

現代語ではつなぎ ホド はやや違う意味：「それくらい」、「大変～なので…だ」という意味をもっている。この意味の ホド の前にくる動詞は後続の動作を表すこともある：すると　ちゃっく-わ　おーぐち-を　あいて、はなめがね-が　**おちる　ほど**　わらいだしました「するとチャックは大口をあいて、鼻眼鏡が**落ちるほど**笑ひ出しました」(芥川, 375/3, 河童)[ix]。オチル は過去に起こった瞬間的な一回の運動である。もしつなぎの前の時制が絶対的な意味をもち得るとすると、このような場合に *-ta* 形式にも出会うだろう。しかし、調査したテキストの中では、後続の動作は非先行時制の形式でのみ表されている：ねーさん-わ　…**おどろく　ほど**　き-の　みじかい　せいしつ-お　もって　いました「姉さんは…**驚くほど**気の短い性質を有つて居ました」(藤村, 19/3, 生ひ立ちの記)；のじま-わ　じぶん-でも　はずかしく　**なる　ほど**　ゆかいに　なって　きた「野島は自分でも恥かしく**なる程**愉快になつて来た」(実篤, 379/3, 友情)；しかも　よーやく　かえって　くる　と、あまがいとー-も　ひとり-でわ　**ぬげない　ほど**、さけくさい　におい-お　こきゅー-して　いた「しかも漸く帰つて来ると、雨外套も一人では**脱げない程**、酒臭い匂いを呼吸してゐた」(芥川, 177/1, 秋)；「お-つるさん」と　こえ-お　**かけたい　ほど**、じぶん-わ　したしさ-お　かんじた「『お鶴さん』と声を**かけたい程**、自分は親しさを感じた」(実篤, 314/1, お目出度き人)。

つなぎ ホド の前の、非先行の相対的な意味での *-u* 形式は多くの作品中で見られる。（例は、芥川，287/1 と 2，実篤，304/2，313/3 参照）。

つなぎ ホド の前では *-ta* 形式も使われる：あね−と　いっしょに　いた　あいだ、わたし−わ　ほとんど　いかり　とゆー　もの−も　**しらなかった　ほど**　じぶん−の　しょーねんらしい　せいしつ−が　のびて　いった…「姉と一緒に居た間、私は殆ど忿怒といふものも**知らなかつた**ほど自分の少年らしい性質が延びて行つた…」（藤村，18/2–3，生ひ立ちの記）。ここでの *-ta* 形式の使用は、それが先行する動作を表しており、*-te* 形式に特有の、原因の意味のニュアンスをもっていることで説明できる（姉のところで育ったからこそ、少年は怒りとは何かを知らなかった。またそのことは彼の性格形成に影響を及ぼした）。

つなぎ ホド の前の時制の使用は純粋に相対的である。

21　ツモリ-デの前の時制形式

ツモリ（意図）はつなぎではないが、この名詞は *-de* がついた造格（手段格）で、文と文（節と節）の間に置かれて、それらをつなぐのに使われる。ツモリ の前に立つ動詞は、普通そのような場合は後続の動作を表し、*-u* 形式をとる：よい　かたな−お　せんぼん　**あつめる　つもり−で**、999 ほん−わ　とった「よい　刀　を　千本　**あつめる　つもり　で**、九百九十九本　は　取った」（読本，Ⅲ，42–43）；しんえつ−え　**いる　つもり−で**　えど−お　でた「信越へ**入るつもりで**江戸を出た」（菊池，6/2，ある敵打の話）；はは−わ　…ねつ−お　**さます　つもり−か**…ふーふーたかし−の　あたま−お　ふいた「母は……熱を**さますつもりか**、ふうふう多加志の頭を吹いた」（芥川，326/3，子供の病気）（同様に、藤村，44/2 参照）。

ツモリ-デがロシア語の語結合《полагая, что ～と思って》に合致するとき、その前の述語的状況語は**同時性**の意味をもち、同じく非先行時制の形式をとる：まだ　**はやい　つもり−で**　がっこー−え　いったら、もー　おーぜい　きて　いた「まだ**早いつもり**で学校へ行つたら、もう大ぜい来て居た」（読本，Ⅴ，85–86）。

将来性（後続性）の意味をもつ補助的な単語の前に立つ動詞は、次に述べられる動作に対する将来性（後続性）を表す。しかし日本語にはこの意味をもつ特別な形式がない。このためそれは同時性の意味と同じ形式、つまり非先行時制の形式で表されるのだが、このポジションにおいてもこの形式は純粋に相対的な性格をもっているのだ。

第Ⅳ部　先行性を表すつなぎ要素の前の時制形式

本章のⅡ部、Ⅲ部に引用された資料から、同時性と将来性(後続性)を表すつなぎ要素の前では、非先行時制の形式だけが使われるということが明らかである。

もしそのような現象がこの時制形式の基本的な意味によって説明されるなら、先行性を意味するつなぎ要素の前では、先行時制の形式だけ、特に *-ta* 形式、*-te* 形式が、過去についての発話だけではなく、未来についての発話の中でも使われるであろうと予想できる。それはこの形式の使用が純粋に相対的であることを証明するだろう(少なくとも時間的な従属節の中で)。

22　つなぎ単語 アト［デ］と ノチ の前の時制形式

阿部正直は、外国人のための教科書の中でこう書いている、アト［デ］の前では「動詞の時制は必ず過去形である：*Kore wo yomimashita atode, watakushi wa minna ni hanashimasu*；*Nipponngo wo benkyo:-shimasita atode, watakushi wa furansugo wo benkyo:-shimasu*」[211,61]。

また実際に、どんな視点からも説明可能な過去についての発話の中だけではなく、未来についての発話の中でも、つなぎのアト［デ］の前では *-ta* 形式が使われる：そーして　つる-と　ふーふ-に　**なれた　あと**-の　こと-お　かんがえた。じぶん-わ　ふーふ-と　**なった　あと**　いつまでも　こーふく-に　いられる　よーな　き-が　する(実篤, 14/3, お目出度き人)：「さうして鶴と夫婦に**なれたあと**のことを考えた。自分は夫婦と**なつたあと**何時迄も幸福に居られるやうな気がする」。

未来における先行動作についての発話の中で *-ta* 形式が使われることは、アトデと類義的なつなぎ単語 ノチ の前にも見られる：そして、しちかねんけいかく-お　**かんりょー-した　のち**…(『アカハタ』, 19,11,1958)。

日本語の時制についての文献で、つなぎの意味の アト と ノチ の前で *-ta* 形式が使われることは認められているから、この事実を裏付ける資料を追加する意味はない。しかし、アト の前で *-u* 形式が使われる場合を検討する必要がある：あるとき…しょーーがっこーーの　きょーいん-が、あたらしく　きた　わかい　じょきょーいん-と　つれたって(ママ)　**ゆく　あと-お**　かれ-わ　なにげ-なく　ついて　いった「或時…小学校の教員が、新しく来た若い女教員と連れ立つて**行く後を**彼は何気なく従いて行つた」(志賀, 301/1, 真鶴)。ここでは、*-u* 形式は両方の動作が同時に行われたことを示しており、アト は時間的な意味ではなく、空間的な意味をもっている。つまりこれはつなぎ単語ではない。

23　つなぎ単語 ウエ［ニ、デ］の前の -*ta* 形式

つなぎ単語のウエ［ニ、デ］は、ウエ と格接尾辞 -*ni*、あるいは -*de* との結合である。（名詞の属格のあとでのみ使われる後置詞の ウエニ と比較せよ）。

ウエ［ニ、デ］の前では、未来についての発話であっても -*ta* 形式だけが使われる：よりとも-わ 「ひとめ **みた うえで**」と まんじゅ-お よびだしました（読本，Ⅵa，51）。

連語 ミタ ウエデ は、固定した表現として、すでにいくつかの辞書に収録されている；日本語のテキストを正しく理解するためには、これが過去だけではなく、未来にも使えることを知らなければならない：「ミタ ウエデ（見た後で）（見て、その後で）」［83,687］。例を挙げる：とにかく きり-の はれる-の-お **まった うえに** しなければ なりません「兎に角霧の晴れるのを**待つた上に**しなければなりません」（芥川，372/3，河童）；かたがた お-すみ-わ 49 にち-でも すんだら、お-たみ-に むこ-お **あてがった うえ**…はたらいて もらおー と おもっていた「かたがたお住は四十九日でもすんだら、お民に婿を**当てがつた上**…働いて貰はうと思つてゐた」（芥川，297/1，一塊の土）；さいばんしょ-わ…りょーほー-の いいぶん-お きいたり、しょーにん や しょーこ-の かきつけ-お **しらべたり した うえで**、どちら-の しゅちょー-が ただしい か-お はんだん-し…いいわたす「裁判所は…両方の言分を聞いたり、証人や証拠の書付を**調べたりした上で**、どちらの主張が正しいかを判断し、…言渡す」（読本，Ⅻ，153）（読本，XII，154 参照）。

24　つなぎ単語 ブンデワ（漢語 分 から）の前の -*ta* 形式

このつなぎ単語は 16–17 世紀のテキストで、過去についての発話でも、未来についての発話でも -*ta* 形式の後で用いられた：や、さよーに **よーだ ぶんでは** こまい ぞ「や、左様に**呼うだ分では**来まいぞ」（狂言記，Ⅰ，183）；のーのー、その よーに **ないて いた ぶんでわ**、らち-が あくまい「なう〳〵、その様に**泣いて居た分では**、埒が明くまい」（狂言記，Ⅰ，117）；ぬし-を をもう もの-でござれば、それがし-の **きました ぶんでわ** みえまする「（隠れ笠は）主を思ふ（主に従う）ものでござれば、（主でない）某の**被ました分では**（姿が）見えまする」（狂言記，Ⅰ，337）。

現代語では ブンデワ は用いられない。

＊　＊　＊

日本語における、「～するまで」、「～する前に」の意味をもつ言葉の前での非先行時制形式、および「～した後で」の意味をもつ言葉の前での先行時制形式の使用と、満州語における時制形式の使用とを比較しよう。B.A. アヴローリンはこう書いている：「動作名詞（動詞─引用者）と、後置詞 *mangi*（～した後で）および *ongolo*（～するまでに）との結合のしかたは非常に特徴的である。前者は“過去形”の動作名詞（動詞）の後だけに付き、後者は“現在形”の動作名詞（動詞）の後だけに付く。…［いいおわりの］述語の時制変化は我々が興味をもっている語結合に何ら反映しない。*си битхэ бэ араха манги, би тэрэбюэ унгимби*（［ラテン文字への転写］*si bit'he be araha mangi, bi terebyue ungimbi*）‘君がてがみを書き終わった（書き終わる）後で私はそれを送る（送るだろう）’ 満州人はこのように言いながらも、発話時までにまだこの手紙が書かれていないという考えももち得る）」［7,64］。

このように、指摘した法則性――この統語ポジションにおける時制の相対的な使用――は日本語にとっても、いくつかのツングース-満州諸語にとっても特徴的なのだ。

第Ⅴ部　同時性、後続性あるいは先行性の意味を、単一のまたは基本的な意味としてもっていないつなぎ要素の前の時制形式

同時性、後続性、先行性の明確な意味をもつつなぎ要素と並んで、日本語にはより広い意味をもつつなぎ要素もかなりある。それらを汎時的と呼ぶことができる。「汎時的つなぎは…複文の各部の従属的なつながりの時間的な性質だけを示し、主文と従属文との具体的な時間的関係は規定しない」［74,52］。「これらのつなぎ要素に導かれる従属文の動作と、主文の動作との時間的な相関関係を表すためには、他の手段が働く─動詞の時制形式、複文の語彙的な構成、談話全体のコンテキストなどである」［74,45］。

時間的な意味と空間的な意味とを兼ね備えているつなぎ単語がいくつもある：ウチ、アイダ、トコロ、トチュー、ナカ などである。このⅤ部では、それらの時間的な意味（同時性の意味）について述べるが、別のコンテキストにおいてそれらが純粋に空間的な意味で用いられることもある。

それだけでなく、原因、譲歩、反意その他のつなぎ要素も少なくない。それらの前での時制の使用もやはり一定の規則に従う。そしてそれらの規則は実際の資料の研究の結果、突き止められなければならない。

25　つなぎ単語トキ［ニ、ワ、ニワ］の前の時制形式

トキ［ニ、ワ、ニワ］は条件・時制の意味をもつつなぎ単語の中で最もよく使われるものの1つである。

もしも、日本語においてつなぎ単語の前の時制形式が絶対的な意味をもっていたとしたら、過去についての発話の中の トキ の前では(たとえ従属文の述語が、主文で述べられる動作と同時の動作を意味していたとしても)、通常、*-ta* 形式が使われるであろう。しかし、過去についての発話中の トキ の前で、あまりにもしばしば *-u* 形式がみられるので、この現象には日本語文法の最初期の著者たちも注目していた。例えば、D. コリヤードはこう書いている：「現在形に付く助辞 *toqi* は、それを不完了過去にする」［220,45］コリヤードは過去についての発話中の、トキ の前での現在形の使用について考えていたのだ。しかし、もちろん、つなぎ単語は前にある時制形式の意味を変えたりはしない。

過去についての発話中の トキ の前の *-u* 形式の使用は、現代の日本語学者たちも正しく説明できない。例えば、O.B. プレトネルは書いている：「従属節の中で時々過去形の代わりに現在形が立てられるのは、主節の意味が従属節の時制の種類を決めることを強いないからだ：

ワタクシ-ワ　ニホン-エ　ハジメテ　クル　トキ-ニ…。

(これに対して)ワタクシ-ワ　ニホン-エ　ハジメテ　キタ　トキ-ニ…：すなわち、過去時制(クルの代わりにキタ)を予想することができるだろう。このフレーズでは、過去時制が用いられることもありうるが、現在時制も用いられる可能性がある」［91,73］。

このプレトネルの記述からは、一体、いつ トキ の前で過去時制を使わなければならないのか、いつ現在時制を使わなければならないのかが不明のままである。そのうえ、例を引くにあたってプレトネルは主節を示す必要を認めなかった。このため、まさにその「主節の意味」がどこにあるのか分からないのだ。そして、結局、プレトネルの見解に反し、われわれは トキ の前に明らかな時制の区別を認める：かれら-が　みや-お　**さがる　とき**、かれ-わ　ひとふり-の　つるぎ-お　とって、「これ-わ　おれ-が　こし-の　おろち-お　**きった　とき**、その　お-の　なか-に　あった　つるぎ-だ」「彼等が宮を**下る時**、彼は一振りの剣を取つて、『これはおれが高志の大蛇を**切つた時**、その尾の中にあつた剣だ』」(芥川，287/3，老いたる素戔嗚尊)。この複文には トキ が2回使われている。最初の場合は トキ の前に *-u* 形式が使われているが、これはサガルという動作が次に言及される動作の始まりまでに完了していないからである。2番目の場合は トキ の前の *-ta* が先行性を示している(まず初めに大蛇を殺し、その後で剣を見つけた)。(同じく、読本，III,

18–19 を参照）

16–17 世紀のテキストの中にはもう トキ の前の *-u* 形式の相対的な使用の例が見られる：わらわ-が　よめいり-いたして　**まいる　とき-の**、きもいられた　ひと-が　ござる「妾が嫁入致して**参る時の**、肝入られた人(世話人)がござる」(狂言記, II，85)；まことに　くにもと-を　**いづる　とき-わ**、みやこ-えさえ　のぼりたらば、べつぎ-わ　あるまい、いつか-か　とーか-の　うち-にわ、らち-も　あこーよーにも　ぞんじて　ござる　が…「まことに国許を**出づる時は**、都へさへ上りたらば、別義はあるまい、五日か十日の内には、埒もあかうやうにも存じてござるが…」(狂言記, I，338)。

現代語では過去についての発話の中でも、トキ　の前でやはり *-u* 形式が使われる：はし-の　した-お　くぐって　**とーる　とき**、「ごー」とゆー　でんしゃ-の　ひびき-が　して…(初等, 132–133)；これ-わ　はかせ-が　さっぽろ-お　**さる　とき**、ないて　わかれ-お　おしむ　がくせいたち-に　のこした　とゆー　ゆーめいな　ことば-だよ「これは、博士が札幌を**去る時**、泣いて別れを惜しむ学生たちに残したといふ有名な言葉だよ」(読本, II, 78)；…しろい　いものこ-が　**でて　いる　とき-などわ**、ことに　うれしく　おもいました「…白い芋の子が**出て居る時などは**、殊に嬉しく思ひました」(藤村, 5/3, 生ひ立ちの記)；「わたし-も　がっこー-の　ほー-え　き-が　**せかれる　とき-などわ**　…なるべく　はやい　こと-お　やりました「学校の方へ気が**急かれる時などは**　…成るべく早いことをやりました」(藤村 19/3, 生ひ立ちの記)；かんたろー-が　**おちる　とき-に**、…おれ-の　あわせ[14]-の　かたそで-が　もげて、きゅーに　て-が　じゆーに　なった「勘太郎が**落ちるときに**、おれの袷の片袖がもげて、急に手が自由になつた」(漱石, 91/3, 坊つちやん)；きのー　**たつ　ときに　ね**、まつばらくん-が　うえの-まで　みおくり-に　きて　くれた-ん-だ「昨日**発つ時にね**、松原君が上野まで見送りに来て呉れたんだ」(啄木, 103/1, 鳥影)（もしここでトキの前を *-ta* に替えると、文の意味が変わってしまう。タッタは‘去った’なので、フレーズは、松原が見送りに遅れた、という意味になるだろう)；そぼ-わ…りょーり-の　ざいりょー-お　とり-に　くさ-お　つんだり　かえる　や　かわうお-お　**とったり-する　ときわ**、かならず　わたし-お　つれて　いった「祖母は…料理の材料をとりに草をつんだりカエルや川魚を**とったりするときは**、かならずわたしをつれていった」(徳田, 15)（トキワの前に立っている動詞はここでは近未来の意味をもっている)；**ねる　ときにわ**、ぼく-わ　にいさん-と　ならんで　ねました(読本, IV, 20)(同様の例は、徳田, 13；藤村, 29 を参照)；この　そぼ-わ　わたくし-の　ちゅーがく-そつぎょー-まえに　しんだ　が、**しぬ　ときにも**、ぜひ　この　まご-お　とーきょー-へ　やれ　…と　いって　しんだ「この祖母はわたし(ママ)の中学卒業前に死んだが、**死ぬときにも**、ぜひこの孫を東京へやれ　…といって死んだ」(徳田, 15–16)（ここでは、*-te iru* 形式を使うことができそうでもあるが、動詞シヌの *-te iru* 形式はパーフェクト的意味「すでに死んでいる」しかもたないので、この文ではトキの前に *-u* の形式がたっている）。

トキの前で *-te iru* 形式を使うことも可能である：わたくし-わ　こころもち-の　**いらいら-して　いる　とき-などわ**、もー　すこし　ひくい　こえ-で　よんで　くれ　とゆー　こと-お、かべごし-に　たのんだ　こと　も　あった「私は心持の**いらいらしてゐる時などは**、もう少し低い声で読んで呉れといふことを、壁越しに頼んだこともあつた」(広津, 6/2, 波の上)。しかし、検討されている資料においては、*-te iru* 形式が トキ の前で使われるのは非常にまれにしか見られないことを指摘しておかなければならない。

トキ の前には相対的意味で、動作の終結を示す「*-te* 形式＋補助動詞シマウ」の構造さえ用いられる。

ロシア語の完了体の形式とはことなって、「*-te* 形式＋補助動詞シマウ」の構造は、時のどんな断片についても用いることができる[x]。語幹 *sima-* の語彙的意味は—動作の終結（シマウ：終える）であるが、時間的意味は非先行性である。例：「こんど-わ　おれ-の　みのうえ-だ」——おれ-わ　ぬすびと-が　やぶ-の　そと-え、すがた-お　**かくして　しまう　とき**、こー　つぶやいた-の-お　おぼえている「『今度はおれの身の上だ』——おれは盗人が藪の外へ、姿を**隠してしまふ時**、こう呟いたのを覚えてゐる」(芥川, 258/3, 藪の中)。

トキ［ワ］の前には動詞が *-nai* 形式で立つこともできる：つる-に　**あわない　ときわ**　さびしく　なった「鶴に**逢はない時は**寂しくなつた」(実篤, 289/3, お目出度き人)；**あえない　ときにわ**　まいしゅー　いちど-ぐらい　あい-に-でかけた　こと-も　あった「**逢へない時には**毎週一度ぐらゐ逢ひに出かけたこともあつた」(実篤, 290/3, お目出度き人)；まだ　こーふ-まで　きしゃ-の　**できない　とき-の**　こと　で　ゆく　とちゅー　ある　まち-の　りょかん-に　とまった「まだ甲府まで汽車**の出来ない時の**事で行く途中ある町の旅館に泊つた」(実篤, 303/2, お目出度き人)。

もし トキ の前の動詞が表す動作が（その始まりか終わりで）次に述べられる動作に先行するなら、トキ の前の動詞は *-ta* 形式となる：つきよ-の　ばん-に、このむら-の　ていしゃば-に　**おろされた　ときわ**、どんな　こころもち-が　した-でしょー「月夜の晩に、この村の停車場に**下された時は**、どんな心持がしたでせう」(読本, IV, 41–42)；きれい-だ　なー　——そー　**おもった　ときに**、ふいに、おーぜい-の　わらいごえ-が　きこえて　きた(国語, 中学, I [1], 20)

トキ の前では、まれではあるが、*-te ita* 形式にも出会う：そーそー、きょねん、りょーいちさん−が　**おいで−に　なって　いた　とき**、わたし−が　「なつやすみがくしゅーちょー」−お　とりちがえて、りょーいちさん−の−に　かきかけた　こと−が　ありました　ね(同上，14)。ここでは、*-te* 形式が終わりの先行の意味をもち、イタ形式は始まりの先行の意味をもっている。

このように、もう何世紀にもわたってつなぎ単語 トキ の前では、時制形式が非先行の意味でも、先行の意味でも使用されているのだ。このことから、トキ の前の時制形式は非常にしばしば相対的な意味で使われると断言できそうである。だが、このような用法が規則である(少なくとも現代語において)とみなすためには、*-ta* 形式の述語をもつ従属文が、主文の述語で表された過去の動作と同時であるかのような動作を語っている例文を精査し、解明しなければならない。そのような場合、一見、トキ の前の *-ta* 形式は絶対的な意味をもつように見えるかもしれない。

しかし、そのような用法の条件となっているのが、あるいは *-ta* 形式がもつ始まりの先行のニュアンス(特に顕著なのは *-ta* 形式が原因のニュアンスももっているとき)かもしれないし、あるいは トキ の前の動詞によって表された**プロセス**の強制的な**中断**かもしれない。この状況にヴァッカリは注意を向けている：「過去継続形は、完全に終わっていない動作についての発話で、その発話時間内にだれかが自分の動作を中断するときに使われる。この中断は、話題になっていた動作を、過ぎ去ったばかりの事実に変える。他方、現在形の使用は、動作は動作者が話しているときにさえ続いているという観念を含んでいる」[240,161–162]。残念ながら、ヴァッカリ自身はこの視点から単文だけしか考察しなかった。しかし、実際には終わっていない動作が先行動作とみなされる原因としての、動作の中断についてのこの考えは、どうもヴァッカリが思っていた以上に重要であるようだ。この考えが対話だけではなく叙述部分にも当てはまるからなおさらだ：わたし−が　あさ−の　**しょくじ−を　たべて　いた　とき−に**　じしん　が　おこりました [240,156 参照](地震の始まりと同時に食事は中断された)；わたくし−が　この　ほん−を　**よんで　いました　とき**、たなかさん−が、きました [240,159 参照](客の到来によって、読書を中断しなければならなくなった)。

もちろん、ある動作が次に述べられる動作の始まりによって中断されることは、先行性として解することができ、これは トキ の前だけではなく、他のさまざまな助辞の前で *-ta* 形式が使用される多くの場合を説明する。

しかし、トキの前の *-ta* 形式は、過去についての発話だけではなく、**未来についての発話の中**でも先行性を表す。そのことは、この形式の基本的な意味を解明するために特に示唆を与える：りょー−の　て−が　ち−で　あかく　**なった　とき−お**　そーぞー−して　みる−が　よい「両の手が血で赤く**なつた時を**想像して見るが好い」(芥川，69/1，袈裟と盛遠)；おまえたち−が　おーきく　なって、いちにんまえ-の　にんげん-に　**そだちあがった　とき**、—その　とき-まで　おまえたち-の　ぱぱ-わ　いきて　いる　か　いない　か、それ-わ　わからない　こと-だ　が「お前たちが大きくなつて、一人前の人間に**育ち上つた時**、—その時までお前たちのパヽは生きてゐるかゐないか、それは分からない事だが」(有島, 5/1, 小さき者へ)。

このような例は日本語文法のいくつかの著作にも引用されている：したく-の　**できました　ときに**　しらして　おくんなさい［139,180参照］；はな-の　**さいた　ときに**　また　こよー［179,356参照］。

トキの前で *-ta* 形式を使ういくつかの場合についての И.В. ゴロヴニンの解釈には同意できない。彼は次のような例を引き、翻訳を付している：「わたくしたち-が　さいごに　**あった　とき**　ばるびゅーす-わ　じぶん-の　しごと-に　ついて　いろいろ　わたくし-に　はなして　くれました；(「みんしゅ　にほん」2,1,1950) '*Когда* мы последний раз *виделись*, Варбюс много рассказывал мне о своей работе'；ある　ひと-が、はじめて　ふね-に　**のった　とき**　うみ-が　あれた　ので　たいそー　よわって　いました(或人が、始めて舟に乗つた時、海が荒れたので、大そう弱つて居ました)(読本, Ｖ, 66) '*Когда* один человек впервые *плыл* по морю на корабле, оно очень бушевало, и он чувствовал себя очень плохо' [30,218–219]」。これらの文を分析して、И.В. ゴロヴニンは書いている：「これらの例で、*-ta* の後のトキは従属節と主節の動作が同時に行われたことを示している。これは、アウ、ノル という動詞が、その語彙的な意味の本質上、限界をもつものではなく、長く続く、過程的なものであることによって説明できる」[30,219]。しかし、アッタ は《面会した виделись》ではなく、《出会った встретились》であり、ノッタ は《航海していた плыл》ではなく、《乗船して出かけた сел и поехал》である。つまり、どちらの場合も動詞が表しているのは始まりの先行であり、後者にはある程度のパーフェクトのニュアンスもある。さらに、トキ それ自体は同時性と先行性を区別しない。区別するのは トキ の前の動詞の形式である。

したがって、И.В. ゴロヴニンの例はこう訳さなければならない：'*Когда* мы *встретились* в последний раз... '(私たちが最後に**出会ったとき**), '*Когда* человек впервые *сел* на пароход и *поехал*, море разбушевалось, и он очень страдал от морской болезни'(ある人が初めて船に**乗って出発したとき**、海が荒れ、彼はたいへん船酔いに苦しんだ)。トキ の前の *-ta* 形式は初めの動作が2番目の動作よりも早く始まったことを示している(まず人が船に乗り、後になって海が荒れた)。もしも、トキ の前の動詞が同時性を意味していたなら、ノル という形式が使われていただろう。動詞 アレタ もまた(бушевало［不完了体：荒れていた］ではなく) разбушевалось［完了体：荒れ狂い始めた］であり、始まりの先行を表している。

検討した資料に基づき、トキ は時を、詳しく限定することなく、最も一般的な形式で意味すると結論することができる。トキ の前の時制の使用は純粋に相対的である。

26 つなぎ単語 ウチ［ニ］の前の時制形式

このつなぎ単語は、もう古代日本語で使われていた。ウチニ の前の *-u* 形式の相対的な使用はすでに 17 世紀のテキストのなかに見られる：なにか　と　**もーす　うちに**　はや　かまくら-に　ついた「何かと**申すうちに**はや鎌倉に着いた」(狂言記, II, 230)（類似の例は、狂言記, II, 194 参照)。

つなぎ単語 ウチ［ニ］は、現代語ではしばしば使われている。ウチ［ニ］の前では非先行時制の形式が用いられる：いちねん-ばかり　**たつ　うちに**　ぎんさん-の　ほー-わ　がっこー-お　ひいて　しまいました「一年ばかり**経つ間に**銀さんの方は学校を退いて了ひました」(藤村, 18/1, 生ひ立ちの記)；そんな　こと-が　なんどか　**くりかえされる　うちに**、だんだん　あき-が　ふかく　なって　きた「そんな事が何度か**繰返される内に**、だんだん秋が深くなつて来た」(芥川, 177/1, 秋)；まだ　はち-が　あしもと-まで　**こない　うちに**、そーこーと　それ-お　ふみころそー　と　した「まだ蜂が足もとまで**来ない内に**、倉皇とそれを踏み殺さうとした」(芥川, 290/1, 老いたる素戔嗚尊)；うしろ-に　まって　いた　こどもたち-わ、その　はんきょー-が　まだ　**きえない　うちに**、いぬ-と　さき-お　あらそいながら、えもの-お　ひろい-に　かけて　いった「後ろに待つてゐた子供たちは、その反響がまだ**消えない内に**、犬と先を争ひながら，獲物を拾いに駈けて行つた」(芥川, 187/2, 山鴫)（同じく、芥川, 294/2 参照)；

ウチ［ニ］は、トキ［ニ］よりも、かなり長い期間を表すことが多い。このため、ウチ［ニ］の前ではしばしば *-te iru* 形式に出会う：**みて　いる　うちに**、ながい　うつくしい　お-お…ひろげました「**見て居るうちに**、長い、美しい尾を、…ひろげました」(読本, V, 36)；こんな　はなし-お　**して　いる　うちに**、ていしゃじょーまえ-え　きた「こんな話を**してゐる内に**、停車場前へ来た」(芥川, 12/3, 父)；そんな　もんく-お　**かいて　いる　うちに**…ふで-の　しぶる　こと-も　さいさん　あった「そんな文句を**書いてゐる内に**、筆の渋る事も再三あつた」(芥川, 177–178)；しかし、これ-お　**きいて　いる　うちに**、げにん-の　こころ-にわ、ある　ゆーき-が　うまれて　きた「しかし、これを**聞いてゐる内に**、下人の心には、或勇気が生まれて来た」(芥川, 6/2, 羅生門)。

ときには、非常にまれではあるが、ウチ［ニ］の前で *-te ita* 形式に出会うこともある：…ぼーしゅー-の　ある　うみべ-え　いっしょに　**いって　いた　うちに、**しばしばと（ママ）　せんせい-と　てがみ-お　おーふく-した「…房州のある海辺へ一緒に**行つてゐた中に**、渋々(しげしげ)と先生と手紙を往復した」(久米，251/3，破船）ここでは、イッテ の形式が終わりの先行を表し、イタ が始まりの先行を表している。

つなぎ単語ウチ［ニ］の前の時制の使用は純粋に相対的である。

27　つなぎ単語 アイダ［ニ］の前の時制形式

アイダ は、マエ、ウチ、トコロ と同様に空間的な意味と時間的な意味を兼ね備えている。名詞としての アイダ は、「距離」、「間隔」、「期間」、「時間」を意味し；名詞由来の後置詞としては、名詞の属格の後に続いて、「～の間に」、「～のなかに」、「～の期間にわたって」を意味する［83,16 参照］。

過去についての発話中のつなぎ単語 アイダ［ニ］の前では、ほとんどの場合非先行時制の形式が用いられる：かりいぬ-の　こえ-が　おか-から　**きこえて　くる　あいだ**、れなーど（小鹿の名前。―引用者 H.C. 注）- わ、ぶじに　ここ-で　くらす　こと-に　なりました「かり犬の声がおかから**聞こえてくるあいだ**、レナードは、無事にここでくらす事になりました」(国語，4[2]，124–125)；ぼく-わ　むちゅーに-なって　**おいかける　あいだに**　なんども　その　すがた-お　みうしなおー　と　しました「僕は夢中になつて**追ひかける間に**何度もその姿を見失はうとしました」(芥川，373/2，河童)：いと-わ、いちさんち　にさんち　と、**みる　あいだに**（ママ)、のびて、2 めーとる　ぐらい-にも　なりました「絲ハ、一糎、二糎ト、**見ル間（ま）ニ**ノビテ、二米グラヰニモナリマシタ」(読本，V，77–78)；みやもと-わ　そー　**ゆー　あいだにも**…すとーぶ-の　くち-え　いっぱい-の　せきたん-お　さらいこんだ「宮本はさう**云ふ間にも**…ストーブの口へ一杯の石炭を浚ひこんだ」(芥川，327/2，寒さ)。

アイダ［ニ］の前では、しばしば *-te iru* 形式が使われる：こー　**して　いる　あいだに**、わたくしたち-わ、とーとー　うみ-え　でました「かう**して居る間に**、私たちは、とう〳〵海へ出ました」(読本，V，73)；「おや」と、**おもって　いる　あいだに**、ぼく-わ、くるま-の　かず-が　わからなく　なりました（読本，II，108–109)（芥川，453/3 も参照)。

ときには、アイダ［ニ］の前で *-te ita* 形式に出会うこともある：わたし-の　**ねて　いた　あいだに**、まえ-の　たんぼ-の　いね-わ　すっかり　かりとられて　しまって、きいろい　いなむら-が、ひろい　たんぼ-の　そこここ-に　できていました「私の**寝てゐた間に**、前の田圃の稲はすつかり刈り取られてしまつて、黄ろいいなむらが、広い田圃のそこここに出来てゐました」(広津，70/2，死児を抱いて)。*-te ita* 形式がここにあるのは、ネテイタ という出来事が、主節で述べられている出来事が明らかになり得たときより前に中断されたに違いないからである。

28　つなぎ単語 ナカ［ニ、デ］の前の時制形式

このつなぎ単語は、名詞 ナカ から出たものである。後置詞 ナカニ は名詞の属格の後につき、「中間に」と訳すことができる。

つなぎ単語 ナカ［ニ、デ］が動詞の後に来ることはめったにない。ナカ を表記する漢字は ウチ とも読まれるので、この漢字を ナカ と読むことが著者自身によって示された例だけを採らなければならなかった。

過去についての発話中の ナカ［ニ］の前では非先行時制の形式が使われる：にょーぼー-わ　この　こと-を　なげいて、「なんと　しぇば、この　くしぇ-を　なをそー　ぞ」と　**あんじわずろー　なかに**、また　をーざけ-を　のみ、じぇんご-も　しらず　よいふした…「女房はこのことをなげいて、『何とせば、この癖を直さうぞ』と**案じ煩ふ中に**、また大酒を飲み、前後も知らず酔ひ伏した…」(エソポ，496)；そー　ゆー　こえ-の　あめ-に　**まじる　なかに**、やぶれむしろ-お　しいた　ひめぎみ-が、だんだん　しにがお-に　かわって　いった「さう云ふ声の雨に**交じる中に**、破れ筵を敷いた姫君が、だんだん死に顔に変はつて行つた」(芥川，237/1，六の宮の姫君)；ぶこつ-な　ごーけつはだ-の　おじ-さえも、つつしんで　**して　いる　なか-で**　じぶん-だけ　わざと　そーゆー　こと-お　した「武骨な豪傑肌の伯父さへも、謹んで**してゐる中**で自分だけ態と左う云ふ事をした」(志賀，138/3，母の死と新しい母)。

29　つなぎ単語 コロ［ワ、ニ、カラ、マデ］の前の時制形式

同時の動作を表す動詞は、過去についての発話の中であっても、このつなぎ単語の前では *-u* 形式で用いられる：…とわ、まだ　じょがっこー-に　**いる　ころ**　おば-から　きかされて、わけ-も　なく　ないた　こと-が　あった「…とは、まだ女学校に**ゐる頃**叔母から聞かされて、訳もなく泣いた事があつた」(啄木，102/1，鳥影)；しんしゅ-の　**つくられる　ころ**、わたし-わ　ぎん-さん-と　いっしょに　じゅーばこ-お　もって、「うむし」-お　わけて　もらい-に　かよいました「新酒の**造られる頃**、私は銀さんと一緒に重箱を持つて、『ウムシ』を分けて貰ひに通ひました」(藤村，11/1，生ひ立ちの記)；ちょーちん-に　ろーそく-の　ひ-が　**うつる　ころ-から**、ふたり-とも　…さわぎまわりました「提灯に蝋燭の火が**映る頃から**、二人とも…騒ぎ廻りました」(藤村，6/1，生ひ立ちの記)；わたし-わ　みな-の　ゆーはん-の　**おわる　ころ-まで**、こころぼそく　たちつづけました「私は皆なの夕飯の**終る頃まで**、心細く立ち続けました」(藤村，4/1，生ひ立ちの記)。

コロ［ワ、ニ、カラ、マデ］の前で、従属節は規定的な節として構成される（し

ばしば主語の後に属格の接尾辞 *-no* を伴って)。

もし、このつなぎ単語の前に立つ動詞が先行する動作を表すなら、その動詞はかならず *-ta* 形式で用いられる：ぎんさん-と　わたし-とが　いよいよ　じょーきょー　と　**さだまった　ころ-わ**、はは-の　おる　はた-が　いそがしそーにひびきました「銀さんと私とがいよ〳〵上京と**定まつた頃は**、母の織る機がいそがしさうに響きました」(藤村, 13/2, 生ひ立ちの記)；いちきろ-も　**すすんだ　ころ-から**　だんだん　あたり-が　せんきょー　らしく　なって　くる「一粁も**進んだ頃から**、だんだんあたりが仙境らしくなつて来る」(読本, X, 38)；わたし-の　**おぼえた　ころ-わ**　すでに　くわばたけ-で、りんご　や　きり-など-が　はたけ-の　あいだ-に　うえて　ありました「私の**覚えた頃は**既に桑畑で、林檎や桐などが畑の間に植えてありました」(藤村, 11/3, 生ひ立ちの記)。最後の例文で、*-ta* 形式の動詞―オボエタ(記憶し始めた)は、―始まりの先行を表している(子供の自意識の出現が、彼によるこれらの植物の**発見**に先行していた)。

30　つなぎ単語 トコロ［ガ、デ、ニ、オ、エ］の前の時制形式

このつなぎ単語は、名詞 トコロ(場所)にいろいろな格の助辞が付いたものである；トコロ も空間的な意味と時間的な意味を兼ね備えた単語の1つである。次の動作が始まるまでに中断されない動作を表す動詞は、トコロ の前で *-u* 形式をとる：ある　とき　ろば　と　きつね　どーどー-して　**ゆーさん**(ママ)**-する　ところに**、なんと　した　か　ごーてき-の　ししを一-に　ゆきをーて、たがいに　それ　ぞ　と　め-と　め-と　**みあわしぇた　ところで**…「ある時、驢馬と狐同道して**遊山するところに**、何としたか強敵の獅子王に行き逢うて、互にそれぞと目と目と**見合せたところで**…」(エソポ, 497–498)；え-でいで　**くるしむ　ところ-を**、いたち-が　みて…「え出いで、**苦しむところを**鼬が見て…」(エソポ, 487)；**やすんで　いる　ところに**…「**休んでゐるところに**…」(エソポ, 468)(同様に、狂言記, II, 159,350, エソポ, 442,469 参照)

次の動作が始まるまでに終わるか、中断される(あるいは終わるであろう)動作を表す動詞は、未来についての発話の中であっても、*-ta* 形式をとる：さりながら、かたって-も　そち-が　みみ-が　きこえぬ　ほどに、これ-も　あいずに、**はてた　ところで**、て-を　さしあげる　ほどに, その　とき　ほめい「さりながら、語つてもそちが耳が聞えぬほどに、これも相図に、(語りが)**果てたところで**、手をさし上げる程に, その時賞めい」(狂言記, I, 387)。

トコロ［ガ、デ、ニ、オ、エ］の前の時制の相対的な使用は、現代語でも見られる：が、たとい　つるぎ-お　**ぬいた　ところが**、かれ-が　いっぴき　きる　うち

にわ、もー　いっぴき-が　ぞーさなく　かれ-お　まきころす-のに　ちがい　なかった「が、たとひ剣を**抜いた処が**、彼が一匹斬る内には、もう一匹が造作なく彼を巻き殺すのに違ひなかつた」(芥川，291/3，老いたる素戔嗚命)(ここでは、*-ta* 形式は、他の未来の動作に先行する未来の動作を表している)；その　げんりょー-お　す-に　ひたして、こや-の　まえ-で　ほそながい　いと-に　ひきのばして　**ほす　ところお、**わたし-わ　よく　たって　みて　おりました「その原料を酢に浸して、小屋の前で細長い糸に引き延ばして**乾すところを、**私はよく立つて見て居りました」(藤村，5/2，生ひ立ちの記)；**こまって　いる　ところえ、**おとの-に　つかえて　いる　まんじゅ-が　よかろー　と　もーしだし(ママ)た　もの-が　ありました「**困つて居る所へ、**御殿に仕へて居る萬壽がよからうと申し出た者がありました」(読本，Ⅷ，35–36)。

H.И. コンラッドは次のように指摘している「トコロ という語は転義で「時」を表すことができるが、その際、トキ と ゴロ(コロ—引用者注)とは違って、また、それ自身の基本的な意味にしたがって、主節の動作の時点と従属節の動作との一致を表す。例えば：*Watakushi-ga deru tokoro-ni kare-ga kita; Nusumu tokoro-wo mita; Yakeshinu tokoro-wo tasuketa; Minna sorotta tokoro-de zenbu-ga deta*」[65,299]。

もちろん、最後の文で ソロッタ の代わりに ソロウ と言えるかもしれない。だが、それによって文の意味が変わってしまうだろう：みんなが集まりつつあったときに(つまり、まだ全員がそろっていない)。

このように、従属節で述べられる動作が、主節で述べられる動作に先行しない場合には、トコロ の前では非先行時制の形式が用いられる。したがって、トコロ の前の時制の使用は純粋に相対的である。

31　つなぎ-接尾辞 ニ［ワ、モ］の前の時制形式

ニ［ワ、モ］は、与格・場所格の接尾辞 ニ と助辞 ワ または モ から成る。もし動詞の後に続くこのつなぎ要素をもつ従属節が、補語節として、主節の述語に支配されていないなら、ニ を格の要素とみなしてはならない。つなぎの意味での ニ の使用は、すでに古代日本語の特徴であった。

16世紀の言葉では、ニ は過去についての発話の中で *-u* 形式の後に見られる：をーかめ-を　さんざんに　**ちょーちゃく-する　に、**ある　ひと　かたな-を　ぬいて　きろー　と　した…「狼を散々に**打擲するに、**ある人刀を抜いて切らうとした…」(エソポ，467)(エソポ，464,488；狂言記，Ⅰ，378,385も参照)。

現代語でも、ニ［ワ、モ］の前でやはり *-u* 形式が使われる：わたし-の　こきょー

-の　しゅーかん-で、ほかの　ほーばい-お　**よぶ　にわ**「わりゃ」と　いい、じぶん-の　こと-わ　どんな　めうえ-の　ひと-の　まえ-でも、「おれ」-でした「私の故郷の習慣で、他の朋輩を**呼ぶには**『わりゃ』と言ひ、自分のことは奈様な目上の人の前でも『おれ』でした」(藤村，16–17，生ひ立ちの記)；しゅだん-で　あるれいせい-お、もっと　**つづける-にわ**　はちや-わ　まだ　わかすぎた「手段である冷静を、もつと**続けるには**八弥はまだ若すぎた」(菊池，5/2，ある敵打の話)(同じく、国語，中学，1[1]，32；菊池，143/1；藤村，15,1/2 参照)。

ニワ と先行する動詞との間に名詞化の接尾辞 *-no* が入ることがある：それに　おーきな　たに-の　そこ-の　よーな　この　やまあい-お　でて、ばしゃ-にでも　のれる　とゆー　ところ-まで　ゆこー　と　**する-の-にわ**、ぜひとも　たかい　とーげ-お　ふたつ-だけわ　こさなければ　なりません-でした；「それに大きな谷の底のやうなこの山間を出て、馬車にでも乗れるといふ処まで行かうと**するのには**、是非とも高い峠を二つだけは越さなければ成りませんでした」(藤村，15/2，生ひ立ちの記)。

もし、ニ に助辞 モ が付いても、ニモ をロシア語に翻訳するのに「～とき」、「もし～」、「～の際」を使う必要はない。その意味は残っているとしても：かた　ひとつ　**たたく　にも**　ただわ　たたかせません-でした「肩一つ**叩くにも**只は叩かせませんでした」(藤村，10/3，生ひ立ちの記)。

つなぎの意味の ニ［ワ、モ］は、2 つの同時の事実の比較も、2 つの別の時に起こった事実の比較も表すことができる。後者の場合、第 1 の動作が第 2 の動作に先行するなら、動詞は *-ta* 形式になる。このとき、ニ が譲歩的な意味を帯びることが非常に多い。このような ニ の使用は、16–17 世紀のテキストにさえ広範に見受けられる。

注目に値するのは、モンゴル語においても動詞が与格-場所格のフォルマント(語形成要素)と結合できるということだ：「与格-場所格の形動詞未来はモンゴル諸語すべてで非常によく使われており、もっとも多いのは、その実行時に別の動作が起こるという動作を表す用法で、ときには第 1 の動作の終わりと第 2 の動作の始まりだけが一致する」[105,191]。

16–17 世紀の言葉で、時制の相対的な使用は、ニ ヨッテ の前でも見られる：**むごん-する　に　よって**、いわを-の　うえに　なげかけて　ころいて　くろーた「**無言するによって**、厳の上に投げ掛けて、殺いてくらうた」(エソポ，488)(同様の例は、エソポ，491,494,496,499 参照)。

ニ は、シテ(動詞スルから派生した副動詞)と助辞 モ と結合して、譲歩の意味のつなぎ小詞を造る：しかし　つくえ-にわ　**むかう　に　しても**、おもいのほかぺん-わ　すすまなかった「しかし机には**向ふにしても**、思いの外ペンは進まなかつた」(芥川, 176/2, 秋); …はむれっと-に　きょーみ-お　**もたない　に　して も**、はむれっと-の　おやじ-の　ゆーれい-にわ　きょーみ-お　もって　いた　から-で　ある「…ハムレットに興味を**持たないにしても**、ハムレットの親父の幽霊には興味を持つてゐたからである」(芥川, 337/2, 保吉の手帳から); うえ-なら、ひと-が　**いた　に　しても**、どーせ　しにん-ばかり-で　ある「上なら、人が**ゐたにしても**、どうせ死人ばかりである」(芥川, 4/2, 羅生門)(ここで *-ta* 形式は、話題になっている時点に対して、始まりの先行を表している)。

このように、ニ で始まるつなぎ小詞の前でも、時制の使用はやはり相対的である。

32　つなぎ ナラ［バ］の前の時制形式

ナラ は、推量法・非先行時制の条件的な副動詞 ナラバ から派生したもので、ナラバ はむすび の ナリ(ニ+アリ)を起源とする。直説法・非先行時制の条件的な副動詞 ナレバ とともに、ナラバ はすでに古代日本語において文と文(節と節)の間に使われていた。しかし、近代日本語において、従属節の動詞の後に見られるのはナラ［バ］だけである。ナレバ は使われ続けてはいるが、名詞の後でのみ、つまりつなぎとしてではなくむすびとして用いられている。これは、つなぎの意味をもつどんな ナラ も、まさしく ナラバ から生じたことを意味している。だが、Н.И. コンラッドの意見によれば:「ナラ はやはり本質的に 2 つある:1 つは ナラバ に由来し、もう 1 つは ナレバ に由来する」[65,325]。この意見は次のような前提から発している:昔は条件的な従属節の後に ナラバ も ナレバ も使われていた;のちに―《ナラバ>ナラー>ナラ》と《ナレバ>ナレア>ナリャ>ナラ》という音声的な進化の結果 [65,324]、2 つのつなぎが合体した、というものである。

ナラの 2 通りの起源についての考えは古くから学界に提出されていた。例えば、すでにスミルノフが書いている:「語尾 ナレ バ あるいは ナラ バ は通常 ナラ と略される」[110,96]。「… ナレ バ あるいは ナラ バ、省略形 ナラ は、動詞の現在形に付けられて、条件法を形成する:ミレ バの代わりの、ミル ナラ バ(ナレ バ)、ミル ナラ」[110,131]。しかし、リャ から ラ への移行の例は日本語にはないので、ナリャ から ナラ への移行は不可能と思われる。そして、最も重要なのは、動詞の後ではすでに 16 世紀の言葉の中で ナラ バ しか使われていなかったということだ。18 世紀の言葉で ナレ バ が使われたのは文語の影響による。

だが、もし ナラ の起源についての問題は解決したということにしても、少なくともまだ 2 つの問題が残る:1. 名詞の後の ナラバ と ナレバ は残ったのに、動詞の後の ナレバ がすでに 16 世紀までに消えてしまったのはなぜか?;2. なぜつなぎの役割の中に、他ならぬ［起源的に］推量法の形式が保たれているのか？　トラバ のような（推量法の）形式はそれ以外のすべての動詞で自身の位置を トレバ のような形式に譲ってしまったではないか！

ナラバ と ナレバ は名詞の後に、むすびの条件形として残ったが、むすびでは、すべての動詞においてと同様に、直説法と推量法との違いがさらに長い間残っていた。動詞の後というポジションで、ナラバ は、動詞のむすびの条件形から不変化の品詞（つなぎ）に転移した際、自身の仮定的なニュアンスを失ってしまった。なぜなら、日本語ではつなぎ、特に条件・時制的なつなぎは、現実的な条件を表すものと仮説的な条件を表すものとが分かれていないからである。モダリティはつなぎの前にある動詞の形式によって表される。これは、すでに16–17世紀のテキストでナラ［バ］の前で、直説法と推量法を含むすべての法の形式が使用されていたことによって立証することができる：やれやれ　ただいま-こそ、かよーの　いやしい　しょーばい-いたす　とも、いち-の　くい-に　**つないで　ござる　なら**、のち-にわ　なに-を　あきなをー　と、みども-しだい-ぢゃ「やれ〳〵只今こそ、かやうの賤しい商売いたすとも、一の杭に**繋いでござるなら**、後には何を商はうと、身共次第ぢや」（狂言記，Ⅰ，468）；しんざもの-を　**かかえて　ござろー　ならば**、すこし　きゅーそく-を　いたそー　と　ぞんずる「新座者を**抱へてござらうならば**、すこし休息を致さうと存ずる」（狂言記，Ⅱ，283）[15]。

ナラ［バ］は命令法の形式の動詞の後に続けて用いることもできる：のー　いちべ-どの、**いねならば**　いのー　ほどに、いとま-を　をくしゃ「なう市兵衛殿、去**ねならば去な**うほどに、暇ををくしや」（狂言記，Ⅰ，116）。

これらすべての用例は、近代日本語における ナラ［バ］は、条件を一般的に、現実的な条件か仮定的な条件かを区別せずに表したことを示している。したがって、もう1つのつなぎがあったとしてもまったく余計なものになっただろう。

だが、第2の問題――古いむすびの2つの形式のうち、つなぎの役割を担うことになったのが他ならぬ ナラバ であって、ナレバ ではないのはなぜか――に答えるのは今のところ難しい。もっと早期の資料を研究する必要があるだろう。私の知る日本語関係の研究では、この問題は提起されていない。それどころか、多くの日本の著者たちは、ナラ を現代日本語のつなぎとさえ認めていない。例えば、時枝は、ナラ はむすび ダ の条件形だとしている。彼は次のような補充法による活用表を提示している：第1語幹―デ、第2語幹―ト、ニ、デ、第3語幹―ダ（終止形）、第4語幹―ノ、ナ（規定形）、第5語幹―ナラ［195,183参照］。

だが、もしも ナラ［バ］がむすびの形式として残ったとするなら、従属節の後でナレバも使われ続けたはずだ。ナレバ は、むしろ ナラバ を駆逐したはずなのだ。*-aba* で終わる動詞の形式すべてが駆逐されたように。それだけでなく、名詞

と ナラ［バ］の間に、次の文に見られるような新しいむすびが現れるはずがなかったのだ…そのぎ-で　**おぢゃる　ならば**…「其儀で**おぢやるならば**…」(狂言記，Ⅰ，76)、そのぎ-で　**ござりましょー　ならば**…「その儀で**ござりませうならば**…」(同前)。さらにいえば、条件的な従属節の主語の後で属格の接尾辞 *-no* が可能であるはずだ。しかし、従属節において ナラバ の前の主語の後で使われるのは接尾辞 *-ga* だけである(参照：エソポ，491；狂言記，Ⅰ，370,387,386；金句集，514)。この最後の事実は、ナラ が付く動詞は名詞化するという見解を覆す。それは、例えば Н.И. コンラッドの次のような見解である。ナラ が「動詞に付いた状態で見られることもあるが、それはその動詞の形式がタイゲン(体言)［つまり名詞］として受け取られる場合である」［65,325］[xi]。

実際の資料の分析に移り、ナラ［バ］の前の時制形式の用法を解明しよう。注目すべきは、16–17 世紀のテキストの中で *-ta* 形式が ナラ［バ］の前に見られないことだ。1 例を湯沢が引用している：もし　さ　**あった　なら**(参照，201,193)。しかし、湯沢はフレーズの終わり—主節を示していないので、アッタの形式が過去に関わるのか未来に関わるのか不明である。

現代語では、未来についての発話中のナラ［バ］の前の *-ta* 形式は、先行性を表す：ね、もしもだよ、いま　ここに　あめりかへい-が　**おりて　きた　なら**　あんた-わ　どー　する？「ね、もしもだよ、いまここにアメリカ兵が**おりてきたなら**あんたはどうする？」(徳永，7)；かのじょ -(ママ)が、こんど　この　あに-に　**あった　なら**、どんな　き-が　する　だろー　など　と　かんがえた(ママ)「彼(あ)の女(ひと)が、今度この兄に**逢つたなら**、甚麼気がするだらうなどと考へてゐた」(啄木，101/3，鳥影)。

次の文では、*-ta* 形式が現在の仮定的な(非現実の)動作についての発話で、先行性を意味している：もしも　じんるい-が、まだ、「かく」とゆー　ちから-お　**もたなかった　ならば**…きょー-の、わたしたち-ほどの　ぶんか-お　もつ　こと-が、できなかった-の-でわ　ない　でしょー　か(国語，中学，1[1]，38)。

ナラ［バ］の前の *-ta* 形式は、未来の仮定条件的な動作についての発話の中でも、先行性を意味することがある：これ-から、もし　ながい　あいだ　いきて　いる　と　**しました　なら**、かなしみ-の　きおく-の　おもに-が、その　あいだ　しじゅー　わたくし-お　くるしめて　いなければ　なりません「これから、若し長い間生きてゐると**しましたなら**、悲しみの記憶の重荷が、その間始終私を苦しめてゐなければなりません」(広津，71/3，死児を抱いて)(参照，荷風，149/2；少年，270/3；広津，5/3)

ナラ は名詞の後でも十分生きたことばとして残っている：みよこ-わ、わすれもの-の　**こんくーる-なら**、いっとーしょー-が　もらえる　ね(国語，4[2]，23)。

このような場合、ナラ はむすびでもあり、つなぎでもある。

つなぎの ナラ が、現在、未来、および予想される動作についての発話で、過去についての発話よりも頻繁に使われるということは、先に提示した問題—つなぎに変化したのがほかならぬ推量法の形式だったのはなぜかという問題に答えを与えていると、私には思われる。15–16世紀には、未来の動作についての発話の中と、現在において予想される動作についての発話の中では推量法の形式だけが使われていたため、つなぎになったのがほかならぬ仮定と推量の形式だったことは当然であった。しかし、その際つなぎは、推量法への自身の帰属を失い、その前で様々な法の形式が使われ始めたのだ。

つなぎ ナラ［バ］の特徴と、それが過去についての発話の中であまり使われない理由の1つは、このつなぎが純粋に条件的であることだ。「いつ」の意味を、それはもっていない。

つなぎ ナラ［バ］の前で、時々持続相の形式も見受けられる：もし　じぶん-がかのじょ-お　**あいして　いた　ならば**、もっか-の　じぶん-の　きょーぐー-おかのじょ-に　よく　うちあけて、そして　かのじょ-に　わかれて　もらう　こと-も、できる　かも　しれない「若し自分が彼女を**愛してゐたならば**、目下の自分の境遇を彼女によく打ち明けて、そして彼女に別れて貰ふ事も、出来るかも知れない」(広津，5/2，波の上)。

つなぎ ナラ［バ］の前の時制の使用は純粋に相対的である。

33　つなぎ ナリの前の時制形式

文中で、ある動作と別の動作の急速な交代が表されるなら、つなぎ ナリ の前には-*u* 形式の動詞が立つ：かれ-わ　かえって　**くる　なり**、わたし-お　ひどくしかりとばしまし(ママ)た「かれはかえって**くるなり**、わたしをひどくしかりとばした」(徳田，27)；ないぐ-わ　やはり…ふふくらしい　かお-お　して　でし-のそー-の　**ゆー　なり-に**(訳注：交代を表す ナリ とはちがう)　なって　いた「内供は矢張…不服らしい顔をして弟子の僧の**云ふなりに**なつてゐた」(芥川，9/2，鼻)；おんな-わ　ひとめ　**みる　なり**、いつ-の　ま-に　ふところ-から　だしていた　か、きらりと　さすが-お　ひきぬきました「女は一目**見るなり**、何時の間に懐から出してゐたか、きらりと小刀を引き抜きました」(芥川，255/3，藪の中)。

だが、もし、第1の動作の終わりと第2の動作の始まりとの間にある程度の時がたっていたなら、つなぎナリの前の動詞は -*ta* 形式をとる：…たち　や　ゆみや-お　**うばった　なり**、すぐに　また　もと-の　やまじ-え　でました「…太刀や弓矢を**奪つたなり**、すぐに又もとの山路へ出ました」(芥川，256/3，藪の中)(同様に芥川，256/2 参照）。

つなぎナリの前の時制の使用は、2 つの動作の時間的な相関性に左右される。

34　つなぎ-接尾辞 マギワの前の時制形式

マギワ は、名詞の マ「空間」「時」と名詞 キワ「境目」から成る複合語である。辞書に、シヌ マギワ-ニ という語結合が出ている。マギワ-ニ はまた、名詞に直接隣接することもある：例　ハッシャ-マギワ-ニ。動詞の後では マギワ はかなり稀にしか使われない。

後続の動作を表す動詞は、マギワ の前で *-u* 形式をとる：その　あさ-も　やはり　こーゆー　でん-で、いよいよ　かね-が　**なる　まぎわ-まで**、みはらし-の　いい　にかい-の　ろーか-に　ていかい-して　いた-の-で　ある「その朝もやはりかう云ふ伝で、愈鐘が**鳴る間際まで**、見晴らしの好い二階の廊下に иおいて低徊してゐたのである」(芥川，158/2，あの頃の自分の事)；ことに　ちゅーおーていしゃじょ-から　きしゃ-に　**のろー　と　する　まぎわ**、そっと　この　てがみ-お　かのじょ-に　わたした　てるこ-の　すがた-お　おもいだす　と、なんとも　いわれず-に　いぢらしかった「殊に中央停車所から汽車に**乗らうとする間際**、そつとこの手紙を彼女に渡した照子の姿を思出すと、何とも云はれずにいじらしかつた」(芥川，175–176，秋)。

しかし、マギワの前には *-ta* 形式も可能である：とけい-が　12 じ-お　**うちおえた　まぎわ**、あいず-の　かね-が　**なりひびいた　まぎわ-の**　じょーたい-が　あらわれて　いる-の-で-ある［191,107 参照］

35　名詞 トチュー（漢語 途中 から）、チュート（先行する動詞といっしょに「道すがら」の意を表す）の前の -*u* 形式

チュート または **トチュー** が規定的な文の後に付くとき、この文の動詞は、たいてい、過去についての発話の中で *-u* 形式で立つ。なぜなら、ある時間の断片の中で、次に言及される動作と同時の動作を表すからである：とーねん-の　あきこ-わ　かまくら - の　べっそー-え　**おもむく　とちゅー**、いちめんしき-の　ある　せいねん-の　しょーせつか　と、ぐーぜん　きしゃ-の　なか-で　いっしょに　なった「当年の明子は鎌倉の別荘**へ赴く途中**、一面識のある青年の小説家と、偶然汽車の中でいつしよになつた」(芥川，196/2，舞踏会)；…のぼる　とちゅー…「…上る途中…」(芥川，234/1，六の宮の姫君)；…でかける　とちゅー「…出かける途中」(芥川，429/1，或阿呆の一生)；…いく　とちゅー…(国語，4[2]，96)。

トチューが場所格の接尾辞と小詞に伴われるときも、時制の用法は変わらない：ところが、**かえる　とちゅー-に**、きれいな　しま-が　ありました　ので…(読本, Ⅳ, 110)；…**かえる　とちゅー-も**…「…**帰る途中も**…」(芥川, 282/3, 報恩記)]；まいあさ　すきやがし-え　**かよう　とちゅー-で**　いっしょに　なる　おとこ-や　おんな-の　がっこーともだち-の　かお-わ、わたし-にわ　したしい　もの　と　なって　きました「毎朝数寄屋河岸へ**通ふ途中で**一緒になる男や女の学校友達の顔は、私には親しいものと成つて来ました」(藤村, 19/2, 生ひ立ちの記)；[…いこーと　する　とちゅー-で　…「…行かうとする途中で　…」(広津, 71/1, 死児を抱いて)]。

チュートをもつ従属文(節)は、主文(節)の名詞成分にたいする規定語となることもある：…もっと　しょーねん-の　わたし-の　こころ-お　よろこばせた-のわ、ひくい　はしご-から　たかい　はしご-え　**のぼろー　と　する　ちゅーと-の**　ふくろとだな-の　うえ-から、さかさに　でんぐりがえし-お　うつ　こと-でした「…もつと少年の私の心を喜ばせたのは、低い梯子から高い梯子へ**昇らうとする中途**の袋戸棚の上から、逆さにでんぐり返しを打つことでした」(藤村, 24/3, 生ひ立ちの記)。

例文から明らかなように、トチューの前には運動の動詞が -*u* 形式で見られ、それはここで同時性の相対的な意味をもっている。

36　つなぎ-接尾辞 イゼン(漢語 以前 から)の前の -u 形式

イゼン はまれにしか見られない。このつなぎ接尾辞の時制形式との結びつきかたは、類義のつなぎ単語で和語の マエニ と同様である：こじん-の　ざいあく-わ　**おかす　いぜん**　もし　じゅーぶん-に　いんぺい-の　じゅんび-お　して　かかった　なら　りろんじょー　どーしても　はっかく-せられる　もの-でわ　ない「個人の罪悪は**犯す以前**若し十分に隠蔽の準備をして掛つたなら理論上どうしても発覚せられるものではない」(荷風, 149/2, 新橋夜話)。

37　つなぎ-接尾辞 イジョー(漢語 以上 から)の前の時制形式

過去についての発話の中で、イジョー の前の -*u* 形式は、非先行の意味で使われる：**もーけずく　いじょー**、そふ-の　げひんな　しゅみ-の　よーにも　おもった「**まうけづく以上**、祖父の下品な趣味のやうにも思つた」(志賀, 5/3, 暗夜行路)；「しかし、わざわざ　むこー-から　でんわ-お　かけて　こちら-え、でむいて　きて　はなす　と　**ゆー　いじょー**、そこ-に　なにか　ゆーぼーな　もの-が　よそー-

された「併し、わざわざ向うから電話をかけて此方へ、出向いて来て話すと**云ふ以上**、其処に何か有望なものが予想された」(久米，359/1，破船)；ふじん-が　じぶん-の　みかた-で　**ある　いじょー**、…ごふん(ママ)-ぐらい-の　のぞみ-わ　しょく-して　いて　さしつかえ　ない　とゆー、いっしゅ-の　じしん-お　もっていた　から-だった「夫人が自分の味方で**ある以上**、…五分位の望みは囑してゐて差支ないといふ、一種の自信を持つてゐたからだつた」(久米，358/2，破船)。

38　つなぎ単語 ママ［ニ、デ］の前の時制形式

過去についての発話の中において、ママ［ニ、デ］の前では、パーフェクト的ニュアンスのある先行性を表す先行時制の形式がしばしば使われる：め-お　**あけた　まま**(宮本，3,131)、でんとー-お　**つけた　まま**　ねる［83,334 参照］、ぼーし-お　**かぶった　ままで**(同前)。従属文で語られる動作の結果は、主文の述語で表される動作が行われる際にも残っている。

しかし、もし、従属文で語られる動作が、続いて述べられる動作と同時に行われたものであったら、ママ［ニ、デ］の前には、過去についての発話の中であっても非先行時制の形式が立つ：あし-の　**ゆく　ままに**　あさくさ-の　こーえん-まであるいた「足の**行くまゝに**浅草の公園まで歩いた」(荷風，147/3，新橋夜話)。

ママ［ニ、デ］の前の動詞は、もしその動詞によって表される動作が、次に述べられる動作の前に終了していたとしても、両者間に時間的隔たりがなかった場合は、*-u* 形式をとる：うんてんしゅ-わ、き-の　ぬけた　にんげん-の　よーに、**めいぜらるる　ままに**、ふらふらと　かけだした「運転手は、気の抜けた人間のやうに、**命ぜらるゝ儘に**、フラ〳〵と駈け出した」(菊池，145/2，真珠夫人)；しんいちろー-わ　**こわるる　ままに**、いちまい-の　めいし-お　あたえた「信一郎は**乞はるゝまゝに**、一枚の名刺を与へた」(菊池，150/3，真珠夫人)；こえ-お　**かけられる-が　まま**、こし-お　おろす　と、いっぱい　きげん-の　はなしずき-に、まいばん　きまって　らち-も　なく　はなしこんで　しまう-の-で　あった「声を**かけられるがまゝ**腰を下すと、一杯機嫌の話好に、毎晩きまつて埒もなく話し込んでしまふのであつた」(荷風，152/1，すみだ川)(荷風，158/1，160/3，167/1，179/2，186/2 参照)。

このように、ママ［ニ、デ］の前の時制の使用は純粋に相対的である。

39　つなぎ単語 カワリニ の前の時制形式

名詞派生の後置詞としての カワリニ は、名詞の属格の後で用いられる。つなぎ

単語としての カワリニ は、*-u* 形式の動詞の後でしばしば見られる：すると　いとこ-わ　へんじ-お　**する　かわりに**、ぐーるもん-の　けいく-お　ほーりつけた「すると従兄は返事を**する代りに**、グウルモンの警句を抛りつけた」(芥川, 179/3, 秋)；ぜひ　おかいなさい　と　ねん-お　**おす　かわり**-**に**、とりかご-の　こーしゃく-お　はじめた（荷風, 214/1, 未確認)；ぼくら-わ　こんど-わ　**ひきかえす　かわりに**…ひだり-え　まがった「僕等は今度は**引き返す代りに**…左へ曲つた」(芥川, 353/2, 年末の一日)（同じく、芥川, 196/1, 236/2, 388/2 参照)。

カワリニ の前では *-nai* 形式も使われる：なに　ひとつ　あくじ-お　**はたらかない　かわりに**、どの　くらい　ぜんこー-お　ほどこした　ときにわ、うれしい　こころもちに　なる　ものか「何一つ悪事を**働かない代りに**、どの位善行を施した時には、嬉しい心持になるものか」(芥川, 278/3, 報恩記)。カワリニ の前の *-u* 形式と *-nai* 形式は、実は同じものを意味している：動作は実際には成されなかったのだから、それらは同じように翻訳することもできる。それで、最後の文は《Когда я *вместо того, чтобы совершить* ...（悪事を）働く代わりに…》と訳すこともできる[xii]。

カワリニ の前には、*-ta* 形式も用いられるが、これは後続の動作より前に完了した動作を意味する：…あじろ-の　かさ-お　**ぬいだ　かわりに**、なんばんずきん-お　かぶって　いた　の-です　から「…網代の傘を**脱いだ代りに**、南蛮頭巾をかぶつてゐたのですから」(芥川, 279/1, 報恩記)。

40　つなぎ単語 ジブン（漢語 時分 から）の前の時制形式

ジブン は、名詞（「時」「ころ」「時季」）としても使われるし、つなぎの意味で文と文（節と節）の間でも使われる。このつなぎ単語の前では非先行時制の形式がしばしば見られる：ところ-が　ざんしょ-が　しょしゅー-え　ふりかわろーと　**するじぶん**、おっと-わ　あるひ　かいしゃ-の　でがけに、あせじみた　えり-お　とりかえよー　と　した「所が残暑が初秋へ振り変らうと**する時分**、夫は或日会社の出がけに、汗じみた襟を取り変へやうとした」(芥川, 176/2–3, 秋)；まだ　かれ-が　だいがく-に　**いる　じぶん**-**などわ**、その　いいなずけ-が…　じょがっこー-に　いた「まだ彼が大学**にゐる時分などは**、その許婚が…　女学校にゐた」(久米, 244/1, 破船)；くり-の　はな-が　えだ-から　**たれさがる　じぶん**-**にわ**、ぎん-さん-が　よそ-の　おーきな　こども-と　いっしょ-に　あの　えだ-から　くりむし-お　とって　きた　もの　です-が…「栗の花が枝から**垂れ下る時分には**、銀さんが他の大きな子供と一緒にあの枝から栗虫を取つて来たものですが…」(藤村, 5/2, 生ひ立ちの記)；あの　おばーさん-が　**いきて　いる　じぶん**　よく… といいきかせた…「あのおばあさんが**いきてゐるじぶん**よく… といひきかせた…」(少年, 471/2–3, マッチうりのむすめ); **とーりすぎて しまう じぶん-に** なると…「**通り過ぎてしまふ時分に**なると…」(荷風, 140/3, 新橋夜話)。

ジブンの前では先行時制の形式も使われる:よ-も **ふけかけた じぶん** …にかい-で、こごえながらも よい(ママ) のど-で はうた-お うたって いる おとこ-が あった「夜も**深けかけた時分**…二階で、小声ながらも好い咽喉で端歌を唄つてゐる男があつた」(荷風, 140/2, 新橋夜話); たこま-に **たいざい-して いた じぶん**、その とし-も じゅーがつ-の たしか さいご-の どよーび-で あった「タコマに**滞在して居た時分**、その年も十月の確か最後の土曜日であつた」(荷風, 179/1, あめりか物語)(この文では、*-te ita* 形式が始まりの先行を表している)。

41 つなぎ単語 ヒョーシニ(漢語 拍子 から)の前の時制形式

ヒョーシニ の前では、しばしば-*u* 形式が使われる:すると、いちど しなったくり(あわ)-の くき-が、**はねかえる ひょーしに**、ちいさい かみさま-の お-からだ-わ、ぽんと そら-え とびあがりました「すると、一度しなつた粟の茎が、**はね返るひやうしに**、小さい神様のおからだは、ぽんと空へとび上りました」(読本, V, 65); ちかづいて みる と、たぶん、ふね-が **しずむ ひょーしに** ながれだした もの-です(国語, 5[2], 9); あるひ、わたし-わ おもて-の ほー-から かけだして きまして、こーし-お あけて あがろー と **する ひょーしに** あがりがまち-に はげしく つまづきました「ある日、私は表の方から駆け出して来まして、格子を開けて上らうと**する拍子に**上り框に激しく躓きました」(藤村, 25/1–2, 生ひ立ちの記)(同じく、芥川, 114/2 参照)。

ヒョーシニ の前では、*-ta* 形式も見られる:あたま-お **さげた ひょーしに** ながい かみ-の け-が、だらりと ひたい-に ぶらさがった「頭を**下げた拍子**に長い髪の毛が、だらりと額にぶら下がつた」(広津, 93/1, 哀れな女); あたま-お こっち-の むね-え あてて ぐいぐい **おした ひょーしに**, かんたろー-の あたま-が すべって、おれ-の あわせ-の そで-の なか-に はいった「頭を、こつちの胸へ宛ててぐいぐい**押した拍子に**、勘太郎の頭がすべつて、おれの袷の袖の中にはいつた」(漱石, 91/2, 坊つちやん)。

先行する文の中で *-ta* 形式で使われている動詞が(後の文で)繰り返されるとき、ヒョーシニ の前でこの動詞は *-u* 形式をとり得る:きつね-が あわてて にげだしました。**にげる ひょーしに**、きりかぶ-に つまずいて、あおむけ-に ひっくりかえりました(国語, 1[3], 57)(ト ドージニ、タビゴトニ、ガ ハヤイ カの前の同じ現象と比較せよ)。

ヒョーシニ の前の時制の使用は、純粋に相対的である。

42　つなぎ単語 ハズミニ の前の時制形式

ハズミニ は比較的まれにしか見られない。このつなぎ単語の前では *-u* 形式を用いることができる。あっと　おもって、ぼく、よけよー　と　**する　はずみに**、うっかり　て-お　ゆるめてしまった-ん-です「あッと思つて、ぼく、よけようと**するはずみに**、うつかり手をゆるめてしまつたんです」(少年，337/3,「北風」のくれたテーブルかけ)；おろす　はずみに(国語，中学，2[1]，99)。

先行性を表現する必要があるときは、ハズミニ の前で *-ta* 形式が使われる：にだい-の　にばしゃ-が　おそろしい　いきおい-で　はしって　くる-の-お　よけよー　と　して　おーらい-お　**かけだした　はずみに**、かたっぽー-の　うわぐつ-お　どこか-え　とばして　しまいました「二台の荷馬車がおそろしい勢ひで走ってくるのをよけようとして往来を**かけ出したはずみに**、片方の上靴をどこかへとばしてしまひました」(少年，470/1，マッチうりのむすめ)。ここでは、*-ta* 形式が、補助動詞の ダス とともに動作の始まりを表している。

43　つなぎ単語 トタン［ニ］(漢語 途端 から)の前の時制形式

トタン［ニ］が見られるのはまれである。このつなぎ単語の前では、過去についての発話の中であっても *-u* 形式が使われ得る：が、その　とき　おんな-わ　ふいに　め-お　さます　やいなや　おどろいて　あたり-お　**みまわす　とたんに**、わたし-の　すがた-お　みとめて、…かお-お　おおーて　つぎ-の　へや-の　ほー-え　にげこんで　しまいました「が、其の時女は不意に眼を覚ますや否や驚いて四辺を**見廻す途端に**、私の姿を認めて、…顔を蔽うて次の部屋の方へ逃げ込んで了ひました」(荷風，189/1，あめりか物語)。

もし、トタン［ニ］の前の動詞が先行する動作を表しているなら、動詞は *-ta* 形式をとる：ねぼけた　め-お　**ぱちぱち-させた　とたんに**、わらいごえ-が　おこった　ので、はっと-した(国語，中学，1[1]，21)；たちあがろー　と　した　とたん…「立上らうとした途端…」(荷風，195/2，あめりか物語)。

44　つなぎ-接尾辞 ヨリ［モ］の前の時制形式

比較格の接尾辞ヨリ は、すでに古代日本語において、つなぎの意味で使用できた。16–17 世紀の言葉では、ヨリ の前では普通、推量法の形式が使われた：さむらいしゅー-に　ただ　**いらりょー-より**、やのね-を　みがかれ　と　いえ「侍衆に只**居られうより**、矢の根(矢じり)を磨かれと云へ」(狂言記, Ⅱ, 169)。この文では、-*jo*:形式は推定を表している。また、ここで話題になっているのは未来の動作であるが、この時代には未来についての発話の中では、通常推量法の形式が用いられていたのだ(同様に、狂言記, Ⅰ, 394参照)。

16–17世紀の言葉では、現代の言葉と同様に、ヨリ の前の動詞は -*ta*形式で用いることもできた：**をもーた　よりも**　みごとな「**思うたよりも**見事な」(狂言記, Ⅰ, 391)；ひゃくにん　**をいた　より**、よい　るす　ぢゃ「百人**おいたより**、よい留守ぢや」(狂言記, Ⅱ, 427)。直前の文では、-*ta*形式が未来と関わっている(同様に、狂言記, Ⅱ, 399参照)。

現代語では、ヨリ はたいてい助詞の モ を伴い、-*u*形式の後に続く：かのじょ-わ　がいこー-に　**ながめる　よりも**　いくぶん-かわ　うつくしい　の-に　ちがい　なかった「彼女は外光に**眺めるよりも**幾分かは美しいのに違ひなかつた」(芥川, 351/1, 湖南の扇)；が、めいれい-お　**あたえる　よりも**　のべつに　ぼく-に　はなしかけて　いた「が、命令を**与へるよりも**のべつに僕に話しかけてゐた」(芥川, 347/1、湖南の扇)；やすきち-わ　いじらしい　と　**おもう　よりも**、むしろ　そーゆー　こじき-の　すがた-に　れむぶらんとふー-の　こーか-お　あい-して　いた「保吉はいぢらしいと**思ふよりも**、寧ろさう云ふ乞食の姿にレムブラント風の効果を愛してゐた」(芥川, 336/2, 保吉の手帳から)；くらばっく-わ　ぼく-に　いっさつ-の　ほん-お　**わたす -とゆー　よりも**　なげつけました「クラバックは僕に一冊の本を**渡す-と云ふよりも**投げつけました」(芥川, 386/1, 河童)。

現代語では、ヨリ の後に ホカ(シカタ)- ワ　ナカッタ という表現が続くことがかなり多い：お-すみ-わ　ただ　そーゆー　ことば-に　あたま-お　**さげる　より**　ほか-わ　なかった「お住はただ さう云ふ言葉に頭を**下げるより**外はなかつた」(芥川, 303/1, 一塊の土)；けれども　おし-に　かわらない　ぼく-わ…ただ　ふたり-の　かおいろ-お　**みくらべて　いる　より**　ほか-わ　なかった「けれども唖に変らない僕は…ただ二人の顔色を**見比べてゐるより**外はなかつた」(芥川, 349/3, 湖南の扇)；やすきち-わ　そー　しんじて　いた　から、この　ばあい-も　たいくつしきった　まま、やくどく-お　**すすめる　より**　しかた　なかった「保吉はさう信じてゐたから、この　場合も退屈し切つた儘、訳読を**進めるより**仕方なかつた」(芥川, 339/2–3, 保吉の手帳から)；…**いる　より**　しかた-わ　なかった「…**ゐるより**仕方はなかつた」(芥川, 335/1, 保吉の手帳から)；で　しかたなく　たいい-わ　こころ-の　うち-の　ふへい-お　ころしながら、ていよく　じぶん-の　よーきゅー-お、**まげる　より**　ほか-に　しかた-が　なかった「で仕方なく大尉は、心の裡の不平を殺しながら、体よく自分の要求を**曲げるより**ほかに仕方がなかつた」(菊池, 10/2–3, ゼラール中尉)。

ヨリ［ホカ（シカタ）ナカッタ］の前の *-u* 形式の動詞は、過去に起こった動作を表す。つまり、非先行の相対的な意味で使われている。

45　つなぎ トモナク の前の *-u* 形式

このつなぎは３つの成分からできている：助詞 ト と モ、そして否定の形容詞の副詞形ナクである。

トモナク の前では、動詞は *-u* 形式でのみ使われる：それから　たれ-お　**よぶともなく**、「ちょいと　でて　ごらん。いい　つき-だ　から」—と　こえ-お　かけた「それから誰を**呼ぶともなく**、『ちよいと出て御覧。好い月だから』—と　声をかけた」(芥川, 179/3, 秋)；さっき-から　すじゃくおーじ-に　ふる　あめ-の　おと-お、**きく　ともなく**　きいて　いた-の-で　ある「さつきから朱雀大路に降る雨の音を**聞くともなく**聞いてゐたのである」(芥川, 3/3, 羅生門)；そんな　おーきな　うわぐつ-です　から、むすめ-わ　うち-お　**でる　ともなく**[xiii]…かたっぽー-の　うわぐつ-お　どこか-え　とばして　しまいました「そんな大きな上靴ですから、娘はうちを**出るとまもなく**（訳注：間も無く）…片方の上靴をどこかへとばしてしまひました」(少年, 470/1, マッチうりのむすめ)（同じく、荷風, 133/1, 137/1, 139/1[xiv],145/2, 190/1, 197/3, 198/3, 久米, 244/2, 249/3, 258/1, 参照)。トモナク の前の動詞によって表される動作は、実際には行われない。したがって、それは後続の動作に先行することはなく、*-ta* 形式で伝えることはできない。

46　つなぎ単語 トーリ［ニ］の前の時制形式

もし、トーリ の前の動詞が非先行を表しているなら、その動詞は *-u* 形式に立つ：おじさん-の　**ゆー　とーり**、わたし-わ　まだ　こども-でした「小父さんの**云ふ通り**、私はまだ子供でした」(藤村, 27/3, 生ひ立ちの記)；わにざめ-わ、しろうさぎ-の　**ゆー　とーりに**　ならびました「わにざめ　は、白兎　の　**いふ　通り　に**　並びました」(読本, IV, 94)（最初の例文で、ユウの代わりにイッタということはできない。なぜなら、第２の状況は第１の状況と同時あるいはむしろその前に存在したからだ；２番目の例文では、そのような言い換えを行うことは可能であるが、その場合は、第２の動作が第１の動作の直後ではなく、ある程度の時間がたってから行われたという意味になる)；しかし、かれ-の　**ゆびさす　とーり**、りょーがん-の　ふーけい-え　め-お　やる-のは　もちろん　ぼく-にも　ふかい

-では　なかった「しかし、彼の**指さす通り**、両岸の風景へ目をやるのはもちろん僕にも不快ではなかつた」(芥川, 347/1, 湖南の扇)；かのじょ-わ—…あに-が　はは-に　**にている　とーり**、…ちち-に　にた、おとこまさり-の　むすめ-で　あった「彼女は—…兄が母に**似てゐる通り**、…父に似た、男勝りの娘であつた」(芥川, 288/1, 老いたる素戔嗚尊)。

もし、従属節と主節の動作の間に何らかの長さの時間がたっていたなら、トーリの前には *-ta* [xv] 形式が置かれる：ぼく-わ　ただ　**みた　とーり-お**　ゆー-の-だ「僕は唯**見た通りを**云ふのだ」(芥川, 188/3, 山鴫)。

47　つなぎ単語 カギリ の前の時制形式

カギリは、空間的な意味(名詞カギリの意味は「限界」、「境界」)も、時間的な意味ももっている。カギリは、過去についての発話において、非先行時制の形式の後で使われる：あらの-わ　め-の　**およぶ　かぎり**、ふたり-の　うしろ-から　ふきおろす　かぜ-に、かれくさ-の　なみ-お　なびかせて-いた「荒野は目の**及ぶ限り**、二人の後ろから吹下す風に、枯草の波を靡かせてゐた」(芥川, 292/3, 老いたる素戔嗚尊)(同様に、読本, VI, 56, 荷風, 172/2, 参照)。

末尾に カギリ をもつ節は、名詞に対する規定語になっていることがある：かれ-の　め-に　**いる　かぎり-の**　ふーぶつ-わ、ことごとく　こーりょー　それ-じしん-で　あった「彼の目に**入る限りの**風物は悉く荒涼それ自身であつた」(芥川, 295/1, 老いたる素戔嗚尊)。

カギリ の前で テイル形式に出会うこともある：かれ-わ　やむ-なく　その　**しって　いる　かぎり**-お　はなしました「彼は止むなく其の**知つて居る限り**を話しました」(荷風, 199/2, あめりか物語)。

48　つなぎ-接尾辞 クライ の前の時制形式

クライの前では、非先行時制の形式が使われることが非常に多い：ちょっと　いき-が　**とまる　くらい**　せなか-お　うった「一寸息が**止まる位**背中を打つた」(志賀, 6/2, 暗夜行路)；たん-わ　ほとんど　こー　ろくいち-お　すーはい-して　いる-の-か　と　**おもう　くらい**、ねっしん-に　そんな　こと-お　はなしつづけた「譚は殆ど黄六一を崇拝してゐるのかと**思ふ位**、熱心にそんなことを話しつづけた」(芥川, 348/1, 湖南の扇)；もっとも　この　ゆーめいな　ぶんじん-わ、いちど-に　かに-お　ななじっぴき、ぺろりと　**たいらげて　しまう　くらい**、ひぼんな　いぶくろ-お　もって　いた　そー-で　ある：「尤もこの有名な文人は、一度に蟹を七十四、ぺろりと**平らげてしまふ位**、非凡な胃袋を持つてゐたさうである」（芥川，497/1–2，上海游記）；しゅんきち–の　しょーせつ–だの、きょーつーな　ちじん–の　うわさ–だの、とーきょー–と　おーさか–との　ひかく–だの、わだい–わ　いくら　はなして–も、**つきない　くらい**　たくさん　あった「俊吉の小説だの、共通な知人の噂だの、東京と大阪との比較だの、話題はいくら話しても、**尽きない位**沢山あつた」（芥川，178–179，秋）；とりわけ　おひめさま–の　おそば–から–わ　お–はなれ–もーした　こと–が　ない　と　いって–も　**よろしい　くらい**、ものみぐるま–の　お–とも–にも　ついぞ　かけた　こと–わ　ございません–でした「取分け御姫様の御側からは御離れ申した事がないと云つても**よろしい位**、物見車の御供にもつひぞ欠けた事はございませんでした」（芥川，106/3，地獄変）。

クライの前で *-ta* 形式に出会うこともある：その　ころ　えふで–お　とりまして–わ、よしひで–の　みぎ–に　でる　もの–わ　ひとりも　あるまい　と　**もーされた　くらい**、こーめいな　えし–で　ございます「その頃絵筆を取りましては、良秀の右に出るものは一人もあるまいと**申された位**、高名な絵師でございます」（芥川，105/1，地獄変）。

49　トミエ［テ］の前の時制形式

トミエ［テ］は２つの成分からできている：つなぎの ト と、ミエテ（動詞 ミエル のなかどめ形）である。ミエ［テ］は自立的な動詞の形式のままであるが、トミエ［テ］の前の時制の使用は、つなぎ要素の前の時制使用の一般規則に従う。

トミエ［テ］の前では *-u* 形式を使うことができる：くすり–が　**しみる　と　みえて**、つま–わ　かお–お　しかめて　いた　が「薬が**沁みると見えて**、妻は顔をしかめてゐたが」（広津，31/2，波の上）。

このような位置で継続相の形式に出会うこともある：が、それ–にわ　かぎ–が　**かかって　いる　と　みえ**、よーいにわ　あかなかった「が、それには鍵が**かゝつてゐると見え**、容易には開かなかつた」（菊池，146/3，真珠夫人）。

トミエ［テ］の前では、*-ta* 形式も見られる：かるい　しゅっけつ–が　**あった　と　みえ**、その　しろっぽい　とけい–の　どー–に、ところどころ　まっかな　ち–が、にじんで　いた「軽い出血が**あつたと見え**、その白つぽい時計の胴に、所々真赤な血が浸んでゐた」（菊池，148/3，真珠夫人）。

50　つなぎ カラ［ニ、ワ］の前の時制形式

つなぎ カラニ は因果的な意味で、すでに万葉集の中で見られるのに、古代日本

語ではまだ一般に通用していなかった。近代日本語においてこのつなぎが、通常 カラワ の形式で、かなり頻繁に使われはじめた。16–17 世紀のテキストでは、つなぎ カラワ は、「もし～なら」「～である以上は」の意味をもっていた：みども-が これ-に **いる からわ** りょーじ-わ さしぇぬぞ「身共がこれに**居るからは、**聊爾は（失礼は）させぬぞ」（狂言記, 1,317）（また狂言記, Ⅱ, 72 参照）；これ-を **だす からわ**、よー おぢゃろ ぞ「これを**出すからは**、ようおぢやろぞ」（狂言記, Ⅰ, 87）。この用例の カラワ の条件的な意味は例外ではない。これは湯沢の 17–19 世紀の言葉に関する論文からも分かる：「カラ に ワ が一緒になり、カラワ は因果的意味と条件的意味をもつことがときどきある」[204,150]。そして、湯沢は条件的なニュアンスのある カラワ を 18 世紀の資料の中にさえ見出している。これが意味するのは、このつなぎの純粋に因果的なニュアンスは、他のニュアンスをゆっくりと排除していったということだ。ロドリゲスとコリヤードは、まだ カラ を因果的なつなぎの中に数えていなかった。

現代語では、過去についての発話の中でのカラの前で-*u* 形式が使われることが少なくない。：ちち-わ わたし-の かよう がっこー-お みたい と **いいますから**、…あかれんが-の たてもの-お みせました「父は私の通ふ学校を見たいと**言ひますから**、…赤煉瓦の建物を見せました」（藤村, 26/3, 生ひ立ちの記）；げじょ-が どちら から おいでに-なりました と **きく から**、とーきょー-から きた と こたえた（荷風, 96/3, 未確認）；くらい ところ-お **ゆく-の です から**、わたし-わ ばば-と いっしょ-に ちょーちん つけて かよいました「暗いところを**行くのですから**、私は祖母と一緒に提灯つけて通ひました」（藤村, 6/3, 生ひ立ちの記）；それ-わ ふゆ-の ごじ-ごろ-**だ から** まだ くらい うち-で あった「それは冬の五時頃**だから**まだ暗い内であつた」（志賀, 158/1, 速夫の妹）；なにぶんにも、いっさつ いっさつ、いちじ、いちじ-お、て-で **かきうつさなければ ならないのだ から**、ほん-が いきわたらないのも、あたりまえ-の こと-だ（国語, 4[2], 103）。後の 2 つの例文は過去について述べられているのだが、ここでは、例えばロシア語においても、現在時制の形式を使うことはできないだろう[xvi]。ただ、非先行時制の形式の相対的な意味のおかげで、日本語ではそれらをこのような場合に使えるようになっているのだ。

カラの前の -*ta* 形式の使用は広く知られているので、ここに例は引かない。

51 つなぎ ノデ の前の時制形式

このつなぎは、準名詞接尾辞 ノ と手段格接尾辞 デ（ニテより）からなる。当然、準名詞接尾辞ノ の出現（17 世紀の中頃）以前は、つなぎ ノデ は存在しなかった。たまに、同じような意味で デ が使われた：みども-が　わろー　こえ-が　**をーきかった　で**、きも-が　つぶれた　か「身共が笑ふ声が**大きかつたで**、肝が潰れたか」(狂言記，Ⅰ，290)。

現代語では、過去についての発話中のつなぎ ノデ の前で非先行時制の形式がよく使われる：まさおさん-が、あんまり　じょーずに、お-いしゃさま-の　まね-お　**する-ので**、はなこさん-わ、きゅーに　おかしく　なりました(読本，Ⅱ，41–42)；いちばん　きしゃ-に　のろー　と　**ゆー-ので**、ちち-と　ごじはん-ごろ-に　うち-お　でた(読本，Ⅵa，31)；けれども、りょーわき-お　ぐんたい-にはさまれ、うしろ-からわ　けいかん-が　**なぐりかかる　ので**、われわれ-わ　とーとー　ここ-で　さん-お　みだして　にげだした「けれども、両わきを軍隊にはさまれ、うしろからは警官が**なぐりかける(ママ)　ので**、われわれもとうとうここで算をみだしてにげだした」(徳田，23)；そー　なる　と　かね-が　**たりない-ので**、とーとー…ちゅーと　たいがくし、1913-ねん-に　りゅーきゅー-に　かえって　しまった「そうなると金が**足りないので**、とうとう…中途退学し、一九一三年に琉球にかえってしまった」(徳田，18)；しかし、どー　やって　みて-も、すこしも　つな-が　**ゆるまない　ので**、あきらめて　じっと-して　いました(国語，3[2]，98–99)；…あさひ-が　**さしこんで　いる　ので**　ろじ-の　うち-わ　つきあたり-まで　みとーされた「…朝日が**さし込んで居るので**路地の内は突当りまで見透された」(荷風，160/2，すみだ川)：けれども、ふだん、べんきょー-お　**して　いない　ので**、よめない　じ-が　いくつも　ありました(国語，2[2]，11)。引用された文の中で、非先行時制の形式は同時性を表している。

しかし、ノデ の前の *-u* 形式がこれから行う動作を表すこともある：らじおたいそー-に　**ゆく　ので**、あさ-わ　ごじはん-に　おきた「ラヂオ体操に**行くので**、朝は五時半に起きた」(読本，Ⅴ，85)。

ノデ の前にはときおり名詞＋ *-na*(古いむすびナルの痕跡)が立つ：さんにん-わ、かべしんぶん-の　しがつごー-の　**へんしゅー-とーばん-な　ので**、そのそーだん-お　する　ため-だった(国語，4[1]，8–9)。

ノデ の前で先行時制の形式が使われることも少なくない：それ-だけの　こと-が…まんぞく-お　**かんじさせた-ので**、これ-まで　あるきぬいた　み-の　ひろー-と　くつー-とお　ちょーきち-わ　ついに　こーかい-しなかった「それだけの事が、…満足を**感じさせたので**、これまで歩きぬいた身の疲労と苦痛とを長吉は遂に後悔しなかつた」(荷風，161/3，すみだ川)；ふみこ-わ、じぶん-が　えらばれる　こと-など、すこしも　**かんがえて　いなかった　ので**、びっくり-した(国語，4[1]，13)

52　つなぎ ノニ の前の時制形式

つなぎ ノニ の起源はつなぎ-接尾辞の ニ で、17 世紀にその前に準名詞接尾辞 *-no* が現れた（ノデ および ニ と比較せよ）。注意しておくべきなのは、ノ は ニ の前でいつも使われるわけではないということだ。

ノニ の前では *-u* 形式がしばしば見られる：かわじょーきせん-の　きてき-の　ね-の　**きこえる　のに**、はじめて　じぶん-の　いち　と　まち-の　ほーがく-とお　さとった「河蒸汽船の汽笛の音の**聞えるのに**、初めて自分の位置と町の方角とを覚つた」（荷風，160/2，すみだ川）；ねなれた　じぶん-の　へや-の　なか-**だのに**、ひろこ-わ　じぶん-の　あたま-が　どっち-お　むいて　いる　か、とっさに　はっきり　しなかった（宮本，131）。

ノニの前では、否定法の形式も用いられる：すると　ごぜん-ほどにわ　ひとどーり-が　**ない　のに**　まず　あんしん-して、おそるおそる　まつばや-の　まえ-おとーって　みた　が「すると午前ほどには人通りが**ないのに**先づ安心して、おそる〳〵松葉屋の前を通つて見たが」（荷風，161/3、すみだ川）；こーねん　わたし-わ、なぜ　それ-ほど　**こまり-も　しない　のに**　そふ-わ　あんな　くらしかた-おしたろー　と　よく　かんがえた「後年私は、何故それ程**困りもしないのに**祖父はあんな暮らし方をしたらうとよく考へた」（志賀，5/3，暗夜行路）。

この位置では、パーフェクト的意味のニュアンスのある継続相の形式も見られる：ほか-の　きょーだい-が　みな　うち-に　**のこって　いる　のに**　じぶん-だけが　この　げひんな　そふ-に　ひきとられた…「他の同胞が皆自家に**残つて居るのに**自分だけが此下品な祖父に引きとられた…」（志賀，3/3，暗夜行路）。

次の例では、*-te iru* 形式が動作の継続性を表している：けれども、その　とき-に　なって-も　なお、れい-の　しまへび-が　あいかわらず　のろりのろりと　**うごいて　いる　のに**、わたし-わ　いっしゅ-の　きょーみ　と　しんぱい-とおかんじた「けれども、その時になつても尚、例の縞蛇が、相変らずのろりのろりと**動いてゐるのに**、私は一種の興味と心配とを感じた」（広津，76/3，線路）。

先行する動作を表すためには、ノニ　の前に *-ta* 形式が使われる：ころんぶす-が　あめりか-に　**ついた　のに**、そこ-が　とーよー-の　いんど-だ　と　おもいちがい-した-の-わ、なぜ-です　か？「コロンブスが、アメリカに**着いたのに**、そこが東洋のインドだと思ひちがひしたのは、なぜですか」（国語，5[1]，135）。

次の 2 例では、ノニは、準名詞接尾辞 *-no* と、動詞に従属する格接尾辞の *-ni* に分解することができる[xvii]：そして、かれら-が　せかい-お　**いっしゅー-する　の-に**　ついやした　としつき-わ、ほとんど、まる　さんねん-で　あった（同上）；でも、こじか-お　**たすける　の-に**　つかった-ん-だ…（国語，4[2]，135）。

以上に引用した例から、ノニ の前の時制形式が純粋に相対的な意味をもつことが分かる。

53　つなぎ小詞［ノ］ニ［モ］カカワラズ の前の時制形式

つなぎ小詞［ノ］ニ［モ］カカワラズは、たいてい論説文や学術的な文献の中に見られる。生きた口語に特有なことばではない。このつなぎ小詞の前では非先行時制の形式が使われる：そこ-ここに　せいぞーば-の　けむだし-が　いくほん-も　**たって　いる　に　かかわらず**、まち-からわ　とーい　はる-の　ひるすぎ-の　のどかさ-わ　じゅーぶん-に　こころもち　よく　あじわわれた「其処此処に製造場の烟出しが幾本も**立つてゐるに係らず**、市街からは遠い春の午後の長閑さは充分に心持よく味はれた」(荷風, 171/3, すみだ川)；たえず　かぜ-の　**ふきかよう　にも　かかわらず**、…かげ-が　いかにも　すずしそーに　おもわれた「絶えず風の**吹き通ふにも拘らず**、…蔭がいかにも涼しさうに思はれた」(荷風, 161/1, すみだ川)；まつおか-わ　われわれ-さんにん-が　えいぶんか-に　**せき-お　おいて　いる　のにも　かかわらず**、ひとり　てつがくか-え　はいって　いた「松岡は我我三人が英文科に**籍を置いてゐるのにも関らず**、独り哲学科へはひつてゐた」(芥川, 160/3, あの頃の自分の事)；よんで　みる　と、てーま-が　**おもしろい　のにも　かかわらず**、…どーも　ながい　かふー-し　や　たにざき　じゅんいちろー-し-の　そーはく-お　なめて　いる　よーな　かん-が　あった「読んで見ると、テエマが**面白いのにも関らず**、…どうも永井荷風氏や谷崎潤一郎氏の糟粕を嘗めてゐるやうな観があつた」(芥川, 160/2, あの頃の自分の事)。

54　つなぎ モノノ、モノオ の前の時制形式

これらのつなぎは、語源的には名詞の モノ と属格の接尾辞 *-no* または対格の接尾辞 *-o* から成る。

現代の話し言葉ではこれらのつなぎの使用はまれであり、それも書き言葉に影響された場合だけである。同時の動作を意味する、モノノ、モノオの前の動詞は *-u* 形式に立つ：お-とよ-の　へんくつな　しそー-おば　こーげき-したい　と　こころ-では　**おもう　ものの**　…お-とよ-お　あんしん-させる　よーに　と　はなし-お　まとめかけた「お豊の偏屈な思想をば攻撃したいと心では**思ふものゝ**…お豊を安心させるやうにと話をまとめかけた」(荷風, 170/2–3, すみだ川)；いつ　いる-か　わからない　と　**かくご-わ　して　いる　ものの**、にゅるにゅると　くさ-の　なかに　うごく-のお　みた　とき-にわ、やはり　ちょっと　ぎょっと-した

「いつゐるか解らないと**覚悟はしてゐるものの**、にゆるにゆると草の中に動くのを見た時には、やはり一寸ぎよつとした」(広津, 76/1–2, 線路)。

もし最初に言及される動作が、いいおわりの述語で表現された動作に先行するなら、モノノ の前では *-ta* 形式が用いられる：すこし-わ　こえ-お　**くもらした　ものの**　その　ちょーし-わ　ちょーきち-の　まんぞく-する　ほど-の　ひしゅー-お　おびて-は　いなかった「少し声を**曇したものゝ**其の調子は長吉の満足するほどの悲愁を帯びてはゐなかつた」(荷風, 157/2, すみだ川)。

55　つなぎ ケレド［モ］の前の時制形式

比較的新しいつなぎ ケレド［モ］(その起源については 3 章 11 節参照) は、かなり頻繁に見られる。このつなぎの前では *-u* 形式が使用できる：もー　とし-わ　30- にも　40- にも　**なる　けれども**、だれ-も　よめ-に　くる-もの-も　ないし、ちいさい　ほったてごや-に　すんで　いました「もう年は三十にも四十にも**なるけれども**、誰も嫁にくるものもないし、小さい掘立小屋に住んでいました」(昔話, 65, 絵姿女房)；どろぼー-わ　**する　けれど**、…かね-わ　みんな　びんぼーにん-に　くれて　やって、…ほっと　ためいき-お　ついて　いました「泥棒は**するけれど**、…金はみんな貧乏人にくれてやって、…ほっとため息をついていました」(昔話, 110, 三人の兄弟)。

過去についての発話中の ケレド［モ］の前で、同時性の意味で否定法の *-nai* 形式も使われる：ひと-の　め-にわ　**つかない　けれども**、お-わん-の　ごはん-わ　だんだん　へって　いきました「人の目には**つかないけれども**、お椀のご飯はだんだんへって行きました」(昔話, 19, たにし長者)；それ-から　どの　くらい　たった　か　**わからない　けれども**「これ　これ、いちろー-あに、いちろー-あに」と　よぶ　もの-が　ありました「それからどのくらいたったか**わからないけれども**、『これこれ、一郎兄、一郎兄』と呼ぶものがありました」(昔話, 106, 三人の兄弟)。

ケレド［モ］の前で *-ta* 形式に出会うことも少なくない：め-お　さまして　あちこち-お　**みた　けれど**　だれ-も　いない「目をさましてあちこちを**見たけれど**誰もいない」(同前)。

56　つなぎ ガ の前の時制形式

つなぎ ガ の前では、すべてのテンス、アスペクト、ムードの形式に出会う。様々な法の非先行時制の形式が、ガ の前で、過去についての発話の中でも相対的な意味でしばしば使われる：うわべ-だけでは　**はんこー-する　が**　ないしん-わ　お

それひっこんで　うんどーかい-や　えんそく-などにわ　けっして　かお-お　ださなかった「表面だけでは**反抗するが**内心は恐れ引込んで運動会や遠足などには決して顔を出さなかつた」(荷風, 143/2, 新橋夜話)；が、それ-お　はいって、げんかん-まで　にさんげん　**ある　が**、それ-お　にさんぽ　あるいた　とき、かれ-わ　ふと　へんな　き-が　した-の-で　ある「が、それを入つて、玄関まで二三間**あるが**、それを二三歩あるいた時、彼は不図変な気がしたのである」(広津, 85/1, 世は事もなし)。

がらがらと、いと-が　**きれよー　が**　すこしも　かまわずに　はた-お　おりはじめました「がらがらと、糸が**切れようが**すこしもかまわずに機を織りはじめました」(昔話, 12, 瓜姫)。

ぱでれふすきー-わ、ゆーすー-の　ぴあの-の　**めいしゅ-で　ある　が**、また、じぶん-の　うまれた　くに、ぽーらんど-の　ために　つくした　あいこくしゃ-で　あった「パデレフスキーは、有数のピアノの**名手であるが**、また、自分の生まれた国、ポーランドのためにつくした愛国者であった」(国語, 5[1], 16)。この文では、2つの名詞述語が同等に主語に関わり、同時的に主語を特徴づけているのだが、第1のもの(ガ の前)だけが *-u* 形式である。次の例も参照：まじぇらん-わ　きぞく-の　うまれ-で　**ある　が**、せいねんじだい-から　ぼーけん-が　すき-で　こーかいじゅつ-に　かけて-も、また　すぐれた　ざいのー(ママ)…- お　もっていた「マジェランは貴族の生まれで**あるが**、青年時代から冒険がすきで、航海術にかけても、また、すぐれた才能を持っていた」(同前, 124)。一見、ガ の前の述語で過去について述べているようではあるが、ここで *-u* 形式が示しているのは、最初の特性が次に述べられている特性と同時に存在していたということである(マゼランの身分は彼の全生涯にわたってそのままであった)。

あの　うま-わ、あの　びんぼー-ひゃくしょー-の　やせうま-に　ちがい　**ない　が**　あの　うた-わ　だれ-が　うたって　いる-ん-だい　と　いって、ふしぎがって　ながめて　いました「あの馬は、あの貧乏百姓の痩馬にちがい**ないが**あの歌は誰が歌っているんだいといって、ふしぎがって眺めていました」(昔話, 17, たにし長者)。

その　つぎ-わ、すえっこ-の　**さぶろーじ-だ　が**、さぶろーじ-わ　とし-こそ　**とって　いない　が**、きょーだい-の　なか-でわ　いちばん　き-の　つよいほー-だった「そのつぎは、末子の**三郎治だが**、三郎治は年こそ**とっていないが**、兄弟のなかでは一ばん気の強い方だった」(昔話, 109, 三人の兄弟)；あめ-わ　もーすこし-も　**ふって　いない　が**、あたり-に　「もや」-が　かかって　いて、そら-にわ　くも-が　かさなって　いた「雨はもう少しも**降つてゐないが**、あたりに「もや」がかゝつてゐて、空には雲がかさなつてゐた」(実篤, 295/1, お目出度き人)。

過去についての発話の中での、ガ の前の先行時制の形式の用例は、広く知られているので、ここには引用しない。次にあげるのは、未来についての発話の中の *-ta ga* である：にねんぜん-の　こと-で　あった。その　ころ　わたし-わ、かのじょ-と　**けっこん-した　が**　ほんとー-だろー　か、それとも　**わかれた-が**　ほんとー-だろー　か　と、まいにち　その　こと-ばかり-お　おもいめぐらして、ふけつだん-の　ゆーうつ-な　ひ-お　おくって　いた「二年前の事であつた。その頃私は、**彼女と結婚したが**ほんたうだらうか、それとも**別れたが**ほんたうだらうかと、毎日その事ばかりを思ひめぐらして、不決断の憂鬱な日を送つてゐた」(広津, 5/1, 波の上)。しかし、もちろん、ここでの ガ はつなぎではなく、主語節に属する主格の格助辞である。

57　つなぎ シ の前の時制形式

日本語ではつなぎ シ の使用が、ロシア語でのつなぎ《и そして》の使用よりもはるかに少ない。

つなぎシの前では、過去についての発話の中でも *-u* 形式が見られる：だんだん　ひ-も　**くれて　くる　し**、はら-も　へって　きて　なにか　たべよー　と　したけれど、ぜに-も　**ない　し**、さすが-の　いちろーじ-も　こまって　しまって、みちばた-の　おどー-の　なか　に　(は 補充) いって　ねました「だんだん日も**くれて来るし**、腹もへって来て何かたべようとしたけれど、銭も**ないし**、さすがの一郎治も困ってしまって、道ばたのお堂のなかに入って寝ました」(昔話, 106, 三人の兄弟)(同様に、昔話, 65, 参照)。

シ の前では *-te iru* 形式も見られる：やなぎ-の　わかめ-が　うつくしく　**ひらめいて　いる　し**…すずめ-と　つばめ-が　たえま-なく　さえずって　いる　ので…まち-からわ　とーい　…ひるすぎ-の　のどけさ-わ　じゅーぶん-に　こころもち　よく　あじわわれた「柳の若芽が美しく**閃いてゐるし**…雀と燕が絶え間なく囀つてゐるので…市街からは遠い…午後の長閑さは充分に心持よく味はれた」(荷風, 171/3, すみだ川)。

58　つなぎ単語 ホカ［ワ、ニ、ニワ、ニモ］の前の時制形式

これらのつなぎ単語の前では、過去のすでに完了した動作についての発話の中でさえ非先行時制の形式が非常にしばしば用いられる：そー　**くしょー-する　ほか**　なかった「さう**苦笑する外**なかつた」(久米, 245/3, 破船)；まして　はは　や　お

とーと-ふーふ-とわ、さんど-の　**しょくじ-お**　ともに　**する**　**ほかわ**、かお-もあわせなかった「まして母や弟夫婦とは、三度の**食事を**共に**する外は**、顔も合せなかつた」(芥川，250/2–3，庭)；けれども　お-たみ-わ　よくねん-に　なって-もやはり　のら-え　**でかける**　**ほかにわ**　なん-の　かんがえ-も　ない-らしかった「けれどもお民は翌年になつても、やはり野良へ**出かける外には**何の考へもないらしかつた」(芥川，297/3，一塊の土)；じっさい　また　こーの-わ　かれ-の　ため-に　さいみんやく-お　**あたえる**　**ほかにも**　へろいん-などお　ちゅーしゃ-していた「実際又甲野は彼の為に催眠薬を**与へる外にも**ヘロインなどを注射してゐた」(芥川，370/1，玄鶴山房)(同様に、芥川，383/3 参照)。

ホカ［ワ、ニ、ニワ、ニモ］の前の *-te iru* 形式は、パーフェクトあるいは継続のニュアンスをもつこともある：が、それ-も　ひらたい　あたま-に、ばいか-の　もよー-が　**ついて**　**いる**　**ほか**、なに-も　かわった　ところ-わ　なかった「が、それも平たい頭に、梅花の模様が**ついてゐる外**、何も変つた所はなかつた」(芥川，225/1，将軍)；こども-の　むれ-が…こま-の　**あそび-お**　**して**　**いる**　**ほかには**　いたって　ひとどーり-の　すくない　みちばた-の　こーしどさき-で、はりいた-に　はりもの-お　して　いた「子供の群が…独楽の**遊びをしてゐる外には**至つて人通りの少い道端の格子戸先で、張板に張物をして居た」(荷風，169/3，すみだ川)。

59　つなぎ小詞バカリ［デ、ニ］、バカリデナク、バカリカの前の時制形式

このポジションでは、従属節で使用されるいいおわりの形式すべてに出会う。

こぶね-が　ところどころ　このは-の　よー-に　**ういて**　**いる**　**ばかり**、みわたす　すみだがわ-わ　ふたたび　**ひろびろと-した**（—非先行時制の、動詞派生の形容詞）**ばかりか**　しずかに　さびしく　なった「小舟がところ〳〵木の葉のやうに**浮いてゐるばかり**、見渡す隅田川は再びひろ〳〵**としたばかりか**静に淋しくなつた」(荷風，155/3，すみだ川)；その　あかるい　ともしび-の　なか-から　おんな-の　きもの-が　**まぶしい**　**ばかり**　め-お　いた「その明い灯の中から女の着物が**眩しいばかり**眼を射た」(荷風，146/2，新橋夜話)；でも、お-まき-わ　ちち-お　**のませない**　**とゆー**　**ばかりで**、その　た-の　こと-わ　ほとんど　うば-と　どーよー-に　わたし-お　みて　くれました「でも、お牧は乳を**飲ませないといふばかりで**、其他のことは殆ど乳母と同様に私を見て呉れました」(藤村，4/2，生ひ立ちの記)。

そこで　えのき-の　み-お　**あつめる**　**ばかりでなく**、ときにわ　かしどり-の　おとして　いった　あおい　ふ-の　はいった　はね-お　ひろいました「そこで榎

の実を**集めるばかりでなく**、時には欅鳥の落して行つた青い斑の入つた羽を拾ひました」(藤村, 11/2, 生ひ立ちの記)；その　みさき-わ　もろざき-の　みなと-おかたちづくる　しょーへき-と　**なって　いる　ばかりでなく**、また　あつみわんと　いせわん-との　ちょーど　ちゅーかん-に　くらい　して　いた「その岬は師崎の港を形造る障壁と**なつてゐるばかりでなく**、また渥美湾と伊勢湾との丁度中間に位してゐた」(広津, 72/3, 崖)；それ-な　のに、**ころさなかった　ばかりでなく**、こびと-に　とってわ　なんびゃくにんぶん-にも　あたる　たべもの-お、たべさせて　くれた-の　です(国語, 3[2], 105)(同様に、荷風, 163/2 参照)。

この　ひと-わ　…しょーらい-に　しゅっせ-する　みこみ-の　**ない-ばかりか**、いつも　ひと-の　うしろ-に　けおとされて-のみ　いた「此の人は　…将来に出世する見込みの**ないばかりか**、何時も人の後に蹴落とされてのみ居た」(荷風, 178/1, あめりか物語)；のぞみ-お　かけた　ひとり-むすこ-の　ちょーきち-わしけん-に　**らくだい-して　しまった　ばかりか**、も一　がっこー-えわ　いきたくない、がくもん-わ　いや-だ　と　いいだした「望みをかけた一人息子の長吉は試験に**落第してしまつたばかりか**、もう学校へは行きたくない、学問はいやだと云ひ出した」(荷風, 169/3, すみだ川)(同様に、荷風, 158/2–3, 昔話, 17 参照)。

びょーにん-わ　**しぬ-ばかりに**　もがきくるしんだ「病人は**死ぬばかりに**もがき苦しんだ」(吉田, 18/2, 父)；わたし-わ　じぶん-の　ぎしん-が　つくりだしたじじつ-お　**たしかめたい　ばかりに**、そのご-わ　それとなく　ひきつずいて　くにお-お　ほーもん-しました「私は自分の疑心が作り出した事実を**確かめたいばかりに**、その後はそれとなく引続いて国雄を訪問しました」(荷風, 199/1, あめりか物語)(同様に、荷風, 199/3 参照)。

バカリ［デ、ニ、デナク、カ］の前では、時制形式が同時性と先行性の相対的な意味で用いられる。

60　つなぎ小詞 ダケ［デ、デモ、ニ、ワ］の前の時制形式

過去についての発話の中のこの小詞の前では非先行時制の形式にしばしば出会う。

その　はおり-お　**きる-だけわ**　ゆるして　もらった　こと-が　ありました(藤村, 26/1, 生ひ立ちの記)[16]「その羽織を**着るだけ**は許して貰つたことが有りました」。

が、かれ-の　て-わ、の一と-の　ひょーし-お　**すべりまわる-だけで**、いちまい-の　かみ-さえ　やぶれなかった「が、彼の手は、たゞノートの表紙を**滑べり廻る丈で**、一枚の紙さへ破れなかつた」(菊池, 147/1, 真珠夫人)；しずこ-わ、おっと-が　まぬかれた　きけん-お　**そーぞー-する　だけで**、かなり　はげしい　か

んどー-に　おそわれた…「静子は、夫が免れた危険を**想像する丈けで**、可なり激しい感動に襲はれた…」(菊池, 152/2, 真珠夫人)；が、ただ　**いらいら-する　だけで**、はっきりと　たしかめる　すべ-わ　すこしも　なかった「が、たゞ**いら〳〵する丈で**、ハツキリと確める術は、少しもなかつた」(菊池, 154/2, 真珠夫人)；(芥川, 7/3, 国語, 中学, 1[1], 32, 久米, 254/3, エソポ, 10/1も参照)。

しんいちろー-わ、ただ　せいねん-の　じょーはんしん-お　**だきおこして　いる　だけで**、どーにも　て-の　すけよー(ママ) - が　なかった「信一郎は、たゞ青年の上半身を**抱き起してゐるだけで**、何うにも手の付けやうがなかつた」(菊池, 145/2, 真珠夫人)(同様に、少年, 470/3)。

が、げいしゃ　や　ぼーぷーなどの　ねっしんに　**きいて　いる　だけでも**、なにか　きょーみ-の　ある　こと-らしかった「が、芸者や鴇婦(やりて)などの熱心に**聞いているだけでも**、何か興味のあることらしかった」(芥川, 350/1, 湖南の扇)。

ふとー-の　あたり-わ　あたらしい　あかれんが-の　せいよーかおく　や　やなぎ-なども　**みえる　だけに**　ほとんど　いいだがし-と　かわらなかった「埠頭のあたりは新しい赤煉瓦の西洋家屋や葉柳なども**見えるだけに**殆ど飯田河岸と変らなかつた」(芥川, 345/1–2, 湖南の扇)。

ぼくら-の　みぎに　つらなった　ちょーさ-も　しらかば　や　かわらやね-の　**ひかって　いる　だけに**　きのー-ほど　ゆーうつ-にわ　みえなかった「僕等の右に連つた長沙も白樺や瓦屋根の**光つてゐるだけに**きのふほど憂鬱には見えなかつた」(芥川, 346/3, 湖南の扇)。

ダケ［デ、デモ、ニ、ワ］の前では、先行時制の *-ta* 形式(芥川, 163/3, 167/1, 参照)と、*-te ita* 形式(芥川, 366/1, 参照)も見られる。

引用した資料からダケ［デ、デモ、ニ、ワ］の前の時制形式は相対的な意味で使われていることが分かる。

第Ⅵ部　補助語＋格接尾辞＋補助動詞タイプ：おわりの前の時制形式

61　おわり ヨーニ ナッタ[17] の前の時制形式

このおわりの前では非先行時制の形式に出会うことが非常に多い：だんだん　うつくしく　みがいた　もの-も　**つくられる　よーに　なった**「だん〳〵美しく磨いたものも**作られるやうになつた**」(読本, Ⅻ, 10)；よく　**てつだう　よーに　なった**(国語, 5[2], 3)；それから　この　おとこ-わ　えらい　ちょーじゃ-に　なって、いっしょー　らくな　くらし-お　する　こと-が　**できる　よーに　なった**

とゆー　こと-です「それから、この男—はえらい長者になって、一生楽な暮しをすることが**できるようになった**ということです」(昔話, 99, 夢を買う男)；はと-にわ　とれない　が、ひと-わ　その　ふた-さえ　あければ, すぐ　その　さら-お　**とりだせる　よーに　なって　いた**「鳩には取れないが、人は其蓋さへあければ, すぐ其皿を**取り出せるやうになつてゐた**」(久米, 249/1, 破船)；その　とき-にわ　もー　おっと-の　ほー-も、まえ-ほど　かのじょ-の　ぶんがくだん-お　**めずらしがらない　よーに　なって　いた**「その時にはもう夫の方も、前程彼女の文学談を**珍しがらないやうになつてゐた**」(芥川, 177/2, 秋)。

ヨーニ　ナッタ の前で、ときには *-ta* 形式にも出会う：すみだがわ-も　にごって　あく-お　**ながした　よーに　なりました**「隅田川も濁つて灰汁を**流したやうに成りました**」(藤村, 14/1, 生ひ立ちの記)。だが、このような例はまれである。

このおわりの前の *-te iru* 形式は見つかっていない。

62　おわり ヨーニ シタ の前の時制形式

このおわりは ヨーニ シ［テ］というなかどめ形で使われることが多い。ヨーニ シタ と ヨーニ シ［テ］の前には非先行時制の形式が見られる：つま-わ、りょーそで-お　**あわせる　よーに　し**、ひろい　すなはま-お　ふりかえって　いた「妻は、両袖を**合せるやうにし**、広い砂浜をふり返つてゐた」(芥川, 358/1, 年末の一日)；ぼく-わ、おかあさん-お　**ひっぱる　よーに　して**、つれて　きた(初等, II, 66)(同様に、荷風, 136/1, 171/3；芥川, 164/2, 久米, 258/2–3, 参照)；まいたかみ-お, わごむ-で　きりきりと　まいて、**うごかぬ　よーに　した**「巻いた紙を, 輪ゴムできり〳〵と巻いて、**動かぬやうにした**」(読本, VI, 51)；…みぬ　よーに　して…「…見ぬやうにして…」(荷風, 147/3, 新橋夜話)。

持続相と先行時制の形式は、このおわりの前では記録されていない。

63　おわり コト-ガ(-ワ、-モ、-ノ)デキ［ナカッ］タ の前の *-u* 形式

16–17 世紀のテキストでは、動作の可能性は コト-ガ ナルを使って表していた(もし、他の表示手段、例えば当時まだ生きていた接頭辞の *e-* を使わない場合)。つまり、デキルを含むおわりは比較的新しく、おそらく東日本方言から標準語に浸透したものだ。

このおわりの前で出会うのは、*-u* 形式だけである：すこし　むずかしかったが、のり-で、どーにか　**はりつける　こと-が　できた**(読本, VI, 51–52)(ここ

ではすでに発話時点までに完了した、一回の動作について語られている。といっても、このおわりの前に *-ta* 形式の動詞を置くことはできない。なぜなら、動作を行なう可能性は動作そのものの後にあるわけではなく、常に動作に先行するからである)；あたま-も　からだ-も　しん-わ　つかれて　いながら、なかなか **ねむる　こと-が　できなかった**「頭も体も心は疲れてゐながら、なかなか**眠る事が出来なかつた**」(志賀，7/1，暗夜行路)；ちゅーおー-の　ろーか-から　おく-の　にかい-え　**かよう　こと-も　でき**、だいどころ-の　ほー-え　**まわる　こと-も　できました**「中央の廊下から奥の二階へ**通ふことも出来**、台所の方へ**廻ることもできました**」(藤村，24/2，生ひ立ちの記)；わたし-わ　どぎも-お　ぬかれて、**なく　こと-も　できなかった**「私は度肝を抜かれて、**泣く事も出来なかつた**」(志賀，5/1，暗夜行路)。

検討中のおわりの前では、先行時制の形式、直説法以外のすべての法の形式が不可能である；またこのおわりの前での持続相の形式の使用例も一件も発見されなかった。

このおわりの中の補助的な動詞 デキル は、私の観察によれば、やはり持続相の形式では立つことができない。つぎにあげるのは、非常にまれな、またやや作為的な一例である：いまだに　わたし-わ　じぶん-の　いえ-え　やわらかな　くーき-お　**とりいれる　こと-も　できず-に　おります**(藤村，29/1)。もし動詞 デキル が持続相の形式で使われるのなら、ここには デキテ イナイ という形式がくるはずだろう。

64　おわり コト-ニ ナッタ の前の時制形式

「コト-ニ ナル は、動作が未来に成されることを示す」[83,288]。

このおわりの前では、*-u* 形式が非常にしばしば見られる：わたくしたち-わ、そこで　**やすむ　こと-に　なりました**(読本，V，29)；あやこさん-も、ひとばん-どまり-で　こやぎ-お　み-に、**つれて　いって　もらう　こと-に　なりました**(国語，2[2]，41)(同様に、昔話，37，58，59，64，75，98，参照)；つま-わ　まいにち，おもて-ざしき-の　まんなか-で　しょーじ-お　たてきって、みず-お　**あびる　こと-に　なって　いました**「妻はまい日，表座敷のまんなかで障子を立てきって、水を**浴びることになっていました**」(昔話，33，魚女房)；お-かみさん-にわ　ちかく　こども-が　**うまれる　こと-に　なって　いました**「お神さんには近く子供が**生まれることになっていました**」(昔話，69，山の神とほうき神)；(同様に、久米，247/2，251/3，252/1，参照)。

コト-ニ ナッタ の前で、*-nai* 形式を見ることもある：まくたんとー-とゆー　し

まーの　と(ママ)じんーわ、きょーぼーーだった　ため、ついに、これーと　せん(たたかい?)- お　まじえなければ　**ならない　ことーに　なった**(国語, 5[1], 133)

このポジションで、非常にまれではあるが、*-ta* 形式にも出会う：さも　ないかぎり、にこらいえるきんーが　はしょーふーきんーだとゆー　しょーめいーが　**なりたった　ことーにわ　なりません**(国語, 中学, 2[1], 178)。

65　おわり コトーニ シタ、コトーニ シテ イタ の前の *-u* 形式

動作は、それを行う決定に先行することは不可能なのだから、コトーニ シタ の前で使われるのは *-u* 形式だけである：しゅじん　と　めしつかいーとわ, しばらく　この　うちーに　**とまる　ことーに　しました**「主人と召使とは, しばらくこの家に**泊ることにしました**」(昔話, 73, 山の神とほうき神)；あやこさんーの　おかあーさんーわ、てつだいーに　**いく　ことーに　しました**(国語, 2[2], 41)(同様に、読本, Ⅳ, 75, 芥川, 8/3, 355/1, 386/2, 410/1, 429/1, 参照)。

コトーニ シテ イタ、また、ときおり コトーニ シタ(複数回の動作について述べられるとき)は、「習慣にしていた」「習慣があった」と訳すことができる：それーが　まいにち　かいしゃーから　かえって　くる　と、かならず　ばんめしごーの　なんじかんーかわ、のぶこーと　いっしょに　**すごす　ことーに　して　いた**「それが毎日会社から帰つて来ると、必ず晩飯後の何時間かは、信子と一緒に**過ごす事にしてゐた**」(芥川, 176/1, 秋)

文学的な翻訳においては、このような場合にこのおわりを特に何らかの言葉によって伝えなくともよい：そこで　おっとーの　るすーの　うちーだけ、いちにじかんーずつ　つくえーに　**むかう　ことーに　した**「そこで夫の留守の内だけ、一二時間づつ机に**向かふ事にした**」(芥川, 176/2, 秋)[xviii]。

動詞が、このおわりと共になかどめ述語として使われることもある：3 ねんーめーの　きょー、ここーで　**まちあわせる　ことーに　して**…べつべつに　**ゆく　ことーに　しました**「3 年目の今日、ここで**待ち合わせることにして**…別べつに**行くことにしました**」(昔話, 106, 三人の兄弟)(同様に、国語, 4[2], 9, 参照)

ときおり、コトーニ シタ の前で否定法の形式が用いられる：ぞくーわ、**せめよせない　ことーに　した**「賊は、**攻寄ないことにした**」(読本, Ⅵ, 75)。

66　おわり ワケーデ [ーワ、ーデワ] ナカッタ の前の時制形式[xix]

過去についての発話の中でのこのおわりの前では、たびたび非先行時制の形式が使われる：が、かれーの　きょーぐー　や　にくたいてき　えねるぎーーわ　こー

ゆー　こと-お　**ゆるす　わけ-わ　なかった**「彼の境遇や肉体的エネルギーはかう云ふことを**許す訳はなかつた**」(芥川，428/1，或阿呆の一生)；けれども、**つく　わけ-わ　ありません**(国語，2[3]，22)；もっとも、その　ころでも、てんもんがくしゃや　こーかいしゃ-の　なか-にわ、せかい-わ　まるい　もの-だ　とゆー　かんがえ-お　もって　いる　もの-が、まるで　**ない　わけ-でわ　なかった**(国語，5[1]，119)(同様に、国語，3[1]，93，参照)。

このおわりが「〜意味しない」の意味で用いられるときは、*-ta* 形式の使用もありうる：なにも、ものおと-が　**きこえて　きた　わけ-でわ　ありません**　が　…(国語，4［2］，129)。

67　おわり ワケ-ニワ イカナカッタ の前の時制形式

過去についての発話の中でのこの位置では、たいてい非先行時制の形式が用いられる：まいにち　むし　や　とり-などお　**おいかけて　いる　わけ-にわ　いきません**「毎日、虫や鳥などを**追いかけているわけにはいきません**」(国語，4[1]，45)。

このおわりの前では、直説法の形式よりも、否定法の *-nai* 形式がより頻繁に見られる：が、かのじょ-わ　おこりながらも　しゅんきち-の　ひにく　や　けいく-の　なか-に、なにか　けいべつ-できない　もの-お　**かんじない　わけ-にわ　ゆかなかった**「が、彼女は怒りながらも俊吉の皮肉や警句の中に、何か軽蔑できないものを**感じない訳には行かなかつた**」(芥川，174/2，秋)(同様に、芥川，414/1；久米，245/3，358/2，363/2，参照)。

68　おわり ハズ-ガ(-ワ、-モ)ナカッタ の前の時制形式

このおわりの前では、圧倒的多数の場合、非先行時制の形式が、後続の意味で用いられる：まして、すこし　はなれた　こや-の　なか-で、ひとり-の　しょーじょ-が、こじか-お　だいて、ふるえて　いる　こと-など、**わかる　はず-が　ありません-でした**「まして、少しはなれた小屋の中で、ひとりの少女が、子ジカをだいて、ふるえていることなど、**わかるはずがありませんでした**」(国語，4[2]，123)；すぐ　でんきぶれーき-お　かけ-さえ　すれば、けっして　**ころす　はず-わ　なかった-の　だ**「直ぐ電気ブレーキを掛けさへすれば、決して**殺すはずはなかつたのだ**」(志賀，142/2，正義派)。

このおわりの前では、非常にまれではあるが、*-ta* 形式も見られる：おや、こんな　ところ-に、いし-が　**あった　はず-が　ない**　がな「おや、こんなところに、

石が**あったはずがない**がな」(昔話, 94, 天ぶくと地ぶく)。

ハズの前では、否定形も用いられる：もちろん　まっち-も　**うらない　はず-わない**(芥川, 330/1, あばばばば)；「勿論マッチも**売らない筈はない**」(ここでは、二重の否定が必然性を強調している)：ところ-が、どーした-のか、**おちねば　ならぬ　はず**-の　だいに-の　きゅーじょあみ-が　おちずに…「所が、どうしたのか、**落ちねばならぬ筈**の第二の救助網が落ちずに…」(志賀, 141/2, 正義派)(ここでは、必然性が2度表現されている：ハズ そのものと、その前にある動詞の分析的形式とによって)。

ときとして、ハズ は潜在的な意味をもつ：その　うえ、うんてんしゅ-の　つみ-お、いくら　こわだか-に　さけんで-も、せいねん-の　**よみがえる　はず-もなかった**「その上、運転手の罪を、幾何声高に叫んでも、青年の**甦る筈もなかつた**」(菊池, 150/3, 真珠夫人)。

ハズ の前には *-te iru* 形式も可能である(実篤, 299/1–2,307/1, 参照)。

第Ⅶ部　補助語＋前に述べられた述語素(プレディカティヴ)を代行するむすびタイプ：おわりの前の時制形式

多くの付属語は、むすび(あるいは存在の動詞 アル)と共にそれぞれ独特のおわりを形成する。これらと、ここまでに検討したおわりとの違いは、これらの前の時制形式がむすびとの時間的関係を表すのは、むすびが何らかの過程または性質を意味する場合だけだという点にある。そして、これが起こり得るのは、むすびが独立した意味を表している動詞あるいは形容詞の代行をしている場合だけである[18]。

69　おわり：ホド＋むすび の前の時制形式

もし、このおわりのむすびが前に述べられた述語素を代行しているなら、ホドの前の過去についての発話の中では、直説法と否定法の非先行時制の形式にしばしば出会う：はやし-わ、かれ-の　あしおと-に　なりどよんだ。それ-わ　こずえ-に　すくった　りす-も、ばらばらと　だいち-え　**おちる　ほど-で　あった**「林は、彼の足音に鳴りどよんだ。それは梢に巣食つた栗鼠も、ばらばらと大地へ**落ちる程であつた**」(芥川, 295/3, 老いたる素戔嗚尊)。この例の第2の文では、むすび *-de atta* の代わりに、動詞 ナリドヨンダ を繰り返すこともできただろう。動詞 オチル は *-u* 形式であるが、それは動詞 ナリドヨンダ またはその代理のむすび アッタ に対して後続の動作を意味するからである。

このポジションのむすびは形容詞の代わりをすることもできる：むらさき-しき

ぶ-わ、こども-の　とき-から　ひじょーに　りこー-でした。あに-が　しき-お　よんで　いる-の-お、そば-で　じっと　きいて　いて、あに-より　さきに　**おぼえて　しまう　ほど-でした**「紫式部は、子供の時から非常にりこうでした。兄が史記を読んでゐるのを、そばでじつと聞いてゐて、兄より先に**覚えてしまふ程でした**」(読本, XI, 13)；としより-に　にず　め-だけわ　ひと-いちばい、たっしゃ-だった。ランプ-の　ひかり-で　しんぶん-お　めがね-なしに　へいき-で　よむ　こと-が　**できた　ほど-で　あった**「老齢に似ず眼だけは人一倍、達者だつた。ランプの光で新聞を眼鏡なしに平気で読むことが**できたほどであつた**」(吉田, 5/3, 父)。

ときおり、ホドの後に置けるであろう形容詞が、その文の先頭に出て名詞化し、その形容詞の(あったかもしれない)位置にむすびが来ることもある：その　せいきゅーな　こと-わ、なべ-に　しかけた　いも-でも　にんじん-でも　じゅーぶん　にえる-のお　**まって　いられない　とゆー　ほど-でした**「その性急なことは、鍋に仕掛けた芋でも人参でも十分煮えるのを**待つて居られないといふ程でした**」(藤村, 19/3, 生ひ立ちの記)。

ときには、ホド の後に置けるであろう動詞も文頭近くに置かれ、その(動詞があったかもしれない)位置にやはりむすびが来ることもある：わたし-の　しゅーい-にわ　むろん　**あゆ-お　ていする**　ともがら-も　ある　ので、この　とーじ　わたし-わ　まったく　じぶん-に　たいする　さんじ-より　ほか-にわ、ほとんど　なんにも　きく　こと-が　**できない　ほど-でした**「私の周囲には無論**阿諛を呈する**輩もあるので、此の当時私は全く自分に対する讃辞より以外(ほか)には、殆ど何も聞く事が**出来ない程でした**」(荷風, 186/2, あめりか物語)。このような動詞は名詞化することもある：ちちおや-と　ははおや-の　**よろこび-わ**、はなし-にも　むかしばなし-にも　**ない　ほど-でした**「父親と母親の**喜びは**、話にも昔ばなしにも**ないほどでした**」(昔話, 23, たにし長者)。

これらの例から分かるように、このおわり(ホド＋むすび)の前の *-u* 形式と-ナイ形式は純粋に相対的な意味で使われている。

ホド の後には存在の動詞 アル が立つこともある。その際も、ホド の前の非先行時制形の意味は、相対的のままである：ちょーじゃどの-の　おとめ-の　よめいりどーぐ-は、ななとー-の　うま-にも　**つけきれない　ほど　ありました**「長者どののおと娘の嫁入道具は、七頭の馬にも**つけきれないほどありました**」(昔話, 20, たにし長者)；てにもつ-も　**ありあまる　ほど　ありました**「手荷物も**ありあまるほどありました**」(同前)。しかし、ここで動詞 アリマシタ が他の動詞を代行しているとは言えない。このような場合、存在の動詞は決して補助動詞ではない；だから、ホドのこのような用法はつなぎ的なものに近い(類似の例が 20 節で検討されている)。

70　おわり：タメ＋むすび の前の時制形式

もし、つなぎ単語 タメ が目的の意味で使われていて、前に述べられた動詞を代行するむすびの前にあるなら、タメの前では過去についての発話の中であっても通常非先行時制の形式が用いられる：しかし　ぼく-の　まんねんひつ-お　ぬすんだ-のわ　―こども-の　おもちゃ-に　**する　ため-だった**-の　でしょー「しかし僕の万年筆を盗んだのは　―子供の玩具に**するためだつた**のでせう」(芥川，388/3，河童)(同様に、芥川，288/3)。

過去についての発話の中で、理由の意味の タメ の前でもやはり非先行時制の形式に出会うことが少なくない：かれ-わ　この　ともだち-に　いつも　ある　したしみ-お　かんじて　いた。それ-わ　かれ-にわ　この　ともだち-の　こどく-の、―けいかいな　かめん-の　した-に　ある　こどく-の　ひと　いちばい　み-に　しみて　**わかる　ため-だった**「彼はこの友だちにいつも或親しみを感じてゐた。それは彼にはこの友だちの孤独の、―軽快な仮面の下にある孤独の人一倍身にしみて**わかるためだつた**」(芥川，429/1，或阿呆の一生)；が、とにかく　お-すみ-の　いけん-わ　かのじょ-じしん-の　みみ-にさえ　もっともらしい　ひびき-お　つたえなかった。それ-わ　だいいち-に　かのじょ-の　ほんね、―つまり　かのじょ-の　らく-に　なりたさ-お　もちだす　こと-の　**できない　ため-だった**「が、兎に角お住の意見は彼女自身の耳にさへ尤もらしい響きを伝へなかつた。それは第一に彼女の本音、―つまり彼女の楽になりたさを持ち出すことの**出来ない為だつた**」(芥川，300/2，一塊の土)。

もし、タメ の前にある動詞で表された動作が、むすびによって表された動作の前に行われたのなら、その動詞は *-ta* 形式をとる：ぼく-わ　ちょっと　みみ-おすました。それ-わ　このごろ-の　ぼく-に　おーい　さっかく　か　と　**おもった　ため-だった**「僕はちよつと耳を澄ました。それはこの頃の僕に多い錯覚かと**思つた為だつた**」(芥川，357/2，蜃気楼)。

検討された資料から分かるように、タメ-ダッタ の前の時制形式の使用は純粋に相対的である。

71　おわり：カラ＋むすび の前の時制形式

おわり カラ-ダッタ は、おわり タメ-ダッタ とほとんど同義である。ここでも、むすびは常に前に述べられた動詞を代行する。おわり カラ-ダッタ の前の時制形式の使用は純粋に相対的である：はつか-いじょー-も　くるしんだ　たいびょー-お　ちょーきち-わ　もっけ-の　さいわい-で　あった　と　よろこんで　いる。とても　らいげつ-の　がくねんしけん-にわ　きゅーだい-する　みこみ-が　ない　と　おもって　いた　ところ-な　ので、びょーき-けっせき-の　あと-と　いえば、らくだい-しても　はは-に　たいして　もっとも　しごくな　もーしわけ-が　できる　と　**おもう　から-で　あった**「二十日以上も苦しんだ大病を長吉はもつけの幸ひであつたと喜んでゐる。とても来月の学年試験には及第する見込みがないと思つてゐた処なので、病気欠席の後と云へば、落第しても母に対して尤至極な申訳ができると**思ふからであつた**」(荷風，165/1，すみだ川)。；いつしか　ふたり-わ　なかよし-に　なって　しまいました。ふたり-わ　ほか-に　はなし-お　する　あいて-も　なく　**たいくつ-で　あった　から-で　あります**。そして、はる-の　ひ-わ　ながく、うららかに、あたま-の　うえ-に　**てりかがやいて　いる　から-で　ありました**「いつしか二人は仲よしになつてしまひました。二人は、ほかに話をする相手もなく**退屈であつたからであります**。そして、春の日は長く、麗かに、頭の上に**照り輝いてゐるからでありました**」(少年，279/1，野薔薇)。

72　おわり：限定小詞＋むすび の前の時制形式

おわり ホド-ダッタ、タメ-ダッタ、カラ-ダッタ のむすびは常に(あるいはほとんど常に)前に述べられた述語素の代わりに使われているが、検討中のおわりではそういう場合はわずかである。発見された少数の例においては、時制の使用はやはり相対的である：どこ-から　ばしゃ-に　のった　か　とゆー　こと-も、はっきりとわ　きおく-しません。ただ、まえ-の　ほー-え　とっしん-する　ばしゃ-と　…ときどき　ばてい-の　ふきならす　らっぱ-と　むま-お　はげます　こえ-と　…はげしく　ゆすれる　わたしたち-の　からだ-とが　**ある　ばかり-でした**「何処から馬車に乗つたかといふことも、はつきりとは記憶しません。唯、前のほうへ突進する馬車と　…時々馬丁の吹き鳴らす喇叭と馬を勵ます声と　…激しく動揺れる私達の身体とが**あるばかりでした**」(藤村，15/3，生ひ立ちの記)。ここでむすび デシタ は キオク-シマシタ の代わりに、つまり先行する文の述語である動詞の代わりに使われている。その際、その動詞が キオク-シマセン という否定法の非先行時制形式をもっているという事は代行のさまたげになっていない。つまり、むすびは前出の述語素の語彙素のみを代行しているわけだ。むすびの文法的カテゴリーは、代行される単語のカテゴリーと一致しないこともあるのだ。

73 おわり：クライ＋むすび の前の時制形式

このおわりは、「文末で、伝達内容の重要性を示す；翻訳されない」[83,299]。このおわりの前では、非先行時制の形式が見られる：そーゆー ことば-わ… たれ-の くち-からも **でる くらい-だった**「さう云ふ言葉は…誰の口からも**出る位だつた**」(芥川, 301/3, 一塊の土)；その こえ-にわ わたし-わ **ききと**(ママ「ほ」の誤りか？)**れる くらい-でした**「その声には私は **聞き恍れる位でした**」(藤村, 18/1, 生ひ立ちの記)；まち-お とーる はやりうた-なぞわ いちど きけば すぐに **きおく-する くらい-で あった**「町を通る流行唄なぞは一度聴けば直ぐに**記憶する位であつた**」(荷風, 162/1, すみだ川)；おじさん-の うち-でわ、にわ-いっぱい もみ-が ほして あって、あし-の ふみば-も **ない くらい-でした**(読本, IV, 47–48)；わたし-の おぼえて-からわ、おく-の へや-などわ とくべつ-の きゃく-でも ある とき-より ほか-わ **つかわない くらい-でした**「私の覚えてからは、奥の部屋などは特別の客でもある時より外は**使はない位でした**」(藤村, 8/3, 生ひ立ちの記)。

検討中のこのおわりの前では持続相の形式にも出会う：かれ-わ あの だいに-の はこ-お, ただ-で あけた こと-に さえ、いっしゅ-の き-の とがめ-お **かんじて いる くらい-だった** から…「彼はあの第二の箱を, 只で開けた事にさへ、一種の気の咎めを**感じてゐる位だつた**から…」(久米, 250/3, 破船)。

クライの後のむすびは、前に出された動詞(または形容詞)を、直接でなくとも、何らかの程度で間接的に繰り返す：けれども、うすくて、ぬった か ぬらない か **わからない くらい-でした**(国語, 2[3], 17)；あくる ひ、れなーど-わ、いちにちじゅー、おちつかず、もり-の ほー-ばかり き-に した(ママ「て」の誤りか？) いました。だいすきな ちゅーいんがむ-も、あまり **ほしがらない くらい-でした**「あくる日、レナードは、一日じゅう、おちつかず、森のほうばかり気にしていました。だいすきなチュウイング＝ガムも、あまり**ほしがらないくらいでした**」(国語, 4[2], 129)。

このおわりの前では *-ta* 形式が使われることもある：お-しもばー-わ わたし-お かわいがって くれました から、わたし-も あそび-に ゆきゆき-しまして、なかば じぶん-の いえ-の よーに こころやすく **おもった くらい-でした**「お霜婆は私を可愛がつて呉れましたから、私も遊びに行き行きしまして、半ば自分の家のやうに心易く**思つた位でした**」(藤村, 9/2, 生ひ立ちの記)。ここでは クライ の前の *-ta* 形式が、始まりの先行を示している(語り手は述べられた時点よりもずっと前からお霜のところへたびたび行っている)。

クライ-ダッタ の前の時制の使用は相対的である、なぜなら、むすびを完全な意味を表している動詞や形容詞、あるいはひとまとまりの語結合によって置き換えることができるからだ。

第Ⅷ部　（「時」の意味をもつ）名詞＋むすび タイプ：おわりの前の時制形式

74　おわり：コロ＋むすび の前の時制形式

このようなおわりは名詞述語である；それに対応する主語はやはり時を表す単語のことがある：その-ころ-わ　ちょーど　むしゃこーじ-さねあつし-が、まさに ぱるなさす-の　ちょーじょー-え　たとー　と　**して　いる　ころ-だった**「その頃は丁度武者小路実篤氏が、将にパルナサスの頂上へ立たうと**してゐる頃だつた**」（芥川，161/1，あの頃の自分の事）。

だが、もちろん同じ単語を一文中で繰り返すのは望ましくない。もし、コロ（主語）の前に規定の文があるなら、コロは名詞化の接尾辞 *-no* に置き換えられる：したがって、いえ-に　かえって　くる-のわ　いつも　でんとー-の　**ともる　ころ-だった**「従つて家に帰つて来るのはいつも電灯の**ともる頃だつた**」（芥川，363/2，玄鶴山房）[19]。

ときには、時を直接的にではなく、間接的に示す単語が、主語になっていることがある：ちょーけい-の　けっこん-わ　よーやく　わたし-が　**ものごころずく ころ-でした**「長兄の結婚は漸く私が**物心づく頃でした**」（藤村，6/3，生ひ立ちの記）。

だが、たいてい、コロ　ダッタのある文には主語がないものだ：いず-はんとー-の　とし-の　くれ-だ（ママ）。ひ-が　はいって　ふーぶつ　すべて-が　あおみ-お　おびて　**みられる　ころ-だった**「伊豆半島の年の暮れだつた。日が入って風物総てが青味を帯びて**見られる頃だつた**」（志賀，301/1，真鶴）。

このⅧ部で検討される時間的関係の特徴は、おわりの前に立つ述語素の時間が、むすびの時間とではなく、おわりの名詞部分によって表される期間と相関関係をもつということである。もし、この期間までに動作（または状態）が中断されなかったなら、非先行時制の形式が適用される：ちち-が　えんがわ-から　おちた-の-わ　ちょーど、かじば-の　まえ-の　もも-の　はな-が　**さいて　いる　ころ-であった**「父が縁側から落ちたのは恰度、鍛冶場の前の桃の花が**咲いてゐるころであつた**」（吉田，25/2，父）（前に挙げた例も参照のこと）；まだ　りょーけん-などおつかう　こと-の　**はやらぬ　ころ-だった**「まだ猟犬などを使ふことの**はやらぬころだつた**」（吉田，5/3，父）。

もし、話題になっている時までに、コロ の前にある動詞で表される動作が終了していたなら、この動詞は *-ta* 形式をとる：それ-から　ひととき-ばかり　**たった　ころ-です**「それから一時ばかり**たつた頃です**」(芥川，283/3，報恩記)；むぎ-の　ほ-が　きいろに　**うれて　いた　ころ-で　あった**「麦の穂が黄色に**熟れてゐたころであつた**」(ここでは、コロ が、これらの動作が起こった後に到来した時期を意味している)(吉田，14/2，父)。

-ta 形式は、始まりの先行を示すこともある：えいせい-しそー-が　**はったつ-しなかった　ころ　だった**　ので、むらじゅー　ほとんど　けんべつ-に　ひとびと-わ　えきびょー-に　とりつかれて　しまった「衛生思想が**発達しなかつたころだつた**ので、村中ほとんど軒別に人々は疫病にとりつかれてしまつた」(吉田，13/1，父)。この文では、ハッタツ-シナカッタ という動詞が、先行時制の形式で立ち、語られている時期のずっと前から(ハッタツ-スルという)動作が起こっていなかったことを表している。

75　おわり：トキ＋むすび の前の時制形式

このおわりの中で、トキ はそれについて述べられている時間を意味する。もしトキ の前に立つ動詞がこの期間にも続いている動作を表すなら、動詞は非先行時制の形式をとる：め-の　ほそい　じょちゅー-も　なかまいり-お　して、ぐんしけん-の　**あそび-お　する　とき-で　あった**「眼の細い女中も仲間入りをして、軍師拳の**遊びをする時であつた**」(志賀，12/1，暗夜行路)；いよいよ　うえ-の　あね-が　かなざわ-え　**かえる　とき-で　あった**「いよ〳〵上の姉が金沢へ**かへる時であつた**」(吉田，25/1，父)。

トキ の前に立つ動詞がこの期間までに終了した動作を意味する場合は、その動詞は先行時制の形式をとる：にばんめ-の　あね-が　かなざわ-から　とーい　たび-お　して、ちち-お　みまい-に　**きた　とき-で　あった**「二番目の姉が金沢から遠い旅をして、父を見舞に**来た時であつた**」(同前)；しま-に　すんで　いる　ふたり-の　どじん-が、なんせん-から　すくわれて、ある　みなと-に　**ついた　とき-で　ありました**「島に住んでゐる二人の土人が、難船から救はれて、ある港に**着いたときでありました**」(少年，281/1，幸福に暮らした二人)。

過去についての発話で、トキ-デ の後のむすびは非先行時制形式になることもある：ついに　さいご-の　きかい-が　とーらい-した。それ-わ　がっこー-の　どーきゅーかい-から…　はがき-の　**きた　とき-で　ある**「遂に最後の機会が到来した。それは学校の同級会から…　葉書の**来た時である**」(荷風，145/1–2，新橋夜話)。

見たところ、*-ta* 形式のむすびは、問題になっている時間が、次の文（ときには前の文）で述べられる動作が始まった時点までにいくらか過ぎてしまっていることを示しているようだ。例えば、キタ の後のおわり トキ-デ アッタ（上の例を参照）の使用は、キタ という動作が、次の文で述べられる話に直接先行するのではなく、いくらかの時間間隔によって隔てられているということで説明できる。一方、トキ-デ アル をもつ用例（そこでは、*-u* 形式のむすびが トーライ-シタ という動詞、つまり異なる時制形式の代行をしている）では、トキ という語で表された期間は始まったばかりである。この期間の始まりと、次の動作の始まりとの間には大事なことは何も起きていない。

さらに2つ、異なる時制のむすびをもつ文を比べてみよう：がくげいかい-の　あとかたづけ-お　**して　いた　とき-で　ある**（国語，2[3]，58）。ここで語られているのは、シテ　イタ という動作がすでに終了した後に始まった時間についてである；この時間がすでにいくらか経過していることを *-ta* 形式のむすびが示している。そしん-わ　あめ-に　ぬれて、さむくて　からだ-が　ふるえて　おり、どこか-え　さけたい　と　**おもって　おった　とき-だ**　から、ふかく-も　とわず　ゆく　こと-に　した「素臣は雨にぬれて、寒くて身体がふるへて居り、何処かへ避けたいと**思つて居つた時だ**から、深くも問はず行くことにした」（野叟曝言，7–8）。この文では、持続相の形式 オモッテ オッタ が先行性—動作の中断（招待を受けて、そしんは隠れることについて考えるのをやめた）を示している。*-te otta* の形式はここで大過去の意味ももっている（素臣は招待されるまで雨を避けたいと思っていた。それについてはここまでに語られている。先行する文の中で動作を表している動詞がここでは *-da* というむすびに置き換えられている）。

検討中のこのおわり（トキ＋むすび）の前では否定法の形式にも出会う：わたし-わ、ごがつ　むいか-の　あさ　たずねた-の-だ　から、まだ　とーぞく-の　**こなかった　とき　だった**「私は、五月六日の朝尋ねたのだから、未だ盗賊の**来なかつた時だつた**」（野叟曝言，150）。コナカッタ という形式は、後にその動作が起こったということを示しているようである。

このおわりの前の時制の用法は純粋に相対的である。しかし、トキ がこのようなおわりの中で見られるのは、つなぎの役割においてよりもはるかにまれである。

76　おわり：ジブン（時分）＋むすび の前の時制形式

ジブン という単語は漢語の語根から形成されており、古くから日本語に入っている。おわりの中の ジブン はすでに16世紀のテキストに見られる：どこ-でがな　へんぽー-を　しょー　と　**をもい　いる　じぶん-で　あった**「どこでがな返報をせうと**思ひゐる時分であった**」(エソポ, 421)。

このおわりの前での時制形式の、同じ相対的使用は現代語にも見られる：あき-の　すえ　か　ふゆ-の　はじめ　か、その　へん-の　きおく-わ　はっきり-しない。とにかく　がっこー-え　かよう　のに　おーばーこーと-お　**ひっかける　じぶん　だった**「秋の末か冬の初か、その辺の記憶ははつきりしない。兎に角学校へ通ふのにオオヴァ・コオトを**ひつかける時分だつた**」(芥川, 340/1, 保吉の手帳から)。それでも、はま-で　あう　すべて-の　しょーじょ-に　なつかしさ-お　**おぼえる　じぶん-で　あった**「それでも, 浜で会う総ての少女になつかしさを**覚える時分であつた**」(広津, 7/1, 波の上)。

しかし、このポジションの ジブン は、文と文との間にあるものよりはるかにまれである。

77　おわり：トコロ＋むすび の前の時制形式

トコロは、むすびの前ポジションでは「たった今」「ちょうどその時」といった意味を表す(純空間的な意味を保っていないなら)。

このおわりは、まだ少ないながら、すでに狂言の中に見られる：きょー-わ　やま-の　そーだん　きわめましょー　と　ぞんじ、よび-に　**しんずる　ところ-で　ござった**「今日は山の相談極めませうと存じ、呼びに**進ずる処でござつた**」(狂言記, II, 103)。

現代語において、このポジションでは時制形式は相対的な意味で使われる：みず-が　ひいたので、やっと　いま　**かえって　きた　ところ-です**「水が退いたので、やつと今**帰つて来た所です**」(野叟曝言, 30)(野叟曝言, 125 も参照)；にーさん-の　おかえり-が、いま　ひとあし　おそかったら、わたしども-わ　**やけしぬ　ところ-でした**「兄さんのお帰りが、今一足遅かつたら、私共は**焼け死ぬ所でした**」(野叟曝言, 44)；にちきょーくん、きみ-わ　どーして　ぺきん-に　**ゆく　ところ-だった**-の　か「日京君、君はどうして北京に**行く処だった**のか」(野叟曝言, 171)；りゅーくん-わ　けが-お　して、ぼく　ひとりで　**こまって　おった　ところ-だ**　から、わざわい-お　てんじて　ふく-と　なした　よーな　もの-だ「劉君は怪我をして、僕一人で**困つて居つたところだ**から、禍を転じて福と為した様なものだ」(野叟曝言, 173)；ははさま-も　まえ-から　そー　**おもって　いた　ところ-です**「母さまも前からそう**思っていたところです**」(昔話, 27, 手なし娘)。直前の 2 例では、おわりの前の述語の形式は始まりの先行を意味する。次の例と比較せよ；かみゆいさん-が、いっしょーけんめいに、ねーさん-の　お-したく-お　**して　いる　ところ-だった**「髪結さんが、一生けんめいに、ねえさんのお支度を**し**

てゐるところだつた」(読本, XI, 39)(ここでは同時性が表わされている)；にわはき-が　ひとり　ほしい　と　**おもーて　いた　ところ-だ**「庭はきが一人ほしいと**思うていたところだ**」(昔話, 98, 夢を買うた男)(動作の中断)。しかし：いっしゅーかんめ-に　かろく-わ　しんぱい-に　なって、とだな-お　あけて　みました。ところ-が、いっぱ-の　つる-が　…、じぶん-の　ほそい　はね-お　ぬいて　たんもの-お　おって、ちょーど　**おりあげた　ところ-でした**「一週間目に嘉六は心配になって、戸棚をあけて見ました。ところが、一羽の鶴が　…、自分の細い羽根を抜いて反物を織って、ちょうど**織りあげたところでした**」(昔話, 38, 鶴女房)(ここでは、オリアゲタ の形式は、終わりの先行を表わしているが、デシタ の形式は—始まりの先行を表わしている)。

ときには、トコロ がこのポジションでも空間的な意味を完全に保っていることがある：どーして　こんな　ひと-が　おば-の　いえ-お　かりて　いた-の-か、かいもく　わたし-にわ　わかりません-でした　が、とにかく　むら-の　だんなしゅー-が　よく　**あつまる　ところ-でわ　ありました**：「どうして斯様人が叔母の家を借りて居たのか、皆目私には解りませんでしたが、兎に角村の旦那衆がよく**集まるところではありました**」(藤村, 9/1, 生ひ立ちの記)。

このおわりの特徴は、トコロの後のむすびが通常何らかの完全な意味の動詞の代理ではないということ、また、(時の意味での)トコロ-ダッタ を述語とする文には主語がないということである。

まとめ

つなぎ要素の前の時制形式の用法の研究は、次のことを示した：

1. つなぎ要素の前に立つ時制形式の選択は、つなぎ要素の構成や起源には左右されない。

2. 現代日本語の多数のつなぎ要素は2つのグループに分けられる。一方は、一定の時間的な意味——先行性、同時性、あるいは将来性の意味——をもち、どれか1つの時制形式の後でのみ使われるつなぎ要素。他方は、不定の時間的意味をもち(あるいは時間的意味をまったくもたず)、同一の時間的断片についての発話のなかでも、すべての時制形式のあとにつづくことができる。

3. 現代語のつなぎ要素のうち14箇は**非先行時制**の形式の後でのみ見られる。これはそれらの共通な意味——**同時性**——によって説明できる。

4. **将来性(後続性)**という共通の意味をもつ6つのつなぎ要素は、やはり**非先行時制の形式**の後でのみ適用される。

5. *-ta* でおわる先行時制のかたちをつかう例が過去についての発話のなかでさ

え、同時性あるいは後続性の意味をもつつなぎ要素の前にない理由は、これらの意味が *-ta* 形式の時制的な意味と矛盾するからではないか。もし *-ta* 形式が過去時制の意味をもっているとしたら、このような矛盾はなく、「*-ta* 形式＋同時性または後続性を意味するつなぎ」という構成が過去についての発話の中で使われるはずである。

6.「〜の後で」の意味をもつつなぎ要素の前ではほとんどの場合、未来についての発話の中でさえ、*-ta* 形式が使われる。つまり、この形式の意味は、**先行性**を表すつなぎ要素の意味と矛盾しないということだ。もし、*-ta* 形式が過去時制を表すなら、それは未来についての発話の中では用いられないだろう。

7. これらすべてが語っているのは、一定の時間的意味をもつつなぎ要素の前の時制形式の使用は、それらが表す**プロセスの発話時にたいする関係にはまったく左右されない**ということである（同様の現象がナーナイ語と満州語でも指摘されている）。

8. 条件・時間、譲歩あるいは原因の広い意味をもつつなぎ要素の前で、過去についての発話の中でさえ、非先行時制の形式が見られるが、それはその形式によって表されるプロセスが、主文（または後続の従属文）の述語が表すプロセスに先行しない場合である[20]。

だがもし、そのようなつなぎ要素の前の動詞が表すプロセスが、次に述べられるプロセスに先行するのなら、その動詞は、未来についての発話の中であっても、先行時制形の *-ta* 形式で使われる。

9. この5章において、つなぎ要素の前の時制形式の使用は、述語の形式で表される時制的な意味の喪失によっては説明できないことが示された。この統語的ポジションでの現代日本語のいいおわりの時制形式の意味は**純粋に相対的**である。つまり、なかどめ形の意味（が相対的であるのと）とまったく同じである（3章を参照）。

10. この章で、時制形式の使用はその相対的な意味に従うという規則を明らかにしたが、一見それに反するものがある。例えば、*-ta* 形式が、次に述べられる動作の始まりまでに本質的には終わっていない動作についての発話で使用されることなどである。それは次のように説明される：

a）*-ta* 形式は、動作の終わりが次の動作の始まりに先行するという意味も、第一の動作の**始まり**が第二の動作の動作の**始まり**に先行するという意味も表す。つまり**先行性一般**を表す。

b）*-ta* 形式は、次の動作の始まりまでに最後までやり遂げた動作だけでなく、**中断された**動作も表す。

c）特別な統語的ポジションがある（特に、コト-ガ アル 型のいくつかのおわりの前）。そこでは *-u* 形式の意味も *-ta* 形式の意味も、相対的でも絶対的でもない[21]。

11. 時制形式は：付属語＋格接尾辞＋補助動詞というタイプのおわりの前で純粋な相対的意味をもつ。

12. 同一の時制形式でも法と相が異なれば、同じつなぎ要素の前でさえ用法が異なる場合があった。特に：

a) **推量法と疑惑法**の形式はこのポジションで（つなぎ ガ の前のポジションを除き）、ほとんど使用されなくなった；

b) **命令法**の形式もこのポジションではきわめてまれである。また**希求法**の形式はただ少数のつなぎ要素の前でしか見られない；

c) **持続相**の形式は、将来性（後続性）を表すつなぎ要素の前では使われない。同様に、第一の動作がちょうど始まったときの、第二の動作の瞬間的な発生を意味するつなぎ要素の前でも使われない[22]。

d) **否定法**の形式もやはり多くのつなぎ要素やおわりの前で用いられない（例えば、コト-ガ デキル の前で）。これは、否定形が特別な法を形成することの補足的な証拠になり得る［形態論的な組成と意味だけでなく使用（結合可能性）においても、否定形式は直説法の形式と異なっているから］。

13. 時制形式とモーダルな形式の適用は、いくつかのつなぎ小詞の性質をある程度説明する。例えば、つなぎガ の前ではすべてのいいおわりの時制形式が使われるが、つなぎ小詞 ガ ハヤイ カ の前では *-u* 形式だけが使われる。つまり、ガ ハヤイ カ は、日本の言語学者たちがおそらく考えているような、自由な語結合ではないということだ（彼らの文法研究ではこのような語結合は無視されている）。

14. 調査された資料はまた、日本語がこの数世紀の間に、文と文とのつながりのさまざまなニュアンスを表現するための多数の手段によって豊かになったことを示した。16–17世紀の言葉には、現代のつなぎ要素の中の多くのものが、あるいはやっと現れたばかりであり（ト、ケレド［モ］、カラ、ノデ、ノニ）、あるいは今よりずっと少なく使われていた。文と文とのつながりを表したのは、なかどめの形式か、条件-時制-理由の意味が未分化な（ホドニ　などの）つなぎであった。

注

1　同様のつながりはモンゴル語にも見られるとГ.Д. サンジェエフ教授が指摘している：「共同格の形動詞・未来は、別の動作がそれと同時に起こるか、あるいはむすびつくような動作を表す…」［105,187］

2　一般的な動作とは（多くの主体による多数回の動作と違って）、ここでもこの後でも、普通多くの主体によって一度だけなされる動作を指すこととする。例えば：《Когда распускаются почки ...（複数の）つぼみが開くとき…》

3 過去についての発話の中でつなぎの前にある非先行時制形式は、ロシア語には過去形で翻訳される。

4 しょーじ ―日本家屋の部屋の開閉するしきり（壁）。

5 げた―木のはきもの。

6 他の版では、この文で ヤイナヤ の代わりにつなぎの トイナヤ が使われている。

7 *-u* 形式の後には **カ イナ カ** の結合も見られるが、これはつなぎの意味をもたず、また明確な単一性があるわけでもない：…それ - が　はたして　だいがっこー - の　せいと - で　ある　か　いな　か - わ　わからぬ - ながら…「…それが果して大学校の生徒である**か否か**は分らぬながら」（荷風，170/3，すみだ川）。

8 ふじん - の　くる - の - お　**まつ　ま** - わ　かなり　ながかった（久米，359/1，破船）「夫人の来るのを**待つ**間は可なり長かつた」のような文中の「間」は自立的な名詞である。

9 ご―チェッカーのようなあそび。

10 かっぱ―空想的な水の精。

11 16-17 世紀のテキストの中で、主文の末尾に広く用いられているマデ（ほとんどがマデイ［ニの誤りか］の形で）をつなぎと考えてはならない［123,221-222 参照］。

12 ごくまれであるが、マデ が末尾に来て主語節を作る場合、マデ の後に主格の接尾辞のガが付くことがある：この　かき - の　き - の　ある　ところ - から…。おもや - の　かってぐち - え　**ゆく　まで - が**，かのじょ - の　みずくみ - に　かよう　みち - でした「斯の柿の樹のあるところから…。母屋の勝手口へ**行くまでが**，彼女の水汲に通う道でした（藤村，11/3，生ひ立ちの記）」。このような場合の マデ はつなぎではなく、限界格の接尾辞である。次のような文中の マデ もつなぎの意味をもっていない：ただ，むし - が　すかなかった　**まで - です**「唯，虫が好かなかつた**までです**」（藤村，31/2，生ひ立ちの記）。

13 あしだ―木製のはきもの。

14 あわせ―きもののような衣類。

15 近代日本語の推量法形式の使用とロシア語の接続法形式の使用とのあいだには何ら類似性はない。ロシア語で接続法形式が用いられている場合の大部分で、近代日本語では直説法が用いられる：さしまえ - が　**ある　ならば**，きゃつ - を　しとめとー　ござる　が，たのーだ　ひと - に　しとめさしぇましょー：「さしまへが**あるならば**，彼奴を為留めたうござるが，頼うだ人に為留めさせませう」（狂言記，Ⅰ，18）［ロシア語訳：もしも私が剣をもっていたとしたら、私がとどめをさすであろうが…］。

16 はおり―日本ふうのはおるうわぎ。

17 第Ⅳ部で検討されるおわりはすべて *-u* 形式の動詞とともに用いることもできるが、ここでもこの先のパラグラフでも補助動詞は（「ナッタ」のように）*-ta* 形式で示される。

18 もし、むすびが一種の代理的な動詞ではなく、前に述べられた述語素の代行をしていないなら、そのようなおわりの前の動詞形式は相対的な時制的意味をもち得ない。しかし、それらの意味を絶対的とみなしてはならない。もしも、それらが絶対的であるとしたら、過去についての発話の中では、「動詞＋補助語（または小詞）の *-ta* 形式＋むすびの *-ta* 形式」という構成にしか出会わないだろう。だが、実際には次のような構成に出会う：

「*-ta* 形式＋補助語＋ダッタ（デシタなど）」；
「*-u* 形式＋補助語＋ダッタ」；
「*-ta* 形式＋補助語＋ダ（デスなど）」；
「*-u* 形式＋補助語＋ダ」。

このポジションにおける *-ta* 形式と *-u* 形式の文法的意味の究明は特別な研究テーマである。調査された資料はまだ十分ではないが、これらの形式はおおむね時制的な意味を失いつつあり、*-ta* 形式は一回性、*-u* 形式は多回性を表すという印象を生んでいる［119, 554–579, 584–590, 596–598；120, 89 参照］。

19 この文は、コロ の後に、むすびの代わりに動詞 カエッテ クルを置いて「したがって　いつも　でんとー-の　ともる　ころ　かえって　きた」のように組み替えることができるだろう。つまり、この場合のむすびは文の始めの方に出された完全な意味の動詞の代わりをしていると考えることができる。だが、概してそれはこのおわりにとって特徴的ではない。

20 **非先行性**が日本語の時制形式によって表される場合、これは同時性と後続性だけではなく、1つの動作から別の動作への**中断のない**直接的移行をも指すことを理解しなければならない。中断があれば、未来についての発話の中でさえ、**先行時制**の形式が義務的に適用される。

21 もし、むすびが前に述べられた動詞（または形容詞）を、一種の動詞的代名詞となって、代行しているなら、「付属語＋むすび」というおわりの前での時制の使用は相対的のままである。

22 持続相の形式は、持続性と矛盾しないように思われる多くのつなぎ要素（ト トモニ、トドージニ など）の前でも見られない。このような現象の理由についての問題はいまだに解決していない。この問題は持続相の形式の意味の明確化と同時に解決されるべきものだと思われる。

訳注

i　キーワードの訳語と原語の対照は、つなぎ：союз、つなぎ-接尾辞：союз-суффикс、つなぎ単語：союзное слово、つなぎ小詞：союзное речение、助辞：частица、つなぎ要素：союзный элемент、おわり（おわり表現）：концовка。必ずしもロシア語文法書、露和辞典の訳語とは一致しない。

ii　a）の例文は「もし〜なら…なるだろう（未来形）」という形で訳され、b）の例文は「〜するときは…になる（現在形）」という形で訳されている。

iii　ロシア語に訳された木枝の「日本語の文法」は訳者も見ることはできなかったが、木枝増一 1937『高等国文法新講品詞編』と分類が一致するので、参考のためそれを示す。
（1）未成立の条件を順接的に仮定するもの。

(2) 既に条件の成立したものとして順接的に仮定するもの。(1) と比較してその差異を認める必要がある。

(3) ある事実と同時に存在するといふことを表すもの。順接的に述べるのであるが、条件の意味は無くて単なる接続的の用だけをなすのである。同時の列叙である。

iv 「動詞」の誤りか。

v 著者のロシア語訳では「…芸者になったより前…。」と訳される。

vi 前のかぐや姫の例文は、ロシア語に「かぐや姫が言う(現在形)通りに、違いなくつくった」と訳されている。次の平中の例文は、「入る許しを請いつつある(不完了体副動詞)かのように、咳をした」と訳され、以降この段落の例文は不完了体副動詞を使って訳されている。

vii たとえば、次の例文は「夜中になると、まるで 10 の月が出たと思う［えた］ほど急に明るくなった」と、「〜ほど…だった」という構文を使って訳され、その次のマッグの例文は、「マッグに雷のような大声で話しかけた」と形容詞＋名詞を使って訳されている。

viii 「急ぐ程に…」の文はロシア語に「急いだのでもう故郷に着いた」のように**原因**(**理由**)の意味で訳され、「この中は…」の文は「このところうまくいっていなかったので、聟を求めていると聞いた時に…」のように各々**原因**、**時**の意味で、「日数を経るほどに」の文は「日が過ぎるにしたがって」のように**時**-**条件**の意味で、「色々の積る物語…」の文は「そんなに長く〜をしていたので、もう夜が明けて…」のように**原因**-**時**の意味で訳されている。

ix 笑った結果落ちる、ということなので後続の動作。

x ロシア語の完了体動詞の基本的な時制は過去と未来だけである。巻末の「ロシア語動詞要覧」参照。

xi 動詞の形式が名詞として受け取られる場合の例。「さだめておかみさま(の)御ざるなら(ば)、おともがなひ事は御ざるまひ程に、」(虎明本狂言集・つりばり)

xii 芥川の原文に付けられた訳では、この部分が《когда я не совершил (悪事を) 働かなかった(、代わりに良いことをした)とき》のように、否定形が使われている。

xiii 本文「ともなく」は、原典「マッチうりのむすめ」では「と　まもなく」とある。著者の誤読か？

xiv (荷風, 139/1)の例をかかげる。「そして**見るともなく**其の辺に立って居る女達の姿を眺めた」。

xv ロシア語原文の - *mo*(*-to*)を *-ta* の誤植とみて訂正した。

xvi ロシア語原文、192 ページ、誤植とみて訂正した。1 行目と 2 行目が入れ替わっていると思われるので、それを訂正して訳出した。

xvii 前掲の(荷風, 160/2)(荷風, 161/3)(広津, 16/3)の例もこれに該当する

xviii ロシア語には「そして、夫が不在のときだけ、彼女は 1, 2 時間机に向かった」のように訳されている。

xix ロシア語原文のパラグラフ名の中の：вакэ-дэ は、誤記あるいは誤植で、正しくは

вакэ と思われる。

第6章

規定語のポジションでの時制形式

第I部　序説

1　印欧諸語とウラル-アルタイ諸語における形動詞の時制

ある言語の時制システムのいくつかの特徴が、同系または異系の少なくともいくつかの他言語にも見られるに違いないと予想することができる：なぜなら、知られている言語の数は2000を超えているのに対し、文法的な時制は数個しかないのだから。

周知の通り、ロシア語を含む多くの言語には、2つのタイプの規定的な語結合がある。形動詞の述語と結び付くもの（形動詞構文）と、動詞人称形式の述語と結び付くものである。後者の場合、規定語と被規定語の間には関係代名詞が立つ：《читающий человек / человек, который читает 読んでいる人》,《человек, читающий книгу/ человек, который читает книгу 本を読んでいる人》[i]。

日本語では、規定する語結合が規定される語に先行する：ホン-オ　ヨム　ヒト（文字通りには、книгу чтающий человек）。関係代名詞は日本語にはないし、存在したこともない。

古代日本語では、第2、第3活用の動詞、および不規則動詞は、形態的に終止形と異なる特別な規定の形式（つまり形動詞）をもっていた：シゴト-オ　**ハジムル**　ヒト。しかし、第1活用の動詞（例えば、ヨム）と第4活用[ii]の動詞（例えば、ミル）では、最も早期の資料の中でも連体形と終止形の形式は一致していた。その後、動詞と形容詞の連体形は終止形を駆逐してしまった（例外は、動詞 シヌ のいいおわりの形式と、疑惑法の *-mai* の形式で、これらは古い終止形にさかのぼる）。まさにこれによって、古代日本語の形動詞は完全に動詞化し、現代語では規定のポジションにおいてさえそのようなものとして受け取られていない。しかし、古代日本語においても形動詞は特別な品詞であったのではなく、動詞の一部類であった。

それに、これらはロシア語の形動詞などに比べると、他の動詞形式に近かった。特に、これらは、テンス、ヴォイス、アスペクトだけでなく、ムードによっても変化した。形動詞が普通名詞に転化する例（ロシア語で《мороженное 凍らせた》が《мороженое アイスクリーム》に転化したような[iii]）は見られない。古代日本語の形動詞の形式は語形変化の一形式と見るべきである。これらは、いくつかのチュルク諸語におけるような語形成的な形式と見るべきではない。

しかし、終止形が駆逐された後、規定文と主文との間に、統語論的な違いのほかのあらゆる違いがなくなったと考えてはいけない。

第一に、現代日本語において規定語の動詞と主文の述語の動詞との間にはイントネーションの違いが残っている：平叙文のいいおわりの述語は下降するイントネーションをもつが、規定の動詞は平らなアクセントをもち、通常は休止無しに被規定語に伴われる。おそらく同じ現象が古代日本語にもあっただろう。

第二に、古代日本語でも現代日本語でも、規定文の主語は主格の語形成要素（助詞）*-ga* を付けることも、属格の語形成要素 *-no* を付けることもある。現代日本語の規定文と主文の違いは、主文では主語の後に *-no* は用いられないという点にある。このほか、規定文の主語は、主文の主語とは異なり、通常強調の接尾辞 *-wa* を使って形づくられることがない。

現代日本語の規定的な動詞の時制は、まず第一に他の言語の形動詞の時制と比較されるべきである。なぜなら、日本語では規定的動詞は起源的には形動詞であるからだ。周知の通り、ロシア語の -л で終わる過去形も起源的に形動詞であり（そのため過去形は性によって変化し、人称によっては変化しない）[iv]、モンゴル諸語やチュルク諸語の、今は定形の述語機能で使われている多くの形式も起源は形動詞である。

ロシア語の専門家が指摘している通り、ロシア語においては「形動詞は完全に単独なものも、あるいは形動詞構文の中のものも、大部分は相対的時制を特徴とする。つまりその時制は、述語動詞に対する動作の関係によって決まる。その際、形動詞現在は、形動詞によって表される動作と動詞によって表される動作との同時性を表す」[97,306–307]。しかも、この動詞によって表される動作は、過去でも現在でも未来でもよい。別の言葉で言うと、ロシア語の形動詞現在は、その時制的意味に関して**完全に相対的な形式**である。

確かに、それは（比較的まれではあるが）発話時点、あるいは現時点との関係を指し示すこともある。しかし、それが起こるのは、形動詞が主文の動詞が関わる期間ではなく、まったく別の期間に関わるときで、それはたいてい特別な時間的な状況語で表される：《Мальчик, носящий（形動詞現在）нам молоко, *через двадцать лет* будет（動詞未来形）агрономом или инженером. 我々にミルクを運んでくれる男の子が、20 年後に農業技師やエンジニアになるのだ》；《Вон того мальчика, несущего（形動詞現在）молоко, я видел（動詞過去形）*десять лет тому назад* ещё младенцем ミルクを運んでいるあの男の子を、10 年前にまだ赤ん坊だったころ私は見た》。

B.B. ヴィノグラードフは《-щий》で終わる形動詞現在に時制的な意味が存在することを疑う方向に傾いていた。彼は書いている「それらは本質的に時制的な形式を欠いている。ふつう言われているのは、“-щий” で終わる形動詞は基本的な動詞の動作との同時性を表現する、あるいは――比較的まれな場合だが――現在時制の拡大された意味（つまり、限定なしに続く時間帯という意味）を表現するということだ。だが、この考えは形式の否定的な性質のみから出ているものである：“-щий” で終わる形動詞は、それだけでは過去時制も未来時制も表すことができない。それらはただ実在する過程という特徴を意味するだけだ。“-вший” で終わる形動詞過去との相関関係でそれらの意味が現在の意味、つまり非過去時制の意味として感じられるのだ」［23,277］。

しかし、《-щий》で終わる形動詞は、まったく**時制形式**を欠いているわけではない：なにしろそれらは、現在時制形式と同じ語幹からつくられるのだから。《пишу-щий》（形動詞）と《пишу-т》（現在時制：3 人称複数）を比べてみよう。したがって、問題にすることができるのは、この形動詞は時制の**意味**をもつのか、そしてそれは一体どんな意味なのか、ということだけである。これを解明するにあたって考慮しなければならないのは、《-щий》で終わる形動詞が、《-вший》で終わる形動詞と時制的な意味にかんして対立しているということだ。いいおわりの動詞によって表された動作が行われている時間に存在する「実在する過程という特徴」を示しつつ、《-щий》で終わる形動詞は同時性の意味をもつのであって、現在時制の意味をもつのではない。

「完了体の形動詞過去は、動詞で表された動作に先行する動作を表すが、おそらくよりしばしば、動詞で表された動作の時間に結果が係っているような動作を表す」［112,307］。

したがって、《-щий》と《-вший》で終わる形動詞は、多くの場合、ロシア語動詞の現在時制、過去時制の定形に特有の絶対的な意味だけは失っている。しかし、副動詞のように、形動詞も同時性と先行性の相対的な意味をもっている。確かに、ロシア語の不完了体過去の形動詞は過去時制の絶対的な意味をもつことが多い。これは、それぞれの形式の意味は、個別的に定義しなければならないということを意味している。

日本語とロシア語の時制システムには共通の特徴がある、特に副動詞の純粋に相対的な形式の存在がある（これは第 3 章で示された）。ロシア語には未来時制の形動詞はない。つまり、ロシア語の形動詞は、日本語の述語形式のように、ただ**2つの時制**しかもっていない。2つの言語の時制システムには他にも似た特徴があると予想することができる。これは日本語における規定語-動詞の相対的な意味についての問題を提示する根拠となっている。

形動詞の時制的意味の相対性はロシア語だけの特徴ではない。同じ現象は形動詞をもつ他の多くの言語に見られる。

例えば、フランス語では「形動詞(分詞)は発話の中で名詞と結合し、他の動詞の時との関係を表す」[26,71]。

「Participe présent 現在分詞と gérondif 動名詞は、主文の述語によって表された動作と**同時の**動作を表す」[66,211]。

「Participe passé composé 複合過去分詞 は主文の述語によって表された動作に**先行する**動作を表す」[66,212]

したがって、フランス語では形動詞はその時制的な意味に関して純粋に相対的な形式である。ここで考慮しなければならないのは、フランス語の形動詞が形動詞本来の役割も副動詞の役割も担っているということだ。つまり、この点ではそれらの文法的意味は、ロシア語の形動詞よりも広いのだ。

英語の形動詞(分詞)もやはり副動詞の機能をも担っている。英文法の専門家たちは英語の形動詞にも相対的な時制的意味のあることを指摘している。例えば、Б.А.イリイシュ教授は書いている:「非人称的な動詞の形式のすべてが1つの際立った特性をもっている:それらにおいては、時制のカテゴリーが絶対的ではなく、相対的な意味をもつということだ。他の言い方をするなら、それらの形式の各々が表す時制はそれ自身としての意味をもっているのではなく、動詞の人称形式の時に対する意味をもっているということだ。例えば、いわゆる現在時制の不定形は話者の観点から見た現在ではなく、人称形式の動詞によって表された動作との同時性を表す」[56,215]。

「(英語の)動名詞の時制的カテゴリーは不定形のカテゴリーと同じように解釈される。いわゆる現在時制の動名詞は、その動作の人称形式の動詞の動作との同時性を、パーフェクト的な動名詞は人称形の動詞の動作に対する先行性を表す」[56,217–218]。

周知の通り、現代ドイツ語には副動詞はなく、Partizip I と Partizip II は、基本的には、ロシア語の形動詞に一致する:Partizip I はロシア語の -щий で終わる形動詞のように、対象を**現に動いているもの**として特徴づける;時には、過去の動作との同時性を表す -вший や -ший で終わる不完了体の形動詞に一致する:*Die aufgehende Sonne* '昇る太陽[восходя**щее** солнце]';*Wir sahen die aufgehende Sonne* 'われわれは昇っていた太陽[восходи**вшее** солнце] を見ていた'》[v]

［25,218］。

アカデミア会員B.M.ジルムンスキーもまた次のように指摘する、ドイツ語の「形動詞Ⅰは、通常学校文法において現在時制の形式として見られている。しかし実際には形動詞Ⅰの時制的な意味は、形動詞が相関関係をもち、また同時の関係にある、その文の動詞によって決まる」［53,267］。「形動詞Ⅱは、学校文法では過去時制の形動詞として見られているが、これと過去との結びつきは形式面にすぎない」［同前］。

「不完了体の形動詞Ⅱは、形動詞Ⅰと同様に、基本的な動詞と同時である…。完了体の形動詞Ⅱは、既に終了した動作、つまり基本的な動詞に対して時間的に先行するが、それと共に、結果に関しては基本的な動詞と同時である動作を表す」［53,268］。

したがって、ドイツ語の形動詞は同時性と先行性の相対的な意味をもっている。

Г.Д. サンジェエフ教授は「モンゴル諸語における動詞のシンタクス」において、膨大な実際資料に基づいて形動詞を研究している。いくつかのモンゴル系言語、また異なる時期の形動詞の著しい違いを（時制的な意味の違いも含めて）指摘しつつ、Г.Д. サンジェエフは全体的な結論を出している：「命令法と直説法の形式においては、時は発話時点に関係づけて表現されるが、形動詞と副動詞の形式においては、時が後続の動詞形、またはむすびの時に関係づけて表現されるだけである」［105,8］。

つまり、モンゴル諸語にも、先行性と非先行性の純粋に相対的な意味をもつ形動詞があるということだ。

第Ⅱ部　えせ－規定的な述語文の時制形式

2　名詞化接尾辞 *-no* の前の時制形式

16世紀のテキストでは名詞化接尾辞としての *-no* にはほとんど出会わない。J. ロドリゲスとD. コリヤードは、日本語にコト、モノなどを使う名詞化の現象があることを指摘していながら、この *-no* については触れていない。『エソポのファブラス』と『金句集』の中では名詞化の接尾辞 *-no* には出会わない。

狂言の中ではこのような接尾辞 *-no* に出会うことが少なすぎるので、その前での述語形式の時制的な意味を、実例に基づいて判断することができない（狂言記，Ⅰ，34，参照）。それに、*-no* をもつ文では、大部分の場合、恒常的な、あるいはたびたび繰り返される動作について語られている（狂言記，Ⅰ，7，34，37，71，73参照）。

現代の日本語では、名詞化接尾辞の役割の *-no* にしばしば出会う。

名詞化接尾辞 *-no* の前の時制形式の意味を明らかにするため、まず初めにスル-ノ-オ　ミタというタイプの文を検討する。

非先行時制の形式が用いられるのは、従属文で語られる動作が、主文で述べられる動作と同時に行われる場合である。さまざまな用例のグループを検討しよう。

その　とき　わたし-わ　うら-の　いど-の　ところ-に　たって　お-まき-が　みず-お　**くむ-の-お　みて　おりました**「其時私は裏の井戸のところに立つてお牧が水を**汲むのを見て居りました**」(藤村，9/3，生ひ立ちの記)；あかい　つき-が　おと-も　なく　うみ-に　**しずむ-の-お　みまもって　いた**「赤い月が音もなく海に**沈むのを見守つてゐた**」(芥川，290/2，老いたる素戔嗚命)(同様に、芥川，357/1，参照)。これらの例では、主文の述語-動詞はいわゆる持続体の形式であるのに、従属文の述語-動詞はそうなっていない。どちらの動作も同じように持続的であるように思われるのに。

かれ-わ　それ-から　ひとり　うみべ-え　いって…ふね-の　ほ-が、だんだん…とーく　なって　**ゆく-の-お　みおくった**「彼はそれから独り海辺へ行つて…舟の帆が、だんだん…遠くなつて**行くのを見送つた**」(芥川，287/3，老いたる素戔嗚命)；わたし-わ　なつなし-の　き-の　した-に　ひとり-で　ふるえながら、いえ-の　もの-が　みな　ろばた-に　あつまって　**しょくじ-する-の-お　ながめました**「私は夏梨の木の下にひとりで震へながら、家のものが皆炉辺に集まつて**食事するのを眺めました**」(藤村，3–4，生ひ立ちの記)；しばらく　する　と、ふたり-の　な-お　おーごえ-で　**よぶ-の-が　きこえました**「しばらくすると、二人の名を大声で**呼ぶのが聞こえました**」(昔話，171，髪そり狐)；のぶこ-も　また　ふたこと-みこと　はなす　うちに、やはり　むかし-の　よーな　なず(ママ)かしさ-が、**よみがえって　くる-の-お　いしきした**「信子も亦二言三言話す内に、やはり昔のやうな懐かしさが、**よみ返つて来るのを意識した**」(芥川，178/3，秋)。これらの例では、従属文と主文のどちらの述語-動詞も、持続体の形式をもっていない。

…と　いって、じーさま-が　なんか-の　たね-お　**おろして　いる-のお　みて**からかった「…といって、爺さまがなんかの種を**おろしているのを見て**からかった」(昔話，207，かちかち山)。だいじゃ-が　**くるしんで　いる-のお　みて**「大蛇が　**苦しんでいるのを見て**」(昔話，110，三人の兄弟)；…と、**かたって　いる-の-が　きこえました**「…と、**語っているのが聞えました**」(昔話，117，聴き耳)；ふたり-わ　この　みなと-の　こーがい-にも、やし-の　き-が　ところどころに　かげ-が　くろく，ひ-に　てらされて　**たって　いる-の-お　みた**-の-で　あります「二人はこの港の郊外にも、やしの木が、ところどころに影が黒く、日に照らされて**立つてゐるのを見た**のであります」(少年，281/3，幸福に暮らした二人)；あるよ、ひと-わ　うし-おんな-が　まち-の　くらい　ろじ-に　たって、さめざめと

ないて　いる-のお　みた　と　いいます「ある夜、人は牛女が町の暗い路次に立つて、さめざめと**泣いてゐるのを見た**といひます」(少年，272/2，牛女)。これらの例では、持続体の形式で用いられているのは、従属文の述語-動詞だけである。

いって　みる　と、なるほど　お-ひめさま-わ、たいびょー-で、うんうん　**うなって　いる-の-が**　かどぐち-の　ところ-まで　**きこえて　いました**「行って見ると、なるほどお姫様は、大病で、うんうん**うなっているのが**門口のところまで**聞えていました**」(昔話，108，三人の兄弟)。この文では、従属文の述語-動詞も主文の述語-動詞も持続体の形式である。

このように、アスペクトのどのような組み合わせにおいても、同時的な動作を表す動詞は、*-no* の前で非先行時制の形式で立っている。

ロシア語でも、支配側の動詞が《видеть 見る》という意味をもつ動詞であると、過去についての発話の中で現在形の同じような使用が見られる：《Все люди засмеялись(完了体過去), как увидели[vi](完了体過去), что губернатор с охоты ***идет***(不完了体現在) пешком, а лошадь ***ведет***(不完了体現在) в поводу. 県知事が狩りの帰り、自分は**歩いて**、馬は手綱で**引いている**のを**見て**、人々はみな笑いだした》(アファナシェフ，Ⅰ，215)。時にはこの「見る」の意味をもつ動詞が省略される：《Пришел(完了体過去) в хижину, [видит] Марфа-царевна ***плачет***(不完了体現在)．あばら家にたどり着いたら、［見ると］マルファ王女が**泣いている**》(アファナシェフ，Ⅰ，216)。ロシア語では、このような用法が、あらゆる補語的な説明的従属文で可能である。しかし、これに関して、ロシア語と日本語の間にはやはり違いがある。その違いは、ロシア語では、主文に《видеть 見る》のような動詞があるときの従属文での現在時制形式の適用はしばしば任意だという点にある：《Увидел, что она *читает*(不完了体現在) 彼女が**読んでいる**のを見た》と《Увидел, что она *читала*(不完了体過去) 彼女が**読んでいた**のを見た》。だが日本語では、同じような場合、名詞化の *-no* の前での非先行時制形の使用は規範である。

これは、従属文中のこの接尾辞の前では *-ta* 形式がまったく使えないという意味ではない。だがそのような場合は、*-ta* 形式はもうプロセスではなく、その結果を表す：**つれられて　きた-の-お　みる**　と、かみ-も、ひげ-も　ぼーぼーと　のび、かお-も、てあし-も　あか-に　うずまって、まるで、こけ-が　はえた　よーな　おとこ-でした(読本，Ⅳ，116)。

-u 形式の想定されている意味は同時性ではなく、非先行性全般であるのだから、スル-ノ-オ マッタ のような構文でも *-u* 形式だけに出会うことが予想される。なぜなら、動詞「待つ」に支配される(目的語となる)補語節の述語-動詞で表される動作は、常に主文で述べられる動作の後に続くのであって、それに先行しないからである：おじーさん-わ、き-の　あな-に　はいって、あめ-の　**やむ-の-お　まって**

いました（読本，Ⅱ，63）（同様に、志賀，7/2，11/3，昔話，98，参照）。

-no-o matta の構文の前での *-ta* 形式の使用例は、一件も記録されていない（待つことができるのは後に続く動作であり、先行する動作ではないからだ）。

過去についての発話の中で、*-no-wa*、*-no-ga*、*-no-mo*、*-no-o*、*-no-ni* の前の *-u* 形式は純粋に相対的な意味をもつ：やね-から、うち-の　うしろ-の　かきね-の　うえ-え　**おりる-のわ**、らく-でした。そこ-から　にわ-え　**とびおりる-のも、**なんの　ぞーさ-も　ありません-でした（国語，4[2]，127）；その　うま-に　にぐるま-お　ひかせて、うま-から　ざいもく-お　**はこぶ-の-が**、じんべい-の　しごと-で　あった（同前，108）；おれ-わ、おせじ-わ　きらい-だ　と　**こたえる-の-が**　つね-で　あった「おれは御世辞は嫌いだと答へるのが常であつた」（漱石，92/3，坊つちやん）；**あくび-ばかり-して　いる-のも**　いけないらしかった「**欠伸ばかりしてゐるのも**いけないらしかつた」（芥川，324/3，子供の病気）；ただ　あわれな　ははおや-が、この　さむい　よる-に　ひとり　おきて、ぎゅーにゅー-お　**あたためて　いる-のお**　ふびん-に　おもって　いました「たゞ哀れな母親が、この寒い夜にひとり起きて、牛乳を**温めてゐるのを**不憫に思つてゐました」（少年，286/1–2，ある夜の星たちの話し）；じぶん-わ　もん-お　でる　と　どーじに、ひよりげた-お　**はいている-のに**　こころづいた「自分は門を出ると同時に、日和下駄を**はいてゐるのに**心づいた」（芥川，326/1，子供の病気）（ここで、ハイテイルはパーフェクトの意味をもっている：注意は今よりも前に成された動作の結果に向けられている）。

1つの複文中に、名詞化の *-no* をもついくつかの従属文が含まれることがある：ずっと　おーきく　なって-も　みず-の　**ながれて　いる-のお　みる-のが**　すき-で、みず-の　おと-お　**きく-のも　すきな-のわ**、こーして　みず-に　ふじゆーな　いなか-に　うまれた　から-だ「ずつと大きくなつても水の**流れて居るのを見るのが**好きで、水の音を**聞くのも好きなのは**、斯うして水に不自由な田舎に生まれたからだ」（少年，291/3，子供のため）。

このようなポジションで、まれにではあるが、否定法の形式に出会うこともある：ひとびと-わ、うしおんな-の　すがた-が　**みえない-のお**　いぶかしがって…と、かたりあいました「人々は、牛女の姿が**見えないのを**訝しがつて…と、語り合ひました」（少年，272/1，牛女）。

-no の前で *-ta* 形式が見られるのは、従属文の述語で表された動作が、主文で言及される動作に先行する場合である：むら-の　ひとたち-わ、うしおんな-の　こども-が　**しゅっせ-お　した-のお**　よろこび、いわいました「村の人たちは、牛女の子供が**出世をしたのを**喜び、祝いました」（少年，272/2，牛女）。

上に挙げた用例のすべてにおいて「動詞＋接尾辞 *-no*」の構造は動作そのものを

意味している。しかし、同じ構造が動作の主体を意味することもある：その　ろーそく-お　**もたせられる-のが**　わたし-でした「…その蝋燭を**持たせられるのが**私でした…」(藤村, 10/3, 生ひ立ちの記)；…なんの　かた　か　**わからない-のも**ありました(国語, 2[3], 8)；わたし-の　**こえ-お　かけた-のわ**、きんじょ-に　かわれて　いる　うま-で、まいにち　まいにち　となりむら-の　ほー-え　にもつ-お　はこぶ-のが　この　うま-の　やくめ-でした「わたしの**声を掛けたのは**、飼はれて居る馬で、毎日々々隣村の方へ荷物を運ぶのがこの馬の役目でした」(少年, 290/2, 子供のため)(同様に、少年, 292/2, 藤村, 18/1, 参照)。

時には、「動詞＋接尾辞 *-no*」の構造が、その動作が行われる**場所**を意味することがある：いえいえ-の　かひ-が　みずくみ-に　**あつまる-のも**　そこ-でしたし，ばんとー　や　しょくにん-など-が　あさばん-に　**かよう-のも**　そこ-でした　し、…まき-お　わる　におい-の　**する-のも**　そこ-でした「家々の下婢が水汲みに**集まるのも**そこでしたし，番頭や職人などが朝晩に**通ふのも**そこでしたし、…薪を割る臭ひの**するのも**そこ-でした」(藤村, 25/3, 生ひ立ちの記)。このような文にはたびたび出会う。

さらに、この構造は時を表すこともある：どーか　する　と　きつねび　とゆーもの-が　**もえる-のも**、むら-の　ゆーがた-でした「どうかすると狐火といふものが**燃えるのも**、村の夕方でした」(少年, 290/3, 子供のため)。

しかし、もちろん、この構造が動作やその主体を表す場合のほうが圧倒的に多い。だが、外国語への翻訳という視点からは4つの異なる意味があるといっても、「動詞＋接尾辞 *-no*」の構造はただ動詞の統語論的な名詞化を表しているだけであり、この名詞化が動詞に文中で主語あるいは直接補語の役割を果たすことを可能にしているのだ。当然ながら、このようなポジションでの時制の使用は、この構造を他の言語にどう訳すべきかということには左右されず、純粋に相対的である。

第Ⅲ部　形式–規定的な述語文の時制形式

3　後置詞 コト によって名詞化された文の述語の時制形式

従属文中の動詞で、補助的な名詞 コト を形式的に規定しているものは、コト とともに動作だけを意味している。つまり、「動詞＋ *-no*」の構成よりも意味が具体的である。

過去についての発話の中の コト の前ではしばしば *-u* 形式が用いられる：しかし　ちち-の　そば-に　**いる　こと-わ**　きゅーくつ-で　たまりません-でした「しかし父の側に**居ること**は窮屈で堪りませんでした」(藤村, 10/3, 生ひ立ちの記)；わたし-わ　たけ-と　はんし-で　《するめだこ》-お　**てづくり-に　する　こと-お**　おぼえました「私は竹と半紙で《するめ紙鳶》を**手作りにすることを**覚えました」(藤村, 13/2, 生ひ立ちの記)；こども-ですら　うま-の　しりお-の　け-で　すずめ-の　わな-お　**つくる　こと-お**　しって　いました「子供ですら馬の尻尾の毛で雀の罠を**作ることを**知つて居ました」(藤村, 12/2, 生ひ立ちの記)；にばんめ-の　あに-わ　わしず-の　ねーさん-の　そば-に　ながく　わたし-お　**おく　こと-お**　このみません-でした「二番目の兄は鷲津の姉さんの傍に長く私を**置くことを**好みませんでした」(藤村, 20/2, 生ひ立ちの記)；えま-にしても、じょーじ-にしても、すぐ　れなーど-お　もり-の　なか-え　**かえして　やる　こと-わ**、しんぱい-でした「エマにしても、ジョージにしても、すぐレナードを森の中へ**返してやることは**、心配でした」(国語, 4[2], 124,4[1], 89)；だんだん　あかつき-が　**ちかずいて　くる　こと-が**　しれました「だんだん暁が**近づいてくることが**知れました」(少年, 287/1, ある夜の星たちの話し)；そして、それ-が　**ゆめ-で　ある　こと-お**　しらして　やりました「そして、それが**夢であることを**知らしてやりました」(少年, 286/1, ある夜の星たちの話し)；わたし-わ　へび-が　どて-の　こーばい-お　くだって　くさ-の　しげみ-の　なか-に　**にげて　ゆく　こと-お**　よき-して　いた「私は蛇が土手の勾配を下つて草の茂みの中に**逃げて行く事を**予期してゐた」(広津, 76/2, 線路)；ほしたち-わ、**さわがしい　こと-わ**　このみません-でした「星たちは、**騒がしいことは**好みませんでした」(少年, 285/2, ある夜の星たちの話し)(同様に、広津, 6/1, 久米, 252/2, 参照)。

時には コト の前で否定法の形式に出会う：わたくし-わ　その　てがみ-お　よんだ　とき、ちち-に　たいして　**すまない　こと-お**　した　と　おもった「わたくしはその手紙を読んだ時、父に対して**すまない事を**したと思つた」(吉田, 5/3, 父)；いくにち-も　ちち-が　**かえって　こない　こと-が**　しげしげと　なった「幾日も父が**帰つて来ないことが**繁々となつた」(吉田, 13/3, 父)。

しかし、コト-ヲ ヤメタ の前では *-u* 形式だけに出会う：こどもたち-わ　**あそぶ　こと-お　やめて**、しばらく　つき-お　みて　いました「子どもたち　は　**あそぶ　こと　を　止めて**、しばらく　月　を　見て　ゐました」(読本, Ⅳ, 41,42)；かる-のお　やめて…(初等, 13)。コト-ヲ ヤメタ(ヤメテ)の前に *-ta* 形式がないのは、動作が行われた最後の時点とその中断との間にはどんな時間的間隔もあり得ないからだ。

コト の前での *-ta* 形式と *-te iru* 形式の使用は非常にまれである。総じて、コトは自由な語結合よりも慣用的な文法構成(前章の 63–65 節参照)でより頻繁に見受けられる。

4　後置詞 モノ によって名詞化された文の述語の時制形式

従属文の述語で、補助的な名詞 モノ を形式的に規定しているものは、モノ とともに動作(状態または性質)の主体、あるいは作用を受ける対象だけを意味する。

モノ の前では、過去についての発話の中であっても非先行時制の形式が非常にしばしば使われる：このぢゅー、をんなども-が　**きる　もの-わ**(ママ「お」か)うちこーだれば、こと-の　ほか　きげん-が　わるい「此中、女どもが**着る物を**打ち込うだれば、殊の外機嫌が悪い」(狂言記，Ⅰ，290)；なか-にわ　りんそん-から　**かよって　くる　もの-も**　ありました「中には隣村から**通つて来るものも**有りました」(藤村，11/1，生ひ立ちの記)；みや-の　そと-お　**とーる　もの-さえ**、なみだ-お　おとさずにわ　いられなかった「宮の外を**通るものさへ**、涙を落とさずにはゐられなかつた」(芥川，288/1、老いたる素戔鳴命)；そのくせ　まず　てるこ-お　**わすれる　もの-わ**、いつも　のぶこ-じしん-で　あった「その癖まづ照子を**忘れるものは**、何時も信子自身であつた」(芥川，174/2，秋)；**たべる　もの-わ**　ここに　もって　います「**喰べるものは**ここに持つてゐます」(少年，336/3，「北風」のくれたテーブルかけ)；だれ-も　かど-お　**あけて　くれる　もの-も**　なかった「誰も門を**開けてくれるものも**なかった」(昔話，67，絵姿女房)；それからめ-に　**みる　もの**、また、みみ-に　**きく　もの**、ひとつとして　この　ふたり-の　くろんぼ-の　こころ-お　**おどろかされ(ママ)ない　もの-わ**　なかった-のです「それから目に**見るもの**、また、耳に**聞くもの**、一つとしてこの二人の黒んぼの心を**驚かさないものは**なかつたのです」(少年，281/1，幸福に暮らした二人)。

モノの前の *-ta* 形式は、過去についての発話の中だけでなく、未来についての発話の中でも先行性を表すことがよくある：それ-ならば、**はいだ　もの-わ**、りょーにん-して　はいぶん-いたそー「それならば、**剥いだ物は**、両人して配分致さう」(狂言記，Ⅰ，447)；そーそー、まかりいで、いつ-の　くい-に　**つないだ　もの-を**、まつだい-まで…をーしぇつけらりょー　と-の　をんこと-で　ござる「早々罷り出で、一の杭に**繋いだものを**、末代まで、…仰せつけられうとの御事でござる」(狂言記，Ⅰ，467)(同様に、狂言記，Ⅰ，468，狂言記，Ⅱ，369,371，参照)。

5　補助的な単語 ホー(漢語 方 から)の前の時制形式

Н.И. コンラッドは次のような指摘をしている：「ある行動が別の行動よりも望ましいということを、動詞の過去形に ホー(方)という単語の主格が結び付き、後に形容詞の イイ が続く構文で表すことができる」[65,348]。

圧倒的多数の場合、未来についての発話の中での ホー-ガ イイの前の *-ta* 形式は純粋に相対的な意味で用いられている。ホー の前の *-ta* 形式は、ホー が語彙的な意味を保っているとき、つまり補助的単語ではなく、本来の意味の名詞であるときでさえ可能である：おーく　**とった　ほー-が**　かち-です(国語, 中学, 1[1], 19)。ここでは、ホー は動作者を表している。

「*-ta* 形式＋ホー-ガ イイ」の構成の中では、ホー の語彙的な意味は消えている。このような場合の ホー は、名詞化の働きだけをしている。ホー がこのような文法事象となったのは 17–18 世紀より早くはない。なぜなら、16 世紀のテキストには、「方向」の意味で ホー が使われているのに、「*-ta* 形式＋ホー-ガ イイ」の構成は見受けられないからである。だが、16–17 世紀の言葉では、未来についての発話の中で「*-ta* 形式＋ガ ヨイ」(イイ の形は資料にない)の構成がかなり頻繁に使われている。例えば：をのれ-が　よーな　やつ-わ、こー　**して　をいた-が**　よい「おのれがやうな奴は、かう**して置いたが**よい」(狂言記, 1, 388)；そのぎ-ならば、どちら-なりとも、けいず-に　まけた　ほー-が、いちずえ-え　**いた-が**　よい　わ「その儀ならば、どちらなりとも、系図に負けた方が、市末へ**行たが**好いわ」(狂言記, 1, 197)。この例では、2 つの *-ta* 形式はどちらも、未来についての発話の中での先行性を表している。(同様に、エソポ, 501, 狂言記, Ⅰ, 404, 狂言記, Ⅱ, 111,379,466)。

後になって、動詞と主格の接尾辞 *-ga* の間に名詞化の要素(通常は *-no*。2 節参照)が現れると、この構成に ホー が使われるようになった：…いま-の　はなし-わ　なるべく　ひみつ-に　**した　ほー-が**　よー　ござんす　よ「…今の話はなるべく秘密に**した方が**ようござんすよ」(久米, 361/2, 破船)。

「*-ta* 形式＋ホー-ガ イイ」という構成の、未来についての発話の中での用例は多数あるが、広く知られているから省略して、それが過去についての発話の中で使われている例を見てみよう：ばしょー-わ　いま　わかれて　きた-ばかり-の　ろーせんどー-と　いっしょに、こんや-いちや-だけ　みず-の　うえ-に　**とまって　いた　ほー-が**　よかった　とも　おもった「芭蕉は今別れて来たばかりの老船頭と一緒に、今夜一夜だけ水の上に**泊つてゐた方が**よかつたとも思つた」(吉田, 28/3, 芭蕉)。ここで、*-ta* 形式は過去についての発話の中の先行性を表しているが、*-ta* 形式で表された動作は、実際には発話時点までに行われていない。したがって、この構成中で *-ta* 形式は、未来についての発話の中でも、過去についての発話の中でも相対的な意味で使われているのだ。

しかし、ホー の前での動詞の *-ta* 形式使用は義務的ではない。もし、推奨されている動作と、それがもたらすに違いない結果との間に、何らかの時間的間隔が予想されていないなら、ホー の前には *-u* 形式が適用される：くさのさん-が、が(ママ：「か」か)かり-の　なまえ-お　もっと　おーきく　**かく　ほー-が**　よい　といった(国語, 4[2], 9)。

6　日本語における名詞化の本質についての問題

多くの場合、「動詞＋ *-no*（コト、モノ）」の構成がロシア語の不定形で訳されたり、《приход》(来ること、到着、《уход》(去ること))のような動詞派生の名詞で訳されたりすることさえあるので、どうしても次のような疑問が生じる：過去についての発話の中の *-no*、コト、モノの前で *-u* 形式が頻繁に使われるのは、この場合われわれの前にあるのが ヨムノ、ヨムコト、ヨムモノ という型の1つの単語だからではないか？　という疑問である。だが露和辞典はロシア語の《чтение》のような単語を ヨム コト という言い方を使って訳しているから、ヨム モノ も、《тот, кто читает 読んでいる人》《то, что читают (人々が) 読んでいる物》というよりはむしろ《читатель 読者》《читаемое 読み物》だろうと推定することができる。

このほか、規定的従属文の主語が、日本語ではしばしば属格の接尾辞 *-no* によって形成される(これはすでに古代日本語の特性でもあった現象である)。また、16世紀にはコトとモノが、ときどき先行的な動詞とともに書かれた：「cuyurucoto 悔ゆること」(金句集, 535)、「suguretacototo 優れたことと」(前掲)、「quirumono 着るもの」(金句集, 542)。

もし、名詞化という言葉を名詞への転化という意味に解するならば、日本語で名詞化できるのは第2語幹だけだ。だが、そのような意味ではこの術語を「動詞＋ *-no*（コト、モノ)》のような構成に適用することはできない。

私の観点から正しいと思われる、この現象の定義を Н.И. フェリドマンが提示している：「ここで名詞化という言葉が意味するのは、動詞と述語的形容詞の特別な形で、それらが文中の後続する成分に対しては名詞としてふるまうと同時に、先行する成分に対しては動詞または形容詞として可能な統語的なつながりを保つことを許すものである」[129,243, 下から3行]。

しかし、この論文中にも同意し難い考えがある：「だが、格変化をする(従属)文の中で、動詞、特にそれ自体で直説法だけでなく不定形の意味をもつ第3語幹は、*-no* と結合し、**動作の主体が存在するにもかかわらず**、直説法の意味を失って、純粋に名詞的な形式としてふるまうことがある。その場合、このような構成が得られる：コドモ-ガ　カンジ-オ　タクサン　シル ノ-ワ　アル　マイ。この コドモ-ガ　カンジ-オ　タクサン　シル[vii] という部分は孤立した形でもその意味を表す一文になるけれど、ここでは全体として述語の「あるまい」に対する主語の働きをしており、シル は後ろに名詞化の接尾辞 ノ をもっているから、この動詞は**直説法現在時制の意味を失っている**(強調は引用者)が、これが生じたのは動詞が名詞化したためである——動作名詞にはテンスとモダリテイのカテゴリーがないのだから」[129,244]。

実際、いくつかの言語では動作名詞はテンスと法のカテゴリーをもたないが、日本語では引用した文の シル ノ-ワ の代わりに シッタ ノ-ワ と言うことが十分可能である。つまり、2 つの時制の対立が保たれている。

名詞化した動詞のモダリティに関していうと、引用した例文中で否定法の形式も使うことができるだろう(非先行時制の形式の *-nai* も、先行時制の形式の *-nakatta* も)。さらに、規定のポジションで希求法の形式 *-tai* と *-takatta* の使用も可能である。確かに、現代日本語の規定のポジションでは、16–17 世紀の言葉でたびたび使われていた推量法、疑惑法の形式がまったくと言っていいほど使われていない。これに関連して、今は、*-nakaro:*、*-takaro:*、*-nakattaro:*、*-takattaro:* で終わる複合的な形式も名詞化しない。

何によってこのことを説明できるだろう？　私には、消滅したのは規定的-動詞のモーダルな違い全般ではなく、断定的な法とそれに対応する非断定的な法の間の違いだけだと思われる。それらの間の対立は現在、*-no*, *koto*, *mono* による名詞化の場合だけではなく、本来の意味の名詞の前の規定的なポジションにおいても存在しない。

ここで、従属文の別のカテゴリー——条件-時制的従属文に起こった同じような違いの消失との共通点を示すことができる。そのプロセスはほぼ同じ時期——18 世紀に起こった(第 3 章を参照)。2 つのプロセスはまったく同じで——異なる時制や、肯定、否定、希求の間の形式の違いが保たれていたのに、なかどめ形述語のポジションで動詞が確実性と仮定性について区別するのをやめてしまったのだ。

加えて、16–17 世紀のテキストでは、規定的なポジションの推量法と疑惑法の形式のかなりの部分が、主文の動詞によって表された動作に対して後続する動作を意味していた。後続する動作が確かに仮説的なものとして表されなくなったとき、規定的なポジションの推量法と疑惑法の形式の数は激減した。

したがって、これは名詞化の問題ではなく、規定的な文全般における断定性と非断定性の違いの消滅の問題なのだ。

このため、私は Н.И. フェリドマンの次のような見解に賛同する。彼女は現代語について語りながら、こう指摘している：「このようなポジションにある第 3 語幹の形式は直説法の意味をもっているというような考えは、もし仮説的な現象について話をしているのなら、明らかな間違いに導く。このような(名詞化した—引用者 *Н.С.*)文では仮説性は表現されないが、真実性もまた表現されない」[1294244, 下から 1 行]。ただ考慮しなければならないのは、推量法の形式が規定のポジションでも完全に使用可能であった 16–17 世紀の日本語で、第 3 語幹(つまり *-u* 形式)は、名詞化の現象が起こっていても、同じポジションで**直説法の意味**を表したということだ。つまり、規定のポジションで確実性の(直説法の)形式が肯定の形式に転化したことは、名詞化とは無関係の新しい現象である。

この他に重要なのは、*-no*, *koto*, *mono* による名詞化がもっているのは統語論的な性質だけであって、語彙論的あるいは形態論的な性質ではないということである。特に、「動詞＋ *-no*」の構成は *-no* という形の規定を受けることができない。「この読者」あるいは「この読み物」という意味で コノ ヨム-ノ とは言えない。また、ワタクシ-ノ ヨム-ノ …は、「私の読み物」ではなく、「私が読んでいるもの…」という意味である。

第Ⅳ部　規定文の述語、および独立的な[viii]名詞に対する規定的な述語素の時制形式

7　規定語の役割をする動詞の時制形式

規定の文において、*-u* 形式はすでに古代日本語で、過去についての発話の中で動作の同時性を示すために使われていた。この用法は日本語の文法体系の最もゆるぎない特徴の1つだとみなすことができる。例えば、『竹取物語』(9世紀)の中に、もう次のような例が見られる：その　たけ-の　なか-に、もと　**ひかる**　たけ　ひとすじ　ありける「其の竹の中に、本**光る**竹一筋ありける」：こがね　**ある**　たけ-お　**みつくる**　こと　かさなりぬ。「金**ある**竹を**見付くる**事重りぬ」(竹取, Ⅰ)。

古代日本語からの例には慎重に向き合わなければならないことは確かだ。古代日本語の時制とアスペクトのシステムはまだ十分に研究されていないからだ。

16–17世紀のテキストでは、*-u* 形式の同様な用例にかなり頻繁に出会う。例えば：**かいそだつる**　ひつじ-を　ころいて、いのち-を　ついだ「**飼ひ育つる**羊を殺いて命を継いだ」(エソポ, 497)；みども-が　**わらう**　こえ-が　をーきかった-で、きも-が　つぶれた　か「身共が**笑ふ**声が大きかつたで、肝が潰れたか」(狂言記, Ⅰ, 290)；ににんともに　つつがのー　**あがる**　みち-を　たくみいだいた「二人ともに恙なう**上がる**道を巧み出だいた」(エソポ, 490)。最後の文では、アガルの形式がこれから成される動作を表している。

現代の日本語には、時の意味を表す名詞で、本来の意味とすべての格に変化する能力を失っておらず、それでつなぎ単語になっていないものがある。それとともに、補助的なつなぎ単語なのか、それとも完全な意味をもつ名詞なのかを決めかねるような単語も少なくない。だが、既に指摘したように、時制形式の選択に決定的な影響を及ぼすのは被規定語の(先行性に関わるのか、あるいは非先行性に関わる

のかという）意味であるのだから、被規定語を補助的性質の程度によってこれ以上細かく分類することは、本研究には不要と思われる。

まず、時の意味をもつ本来的な名詞の前の時制形式を検討しよう。これらの語の前では過去についての発話の中で非先行時制の形式がしばしば使われる：しかし　さいわい　ごご-に　なる　と、すさのー-が　**ひるね-お　して　いる　ひまに**、ふたり-の　こいびと-わ…あわただしい　こーふく-お　ぬすむ　こと-が　できた「しかし幸ひ午後になると、素戔嗚が**昼寝をしてゐる暇に**、二人の恋人は…慌しい幸福を盗む事が出来た」(芥川，291/1、老いたる素戔嗚命)；が、**といかえす　ひま-も**　なく、すせりひめ-わ　ちいさな　とびら-お　ひらいて、むろ-の　なか-え　あんない-した「が、**問ひ返す暇も**なく、須世理姫は小さな扉を開いて、室の中へ案内した」(芥川，289/3，老いたる素戔嗚命)；そーゆー　どーぐ-お　つかって　よねん-も　なく　はこ-お　くみたてたり　いた-お　**けずったり　する　あいだ-が**　また　おじさん-の　いちばん　たのしみ-な　こころ-の　おちつく　とき-の　よーに　みえました「左様いふ道具を使つて余念もなく箱を組み立てたり板を**削つたりする間が**また小父さんの一番楽しみな心の落ち着く時のやうに見えました」(藤村，25/2，生ひ立ちの記)；くり-の　いが-が　また、おーきく　くち-お　**あく　ころ-に**　なります　と、まいあさ　わたしたち-わ　うら-の　ほー-え　かけつけて　いった　ものです「栗の毬がまた、大きく口を**開く頃に**成りますと、毎朝私達は裏の方へ駈け付(ママ)て行つたものです」(藤村，5/2，生ひ立ちの記)；とびこもー　と　**する　すき-お**　みかけて、はちや-わ…よこ-に　はらった-の　で　ある「飛び込まうと**する隙を**見かけて、八弥は…横に払つたのである」(菊池，5/3，ある敵打の話)；わたし-わ　ひとびと-が　ゆーげ-の　したく-で　せわしく　**はたらいて　いる　すき-に**、…ひとり　おもや-の　やね-え　のぼって　いった　こと-が　ある「私は人々が夕餉の支度で忙しく**働いてゐる隙に**、…一人母屋の屋根へ登つて行つた事がある」(志賀，4/1，暗夜行路)；びっこの　さる-が　よそみ-お　**して　いる　すき-に**、もち-お　ぬすんで　そこ-に　あった　おーきな　たる-の　なか-に　かくれました「びっこの猿がよそ見を**しているすきに**、餅をぬすんでそこにあった大きな樽の中にかくれました」(昔話，131，見とおし童子)；りょーほー-で　**だまって　いる　じかん-が**　ちょっと　あった「両方で**黙つて居る時間が**一寸あつた」(志賀，242/3，佐々木の場合)；じーさま-が　**かえって　こない　さき-に**、かに-お　にて　たべて　しまった　そーな「爺さまが**帰って来ない先に**、かにを煮て食べてしまったそうな」(昔話，80，爺と蟹)；じょーじ-わ　しだ-の　しげみ-に　かくれて、そこ-から、いぬ-が　こばしりに　**はしって　いく　さき-え**、にく-の　こぎれ-お　ぽんと　なげて　やりました「ジョージは、シダのしげみにかくれて、そこから、犬が小ばしりに**走っていく先へ**、肉の小ぎれを、ぽんと投げてやりました」(国語, 4[1], 87)(ここで、単語 サキ は、もう空間的意味をもっているが、その前では非先行時制形式が用いられている)；かれ-も、こきょー-お　**なつかしがる　ひ-が**　おーく　なった「彼も、故郷を**懐しがる日が**多くなつた」(菊池, 6/2, ある敵打の話)。

これらすべての例において、非先行時制の形式は、過去についての発話中、規定のポジションで純粋に相対的な意味をもっている。

過去についての発話中の非先行時制の形式の同じ相対的な用法は、時間の意味の名詞だけではなく、他のどのような意味をもつ名詞の前でも見られる：あるひ-の　こと、もと-の　ほー-が　たいそー　**ひかって　いる　たけ-お**、いっぽん　みつけました(読本, IV, 27)；この　こ-お　みつけて　から、おじーさん-の　**きる　たけ-からわ**、いつも　お-かね-が　でて　きました(読本, IV, 28)(前の『竹取』の例を参照)；**なく　わけ-お**　きいて、たいそー　おこりました(読本, II, 23)；**ないて　いる　おじーさん　と　おばーさん-に**　むかって…と　いって…いって　しまいました(読本, IV, 36–37)；その　とき、にわ-の　ほー-で、「ほーほけきょ」　と、うぐいす-の　**なく　こえ-が**　しました(読本, II, 99)；ただ、どこか-で　あおさぎ-の　**なく　こえ-が**　した　と　おもったら　つたかずら-に　おーわれた　きぎ-の　こずえ-に、うすあかり-の　**ほのめく　そら-が**　みえた「どこかで蒼鷺の啼く声がしたと思つたら、蔦葛に掩はれた木々の梢に、薄明りの**仄めく空が**見えた」(芥川, 455/1, 沼)；すると、ちょーど　きのー-と　おなじじこく-に、わ-の　**なる　おと-が**　きこえて　きました「すると、ちやうど昨日と同じ時刻に、輪の**鳴る音が**聞えて来ました」(少年, 274/3, 金の輪)；…ぞく-の　**さわぐ　ところ-お**　さんざんに　いた「…賊の**さわぐ所を、**さん〳〵に射た」(読本, VI a, 91, VI, 71)；つめひめ-が　**たおれて　いる　そば-に**、じーさま-が　ぼんやり　たって　いました「爪姫が**倒れている側に**、爺さまがぼんやり立っていました」(昔話, 13, 爪姫)；かれら-わ　はしらどけい-の　とき-お　**きざむ　した-に**、ながひばち-の　てつびん-が　**たぎる　おと-お**　きく　ともなく　ききすませて　いた「彼等は柱時計の時を**刻む下に**、長火鉢の鉄瓶が**たぎる音を**聞くともなく聞き澄ませてゐた」(芥川, 180/3)；ところどころ　しろく　**ひかって　いる　かわ-も**　みえました「所々白く**光つてゐる川も**見えました」(読本, V, 30–31)；かれ-わ　はしご-の　うえに　たたずんだ　まま、ほん-の　あいだ-に　**うごいて　いる　てんいん　や　きゃく-お**　みおろした「彼は梯子の上に佇んだまま、本の間に**動いてゐる店員や客を**見下ろした」(芥川, 419/3, 或阿呆の一生)；そーして　その　つぎ-の　しゅんかん-にわ, あわただしく　とびら-お　**とじる　おと-が**　きこえた「さうしてその次の瞬間には, 慌しく扉を**閉ぢる音が**聞こえた」(芥川, 289/3, 老いたる素戔嗚尊)；ないぐ-わ　でし-の　そー-の　**だして　くれる**

かがみ-お　きまり-が　わるそー-に　おずおず　のぞいて　みた「内供は弟子の僧の**出してくれる鏡を**極まりが悪るさうにおづおづ覗いてみた」(芥川, 9/2, 鼻)。

上に挙げた用例から分かるように、本来の意味の名詞の前での非先行時制の形式 *-u*、*-te iru* の用法は純粋に相対的である。つまり、主文の動詞が「見た」、「聞こえた」、「見えた」などの意味をもつ擬制的・規定的な文の場合と同じになる。

時制の相対的な使用は、「～をしている人々がいた」《Были люди, которые делали … ［直訳］～をしていた人々がいた》という意味をもつ構文でも見ることができる。この構文では動作を表す動詞は通常 *-u* 形あるいは *-te iru* 形である：いちめん-の　しばふ-に　おーわれた　こーてい-お　**つらぬく**　ちーさな　**ながれ-に**、ざこ-お　すくって　**あそんで　いる　こどもたち-が**　あった「一面の芝生におほはれた校庭を**貫ぬく**小さな**流に**、雑魚をすくつて**遊んでゐる子供たちが**あつた」(読本, XI, 77)；あたり-お　**ゆきき-する　ひとびと-わ**、この　ふたり-の　**いる　そば-に**　ちかよって、めずらしそー-に　ながめて、わらって　すぐに　**ゆく　もの-も**　あれば、また、しばらくわ　たちどまって　**ゆく　もの-も**　ありました「あたりを**行来する人々は**、この二人の**ゐる傍に**近寄つて、珍しさうに眺めて、笑つてすぐに**行く者も**あれば、また、しばらくは立ち止まつて**ゆく者も**ありました」(少年, 281/2–3, 幸福に暮らした二人)；ふたり-の　くろんぼ-わ、きょくど-に　じぶんら-の　み-の　まわり-に　**あつまって　くる　ひとたち-お**　おそれて　いました「二人の黒んぼは、極度に自分等の身のまはりに**集まつて来る人たちを**怖れてゐました」(少年, 281/3, 幸福に暮らした二人)；それら-の　みつぎ-お　**はこぶ　ふね-わ**、きぬ　や　けがわ　や　たま-と　ともに、すが-の　みや-お　あおぎ-に　**くる**　くにじゅー-の　**たみ-おも**　のせて　いた「それらの貢を**運ぶ舟は**、絹や毛皮や玉と共に、須賀の宮を仰ぎに**来る**国中の**民をも**乗せてゐた」；くがつ-の　ひ-の　あたった　むらはずれ-まで　おくって　**きて　くれる　ひと-も**　ありました(「九月の日の当たつた村はづれまで送つて**来て呉れる人も**ありました」藤村, 15/1, 生ひ立ちの記)。

非先行的時制形式は人称代名詞の前でも用いられている：かのじょ-わ　ぼんやり　ほーずえ-お　ついて、えんてん-の　まつばやし-の　せみ-の　こえ-に、われしれず　みみ-お　**かたむけて　いる　かのじょ-じしん-お**　みいだしがち-であった「彼女はぼんやり頬杖をついて、炎天の松林の蝉の声に、我知れず耳を**傾けてゐる彼女自身を**見出し勝ちであつた」(芥川, 176/2, 秋)。

時制の相対的な使用は、どのような対象(生物でも無生物でも)を表す名詞の前でも見られる：ある　とき　わたし-わ　ばーさん-の　**たいせつ-に　して　いる　かいこ-に**　たばこ-の　やに-お　なめさせました「ある時私は婆さんの**大切にして居る蚕に**煙草の脂を嘗めさせました」(藤村, 9/2, 生ひ立ちの記)；こー　おもっ

て　あんしん-する　と　どーじ-に、ここ-からわ　とーく　**へだたって　いる　こきょー-の**　こと-お　おもいださず-にわ　いられません-でした「かう思つて安心すると同時に、こゝからは遠く**隔たつてゐる故郷の**ことを思ひ出さずにはゐられませんでした」(少年, 282/1, 幸福に暮らした二人)；かれ-わ　ぺん-お　**とる　て-も**　ふるえだした；「彼はペンを**執る手も**震へ出した」(芥川, 429/2, 或阿呆の一生)；お-すみ-も　とーとー　しまい-にわ　むこ-お　**とる　はなし-お**　だんねん-した「お住もとうとうしまひには婿を**取る話しを**断念した」(芥川, 298/2, 一塊の土)(ここでは、先の例とはちがって、トル という動作は、主節の述語で表されている動作に対して後行する)。

規定される名詞が抽象的な意味をもつこともある：わたし-が　よこ-に　なって、ぐーぐー　**いびき-お　かく　まね-お**[ix]　する　と、こどもら-が　きょーき-した　よーに　わらいながら-、わたし-の　まわり-お　まわって　おりました「私が横に成つて、ぐう〳〵**鼾をかく真似を**すると、子供らが驚喜したやうに　笑ひ乍ら、私の周囲を廻つて居りました」(藤村, 10/1, 生ひ立ちの記)；また、めだかや　どじょー-など-と　いっしょ-に、**あそぶ　ひつよー-も**　ありません-でした「また、目高やどぢょうなどと一しよに、**あそぶ必要も**ありませんでした」(読本, V, 13)。

本来的な意味の名詞の前の規定ポジションでは、否定法の形式にも出会う：うざき-わ　にしび-の　**とどかぬ　とこのま**[1]**の**　まえ-に　あぐら-お　かき、つづけさま-に、て-お　ならした「鵜崎は西日の**とゞかぬ床の間の**前に胡坐をかき、続けさまに、手を鳴らした」(荷風, 4/2, おかめ笹)；おまえがた-も　せい-いっぱいに、これ-までに　**ない**　じょーとー-な　**しなもの-お**　つくって　くれなければ　ならない「お前方も精いつぱいに、これまでに**ない**上等な**品物を**造つてくれなければならない」(少年, 276/2, 殿様の茶碗)；まだ　なんとも　**きまらない　さき-から**　…「まだ何とも**きまらない先から**　…」(荷風, 12/2, おかめ笹)；ゆーり-わ　**きこえない　ふー-お**　して　おった「又李は**聞こへ**(ママ)**ない風を**して居つた」(野叟曝言, 246)。

現代語では規定-動詞の後に時おり属格の接尾辞 *-no* が使われる。これはすでに古代日本語においてこのポジションに見られたもので、(特に漢文の翻訳において)規定的な従属文をつくる中国語の чжи(之)と ды(的)の意味を伝えていた。そのような *-no* の前の時制形式は相対的な意味を保っている：め-の　ない　もの-わ　くーけん　と　わらって　おった　が、かれ-が　りょーて-お　てん-に　むかって　あげる　とき-わ、たいざん-お　**おしあげる-の　いきおい-が**　あり　ち-に　むかって　さげる　とき-わ、おーうみがめ-お　**おさゆる-の　ちから-が**　あった「目の無いものは空拳と笑つて居つたが、彼が両手を天に向かつて上げる時は、泰山を**押し上げるの勢が**あり地に向つて下げる時は、鼇魚を**押ゆるの力が**あつた」(野叟曝言，290)。

おそらく、この位置で *-no* はあらゆる被規定語の前に置くことができるのではなく、抽象的な意味の語の前だけに置くことができる(ロシア語の語結合《наука побеждать 勝つための学問》は日本語に カツ-ノ ガクモン と訳すことができるのに対して、カツ ガクモン は《побеждающая наука 勝利している学問》であることと比較されたい)。

では、*-ta* 形式は規定のポジションでどんな意味をもつのだろうか？　大多数の場合、それが先行性を表しており、過去時制全般を表すのではないことはまったく明らかである。そのような意味に疑問が生じそうな *-ta* 形式を含む文をいくつか検討しよう：そして　いつしか　ふたり-わ　あかい　ゆーやけぞら-の　なかに　**はいって　しまった　ゆめ-お**　みました「そして、いつしか二人は、赤い夕焼け空の中に**入つてしまつた夢を**見ました」(少年，275/1，金の輪)；ハイッテ シマッタ という形式は過去時制を表しているのではない。なぜなら、この構文に非先行時制の形式を使うことはまったく可能だからだ：たろー-わ　…おーらい-の　うえ-お　ふたり-で　**…はしって　ゆく　ゆめ-お**　みました「太郎は　…往来の上を二人で**…走つて行く夢を**見ました」(同前)。どちらの複文も同じように組み立てられている：主文の述語は動詞 ミマシタ である。だが、第2の文には動作 ハシッテ ユク のプロセスそのものが眺められていたことが語られているのに対し、第1の文で述べられているのは動作の完全な終了である。

存在動詞の *-ta* 形式は、*-u* 形式と比較して検討しなければならない。なぜなら、過去についての発話中の規定ポジションで両方の形式が使われるからである。例を挙げよう：しま-に　**いた　しろうさぎ-が**、むこー-の　おか-え　いって　みたいと　おもいました「島　に　**居た　白兎　が**、向かふ(ママ)の陸へ行つてみたいと思ひました」(読本，IV，92)。イタ という形式はここで過去の意味をもっているように見える。なぜなら、これによって表されている状態は、主文で語られている時期にも継続しているからだ。つまり、一定の期間中、これら(イタ と オモイマシタ)のプロセスは同時に進行していたから。しかし、規定のポジションでは、*-ta* 形式は(*-u* 形式とは違って)**始まりの先行**(うさぎが島でくらし始めたのはずっと前である)を示している。もし、同時性だけを示さなければならないとしたら、*-u* 形式が用いられる：らいこーたち-お、しゅてんどーじ-の　**いる**　りっぱな　**ごてん-え**　つれて　いきました(読本，IV，65)。

-ta 形式で表された動作(状態)は、主文で語られている動作よりずっと前に始まってはいないかもしれない。このニュアンスはロシア語の《оказалось ～ということだった》によってよく伝えることができる：いちばん　しまい-に　**いた　わ**

にざめ-が、しろうさぎ-お　つかまえて、からだ-の　け-お　みんな　むしりとって　しまいました(読本, IV, 96)。

《***Акула, оказавшаяся*** последней, схватила белого зайца и выщипала ему всю шерсть на теле.》[x]

規定のポジションでの *-te ita* 形式の用例は、8 章の第Ⅲ部を参照。

8　規定語の役割をする形容詞の時制形式

現代日本語には数種類の形容詞がある：1) いわゆる述語的形容詞。*-i* 形式で規定語にも、規定文あるいは主文の述語にもなることができる；2) 接尾辞 *-na*(古代日本語のむすび *-naru* から生じた)をもつ形容詞。主文の述語のポジションでは、この形容詞の接尾辞 *-na* は、現代語の何らかのむすびと入れ替わる(16–17 世紀には *-na* をもつ形容詞が文末でも使われた)；3)動詞から生じた *-ta* 形式の形容詞で、*-ta* 形式がパーフェクトのニュアンスをもつ動詞からつくられた(これについては 8 章を参照)；4) *-jo:na* 形式の形容詞；5) 合成の形容詞(名詞＋属格の接尾辞 *-no* ＋アル / ナイ)。これは主文の述語ポジションでは、属格の接尾辞 *-no* が主格の接尾辞 *-ga* に代わる：イミ-ノ アル⇒規定語、イミ-ガ アル⇒述語。

-i 形容詞は、周知の通り、時制によって：*wakai* 若い—*wakakatta* 若かった：のように変化する。*wakakatta* のような形式は、一見、*wakak*[*u*] ＋ *ar*[*i*] ＋ *ta* [*ri*] という結合から形成されたように思われる。しかし、実際には、古代日本語で *-tari* は形容詞＋ *ari* に接続しなかったから、*wakakaritari* という形式は現実には存在していない [157,181 参照]。つまり、*wakakatta* のような形式は、古い形式 *-tari* の音声的な縮約によって(*wakakaritari* > *wakakatta*)ではなく、動詞の形式との類推によって形成されたのだ(動詞 *wakatta* 分かった　*wakaritari* 分かりたり、と比較せよ)。近代日本語では、形容詞が、以前にはなかった *-tt-* ＋ *-a* という先行時制の語幹を獲得した。しかし、形容詞から語尾の *-a* を分離するのは難しい。なぜなら、*wakakatte* のような形式が存在しないからだ。*-te* は、形容詞のいわゆる第二語幹にのみ結び付く：*wakakute* 若くて。

-i 形容詞の時制的意味について言うと、それは純粋に相対的である：**あかるかった　せかい-が**、きゅーに　まっくらに　なりました「**明かるかつた世界が**、急にまつ暗になりました」(読本, V, 1)。*-ta* 形式の形容詞がここで表しているのは同時性ではなく、先行性であることは、まったく明らかである(同時に明るいことと暗いことはありえない)。だが、ことによると、*-ta* 形式がここにあるのは、語られているのが過去全般についてだからであり、この形で表されている性質が主文の述語で表されている動作に先行することを示してはいないのではないか？　いや、プ

ロセスの同時性を表す場合は、必ず *-i* 形式が使われる：みる　と、かれ-の　**うつくしい**　かお-の　はんめん-わ、**うすきみ-の-わるい**　しせきしょく-お　てい-して　いた「見ると、彼の**美しい**顔の半面は、**薄気味の悪い**紫赤色を呈してゐた」(菊池, 144/3, 真珠夫人)。ここでは、形容詞 ウツクシイ と ワルイ は純粋に相対的な同時性の意味をもっている。

形容詞の *-ta* 形が使われるのはかなりまれで、基本的には、話者が、話題にしている時点よりも以前に存在した性質について想起しているときに使われる：さっき　おと-の　**たかかった　ほー**-が、こんど-わ、**ひくい　おと-に**　なりました。はんたい-に、**ひくかった　ほー-が**、こんど-わ　**たかい　おと-が**　でる　よーに　なりました(国語, 3［1］, 14–15)(啄木, 115/1 もまた参照)。

-ta 形式は始まりの先行を表すこともある。つまり、規定されるものに、後で言及される動作が始まる前にすでに備わっており、後の動作が実行される時まで保たれている性質を表現する：とよださん-の　いえ-でわ　**きびしかった　もの**-ですから、それ-お　しゅじん-に　きこえない　よーに　まど-の　ところ-え　きて-わ　うたいました-の　です「豊田さんの家では**厳しかつたもの**ですから、それを主人に聞こえないやうに窓のところへ来ては歌ひましたのです」(藤村, 27–28, 生ひ立ちの記)。

注意を引くのは、過去についての発話の中での形容詞の時制が、ロシア語と日本語とで一致していることである(上に『国語』から引用した例と、そのロシア語訳を比較せよ)。違いは、日本語では過去時制の語幹を形容詞の総合的な形式自体が含みもっているのに対し、ロシア語ではむすびだけが過去形に変化している、という点だけである[xi]。

-i 形容詞の同時性の相対的意味での使用は、古くからある現象である。16–17 世紀のテキストにはそのような用例が少なからず見つかる：やじぇん-わ　**をびただしい**　つーや-を　する　**ひと-が**　ござった「夜前は**夥しい**通夜をする**人が**ござつた」(狂言記, 1, 329)。形容詞 オビタダシイ は、いいおわりの述語との同時性を示しているのであって、発話時との同時性を示しているのではない。

もちろん、*-i* 形容詞によって表された恒常的な性質について述べられている例は、形容詞の時制についてのどんな見解であろうと、その根拠のための資料にはならない。そのためには、時間によって変化する特徴を表している形容詞の形式だけに注目しなければならない：あの　**くらい、おそろしい　よる-の**　こと-お　わすれた　か「あの**暗い、怖ろしい　夜の**ことを忘れたか？」(少年, 284/2, 幸福に暮らした二人)。一見、この文では、規定されるものの性質が ワスレタ という動作と同時的ではありえないのだから、*-ta* 形式が必要であるように見える。しかし、*-i* 形式は、ここではこれらの形容語(形容詞)が規定されるものの恒常的で消えることのない性質を表しているという条件に基づいて使われている。

時には、*-i*形容詞の否定法の形式も使われる：あに-にわ　**よからぬ　おこない-が**　あった「兄には**善からぬ行が**あつた」(啄木，114/3，鳥影)。

*-na*形容詞は、時間によって変化するのだろうか？　このような疑問は、少なくとも規定のポジションでのこの形容詞に関して今のところ提起されていない。問題は、むすびの ナルの名残である接尾辞*-na*が、それに対立する、同じ語根からの先行時制の形式(ナッタ という形式が予想されるだろう)をもっていないということだ。そのため、多くの研究者たちには、*-na*が語形変化の接尾辞ではなく、語形成の接尾辞であると感じられるのだ。だが、接尾辞*-na*をもつ形容詞が、規定語のポジションでもこの接尾辞を先行時制形式のむすびに変えている例を引くことができる：とのさま-わ、ひゃくしょー-の　せいかつ-が　いかにも　かんたん-で　のんき-で、お-せじ-こそ　いわない　が　**しんせつ-で　あった-の-が**　み-に　しみて　おられまして、それ-お　お-わすれ-に　なる　こと-が　ありません-でした「殿様は、百姓の生活がいかにも簡単でのんきで、お世辞こそ言はないが**親切であつたのが**身に染みてをられまして、それをお忘れになることが　ありませんでした」(少年，278/2，殿様の茶碗)。カンタン-デ、ノンキ-デ　のような形容詞のなかどめ形は時間によって変化しない。

接尾辞*-na*をもつ形容詞が時間によって変化すると認めるには、理論的な困難がある：もし、この形容詞が規則的に*-na*を*-datta*に換える(*-i*形容詞が*-ta*形式をとる場合)と証明されるとすると、今度は名詞も時間によって変化するとみなさなければならなくなるのではないか？　なにしろ、名詞も述語のポジションで、やはり異なる時間のむすびを伴うではないか。

思うに、このような疑問には次のように答えなければならない：動詞と形容詞の時制は、形態論的カテゴリーであるだけではなく、統語論的なカテゴリーでもある。文法的な時制——まして相対的な時制は——品詞の時制というよりは、むしろ文の成分の時制なのだ。特に「統語論的」なのは、*-na*形容詞と、述部の名詞的部分として使われた名詞の時制である。もちろん、動詞と*-i*形容詞の時制は、より「形態論的」である。

しかし、実際的な問題——規定のポジションにおける接尾辞*-na*とむすびの*-datta*との交代は規則的なのか、それともこのような交代は比較的まれなのか——という問題は、特別に収集された資料での追加の研究を必要としている。

まとめ

1. ロシア語、英語、フランス語、ドイツ語の科学的な文法によって明らかにされたように、これらの言語の形動詞は（フランス語と英語では、形動詞の役割も副動詞の役割もする形式も）、基本的に相対的な意味をもつ形式である。

相対的な時間的意味はモンゴル諸語の形動詞ももっている。

2. これらすべての言語において、規定的な従属文の述語は、主文の述語よりも頻繁に相対的な意味で使われる。これは極めて当然である：従属文の述語は通常、主文の述語が後につづく自立的な文の述語に依存するよりも多く主文の述語に依存するからだ。

3. 比較分析はまたこんなことも示している——純粋に絶対的、また純粋に相対的な形式だけではなく、大部分の場合は絶対的で、ときおり相対的な意味をもつ形式や、基本的には相対的だが、ときおり絶対的にもなるといった形式もあり得るということだ。

4. 近代日本語においては、規定的な従属文で用いられる動詞と形容詞の形式は、それらの主文での形式と変りはない。つまり、近代日本語には形動詞がない。

しかし、本論文で**いいおわり**の形式（主文にだけおこりうる古代日本語の特別の**終止形**や**なかどめ形**から区別して）と呼んでいる現代語の時制形式は、その起源において規定的である。つまり、形動詞的である。

形動詞的な形式のいいおわりの形式へのこのような変化、またはモンゴル語の専門家が言う「直説法の形式」への変化は他の言語でも出会う。例えば、ロシア語の《-л》で終わる過去形は、周知の通り、起源的には形動詞で、以前はただむすびと共にだけ使われていたものである。

日本語は、これに関して独自の特徴をもっている：終止形が規定形に取って代わられたことは、日本語のほとんどすべてのテンス、アスペクト、ムード、ヴォイスに起こった（例外は疑惑法で、ここには終止形を起源とする *-mai* 形が残り、それは規定のポジションで使われるようにはならなかった）。

5. 動詞と形容詞の時制形式をさまざまな規定のポジションで、つまり、見せかけの規定のポジション（17 世紀になってやっと現れた、名詞化の *-no* の前）、形式的な規定のポジション（補助的な単語 コト、モノ、ホー の前）、また、本来的な意味の名詞（主語、補語、状況語、あるいは述部の名詞部分）にたいする規定のポジションで個別的に研究したことで、これらすべてのポジションにおいて、時制形式の基本的な意味は、先行性と非先行性の相対的な意味であることを明らかにすることができた。

6. 古代日本語の文献からの用例が示すように、時制形式の相対的使用、特に過去についての発話の中での *-u* 形式の相対的使用は新しい現象ではない。きっと、*-u* 形式の相対的意味での使用は徐々に広まったのだ：初めに *-u* 形式は同時性の意味だけで使われ、後になって——より広い、非先行性全般の意味で使われるようになったのだ。

注

1　とこのま一側面の壁のくぼみ。

訳注

i　читающий は動詞 читать【読む】の能動形動詞現在、который は関係代名詞。形動詞については巻末の「ロシア語動詞要覧」参照。

ii　古代語の活用では、母音変化型(四段)と、語尾添加型(上一、下一)と、両者の混合型(上二、下二)が区別され、上一「見る」は第 4 類とされるが、近世に起こった二段活用の一段化の変化によって、二段活用がなくなり、現代語では五段活用を 1 類、一段活用を 2 類とする類別が行われる。

iii　мороженное は動詞 морозить【凍らせる】の被動形動詞の中性形、мороженое は形動詞から転化した形容詞 мороженый の中性形で、名詞「アイスクリーム」として使われる。

iv　古ロシア語ではいくつかの完了形が助動詞(むすび)の быти(быть の古形)と -л- を含む形動詞(л 分詞)との複合形で表されていた。助動詞の部分は主語の人称と数に従って変化し、形動詞の部分は主語の性と数に従って変化した。しかし、次第に助動詞部分は脱落して、14 世紀以降は -л- を含む形動詞の部分だけが過去の述語として残り、現代ロシア語の過去形となった(佐藤純一著「ロシア語史入門」、木村彰一著「古代教会スラブ語入門」等による)。

v　昇る太陽［восходящ**ее** солнце］と昇っていた太陽［восходи**вшее**　солнце］で、「太陽= солнце」が中性名詞なので、形動詞の語尾は -ee となっている。

vi　увидели は、видеть と対になる完了体 увидеть の複数過去形。

vii　この例文、原文のまま。しかし、日本語としてはおかしい。シル　コト-ワ　アルマイ　ならよい。

viii　原文、полнозначный は、знаменательный(意味が独立的な)という意味。

ix　ロシア語では「いびきをかく」が 1 単語なので「**いびき-お**」も含めて強調されている。

x　Акула, оказавшаяся последней は、「たまたま一番うしろにいたサメ」。

xi　本書における『国語』(国語, 3[1], 14–15)の、著者によるロシア語訳を以下にかかげ、日本語と比較してみる。

Тот[стаканчик], звучание которого ранее *было высоким*, на этот раз стал[издавать] *низкий звук*. И наоборот, тот[стаканчик, звучание] которого *было низким*, теперь стал издавать *высокий звук*.

(さっき音が高かった［コップ］は今度は低い音を［出す］ようになりました。そして反対に、音が低かった［コップ］は、今度は高い音を出すようになりました。)

「たかかった」：было（過去形のむすび）высоким（形容詞・語法により造格；高い）、「ひくいおと」：низкий（むすびなし、形容詞；低い）звук（名詞；音）。ロシア語の形容詞自体には時制がなく、ロシア語ではむすびだけが過去形に変化している。

第７章

主文の述語の時制形式

1　テキストの段落における時制使用の問題

H.C. ポスペロフが次のような指摘をしている。「過去時制の諸形式の細かい意味のニュアンスを究明するには、それらの形式を文という統語的な境界の中から取り出すのではなく、独話的な発話のもっと複雑な統語的統一体の範囲から、会話の言葉なら、そのすべての状況を考慮して取り出すことが必要だ。言葉を換えれば、過去時制の諸形式の意味は発話の全体から識別されるのであって、文法的に線引きされた文の枠の中で識別されるものではない」[95,106]。

もちろん、他の時制の意味も、特に主文においては、「発話の全体」つまり、いくつかの形式的に完結した文を含むテキストの断片の中で研究されるべきだ［16,6も参照］。

しかし、日本の文法学者たちは、めったに一文以上から成る例を引用しない。ロシアの日本語研究者たちもまた、時制を広いコンテキストで研究してこなかった。

研究の対象となる資料は、独話と対話に分けることができる。対話は個別的な複数の文から成ることが多く、「会話のすべての状況を考慮」しなければならないとなると、非文法的な種類のさらなる複雑さが生じるため、本論文では、主として独話、つまり、日本の叙述的な文献の大多数を占める「作者の」言葉が調査される。

広範囲の引用テキスト（基本的に文学作品からの引用）の研究に際して、私は次のような課題を自分に課した：

1）継起的に交代した過去のプロセスについての発話の中の主文で、どのような文法的時制の形式が用いられているかをつきとめる：

2）同時に進行した過去のプロセスについての発話の中の主文で、どのような時制形式が適用されているかをつきとめる：

3）時制形式とつなぎとの間に、書き言葉では句点で示される休止がない場合（5章を参照）と休止がある場合で、つなぎの前の時制形式の使用に違いがないかどうかを明らかにする。この問題は、私が知る限り、はじめて提起される。だが、これは実践的にも理論的にも大きな意義をもっている。

過去において継起的に行われた動作だけを語っているようなテキストを選び出すのは困難であるため、そのような動作を表す時制形式と、同時的なプロセスを表す時制形式の研究は、並行的に進めざるを得ない。これによって両者の表現の違いを明らかにすることができるだろう。

2　直説法形式の用法

古代日本語のどのような散文のテキストを見ても、過去についての発話の中で *-u* 形式を規定的な文だけでなく、主文でも使うことが、最古の時代から日本語の特徴であることが分かる(例えば『竹取物語』参照)。調査した 16–17 世紀の資料(『エソポのファブラス』、狂言、『金句集』)では、時制形式を広範囲の引用テキストで観察することができない。なぜなら、寓話は短すぎて、対話が多すぎ、狂言はそもそも対話でできているからだ。また、金言は普通、恒常的なプロセスについて語る一文でできている。

それとは違って、現代語の作品では必要な資料を容易に見つけることができる。原典からの引用を先行時制の形式から始め、やはり先行時制の形式で終えることに決めて、実例に目を向けよう。これによって非先行時制の形式の機能と、2 つの時制形式の用法の違いがより簡単に理解できるであろう。もちろん、物語やその一節がただちに非先行時制の形式で始まるなら、引用はそこから始まることになる：

こーして　できた　にほん-の　つつ-わ、うまく　くいあって、ながく　のばしたり、ちじめたり-する　こと-が　**できる**。

さー　できた　ぞ　と　おもう　と、**うれしく-も　ある**。むね-も　**どきどきする**。うまく　みえる[i]　か　どうか。

けしき-お　のぞいて　みた。ながい　もの-が、ぼんやり　**みえる**。ふたつ-のつつ-お、のばしたり、ちじめたり、かげん-して　いる　うちに、はっきり-した。**でんちゅー-だ**。はりがね-が　ろっぽん　ある　こと-まで　**わかる**。

もっと　した-お　**みる**。**やね-だ**。**しょーじ-だ**。おや、だれか-が　しょーじ-の　あいだ-から　かお-お　**だして　いる**。ぼく-わ、もう、むちゅー-だった(読本，VI，52–53)。

そこでは未来のことが問題にされているので、疑問とともに自身に語り手がむきあっているフレーズ「うまく　みえる　か　どーか」さえ問題にしなければ、明らかになるのは、主文のうち非先行時制の形式 10 に対して、*-ta* 形式はたった 3 つに過ぎないことだ。しかし、これらを使ったことにはきわめて重要な意味がある。続いて言及される動作に先行する動作はすべて *-ta* 形式で表されている。つまり、非先行時制の形式が多数であるのは、それらがいわゆる歴史的現在の意味で使われた結果ではまったくない。それらはすべて、後に続いて言及されるプロセスと同時のプロセスを示している。同じことが他の引用でも見られる。

いね-が　だんだん　かられて　くる　せい-か、いなご-が、たくさん　こちら-え　**とんで　くる**。そーして、いね-の　は　や　くき-に　**とまる**。とろーと　して-も、なかなか　**つかまらない**。

おーきな-の-が　いっぴき、すぐ　そば-の　いね-の　は-に　とまった。そっと　ちかずく　と、くるりと　は-の　うら-え　まわって、あし-の　さき-だけ　**みせて　いる**。みぎ-の　て-で、すばやく、は-と　いっしょに　つかまえた（読本，VI，23–24）。

この例からわかるように、非先行時制の形式によって表されるのは、列挙される一連の動作の間に続いているプロセスだけではなく、「見せている」のように、後続の動作によってすぐ中断されるような動作のこともある。

れいの　まど-からわ　おーらい-お　へだてて　とけいや-の　みせさき-が　**みえます**。しろい　しょーじ-の　はめがらす-お　とーして　せっせと　とけい-お　みがい-て　いる　ていしゅ-の　よーす-が　**みえます**。その　まど-の　した-え　わ　ときおり　きて　こえ-お　かける　がっこー-の　ともだち-も　ありました「例の窓からは往来を隔てゝ時計屋の店頭が**見えます**。白い障子の嵌硝子を通して錯々（セツセツ）（せつ〳〵）と時計を磨いて居る亭主の様子が**見えます**。その窓の下へは時折来て声を掛ける学校の友達も有りました」（藤村，21/3，生ひ立ちの記）。この一節では過去について語られている。そのため、ずっと以前に過ぎ去ったことを表す非先行時制の形式は、ここでは物語の時との同時性を表すことができない[ii]。

うとうと-したら　きよ-の　ゆめ-お　みた。きよ-が　えちご-の　ささあめ-お　ささぐるみ、むしゃむしゃ　**くって　いる**。ささ-わ　どく-だ　から　よしたら　よかろー　と　ゆー　と、いえ　この　ささ-が　お-くすり-で　ございます　と　いって　うまそーに　**くって　いる**。おれ-が　あきれかえって　おーきな　くち-お　あけて　はははは　と　わらったら　め-が　さめた。げじょ-が　あまど-お　**あけて　いる**。あいかわらず　そら-の　そこ-が　つきぬけた　よーな　**てんき-だ**「うとうとしたら清の夢を見た。清が越後の笹飴を笹ぐるみ、むしやむしや**食つてゐる**。笹は毒だからよしたらよからうと云ふと、いえこの笹がお薬でございますと云ふて旨さうに**食つている**。おれがあきれ返つて大きな口を開いてハハハハと笑つたら眼が覚めた。下女が雨戸を**明けてゐる**。相変らず空の底が突き抜けたやうな**天気だ**」（漱石，97/1，坊つちやん）。ここでは、非先行時制の形式のそれぞれが、次に言及されるプロセスの時にも続いていたプロセスを表している。おそらく、ア

ケテ　イル という形式は、それが表している動作がそれより前に言及された サメタ という動作と、何らかの時間、同時であったこと（語り手が目を覚ました時、開けていた）を示しているのだ。なぜなら、先行を示すのであれば アケテ イタ という形式になるはずだからである。だが、もしこれら 2 つの動作が同一時間に行われたのなら、動詞 サメタ を *-u* 形式の サメル とすることはできないのか？　それはできない。なぜなら、動詞 サメタ で表された動作は、次に言及される動作に気づける状態になるためには、完了していなければならないからだ（語り手は、下女が雨戸を開けているのを見るためには目を覚ましていなければならない）。

いま-まで　き-が　つかなかった　が、あたりに　がやがやと　さわがしい　おと-が　**して　います**。にんげん-の　こえ-に　して-わ、**ちーさすぎます**。けれども、むし-の　なきごえ-でも　ない　**よー-です**。

まもなく、がりばー-の　あし-の　さき-から、なにか、はいあがって　きました。みつ、よつ、いつつ、つぎつぎと　**のぼって　きます**。そして、もも-から　おなか、おなか-から　むね-と、だんだん　**すすんで　きます**。とーとー、あご-の　すぐ　した-まで　やって　きた　**よー-です**（国語，3[2]，96–97・3[1]，94–95）。第一の段落で語られている動作は、後に続く動作の時にも続いていたものなので、ここには非先行時制の形式が使われている（リリパットの人の声は、そのうちの何人かがガリバーの体によじ登っていた時にも聞こえていた）。

次に引用する部分では、何度も繰り返される動作について述べられている：

がりばー-が　うち-に　いる　と、こびと-の　こども-が　よく　あそび-に**きます**。こどもたち-わ、がりばー-の　て-の　ゆび-に　のぼったり、むね-の　ぼたん-に　ぶらさがったり-して　**あそびます**…

がりばー-が　よこ-に　なって、て-お　ゆか-の　うえに　おく　と、こどもたち-わ　その　うえに　**はいあがります**。がりばー-わ、て-お　そっと　むね-の　ところ-え　もって　いって、こどもたち-お　むね-の　うえに　**おろして　やります**。

それ-から、かくれんぼー-が　**はじまります**。あたま-の　け-の　なか-に　かくれる　こ-も　**あります**。ふく-の　えり-の　かげ-に　かくれる　こ-も　**あります**。おに-に　なった こ-わ、はな-の　うえに　こし-お　かけて、め-お　**つぶって　います**。

—　もう、いい　かい？

—　もう、いい　よ！

こびと-の　こどもたち-に　とって-わ、がりばー-わ、たのしい　<u>あそびば-でした</u>。

—　さー、そろそろ　かえらない　と、くらく　なる　よ。

あそびば-が　くち-お　きいて、こどもたち-に　**はなしかけます**。
— がりばー-の　おじさん、ありがとー。また　きます。
こびと-の　こどもたち-わ、がりばー-の　て-から　ゆか-の　うえに
とびおりて、**かえって　いきます**(国語，3[2]，110–112)。

この引用部分では主文の述語が、アソビバ デシタ を除き、すべて非先行時制の形式である。一見、この アソビバ デシタ の形式で表された状態は以後も続くように見える。しかし、むすび デシタ の先行時制は続いて言及される動作にたいしてのみ関わっているのではない。むすびは *–te ita* 形式を欠いているので(第8章6節を参照)、デシタ の形式が前に言及された動作への先行をも表しているのである。デシタ はここでは始まりの先行を表している。

興味深いのは、最後の動詞 イキマス でさえ *-ta* 形式になっていないことである。どうやら、多数回くり返された動作は、特にしばしば非先行時制の形式で表されるようだ。だが、多数回くり返される動作を表す際に、先行時制の形式も使われる：

まちはずれ-の　こーじょー-の　まえ-お　とーりすぎると、それから-わ　いちめん-の　**たんぼ-です**。

どの　た-も、いま、いねかり-の　さいちゅー-で、**いそがしそー-です**。いね-お　かって　いる　ひと-も、**あります**。かった　いね-お，いねかけ[1]-に　かけている　ひと-も，**あります**。いね-お　はこぶ　くるま　や　うま-も、**とーります**。

ときどき、あしもと-から、いなご-が　**とびだしました**。

たんぼ-の　むこー-に、おーきな　すぎはやし-が　**あります**。その　はやし-の　わき-お　まがる-と、たかい　いちょー-の　き-が、**みえます**。あおい　そら-に、きいろい　いちょー-の　は-が、うつくしく　かがやいて　いました(国語，2[2]，42–43)。

ここで、時間的関係のベースとなっているのは、描かれている光景を見る人々が稲田を歩いている時間的断片である。彼らの目の前で起こる出来事が、恒常的な状態(林や稲田の所在地)は言うまでもなく、非先行時制の形式で表されている。一方、*-ta* 形式 トビダシマシタ がここで使われているのは、それによって表現された動作がもう成されてしまった時に気づかれたからだ(イナゴ を人々が見たのは、イナゴ がすでにとびだした時である)。*-te ita* 形式は、それによって表される状態が、それが話題となっている時点よりずっと前から存在していることを示している(イチョオ の葉は、眺められる前から輝いていた)。

3　否定法形式の用法

否定法の非先行時制形式の用法には特別な注意を注がなくてはならない。なぜな

ら、対応の肯定文において直説法の先行時制形式が見られるときに、過去についての発話でそれらがしばしば用いられるからである。言葉をかえると、否定法の先行時制形式に出会うのは、同じ法の非先行時制形式に出会うよりもまれである。この現象は古くからの日本語の特徴である。『古今集』(10 世紀)の歌の 1 つはこのように始まる:イニシエニ アリキ アラズ-ワ シラネドモ…。小林はこの例を、過去時制の接尾辞 *-ki*(話題になっているのは古代日本語である)のない動詞は必ずしも現在を表すとは限らない、という自らの観察を裏付けるために引用している[167,391 参照]。しかし、小林は、なぜこの例で否定形だけに過去時制の接尾辞がなく、肯定形にはこの接尾辞があるのか、ということについて問題を提起していない。この問題は非常に重要であるのに。私の知る限り、絶対的な時制をもつ言語においては、肯定文と否定文との間に時制形式の使用に何か違いがあるということはない。だが、日本語ではこの違いが本質的に重要なのだ。

まず、16–17 世紀のテキストからの例を検討しよう:やー、わごりょ-わ まだ **いなぬ** か「やあ、わごりよはまだ**往なぬ**か」(狂言記, II, 258);ひと-わ **きかぬ** か しらぬ、たれ-も **きかぬ** と みえた「人は**聞かぬ**かしらぬ、誰も**聞かぬ**と見えた」(狂言記, I, 289)[ここでは ミエタ は先行時制であるが、否定法形式は非先行時制である];それがし、しぇがれ-を ひとり もって ござる が、こと-の ほか しぇいじん-いたして ござれど、な-を **つけかえて とらしぇましぇぬ**「某、倅を一人持つてござるが、殊のほか成人致してござれど、名を**付け替へてとらせませぬ**」(狂言記, II, 128)。

16–17 世紀の言語においては、動詞には先行時制の否定法形式 *-nanda* が存在した(西部方言では現代まで残っていた)。私の観察によるならば、それは 2 つの場合にもちいられていた:

1. 実行が否定されている動作は、過去の限定されたある期間においてだけ起こり得たが、後に実行の可能性が失われてしまったという場合:じろーべーどの-の うま-を かり-に わせた ところ-で さいぜん-の ごとく もーして、**かしませなんだ**(狂言記, II, 410)「次郎兵殿の馬を借りにわせた所で、最前の如く申して、**貸しませなんだ**」;そー あろー-とも、さて めずらしい こと-わ **なかった か**?—べつ-に めずらしい こと-も **ござりま**しぇ**なんだ** が…「さうあらうとも、さてめづらしい事は**なかつたか**?—別に珍しい事も**ござりませなんだ**が…」(狂言記, II, 360);はりだこ-の ありどころ-を とーて **まいらなんだ**「はりだこのあり所を問うて**参らなんだ**」(狂言記, II, 275)。

2. 以前行われなかった動作だが、後になってやはり行われた、という場合:いや、このぢゅー-わ ひさしゅー **でさっしゃれなんだ**「いや、この中は久しう**出さつしやれなんだ**」(狂言記, I, 149);のー きくいち、この あいだ-わ ひ

さしゅー　**みえなんだ**「なう菊市、この間は久しう**見えなんだ**」(狂言記，Ⅰ，383)。(狂言記，Ⅱ，311 も参照)

実のところ、このようなフレーズでの *-nanda* 形式の使用は義務的ではなかった。このような場合には、否定法の非先行時制の形式 *-nu* も見受けられる：なんと　して　**みえぬ**　ぞ「何として**見えぬ**ぞ」(狂言記，Ⅰ，383)。だが、やはりこのような構文においては *-nanda* の形式の方がより頻繁に用いられた。

17 世紀のテキストでは、否定法のもう 1 つの（分析的な）形式 *-nande gozaru* も使われた［121,129–130 参照］。

現代語における過去についての発話中の否定法形式の用法を検討しよう。関西方言の *-nu* と *-nanda* に相当する標準語の形式は、*-nai/-masen* と *-nakatta/-masendesita* である。

-nai の形式は *-nu* の形式と同様に、過去についての発話でしばしば使われる：まだ、ぼく-が　ほしい　と　いわない　から　**でて　きません**「まだ、ぼくがほしいといはないから**出て来ません**」(少年，337/1，「北風」のくれたテーブルかけ)；とても　そー-わ　**たべきれません**「とてもさうは**喰べきれません**」(少年，338/2，「北風」の…)；たべる　もの-が　なくって、おかーさん、**お-はら**(ママ)-**が　すきゃー　しない**　か？…「喰べるものがなくつて、おかアさん、**お腹**(なか)**が空きやアしない**か？…」(少年，339/3，「北風」の…)；ぼく　ほんとー-お　ゆー　と、けさ-から　まだ　なんにも　**たべない**-ん-です。あんまり　いそいで　なんにも　**たべなかった**-ん-です「ぼく、ほんたうをいふと、今朝からまだ何にも**喰べない**んです。あまり急いでなんにも**喰べなかつた**んです」(少年，340/1，「北風」の…)。最後の例では、同一の動作についての発話に、初めは非先行時制の形式が使われ、後では先行時制の形式が使われている。おそらく、タベナイ の形では動作が大まかに否定されるのに対し、タベナカッタ の形は、発話時点よりずっと前に終わった、何らかの限定された過去の時間の断片（この場合は朝家を出るまで）に動作が**起こる時間がなかった**ことを示すように思われる。

同一の動作についての発話で、直説法の先行時制での問いに対して否定法の非先行時制での答えが続くことも少なくない：

— だれ-に　おしえて　もらった　の？

ぼく-わ　すっかり　とくい-だった。

— だれ-にも　**おしえて　もらわない**-の-です[iii]。ぼく-が　かんがえて　つくった-の-です。(読本，Ⅴ，55–56)。

肯定的な答えであったなら、*-ta* 形式を使わなければならないだろう。

疑問文で、本質的な意味の違いを生じることなく否定の形式が肯定の形式に交換できるなら（例えば：《Не знаете ли вы этого?》「ご存じありませんか？」

と《Знаете ли вы это?》「ご存じですか？」のように)、過去についての発話で-*nakatta* の形式が使われ；答えの方では -*nai*/-*masen* の形式が用いられる：たちか　なにか-わ　**みえなかった**　か？　いえ、なに-も　**ございません**「太刀か何かは**見えなかつた**か？　いえ、何も**ございません**」(芥川，253/2，藪の中)；なに、うま-わ　**いなかった**　か？　(問い)「なに、馬は**ゐなかつた**か？」(前掲)；いえ、ち-わ　もう　**ながれて-わ　おりません**(問いに対する返事)「いえ、血はもう**流れては居りません**」(芥川，253/1，藪の中)；かお-わ　わたし-にわ　**わかりません**(問いに対する返事)「顔はわたしには**わかりません**」(芥川，253/3，藪の中)；しかしおんな-わ　**ころし-わ　しません**「しかし女は**殺しはしません**」(芥川，254/3，藪の中)；類似の例と比較せよ：「おとこ-お　ころす　つもり-わ　**なかった**-の-です「男を殺すつもりは**なかつた**のです」(芥川，256/1，藪の中)(先行時制の形式 ナカッタ がここで使われているのは、殺す考えが後になって生じたからである)。

また、肯定文の過去についての発話においても、非先行時制の否定法形式が先行時制の直説法形式と交互に用いられることはしばしばある。これは、2つの法の非先行時制形式の異なる用法を特に明瞭に示している：くだらない　から、すぐ　ねた　が、なかなか　**ねむられない**(ママ)「くだらないから、すぐ寝たが、なかなか**寝**(ね)**られない**」(漱石，96/3，坊つちやん)；え-うかし-わ、すぐに　てした-の　もの-お　よびあつめて、たたかい-の　よーい-お　しよー-と　しました　が、いがい-にも、てした-が、**あつまって　きません**「兄うかしは、すぐに手下の者を呼集めて、戦の用意をしようとしましたが、意外にも、手下が、**集つて来ません**」(読本，VI，2)；おと-うかし-わ、いろいろと　あに-お　いさめました　が、あに-わ　どーしても　**ききいれません**「弟うかしは、いろ〳〵と兄をいさめましたが、兄はどうしても**聞入れません**」(読本，VI，5–6)；ひばし-の　さき-で　かきだそー　とした　が、すきま-が　せまくて、なかなか　**とりだせない**「火バシノ先デカキ出サウトシタガ、スキ間ガセマクテ、ナカ〳〵**取リ出セナイ**」(読本，VI，16)。すると、ちいさな　くぎ-が、じしゃく-に　たくさん　ついた…　ただ、どー-の　くぎ-わ、いくら　じしゃく-お　もって　いって-も、**くっつかない**「スルト、小サナ釘ガ、磁石ニタクサン着イタ…　タヾ、銅ノ釘ハ、イクラ磁石ヲ持ツテ行ツテモ、**クツ着カナイ**」(読本，VI，19)。この引用に続くフレーズ(そこ-え、ちょーど、にーさん-が　お-いで-に　なった)は、クッツカナイ という形式が先行時制の形式(ツイタ と ナッタ)に囲まれており、したがって、このようなコンテキストで非先行時制形式が使用されているのは、話全体が歴史的現在で進められているということによっては説明できないことを示している。もし、このような否定文を肯定文にするなら、-*nai* 形式を -*ta* の形式に取り換えなければならないだろう。

過去に起こらなかった動作についての発話で -*nai* 形式を使うことは規範とみな

すべきである：

おひる-お　すぎて、いちじ-に　なりました。にじ-に　なりました。それでも、ころきち-わ　**きません**(国語，2[2]，22)。

ちょーさく-わ　あたり-お　みまわしました　が、だれも　**いません**「長作はあたりを見まわしましたが、だれも**いません**」(国語，3［1］，97)。

てんぐ-わ、ちょーさく-から　たけ-の　つつ-お　うけとる　と、さっそく　のぞいて　みました。ところが、ちっとも　とーく-が　**みえません**。それ-わ、ただ-の　たけ-の　つつ-だった-の-です。

てんぐ-わ　くやしがって、ちょーさく-お　おいかけよー　と　しました　が、ちょーさく-の　すがた-が　**みえません**。みえない　はず-です。ちょーさく-わ、かくれみの-お　きて、どんどん　やま-お　かけおりて　いった-の-です「てんぐは、長作から竹のつつを受け取ると、さっそくのぞいて見ました。ところがちっとも、遠くが**見えません**。それは、ただの竹のつつだったのです。てんぐはくやしがって、長作を追いかけようとしましたが、長作のすがたが見えません。見えないはずです。長作は、かくれみのを着て、どんどん山をかけおりていったのです」(同上，102)。

じょーじ-わ…にく-の　こぎれ-お　ぽんと　なげて　やりました。

けれども、いぬ-わ　みむき-も　**しません**。しか-の　あしあと-お　かぐ　こと-に　むちゅー-な-の-です。(国語，4[2]，122)。

最後の例では、2つの述語——否定の シマセン と肯定の ムチュー-ナ-ノ-デス が非先行時制形式である；これらの述語は、後述の動作が始まったときにも中断されていない動作を表している。

非先行時制形式はまた、過去における何かの存在を否定するときにも使われる：ちゅーがっこー-え　きたら、もー　ほーかご-で　だれも　**いない**「中学校へ来たら、もう放課後で誰も**居ない**」(漱石，96/2，坊つちやん)。

否定法の先行時制形式 *-nakatta* /*-masen-desita* は、*-nanda* 形式と同様に、否定される動作が後になってやはり実行されたとき、あるいはもうその動作を行う可能性が失われたときに用いられる：お-とも-の　もの-にも　**わかりませんでした**「お供の者にも**わかりませんでした**」(読本，V，58)；しかし　むし-でわ　**ありません-でした**「しかし、虫では**ありませんでした**」(読本，V，59)；ひとおもい-に　とびおりました　が、め-が　くらんで、しばらく-わ　なに-も　**わかりません-でした**「一思ひにとび下りましたが、目がくらんで、しばらくは何も**わかりませんでした**」(読本，V，69–70)；ひと-が　いっぱい　のって　いて、あいて　いる　せき-わ、ひとつ-も　**ありません-でした**「人ガ一パイ乗ツテ居テ、アイテ居ル席ハ、一ツモ**アリマセンデシタ**」(読本，V，105)；なかなか　**ごしょーち-に　なりませ**

ん-でした「なか〜**御承知になりませんでした**」(読本, V, 114)；どーしても、**お-ゆるし-に　なりません-でした**「どうしても、**おゆるしになりませんでした**」(読本, V, 116)（また、読本, V, 117 参照)；がりれい-わ、その　しかけ-おしる　こと-が　**できませんでした**。そこで、じぶん-で　ぼーえんきょー-お　つくる　こと-お　おもいたちました「ガリレイは、そのしかけを知ることが**できませんでした**。そこで、（ガリレイは）自分で望遠鏡をつくることをおもいたちました」(国語, 4[2], 54)；ふみえ。その　とき、きしゃ-が　くる-のお、**しらなかった**　の？　とみぞー。しって　いた　さ(同上, 73)。

必然性を表す分析的な形式は、2つの否定形から成り立っている。そして、これは過去についての発話において非先行時制形式で使われることが多い：これ-わをもえば、うりぬし-が　**みまわぬ-でわ　ない**「これはおもへば、売主が**見舞わぬではない**」(狂言記, I, 356)。

必然性を表す分析的な形式を構成する2つの否定形のうち最初のものは、非常に多くの場合、*-ba*（または *-te-wa*）形式の条件的な副動詞である；時制に応じて第2の（後の）形だけが語形変化する。そしてこの場合、分析的な形式の用法は単独の否定法形式の用法と変わらない。特に過去についての発話の中では：あに-わ　なんとか　かいしゃ-の　きゅーしゅー-の　してん-に　くち-が　あって　**ゆかなければ　ならん**。おれ-わ　とーきょー-で　まだ　がくもん-お　**しなければ　ならない**。あに-わ　いえ-お　うって　ざいさん-お　かたずけて　にんち-に　しゅったつ-する　と　いいだした「兄は何とか会社の九州の支店に口があつて**行かなければならん**。おれは東京でまだ学問を**しなければならない**。兄は家を売つて財産を片付けて任地へ出立すると云ひ出した」(漱石, 94/1, 坊つちやん)。

このパラグラフでは、否定形の主文での用例だけを引用した。

異なる時制の否定形のさまざまなポジション（主文、つなぎ要素の前、規定のポジション）における用法は一般規則に従う。例えば：たとえば、「ほっかいどーちょー」-の　ちょーかん-が　しさつ-に　きたり-した　ばあい、しゅくじ-おのべる　の-に、ほんとー-わ　きゅーちょー-で　ある　やすこ-が　**しなければならなかった**　の-が、きがえ-の　きもの　も　**ない**　ので、そんな　とき　わかねもち-の　こども-が　かわった［18による引用, 198］。ここでは、必然性の形式 シナケレバ ナラナカッタ は先行時制に属し、ナイ は非先行時制に属しているが、これらの述語はどちらも過去についての発話に関わっているのだ。この違いは、主文の述語で表された動作の時までに、第1の動作を行う義務が消滅したのに対し、第2の述語で表された状況は残っていたということによって、説明がつく。否定法の時制をどちらにするかという選択は、統語的なポジションには依存しない。（否定形を伴うその他の用例は5章、6章を参照のこと。）

多くの文法家たちは否定法形式の用法の特殊性に気づいていない。この特殊性に最初に注目したうちの一人であるB.H. チェンバレンは次のように書いている：「注意すべきなのは、日本人が、論理は過去形の使用を求めていると思われる場合にも、しばしば現在時制、特に否定の現在時制を使うということだ：**ナラワナイ**　カラ　デキマセン」［139,179–180］。

言葉を換えると、B.H. チェンバレンは、過去についての発話での「否定の現在時制」の使用を、論理的なカテゴリーと文法的なカテゴリーが一致しないということで説明したのだ。同様な「非論理性」を彼は英語にも見出していた。これに関して、B.H. チェンバレンは、日本語では-*u* 形式と -*nai* 形式は現在-未来の意味（B.H. チェンバレンはこの術語を使っていないが）をもつという「公理」に立脚していた。もしこれらの形式が実際に絶対的な意味をもっていたとしたら、過去についての発話で肯定と否定の現在-未来時制の使用、しかも**同じ比率ではない**使用は、確かにまったく非論理的ということになるだろう。

比較的より多く過去の表現に否定の形式が用いられることは松下も指摘しており、この現象を、「日本人は否定を（何か）不変的に考える癖があるのである」［174,418］と説明している。もし、**先行時制**の否定法の形式の -*nakatta* が存在しなかったら、このような説明も完全に容認可能であろう。しかし、そのような形式は存在するし、以上で示したように、その使用はそんなに稀ではない。

И.В. ゴロヴニンは時制の否定形の使用について自身の解釈を提示している：「…発話時点に結果が不在であることの強調は、一見過去の否定形が要求されているように思えるところで、現在-未来の否定形を使うことによってまさに達せられる」［30,173］。しかし、第一に、**結果**の非存在を強調するためには、-*te inai* という特別な形式が存在する；第二に、-*nai*/-*masen* の形式が、遠い過去についての話で、**発話時点**における結果の存在または非存在を語る必要がまったくないときにしばしば用いられる；第三に、もし現在-未来時制が絶対的意味をもつという観点から、現在-未来時制の否定形が過去時制の否定形の代わりに使われているのだと説明できるとしたら、同じような現象が絶対的な時制をもつ他の言語にも見られるだろう。しかし、そうした類似現象はまだ見つかっていない。私がロシア民話の中で見つけることができたいくつかの用例は、逆に、過去についての発話で否定を伴う現在形が相対的に使われることを物語っている：

«Бывал-живал старик со старухой；у них был сын Мартышка, а работы, никакой ***не работал***, отец никуда его нарядить ***не может***, и с того отдал он сына своего　Мартышку в солдаты.»「おじいさんがおばあさんと一緒に暮らしておりました。二人にはマルティシュカという息子がおりましたが、**仕事は何もしませんでした**。父親は息子をどこで働かせることも**できません**ので、我が子マル

ティシュカを兵隊に出しました」(アファナシェフ, II, 56)。「仕事はしませんでした」の形式がここに用いられているのは、過去のことが取り上げられているからではなく、この動作(父のもとで働くこと)を行う可能性が、後に(彼が兵隊にだされた後に)失われたからである。「できません」の形式が表しているのは恒常的な状態である(父親は、兵隊に出す前にも後にも息子を仕事に使うことができなかった)。

したがって、否定法形式の使用規則は、次のように定式化すべきである：

先行時制形式の *-nakatta*/*-nanda* は、それ以後には実行の可能性がなくなるとみなされる、ある一定の時点までの動作の実行が否定されるときに用いられる。その際、大多数の場合、そのような境界となるのは、発話時点ではなく、次に言及される動作が行われる時である。もし、文が他の時制形式を含んでいなかったら、*-nakatta* の形式は、何らかの過ぎ去った時間の断片における動作の実行の事実が否定されることを表し、多くの場合、動作は後にやはり行われたということが考慮されている。

非先行時制形式の *-nai*/*-nu*/*-n* は、動作の実行が全般的に――過去、現在、未来――を問わず、否定されるときに用いられる。動作が行われなかった期間は明らかにはされない。それが後に実行される可能性は排除されない。このような用法は、この時制のすべての形式に共通する非先行性の意味によって説明できる。

4　様々なテキストの断章における時制形式

このパラグラフでは主文におけるすべての法の時制形式が検討される(歴史的現在の用法は5節で分析される)。テキストの諸断章では、主文の述語の時制形式の他に、つなぎ要素の前や規定される名詞の前の時制形式にも出会う；これらの例は、5章と6章でまとめられた結論を裏付ける補助的な資料になり得る。

しずこ-わ、きよこ-が　かとー-と　けっこん-した　こと-に　ついて、すくなからず　あに-に　**どーじょー-して　いる**。こんど　かえって　きて、まいにち　くる　かとー-と　かお-お　あわせる-の-も、あに-わ　どんなに　ふゆかいな　おもい-お　する　だろう、など　と-まで　せまい　おんなごころ-に　しんぱい-も　して　いた「静子は、清子が加藤と結婚した事について、少からず兄に**同情してゐる**。今度帰つて来て、毎日来る加藤と顔を合せるのも、兄は甚麼に不愉快な思ひをするだらう、などとまで狭い女心に心配もしてゐた」(啄木, 102/3, 鳥影)。ドージョー-シテ イル が非先行時制形式をとっているのは、この(心的)動作が次に述べられる(心的)動作の始まりまで中断されなかったからである。

げにん-わ、おーきな　くさめ-お　して、それから、たいぎそーに　たちあがった。ゆーびえ-の　する　きょーと-わ、もう　ひおけ-が　ほしい　ほど-の　**さむさ-で　ある**。かぜ-わ　もん-の　はしら-と　はしら-との　あいだ-お、ゆーやみ-と　ともに　えんりょ-なく、**ふきぬける**。にぬり-の　はしら-に　とまって　いた　きりぎりす-も、もー　どこか-え　いって　しまった「下人は、大きな嚏をして、それから、大儀さうに立上がつた。夕冷えのする京都は、もう火桶が欲しい程の**寒さである**。風は門の柱と柱との間を、夕闇と共に遠慮なく、**吹きぬける**。丹塗の柱に止まつてゐた蟋蟀も、もうどこかへ行つてしまつた」(芥川, 4/1, 羅生門)。ここでの時制使用の基準は発話時点ではなく、話題となっている時点、つまり最初の動作が起こった後の時間である。

—なに-お　して　いた？　いえ！　いわぬ　と　これ-だ　ぞ　よ！

げにん-わ、ろーば-お　つきはなす　と、いきなり、たち-の　さや-お　はらって、しろい　はがね-の　いろ-お　その　め-の　まえ-え　つきつけた。けれども、ろーば-わ　**だまって　いる**。りょーて-お　わなわな　ふるわせて、…め-お、めだま-が　まぶた-の　そと-え　でそー-に　なる　ほど、みひらいて、おし-のように　しつこく　**だまって　いる**。これ-お　みる　と、げにん-わ　はじめて　めいはくに　この　ろーば-の　せいし-が、ぜんぜん、じぶん-の　いし-に　**しはい-されて　いる**　と　ゆー　こと-お　いしき-した「—何をしてゐた？　云へ！　云はぬと、これだぞよ！　下人は、老婆を突き放すと、いきなり、太刀の鞘を払つて、白い鋼の色をその眼の前へつきつけた。けれども、老婆は**黙つてゐる**。両手をわなわなふるはせて、…眼を、眼球が眶の外へ出さうになる程、見開いて、唖のやうに執拗く**黙つてゐる**。これを見ると、下人は始めて明白にこの老婆の生死が、全然、自分の意志に**支配されてゐる**と云ふ事を意識した」(芥川, 5/3, 羅生門)。

日本語にはいわゆる「時制の一致」がないので、シハイ-サレテイル という動作は、イシキ-シタ という動作との同時性を表す形式をとっている。そのような時制の相対的な使用はロシア語においても補語的従属文の中に見受けられる[iv]。

あめ-わ、らしょーもん-お　つつんで、とーく-から、ざーっと　ゆー　おと-お　**あつめて　くる**。ゆーやみ-わ　しだいに　そら-お　ひくく-して、みあげる　と、もん-の　やね-が、ななめ-に　つきだした　いらか-の　さきに、おもたく　うすぐらい　くも-お　**ささえて　いる**。

どーにも　**ならない**　こと-お、**どーにか-する**　ためにわ、しゅだん-お　**えらんで　いる**　いとま-わ　**ない**。えらんで　いれば、みちばた-の　つち-の　うえ-で、**うえじに-お　する-ばかり-で　ある**。そーして、この　もん-の　うえ-え　もって　きて、いぬ-の　よーに　**すてられて　しまう-ばかり-で　ある**。えらばない　と　すれば — げにん-の　かんがえ-わ、なんども　おなじ　みち-お　ていかい-した　あげくに、やっと　この　きょくしょ-え　ほーちゃく-した「雨は、羅生門を包んで、遠くから、ざあつと云ふ音を**集めて来る**。夕闇は次第に空を低くして、見上げると、門の屋根が、斜めにつき出した甍の先に、重たく薄暗い雲を**支えてゐる**。

どうにも**ならない**事を、**どうにかする**ためには、手段を**選んでゐる**遑は**ない**。選んでゐれば、築地の下か、道端の土の上で、**飢え死にをするばかりである**。さうして、この門の上へ持つて来て、犬のやうに**捨てられてしまふばかりである**。選ばないとすれば — 下人の考へは、何度も同じ道を低回した挙句に、やつとこの局所へ逢着した」(芥川, 3–4, 羅生門)。

この断章の最初の段落は、著者が描いている過去の時点の自然描写である。第2の段落は、現在にも未来にも関わる下人の思いを伝えている。客観的にはここにあるすべての動作、語り手から見れば過去の、主人公から見れば現在の動作は、語られている同一の時に起こった。そのため、それらは非先行時制の形式で表されているのだ。

おれ-わ　ひびやこーえん-お　あるいて　いた。

そら-にわ　うすぐも-が　かさなりあって、ちへい-に　ちかい　きぎ-の　うえ-だけ、わずかに　ほのあおい　いろ-お　**のこして　いる**。その　せい-か　あき-の　このま-の　みち-わ　まだ　ゆーぐれ-が　**こない**　うちに、すな-も、いし-も、かれくさ-も、しっとりと　**ぬれて　いるらしい**。いや、みち-の　みぎひだり-に　えだ-お　さしかわせた　すずかけ-にも、つゆ-に　あらわれた　よーな　うすあかり-が、やはり　きいろい　は-の　いちまい-ごとに　かすかな　いんえい-お　まじえながら、ものうげ-に　**ただよって　いる-の-で　ある。**

おれ-わ　とー-の　つえ-お　こわき-に　して、ひ-の　きえた　はまき-お　くわえながら、べつに　どこ-え　**ゆこー**　とゆー　あて-も　なく、さびしい　さんぽ-お　つずけて　いた

「おれは日比谷公園を歩いてゐた。

そらには薄雲が重なり合つて、地平に近い樹樹の上だけ、わずかにほの青い色を**残してゐる**。そのせゐか秋の木の間の路はまだ夕暮が**来ない**内に、砂も、石も、枯草も、しつとりと**濡れてゐるらしい**。いや、路の右左に枝をさしかはせた篠懸にも、露に洗はれたやうな薄明りが、やはり黄色い葉の一枚毎にかすかな陰影を交へながら、懶げに**漂つてゐるのである。**

おれは藤の杖を小脇にして、火の消えた葉巻を銜えながら、別に何処へ**行かう**と云ふ当もなく、寂しい散歩を続けてゐた」(芥川, 453/1, 東洋の秋)。

おれ-の　**ゆく**て-にわ　ふたり-の　おとこ-が　しずかに　たけぼーき-お　うごかしながら、ろじょー-に　あかるく　ちりみだれた　すずかけ-の　おちば-お　**はいて　いる**。その　とり-の　す-の　よーな　かみ-と　いい、ほとんど　はだ

-も **おーわない** うすずみいろ-の やれぎぬ-と いい、あるいわ また けもの-にも まがいそーな てあし-の つめ-の ながさ-と いい、ゆーまでも なく ふたりとも、この こーえん-お **そーじ-お する** にんぷ-の たぐい-とわ **おもわれない**。のみならず さらに ふしぎな こと-にわ、おれ-が たって **みて いる** あいだに、どこ-からか とんで きた からす-が にさんば さっと おーきな わ-お えがく と、もくぜん（ママ）と ほーき-お **つかって いる** ふたり-の かた や あたま-の うえ-え、さき-お あらそって まいくだった。が、ふたり-わ いぜん-として、さじょー-に あき-お まきちらした すずかけ-の おちば-お **はいて いる**。

おれ-わ おもむろに きびす-お かえして、ひ-の きえた はまき-お くわえながら、さびしい すずかけ-の あいだ-の みち-お もと きた ほー-え あるきだした「おれの**行く**手には二人の男が静かに竹箒を動かしながら、路上に明るく散り乱れた篠懸の落葉を**掃いてゐる**。その鳥の巣のやうな髪と云ひ、殆ど肌も**覆はない**薄墨色の破れ衣と云ひ、或は又獣にも紛ひさうな手足の爪の長さと云ひ、云ふまでもなく二人とも、この公園を**掃除をする**人夫の類とは**思はれない**。のみならず更に不思議な事には、おれが立つて**見てゐる**間に、何処からか飛んで来た鳥が二三羽さつと大きな輪を描くと、黙然と箒を**使つてゐる**二人の肩や頭の上へ、先を争つて舞ひ下つた。が、二人は依然として、砂上に秋を撒き散らした篠懸の落葉を**掃いてゐる**。

おれは徐に踵を返して、火の消えた葉巻を銜えながら、寂しい篠懸の間の路を元来た方へ歩き出した」（芥川，453/3，東洋の秋）。

この断章では、前掲のいくつかの断章と同様に、*-u* 形、*-te iru* 形、*-nai* 形という形式のみが太字で強調されているが、これらは過去についての発話で非先行性の相対的意味で用いられている。しかし、これらの断章で *-ta* の形式は一体どんな意味をもつのだろうか？　それは、過去時制の絶対的な意味をもっていないのだろうか？　おそらく、もっていない：トンデ キタ という動作を表している *-ta* 形式（トンデ キタ カラス-ガ…ワ-オ エガク ト の中の）は、次の動作 エガク に対する先行性を表している；動詞 マイクダッタ で表された動作は、次の ハイテ イル という動作に先行する。より正確に言えば、その動作の継続（イゼン-トシテ ハイテ イル）に先行する。キエタ ハマキ の キエタ の形式は、アルキダシタ という動作に先行する動作を表している。

つき-わ **ある-の-です** が、あつい くも-に かくれて いました。なにか くろい もの-が、かねあみ（ママ）-の まえ-で、おちつき なく **うごいて いる**-の-が、ぼんやり **みえる-だけ-です**。その くろい もの-わ、おり-の そば-から はなれて いく か と おもう と、また、おり-の ところ-え **かえっ**

て きます。いくど と なく、それ−お くりかえして いる−の−でした。

ふたり−の こどもたち−の め−が、だんだん うすやみ−に なれて くると、れなーど−が こや−から おり−の なか−え **でて きて いる**−の−が、わかりました。えま と じょーじ−わ め−お みあわせました。てき−に **ねらわれて いる**−の−なら、れなーど−が、こーして、こや−から **でて くる はず−わ ない**。どーも へん−だ …と、ふたり−の こどもたち−わ、いっしんに みつめて いました「月は**あるのです**が、厚い雲にかくれていました。何か黒いものが、金あみの前で、おちつきなく**動いている**のが、ぼんやり**見えるだけです**。その黒いものは、おりのそばからはなれていくかと思うと、また、おりの所へ**帰ってきます**。いく度となく、それをくり返しているのでした。

ふたりの子どもたちの目が、だんだんうすやみになれてくると、レナードが小屋からおりの中へ**出てきている**のが、わかりました。エマとジョージは目を見あわせました。敵に**ねらわれている**のなら、レナードが、こうして、小屋から**出てくるはずはない**。どうもへんだ…と、ふたりの子どもたちは、一心に見つめていました」(国語，4[2]，128・4[1]，94–95)。

この断章においても、時制形式使用の基準とされているのは、子供たちが小鹿を見ていた時である。デテ キテ イル の形式は、しかし、ここではある動作の他の動作との同時性ではなく、その結果が次に言及されるプロセスの進行中に存在することを表している[2]。

しょーじ−お あけた こーしまど−の、すぐ した−から あおい た−が つづいた。その あおだ−お つらぬいて、この うえ−の よこ−から はいった てらみち−が、にちょー[3]−ばかり−お まっすぐに、ほーとくじ−の もん−に **かくれる**。てら−お かこんで おーうつ−とした すぎ−の こだち−の うえにわ、ひめかみさん−が ぴらみっと−の よーに **みえる**。ごご−の ひざし−わ あおだ−の いね−の そよぎ−お いきいき てらして、ある か なき か−の はつなつ−の かぜ−が ここちよく まど−に **いる**(ママ)。かべ−ひとえ−の のきした−お **ながれる** こぜき−の みず−に、えび−お **すくう** こどもら−の さけび、さてわ てらみち−お やま や た−に ゆきかえり−の だんじょ−の のんき−の だみごえ−が て−に **とる** ように **きこえる** —ちえこ−わ その ききぐるしい なまり−にも みみなれた。きょねん−の あき てんにん−に なって−から、もう じゅーかげつ−お この むら−に すごした ので「障子を開けた格子窓の、直ぐ下から青田が続いた。其青田を貫いて、此家の横から入つた寺道が、二町許りを真直に、宝徳寺の門に**隠れる**。寺を囲んで蓊欝とした杉の木立の上には、姫神山が金字塔(ピラミット)の様に**見える**。

午後の日射は青田の稲のそよぎを生々と照して、有か無かの初夏の風が心地よく窓に**入る**。壁一重の軒下を**流れる**小堰の水に、蝦を**掬ふ**小供等の叫び、さては寺道を山や田に往返りの男女の暢気の濁声が手に**とる**様に**聞える** ― 智恵子は其聞苦しい訛にも耳慣れた。去年の秋転任になつてから、もう十ヶ月を此村に過したので」(啄木，114/2，鳥影)。

この断章が興味深いのは、*-ta* 形式がここでは次に言及される動作に対してのみ使われているのではなく、描写されている光景全般に対する先行性を表していることである。ここにはパーフェクト的なニュアンスもある――土地の方言で話している人々の声を聞きながら、智恵子はそれを何か慣れたものとして感じていた。最後の部分は倒置されている：初めに結果が告げられ、あとで原因が述べられている。だが、時制形式は少しも変わっていない。これは、倒置の場合に時制形式は前のまま、(通常の語順の場合に)次に言及される動作の時間に対する関係で決まることを意味する。

とーじつ-に　なる　と　じぶん-わ、ろくに　あさめし-も　くわずに　いえ-お　とびだした。でんしゃ-で　ゆけば　ていしゃじょー-まで　にじっぷん-とわ　**かからない**。―― そー　おもいながらも、なんと　なく　こころ-が　**せく**。ていりゅーじょー-の　あかい　はしら-の　まえ-に　たって、でんしゃ-お　**まって　いる**　うちも、き-が　**き-で　ない**。

あいにく、そら-わ　**くもって　いる**。ほーぼー-の　こーじょー-で　**ならす**　きてき-の　おと-が、ねずみいろ-の　すいじょーき-お　ふるわせたら、それ-が　みな　きりさめ-に　なって、ふって　き-わ　しない　か　と　**おもわれる**。そのたいくつな　そら-の　もと-で、こーかてつどー-お　きしゃ-が　**とーる**。ひふくしょー-え　**かよう**　にばしゃ-が　**とーる**。みせ-の　と-が　ひとつ-ずつ　**あく**。じぶん-の　**いる**　ていりゅーじょー-にも、もう　にさんにん、ひと-が　たった。それ-が　みな、ね-の　たりなそーな　かお-お、いんきらしく　**かたずけて　いる**。**さむい**。

――そこ-え　わりびき-の　でんしゃ-が　きた[4](芥川，12/1，父)

「当日になると自分は、碌に朝飯も食はずに家をとび出した。電車でゆけば停車場まで二十分とは**かからない**。――さう思ひながらも、何となく心が**せく**。停車場の赤い柱の前に立つて、電車を**待つてゐる**うちも、気が**気でない**。

生憎、空は**曇つてゐる**。方々の工場で**鳴らす**汽笛の音が、鼠色の水蒸気をふるわせたら、それが皆霧雨になつて、降つて来はしないかとも**思はれる**。その退屈な空の下で、高架鉄道を汽車が**通る**。被服廠へ**通ふ**荷馬車が**通る**。店の戸が一つずつ**開く**。自分の**ゐる**停車場にも、もう二三人、人が立つた。それが皆、眠の足りなさうな顔を、陰気らしく**片づけてゐる**。**寒い**。――そこへ割引の電車が来た」。

この断章でも、次に言及される動作の始まりまでに中断されない動作、状態、性質のすべてが、動詞だけでなく形容詞でも(サムイ、クモッテイル)非先行時制の形式で伝えられる。

ふね-が　げんかい-に　**かかる**　と　どーじに、みるみる　うみ-が　あれはじめた。おなじ　せんしつ-に　あたった　ますぎくん-と、じょーかんぱん-の　とーいす-に　こし-お　**かけて　いる**　と、げんそく-に　**ぶっかる(ママ)**　なみ-の　しぶき-が、ときどき　あたま-の　うえ-えも　ふりかかって　**くる**。うみ-わ　もちろん　まっしろに　なって、そこ-が　ごーごー　**にえかえって　いる**。そのむこー-に　どこか-の　しま-の　かげ-が、ぼんやり　うかんで　きた　と　おもったら、それ-わ　きゅーしゅー-の　ほんど-だった。が、ふね-に　**なれて　いる**　ますぎくん-わ、まきたばこ-の　けむり-お　はきだしながら、いっこー　よわったらしい　けしき-も　**みせない**「船が玄海に**かかる**と同時に、見る見る海が荒れ初めた。同じ船室に当つた馬杉君と、上甲板の籐椅子に腰を**かけてゐる**と、舷側に**ぶつかる**浪の水沫が、時々頭の上へも降りかかつて**来る**。海は勿論まつ白になつて、底が轟々**煮え返つてゐる**。その向うに何処かの島の影が、ぼんやり浮んで来たと思つたら、それは九州の本土だつた。が、船に**慣れてゐる**馬杉君は、巻煙草の煙を吐き出しながら、一向弱つたらしい気色も**見せない**」(芥川，481/1–2，上海游記)。ここでは、時制を区別する基準とされているのは、最初の動作の時間である。すべての同時的動作は *-u* 形式で表されている。ナレ テ イル の形式はパーフェクト的な意味のニュアンスをもっている。

それから　ふたつき-ほど　たった　**のち-で　ある**。ある　ながあめ-の　つずいた　よ、へいちゅー-わ　ひとり　ほんいん-の　じじゅー-の　つぼね-え　しのんで　いった。あめ-が　よぞら-が　**とけおちる**　よーに、すさまじい　ひびき-お　**たてて　いる**。みち-わ　でいねい-と　**ゆー**　よりも、おーみず-が　でた　の-と　かわり-わ　**ない**。こんな　ばん-に　わざわざ　でかけて　ゆけば、いくら　つれない　じじゅー-でも、あわれに　おもう-のわ　とーぜん-で　ある、―― こー　かんがえた　へいちゅー-わ　つぼね-の　くち-え　**うかがいよる**　と、ぎん-お　はった　おーぎ-お　ならしながら、あんない-お　**こう**　ようにせきばらい-お　した「それから二月程たつた**後である**。或長雨の続いた夜、平中は一人本院の侍従の局へ忍んで行つた。雨は夜空が**溶け落ちる**やうに、凄まじい響を**立ててゐる**。路は泥濘と**云ふ**よりも、大水が出たのと変りは**ない**。こんな晩にわざわざ出かけて行けば、いくらつれない侍従でも、憐れに思ふのは当然である、――かう考へた平中は、局の口へ**窺ひよる**と、銀を張つた扇を鳴らしながら、案内を**請ふ**やうに咳ばらひをした」(芥川，269/3，好色)。ここで注釈が必要なのは ツズイタ ヨ の形式である。一見、動作は同時であるから(平中が歩いて行ったときにも雨は続いていた)、*-te iru* 形式を使って、ツズイテ イル ヨ とすることができそうである。だが、その場合は *-ta* の形式が付加する始まりの先行というニュアンスがなくなってしまうだろう。

かれこれ　しちはちねん-も　まえにも　**なろー**　か。ちょーど　さんがつ-の　げじゅん-で、もう　そろそろ　きよみず-の　ひとえざくら-が　さきそーな　-と　いって-も、まだ　みぞれ-まじり-の　あめ-が　**ふる**、ある　さむさ-の　きびしい　よる-の　**こと-で　ある**。とーじ　だいがく-の　がくせい-だった　ほんまさん-わ、ごご-くじ-なんぷんか-に　きょーと-お　はっして　きゅーこー-の　のぼりれっしゃ-の　しょくどー-で、しろぶどーしゅ-の　こっぷ-お　まえ-に　しながら　ぼんやり　M.C.C.-の　けむり-お　ふかして　いた。さっき　まいばら-お　とーりこした　から、もー　ぎふけん-の　さかい-に　**ちかずいて　いる**-の-に　そーい　**ない**。がらすまど-から　そと-お　**みる**　と、どこ-も　いちめん-に　**まっくら-で　ある**。ときどき　ちーさい　ひ-の　ひかり-が　**ながれる**　よーに　**とーりすぎる**　が、それ-も　とーく-の　**あかり-だ**　か、きしゃ-の　えんとつ-から　**でる　ひばな-だ　か　はんぜん-しない**。その　なか-で　ただ、まど-お　**たたく**、こーりかかった　あめ-の　おと-が、そーぞーしい　しゃりん-の　おと-に　たんちょーな　ひびき-お　**かわして　いる。**

ほんまさん-わ、いっしゅーかん-ばかり　まえ-から　しゅんききゅーか-お　りよー-して、いしん-ぜんご-の　しりょー-お　けんきゅー-かたがた、ひとりで　きょーと-え　あそび-に　きた。が、きて　**みる**　と、**しらべたい**　こと-も　ふえて　くれば、いって　**みたい**　ところ-も　いろいろ　**ある**。そこ-で　なにかと　いそがしい　**おもい-お　して　いる**　うちに、いつか　きゅーか-も　のこりすくな-に　なった。しんがっき-の　こーぎ-の　**はじまる**-の-にも、もう　あまり　じかん-わ　**ない**。そー　**おもう**　と　…べんべんと　ひがしやま-お　ながめて、ひ-お　**くらして　いる**-のわ、き-が　**とがめる**。ほんまさん-わ　とーとー　おもいきって、あめ-が　**ふる**-のに　にごしらえ-が　**できる**-と　たわらや-の　げんかん-から　くるま-お　かって、せいふくせいぼー-の　かいがいしい　すがた-お、しちじょー-の　ていしゃじょー-え　**はこばせる**　こと-に　した「かれこれ七八年も前にも**ならう**か。丁度三月の下旬で、もうそろそろ清水の一重桜が咲きさうな —— と云つても、まだ霙まじりの雨が**ふる**、ある寒さのきびしい夜の**事である**。当時大学の学生だつた本間さんは、午後九時何分かに京都を発した急行の上り列車の食堂で、白葡萄酒のコツプを前にしながら、ぼんやりＭ・Ｃ・Ｃの煙をふかしてゐた。さっき米原を通り越したから、もう岐阜県の境に**近づいている**のに相違**ない**。硝子窓から外を**見る**と、どこも一面に**まつ暗である**。時々小さい火の光りが**流れる**ように**通りすぎる**が、それも遠くの家の**明りだ**か、汽車の煙突から**出る火花だか判然しない**。その中でただ、窓を**たたく**、凍りかかつた雨の音が、騒々しい車輪の音に単調な響を**交している**。

本間さんは、一週間ばかり前から春期休暇を利用して、維新前後の史料を研究かたがた、独りで京都へ遊びに来た。が、来て**見る**と、**調べたい**事もふえて来れば、行つて**見たい**所もいろいろ**ある**。そこで何かと忙しい**思をしてゐる**中に、いつか休暇も残少なになつた。新学期の講義の**始まる**のにも、もうあまり時間は**ない**。さう**思ふ**と、いくら都踊りや保津川下りに未練があつても、便々と東山を眺めて、日を**暮してゐる**のは、気が**咎める**。本間さんはとうとう思ひ切つて、雨が**降る**のに荷拵えが**出来る**と、俵屋の玄関から俥を駆つて、制服制帽の甲斐甲斐しい姿を、七条の停車場へ**運ばせる**事にした」(芥川，123/2–3，西郷隆盛)。

第一段落では、時間関係のベースとされているのは、本間が列車の食堂に座っていて、列車が米原を通り越した時である。まさにこれが、段落の最初の文で推量法の非先行時制の形式 *naro:* が、発話時点の観点から予想されうる *nattaro:* の代わりに使われている理由である。ガクセイ-ダッタ ホンマ の中の *-ta* 形式のむすびは、始まりの先行を意味している：本間はこの旅行の時だけではなく、そのずっと前から学生だった。確かに、過去についての発話で同格語(ここでは ガクセイ)は、それが関係する語(ホンマ)と、むすび *-de aru* によっても結合され得る。だが、この場合は、話の性質上、本間が以前から学生であったことを強調するのが重要だったのだ。フカシテ イタ が *-ta* 形式であるのは、第一に、本間がすでに食堂車に座っている時から話が始まっているから、第二に、彼が食堂車にやって来たのは、次の動詞が語っているように、列車が米原を通り越す前だからだ。

第二段落では、第一段落で述べられた事柄の前の一週間の出来事について語られている。日本語では、このような場合、先行時制形式の使用が義務的である。

しかし、最初の動作が、第二の動作の始まるずっと前に終わっていながら、それでも *-u* 形式で表される可能性がときどきあることを、指摘しておく必要がある：その とし-の しがつ-に おれ-わ ある しりつ-の ちゅーがっこー-お **そつぎょー-する**。ろくがつ-に あに-わ しょーぎょーがっこー-お そつぎょー-した「その年の四月におれはある私立の中学校を**卒業する**。六月に兄は商業学校を卒業した」(漱石，94/1，坊つちゃん)。過去についての発話での、このような *-u* 形式の適用を相対的とみなしてはならない。なぜなら、ここで話題となっているのは、間を置かずに次々と起こった順次的な動作ではなく、語彙的に示されている通り、間隔をおいて起こった動作だからだ。このように、*-u* 形式はこの場合は同時性の意味をもたない。*-u* 形式のこの使用は、絶対的用法でもない：過去について語られているのだから、ここには *-ta* 形式が来なければならないはずなのだ。И.В. ゴロヴニンはこの例について次のような説明をしている：「過去についての物語の中で、客観的に過去の動作が現在-未来形式で伝えられている。これによって動作の独特な強調が得られ、前後の他の動作との区別が行われ、この動作への注意集中が強められる。これによって、語り手にとっての、またこの日までのこの出来事の切実さが示されている（この形式の動詞が語り手自身の動作、物語の筋に直接関わる動作を伝えているのは決して偶然ではない。まったく同じ動作だが、一人称の語り手によって成されたのではなく、物語と語り手にとってそれほど重要でないものは過去形で伝えられている）」［30,150］。このような説明を正しいと認めることはできないと思う。物語の続きから、三人称の人物によって成された動作が一人称の語り手にとって重要な意味をもっていたことは明らかである：語り手の兄は他の町で職につき、語り手はその関係で自分の生活を変えなければならなくなったのだ。また、*-u* 形式の述語の独特な強調などここには全然ない。*-u* 形式が「語り手自身の動作を伝えているのは決して偶然ではない」という主張にも説得力がない。もし、時制形式使用の区別が主体の人称に左右されるのなら、そのような例が1つだけということはないはずである。だが、И.В. ゴロヴニンは同様な別の例を引いていない；私もそういう例を見つけることができなかった。つまり、この例に対する説明は何か他に探す必要があるということだ。思うに、*-u* 形式がここで示しているのは2つの動作の**同じ重要性**なのではないか。これはいいおわりでない述語機能での第2語幹（連用形）もよく表すものである（第3章で引用した、朝鮮語の副動詞についてのラムステッドの発言を参照）。もちろん、この文では *-ta* 形式を使うこともまったく可能だろう。したがって、この事例は、動作間の時間的関係を示す語彙的表現を伴った歴史的現在の適用例とみなすこともできる。

言葉と思考を表す動詞の時制についての問題は、特別な問題である。ロシア民話の中では、そのような動詞はほとんど現在時制に立つ。例えば、№225の民話「海の帝王とワシリーサ・プレムードラヤ」（アファナシェフ，II，205–208）では、直接話法の語りの前で《говорит》（言う：不完了体・現在）は17回使われているのに対し、《сказал》と《сказала》（言った：完了体・過去、男性と女性）はわずか3回である。

日本語では言葉と思考の動詞は、直接話法（の引用発話）の後にあるのが普通である。しかし、翻訳文献である『エソポのファブラス』では、そのような動詞が非常にしばしば引用発話の前で用いられている。おそらく、ここには何らかの程度ラテン語の影響が現れているのだろう。その際、「言う」という意味の動詞が引用発話の前に *-u* 形式で立ち、引用発話の後にもう一度 *-ta* 形式で繰り返されることが少なくない（それは日本語の規範に合致する）：「*mo:su-wa* ＋引用発話＋ *to yu:ta*」（エソポ，498）。もっと多いのは、*-u* 形式の動詞が引用発話の前にも後にも立つもので；「*yu:-wa* ＋引用発話＋ *to yu:*」（エソポ，490）のような構文になる。*-u* 形式の引用発話の前での使用は、「言う」の意味をもつ動詞で表された動作が、引用発話を構成する単語の発話と本質的には同じ動作なので、発話の時点に先行しないから、と説明できる。しかし、今1つ明らかでないのは、なぜ引用発話の後に *-u* 形式を使えるのかということだ。ここには明らかな先行性があるというのに。おそらく、著者は *-u* 形式を使うことで、最初のせりふと応答との間に何の隔たりもないことを分からせようとしているのだろう。これは現代語においても言えることだ。

5 「歴史的現在」

過去についての発話の中での同時性の意味をもつ現在時制のことを、通常行われているように、歴史的現在と呼んではならない。H.C. ポスペロフにしたがって、私は歴史的現在には、後続して述べられるものよりも早く成された動作を表す現在時制(日本語では非先行時制)の形式だけをあてている。

この見地からは、П.С. クズネツォフ教授が歴史的現在としている、過去についての発話の中での現在時制の用例の多くが、同時性の意味での現在形の相対的な使用となるが、これは П.С. クズネツォフ自身が原則的に認めていることである:「その時制は相対的な時制として現れることがある。しかも現在時制は(ロシア語でふつう、接続詞を使って従属する補語的従属文において起こるように)ただ従属文の動作と主文の動作の同時性だけを示すこともある。」[69,30]。しかし、時制の相対的な使用は、ロシア語では補語的従属文にだけあるのではない。П.С. クズネツォフの、А.С. プーシキンと М.Ю. レールモントフの作品から彼が引用した例の中に明らかな praesens historicum が見られるとする意見には同意できない:

《*Смотрю*: вечером мой приказчик *возвращается*, бледен, оборван и пеш ... ところが(直訳:**私は見る**)ᵛ、夕方私の番頭が帰って来ました(直訳:**帰って来ます**)、顔は青ざめ、ぼろ服を着て、歩いて…》(『ドゥブロフスキー』; プーシキン);

《С беспокойством я выпрыгнул из кибитки и *вижу*: матушка *встречает* меня на крыльце с видом глубокого огорчения. 不安と共に私は馬車から飛び出した。そして見た(直訳:**見る**)。玄関の階段で母が深い悲しみの表情で私を迎えていた(直訳:**迎えている**)》(『大尉の娘』; プーシキン);

И пышный пир как будто *дремлет*,
Безмолвны гости. Хор *молчит*,
И вновь она чело *подъемлет*
И с ясным видом *говорит*;
華麗なる宴は**眠るように静まり**、
客たちは**押し黙る**。合唱は**止み**、

彼女は再び額を**高く上げ**
そして晴れやかな顔で**語る**(『クレオパトラ：エジプトの夜』；プーシキン)；

《Я проворно соскочил, *хочу* поднять его, *дергаю* за повод—напрасно: едва слышный стон вырвался сквозь стиснутые его зубы; через несколько минут он издох…. (語り手の馬が倒れた場面)私はすばやく飛び降りた。彼(馬)を起こし**たい**。手綱を**引っ張る**—だめだ：彼の歯の隙間からやっと聞こえるほどのうめきが漏れた；数分の後に彼は息絶えた…》(『現代の英雄』；レールモントフ)[69,30–33参照]。最後の引用では、《напрасно だめだ》という単語も(現在形に相当するものとして)強調すべきであろう(《все *было напрасно* すべて**だめだった**》と比較せよ)[vi]。《хочу(起こし)たい》、《дергаю 引っ張る》、《напрасно だめだ》という単語はここでは同時性を表しており、歴史的現在には全くあたらない。

П.С. クズネツォフの、praesens historicum は「思考よりも感情を多く」[69,33]表すという指摘は興味深い。『現代の英雄』からの用例には確かに付加的な情緒的ニュアンスがある。しかし、そのような感情の付加的な表現は歴史的現在にとって全く義務的ではない。

指摘しておかなければならないのは、歴史的現在は常に過去時制の形式に置き換えることができ、これによって文の意味は変わらない、ということだ。このことを日本語の資料で確かめよう。

おとーと-が、とーく-から　ぼく-お　みつけて、
—　にーちゃん！—**と、おーよろこび-で　ある**。
—　ただいま、—と　いって、ぼく-わ　かばん-お　**おろす**(読本, VI, 21)。

非先行時制のむすび *-de aru* の用法は相対的である。なぜなら、第1の動作は第2の動作の時にも続いているからだ。しかし、この場合、**下す**(直訳：おろしている)という形式を規範とみなしてはならない。ここでは**下した**と言うかもしれないのだ[vii]。

歴史的現在が特に頻繁に見られるのは、恒常的で、規則的に繰り返される動作について述べる、描写的な性質のテキストである：

とーかいどー-ほんせん-の　くだりれっしゃ-わ、とーきょーえき-お　**しゅっぱつ-し**、とーきょーわん-に　そって　よこはま-に　**いたり**、さらに、さがみわん-お　ひだり-に　みながら、にし-え、にし-え　と　すすんで、おだわら-に　**つく**。

それ-から　しばらく-わ、けわしい　やますそ-お、やはり　うみ-に　そって　はしる。かいじょー-にわ、はつしま　や　おーしま-が　うかんで　いて、じつ-に　うつくしい　ふーけい-だ。しかし、この　ながめ-も、あたみ-まで-で　ある。

あたみえき-お　はっしゃ-する　やいなや、れっしゃ-わ　ゆーめいな　たんな-

トンネル-に　**はいる**。

この　とんねる-お　ぬける　と、やがて、みぎ-に、ふじさん-の　ゆーだいなすがた、ひだり-にわ、たごのうら-の　のどかな　けしき-が　てんかい-する。この　あたり-から、しずおか-お　へて　おーいがわ-お　わたる-までの　いったい-わ、ちゃ　と　みかん-の　さんち-で　ある。きせつ-に　よって-わ、うつくしく　なった　みかん-が、れっしゃ-の　まど　ちかく-に　みえる　こと-も　ある。

てんりゅーがわ-お　こえる　と、まもなく、はまなこ-の　ながい　てっきょー-に　さしかかる。この-あたり-が　とーきょー　と　おーさか-の　ほぼ　ちゅーおー-に　あたる。

とよはし-お　すぎた　あと、りょかく-わ、ふたたび　みずうみらしい　もの-お　はっけん-する。だが、これ-わ、みずうみ-でわ　なくて、あつみわん-で　ある。さゆー-から　つきでた　ふたつ-の　はんとー-に　いだかれて　いる　うみ-わ、みずうみ-の　よーに　しずか-で　ある。ひろびろと-した　へいや-お　せいほく-に　すすんで　ゆく　と、なごや-に　つく。ここ-わ　しょーこーぎょー-が　さかん-で、ちゅーぶ-にほん-の　だいひょーてき　とし-で　ある。ただ、おしいこと-に、ゆーめいな　なごやじょー-わ、せんさい-で　**しょーしつ-し**、いま-わ　もー　みる　こと-が　できない。

にほんライン-の　な-で　ふーこー-お　うたわれて　いる　きそがわ-お　**わたり**、しばらく-して　ひだり-に　おれ、にし-え　すすむ　と、よーやく　へいや-が　つきて、のぼり-に　なる。

この　あたり-わ　せきがはら-の　こせんじょー-で　ある　が、この　こーち-お　くだる　と、やがて　まいばらえき-で　ある。ほくりくちほー-え　ゆく　ほくりくほんせん-が、ここ-から　きた-え　はしって　いる。

みぎに、とーく　ちかく　びわこ-お　のぞみつつ　せいなん-に　すすみ、せたがわ-お　わたる　と、おーつ-で　ある。そして、ここ-から　やま　ひとつ　こえた　ところに、きょーとぼんち-が　ある…

きょーとえき-お　あと-に　する　と、れっしゃ-わ　よどがわぞい-の　へいち-お　せいなん-に　はしる。なんぽー-にわ、いこまやま-が　そびえて　いる…

やがて、れっしゃ-わ　しんよどがわ-の　てっきょー-お　**わたり**、おーさか-につく。

「東海道本線を下る列車は、東京駅を**出発し**、東京湾にそって横浜に**至り**、さらに相模湾を左に見ながら、西へ、西へと進んで、やがて小田原に**着く**。

それからしばらくは、けわしい山すそを、やはり海にそって走る。海上には、初島や大島がうかんでいて、じつに美しい風景だ。しかし、このながめも熱海までである。

熱海駅を発車するや否や、列車は有名な丹那トンネルに**はいる**。このトンネルをぬけると、やがて、右に、富士山の雄大なすがた、左には、田子の浦ののどかなけしきが展開する。このあたりから、静岡を経て大井川をわたるまでの一帯は、茶とミカンの産地である。季節によっては、美しく実ったミカンが、列車のまど近くに見えることもある。

天竜川をこえると、まもなく、浜名湖の長い鉄橋にさしかかる。この辺が東京と大阪のほぼ中央に当たる。

豊橋を過ぎた後、旅客は、再び湖らしいものを発見する。だが、これは、湖ではなくて、渥美湾である。左右からつき出た二つの半島にいだかれている湾は、湖のように静かである。広々とした平野を西北に進んで行くと、名古屋に着く。ここは商工業がさかんで、中部日本の代表都市である。ただ、おしいことに、有名な名古屋城は、戦災で**消失し**、今はもう見ることができない。

日本ラインの名で風光をうたわれている木曽川を**わたり**、しばらくして左に折れ、西へ進むと、ようやく平野がつきて、登りになる。

この辺は、関が原の古戦場であるが、この高地を下るとやがて米原駅である。北陸地方へ行く北陸本線が、ここから北へ走っている。

右に、遠く近く琵琶湖を望みつつ西南に進み、瀬田川をわたると、大津である。そして、ここから山一つこえた所に、京都盆地がある…

京都駅をあとにすると、列車は、淀川ぞいの平地を西南に走る。南方には、生駒山がそびえて　いる…やがて、列車は新淀川の鉄橋を**わたり**、大阪に着く」(国語, 5[1], 26–32, 東京から大阪まで)。

このテキストでは、次々に起こる多くの動作・出来事について語られているにもかかわらず、この中には歴史的現在の用例が非常に少ない。その用例にはなかどめの機能の接尾辞なしの動詞の形式を入れなければならない。私の考えでは、歴史的現在には、*-ta* の形式がまったく不可能な位置：つまり ト と ヤイナヤ の前に立つ *-u* の形式を加えるべきではない。

このテキストでは完了の意味のニュアンスをともなう先行時制の形式も見られる；それらは以前に起こったできごとを表している：**ツキデタ**半島、**ナッタ**(果物)、しかし：**ヒロビロトシタ**は、非先行時制形式の、動詞派生の形容詞である(第 8 章、8 節を参照)。2 つの箇所で、*-ta* の形式が列車の動きと結び付いた出来事を表している：スギタ アト(アト の前に *-u* 形式は不可能)と、コエタ トコロニ である。先行性を示すなかどめの形式もある：(平野に関して) ツキテ (逐語訳：終わって)、ススンデ：(逐語訳：進みながら)。

このテキストの特徴は、時間の関係の基礎として採用された特定の時点がないことである。それは、特定の時になされた具体的な旅について語られているのではないからである（4節で引用された芥川の小説からの抜粋と比較せよ）。非先行時制の形式を使って表された一連の動作・出来事は恒常的なものである。どうして歴史的現在の使用例とみなさなければならないのだろうか？

「現在時制を過去の局面に移し替える praesens historicum が動詞時制の用法の相対的な形式であることには全く同意しながらも、“全時制的な”現在も同じく相対的ではないか、という疑問は起こり得る…」［94,20］と H.C. ポスペロフは書いている。おそらく、アカデミー会員 A. ベリッチと H.C. ポスペロフ教授が歴史的現在を相対的とみなそうとしているのは、それが発話時を基準にしておらず、絶対的ではないからだろう。もしこの時間が過去の何らかの他の時点（例えば、続いて述べられる動作が成された時点）を基準にしており、その時点との同時性を表しているなら、それは本当に相対的な時間になるだろう。しかし、そのような形式を歴史的現在と呼ぶ意味はないだろう。相対的時制をもつ日本語にとって、このような事例は決して、何か特別なことではないのだ。しかし、*-u* 形式、あるいはなかどめで、続いて述べられる動作よりも実際に先行する動作を意味するために使われている形式の用法は、絶対的とも相対的ともみなしてはならない。動作が成される時を指す語彙的な指示でさえ、そのような文の時を定めるものではない。なぜなら、時の状況語は客観的な時を示し、語形変化する品詞の時制形式は**時間的な関係**を示すからだ。しかし、まさにその時間的関係を、歴史的現在の動詞も、全時間的なプロセスを表す動詞も示さない。歴史的現在が使われるとき、話題になっている時点と動詞で表された動作の成される時点とは一致している。このことについては、もしも、続いて述べられる動作に移るときに、話者が先行する動作を彼の基準点とし続けるならば、なんら驚くようなことはないかもしれない。しかし、歴史的現在のある例文の中では、話題となる時が再び移動して、第2の動作が成される時をそれ自身によって包み込むのだ。

歴史的現在について И.B. ゴロヴニンも言及している：「転義的-モーダルな意味（歴史的現在）。これが生じるのは、当該の形式（現在形）が過去についての話の中で使われるとき、この形式が過去を目に見えるように分かりやすく伝えるために、また並行して、あるいは次々に起こるが互いに意味の上で緊密につながっている動作・出来事を統一的に描写するために用いられるときである。例えば：わたし-わじゅーじ　ごろ　ぐっすり　ねこんだ-ん-です　が、ふと　め-お　さます　と　**うなりごえ-が　する**。「くるしい、くるしい」　と　ゆー　**こえ-が　する**。「私は十時頃ぐつすり寝込んだんですが、ふと目を覚ますと、**唸り声がする**。『苦しい、苦しい』と言ふ**声がする**」（タヤマカタイ、イッペイソツ、82）。

時にはこの形式が叙述の基本的な形式となることもある。しかし、この種の話の中には常に、あるいはほとんど常に過去形も存在し、その場合、それについて語られている時点に(正しくは—その時点までに—引用者)成された動作・出来事を意味したり、以前に実現された動作・出来事の結果としての状態であって、述べられている時点に存在するものを意味したりする。

そのような話の中で、過去時制の形式は出来事を動かし、まるで作者が「絵のような描写」から話の筋へと一気にもどったかのように告げる。まさにそのことによって現在-未来形の変則的な用法が強調されるのだ。例えば：まど-から　そと-お　**ながめる**。しょーに-が　たま-お　なげて　**あそんで　いる**。かれら-わ　たかく　たま-お　くーちゅー-に　**なげうつ**。たま-わ　うえ-え　うえ-え-と　**のぼる**。しばらく　する　と　**おちて　くる**。かれら-わ　また　たま-お　たかく　**なげうつ**「窓から外を**眺める**。小児が球を投げて**遊んで居る**。彼等は高く球を空中に**擲つ**。球は上へ上へと**のぼる**。しばらくすると**落ちて来る**。彼等は又球を高く**擲つ**」(漱石，61，我輩は…)。これらの動作が同時的に行われたなどということは、もちろん問題にもならない」[32,90–91]。

どうやら、И.В. ゴロヴニンは《вижу идет 行くのが見える：直訳「私は見る・彼(彼女)が行く(のを)》のような構造における時制の相対的な性質をとらえていなかったようだ[viii]。だが、最初の例で述べられているのは語り手に聞こえていることについてであり、第2の例では語り手に見えていることについてである。だから、第2の引用文に列挙されている動作の**それぞれは**、「眺める」という動作だけと同時なのではなく、「遊んで居る」という動作とも同時なのだ。他の動詞は詳しい説明に過ぎない。*-u* 形式が選択されていることに、これらの動作の多回性が何らかの役割を果たしていることはあり得る。しかし、それでもやはり、**擲つ、のぼる、落ちて来る**を歴史的現在の使用例とみなすことはできる。なぜなら、これらの形式は同時的な動作を表すのではなく、順次的な動作を表しているからだ。1つ疑問が生じる：このようなコンテキストにおいて、И.В. ゴロヴニンが行ったように、過去についての発話の主文中の *-u* 形式すべてを歴史的現在とみなしてはいけないのか、という疑問である。もしかすると、同時性を表す形式で、明らかに先行する動作に関わる同じ形式と共に使われたものも、もう動作を時間的な特徴によって分類することには参加していないのだから、時間的な意味を全く失うのだろうか？

この問題は複雑で、母語話者自身の感覚と結び付いている。しかし、歴史的現在は文法的な現象ではなく、文体的な現象でしかない、ということはできる。歴史的現在の形式の使用は文法的な規範ではない。それは常に先行時制の形式に取り換えることができる。それに、多くのテキストでは歴史的現在に出会わない。だから、相対的な時制システムをもつ日本語において、歴史的現在の役割を過大評価すべきではない。

歴史的現在のモダリティの問題についても述べておかなければならない。歴史的現在は直説法の形式で表されるのだが、それは特別なモーダルな意味をもたないのだろうか？　И.В. ゴロヴニンは、過去についての発話の主文における *-u* 形式の相対的な使用は「モーダルな文体的効果をもたらす：表現性を強め、過ぎ去った、客観的には過去の、実際にはもう存在しない出来事が、その過去から、それらがすでに去って行った闇から、まるで再び引き出されて、現在のもののように、つまりそれらについて語られている時点で、まるで話者の目の前で現実に、存在し、起こっているもののように示される。これが描写に活気を加え、話に変化をつけ、読者をなるべく退屈させないように、などのように働く」[30,148] と考えている。

私は、過去についての発話の中の *-u* 形式が「表現性を強める」ということには同意しない。過去についての発話の中での *-u* 形式は非常に頻繁に、しかも最も古い時代から使われているので、もしこれがいつか表現性のニュアンスをもっていたとしても、時と共にそれは失われたのだ。特に、古代日本語では文に感嘆と疑問の助辞 ゾ、ヤ、カ がある場合、いいおわりの述語は規定語の形式(連体形)をとった。その時代には、おそらく、いいおわりの述語の機能で使われる連体形は、終止形よりも大きなニュアンスをもち得ただろう。しかし、終止形がすべて連体形に取って代わられたとき、いいおわりの位置での *-u* 形式のこのニュアンスは消えざるを得なかった。

私の考えでは、И.В. ゴロヴニンの、*-u* 形式で表された過去の動作は「現在のものとして示される」という主張は正しくない。同時に、それと正反対の見解を堅持する Н.С. ポスペロフの次のような意見にも私は同意しないと言っておこう：「歴史的な意味で使われる現在時制の特別なモーダルな性質は、過去の場に移されている動詞の動作が、ここでは、もう存在しないものとして眺められるという点に現れる」[96,296]。

すべての時制の直説法の形式はモーダルな意味を **1 つだけ**もつ。それはプロセスの現実的な性質を示すことである。直説法のこのモーダルな意味は、過去についての発話の中でも、客観的に過ぎ去った動作がどんな時制形式によって表されるかに関わらず、完全に保持される。もし歴史的現在が使用されるときに何かが変化するとしたら、変わるのはまさに形式の**時制的な**意味である。なぜなら、時間的な関係に対する指示がなくなるのだから。そして、文法的な時間をもたない言語で見られるものを思わせるような文、ときには丸々一節のテキストが生じる。そういった言語には、動作が行われる時に対する指示のほかに、もちろん、語られる動作や状況そのものの間の時間的関係を示す語彙的な手段もある(「～の後で」、「～まで」、「それと同時に」などの意味をもつことばである)。そのようなことばは、ロシア語や日本語を含む、時間システムの発達した言語の歴史的現在を伴う文章の中でも使われる。

このように、歴史的現在が使われる際には(ロシア語では過去についての発話で完了体の未来形が使われる際にも)時制形式は**自身の時間的な意味を失う**。その際、形式のモダリティとアスペクトの意味は完全に保持される［より詳しくは 122,215–218 参照］。

いかなる特別な「転義性」、「迫真性」も歴史的現在は表現しない。表現力に関しては、それは発話全体の意味や、語られているものごとの状況次第なのであって、現在時制の形式自体によるものではない。

6　(過去についての発話で)後続の文をはじめる ト、ト ドージニ の前の主文の述語の時制形式

5 章では、従属文を締めくくっているつなぎ要素の前での時制形式の使用法則が明らかにされた。だが、現代語では、ト のようなつなぎや、ト ドージニ のようなつなぎ小詞が発話の休止の後で、言い換えるなら、文の終わりではなく文の頭に現れる場合が少なくない。これらのつなぎ要素に先行する文は、まさにそのことによって従属文であることをやめる。我々の前にあるのは、もう 2 つの対等の主文である；そのうちの第 2 の文の始めに ト または ト ドージニ が立っているということだ。このような場合、ト と ト　ドージニ の前の時制形式の使用規則は変わるのだろうか？　日本語文法に関する文献で、この問題は提起さえされていない。その問題提起を妨げていたのは、個別的に取り出された文の中でしか時制を研究しないことである。

だが、この問題の解決は、主文と従属文での時制形式の使用に違いがあるのかどうかということを明らかにするのに役立つはずだ。それで、もし違いがあるとすれば、それはどのように表現されるのだろうか？

書き言葉では句点で表される終結の休止の後につなぎの ト がある例をいくつか引用しよう：

そーして(ママ)、「きいた　ところで　しかた-が　ない。」と　**おもいかえした**。**と**、かどぐち-に　なに-やら　こわだかに　しゃべる　こえ-が　きこえた「そして、『訊いた所で仕方がない！』と**思返した**。**と**、門口に何やら声高に喋る声が聞えた」(啄木，115/1，鳥影)。

とみえ-わ　うすぐらい　いえ-の　なか-え　**はいって　いった**。

と、しんご-わ　きゅーに　とりすました　かお-お　して　おーまたに　あるきだした…「富江は薄暗い家の中へ**入つて行つた**。**と**、信吾は急に取済した顔をして大跨に歩き出した…」(啄木，108/2，鳥影)。

「きよこ-わ　どんな　かお-お　する-だろー？」―― とゆー　こーきしん-が **おこった**。**と**、

「わたし-わ　あの、あなた-の　おことば　ひとつ-で…」と　いって　じっと　ひとみ-お　すえた　きよこ-の　かお-が　め-に　うかんだ「『清子は甚麼顔をするだらう？』といふ、好奇心が**起つた**。**と**、『私はアノ、貴君のお言葉一つで……。』と言つて眤と瞳を据ゑた清子の顔が目に浮んだ」(啄木, 108–109, 鳥影)。

でし-わ…　へや-の　すみ-の　やりど-の　すそ-え、**いずくまって　しまいました**。**と**、その　ひょーし-に、よしひで-も　なにやら　あわてた　よーな　こえ-お　あげて、たちあがった　けしき-で　ございました…「弟子は…　部屋の隅の遣戸の裾へ、**居ずくまつてしまひました**。**と**、その拍子に、良秀も何やら慌てたやうな声をあげて、立上つた気色でございました…」(芥川, 114/1–2, 地獄変)。

最後の例では、その前に挙げた例と同様に、句点の前に *-ta* 形式の動詞がある。しかし、同じ動詞(イズクマル)が、同一人物の同一の動作を表しながら、**1つの**文の構成要素としてつなぎ単語の前で再現されているとき、それが *-u* 形式で用いられている：おーかた　これ-わ　でし-が　**いずくまる　ひょーしに**、そこにあった　つぼ-お　ひっくりかえして、その　なか-の　へび-が　はいだした-の-お、みみずく-が　なまじいに　つかみかかろー　と　した　ばかりに、とーとーこーゆー　おーさわぎ-が　はじまった-の　で　ございましょー「大方これは弟子が**居ずくまる拍子に**、そこにあつた壺をひつくり返して、その中の蛇が這ひ出したのを、耳木兎がなまじひに掴みかからうとしたばかりに、とうとうかう云ふ大騒ぎが始まつたのでございませう」(芥川, 114/2, 地獄変)。

その前に挙げた数例で、*-ta* 形式が、つなぎの ト の前にある分離の休止に先行しているが、そこで *-ta* 形式が可能だったのは、この形式の動詞で表されている動作が、次の文で語られる動作の始まる前に終わっているからである。つまり、この場合つなぎの ト の前での *-ta* 形式の使用は、この形式の基本的な意味である先行性に反しないのだ。注意すべきは、つなぎの ト の**後にある**休止(書面では読点で示される)は、通常、ト が先行の文と句点によって分けられているときでも保たれるということだ。

おそらく、分離の休止の後にあるつなぎの ト は、時間的な意味だけを表すことができ、条件-時間的な意味を表すことはできない。

ト の前にある主文の述語によって表される動作が、次に言及される動作の始まりまでに終わらず、その動作が行われているときにも続いている場合は、ト の前で *-u* 形式が使われる：

さっき-まで　ほーき-お　もって　さまよって　いた、としとった　こづかい-も　どこか-に　いって　しまって、すみ-の　ほー-にわ　りんか-の　にわとり-

が　さんば、さく-お　くぐって　きて　ちょこちょこ　**あそび　まわって　いる**。**と**、もん-から　つきあたり-の　げんかん-が　あいて、じょきょーし-の　ひなた　ちえこ-わ　ぱっと　あかるい　なか-え　でて　きた「先刻まで箒を持つて彷徨つてゐた、年老つた小使も何処かに行つて了つて、隅の方には隣家の鶏が三羽、柵を潜つて来てチヨコ〳〵**遊び廻つてゐる**。**と、**門から突当りの玄関が開いて、女教師の日向智恵子はパツと明るい中へ出て来た」(啄木，105/3，鳥影)。

次の文を始めるつなぎ小詞の ト ドージニ が後に続く、句点で記される分離休止の前で、主文のいいおわりの述語が *-ta* 形式で用いられることは少なくない：かんぷ — そーゆー　き-が、おれ-わ　すぐに　**した。と　どーじに**　しつぼー-に　にた　こころもち-が、きゅーに　おれ-の　もくろみ-の　おそろしさ-お、おれ-の　め-の　まえ-え　ひろげて　みせた「姦婦 — さう云ふ気が己はすぐに**した。と同時に**、失望に似た心もちが、急に己の目ろみの恐しさを、己の眼の前へ展げて見せた」(芥川，71/2，袈裟と盛遠)。；じゅーさん-よ(ママ)-の　こむすめ-が　ひとり、あわただしく　なか-え　**はいって　きた。と　どーじに**　ひとつずしりと　ゆれて、おもむろに　きしゃ-わ　うごきだした「十三四の小娘が一人、慌しく中へ**はひつて来た**。**と同時に**一つづ(ママ)しりと揺れて、徐に汽車は動き出した」(芥川，131/2，蜜柑)；かのじょ-にわ　しかし　き-の　せい　か、その　けいかいな　ひにく-の　うしろ-に、なにか　いま-まで-の　いとこ-にわ　ない　さびしそーなすてばち-の　ちょーし-が　ひそんで　いる　よーに　**おもわれた**。**と　どーじに**　そー　おもう　こと-が、うしろめたい　き-も　しない-でわ　なかった「彼女にはしかし気のせゐか、その軽快な皮肉の後に、何か今までの従兄にはない、寂しさうな捨鉢の調子が潜んでゐるやうに**思はれた**。**と同時に**さう思ふ事が、後めたいやうな気もしないではなかつた」。(芥川，177/2–3，秋)(同様に、芥川，290/1,356/1も参照。)

後に ドージニ だけが続く、句点で記される分離の休止の前に *-ta* 形式が見られることも少なくない。そのような場合、ドージニ は、つなぎ小詞ではなく、時の状況語とみなすべきである：その　あいだに　そら-わ　みず-の　よーに　**なった**。**どーじに**　おちこち-の　かば-の　みき-が、それ-だけ　しろじろと　みえるよーに　なった「その間に空は水のやうに**なつた。同時に**遠近の樺の幹が、それだけ白々と見えるやうになつた」(芥川，187/1，山鴫)。

もちろん、過去についての発話の中で、後に ドージニ が続く句点の前に非先行時制の形式も見られる：お-よー-わ　この　みなれぬ　まち-の　ありさま-に　なんとも　いえない　さびしさ-お　さそわれる　と　ともに、いま-まで　ぼんやりして　いる　あいだに、おび-の　あいだ-の　もの-でも　とられ-や　しなかった

か　と　**うろたえ-も　する。どーじに**　もしや　ここ-が　じぶん-の　おりるべき　ばしょ-でわ　ない　か　と-も　おもいまどって…「お葉はこの見慣れぬ町の有様に何とも云へない寂しさを誘はれると共に、今までぼんやりしてゐる間に、帯の間のものでも取られやしなかつたかと**狼狽へもする。同時に**若しや玆が自分の下りるべき場所ではないかとも思惑つて…」(荷風, 74/3, 新橋夜話)。

後にトドージニが続く句点の前でも、*-u* 形式が見られる(例えば、芥川, 238/1参照)[ix] が、過去についての発話の中でのこのようなポジションでは *-ta* 形式の方がより頻繁に使われる。

まとめ

1. 過去についての発話の中で、規定的な文だけでなく主文においても *-u* 形式が使われることは、すでに古代日本語にもあった特徴である。したがって、現代語において過去についての発話中の主文で非先行時制の形式が使われることには深い歴史的な根がある。

2. 多くの研究者が、主文における時制の用法を特に研究することが必要だと認めておらず、先験的にその用法は絶対的であると考えている。しかしながら、現代日本語の過去についての発話中で、主文の述語は、もしそれで表された動作が次の文の述語で表された動作と、何らかの時間並行して経過したのなら、無条件に非先行時制の形式をとる。

3. 過去についての発話で、話題となっている何らかの時点または期間が、時間関係の基礎とされることがよくある。このような場合、その時点までに終了したすべての動作は先行時制の形式で表され、その他は非先行時制の形式で表される。

4. 一方の先行時制形式、他方の非先行時制形式、それぞれの一般的な意味を解明するために、特によい判断基準となるのは**否定法**の形式である。過去についての発話で、肯定文なら *-ta* 形式が使われる場合に、*-nai* 形式がしばしば使われる。これは、否定法形式の何らかの特徴によってではなく、非先行時制の**すべての形式の一般的な意味によって**説明される。行われなかった動作は、次に言及される動作に先行するものとみなすことができず、先行時制の形式で表すことができない。

だが、絶対的な時制をもつ言語では、否定の時制構文の用法は、私の知る限り、肯定の用法と違わない。

5. **先行時制の否定法**形式は、以前行われなかった動作が後でやはり行われたというとき、あるいは、ある動作が実行可能であった時期が、話題となっている時点までに過ぎてしまったときに使われる。

6. 本章の資料によれば、過去についての発話での現在形に、それらが属している直説法とは異なる何か特別なモーダルな意味を認める言語学者たちに同意することはできない。

7. 歴史的現在ということができるのは、過去についての発話の中の現在形(日本語では非先行時制の形式)で、次々に起こる動作，特に何らかの区切られた時間に次々に起こる動作を表すものだけである。これらの形式はもはやどんな時間的な関係も(絶対的な関係も、相対的な関係も)表さない。このような用法は、文法的な時制のない言語における動詞の形式の用法と本質的に異ならない。しかし、日本語においては、このような形式がモダリティとアスペクトの意味を完全に保っている。

8. 歴史的現在の適用は、時制の通常の相対的な使用とは、それが文法的な規範ではないという点でも異なっている。歴史的現在は先行時制と取り替えることが可能であり、それによって発話の意味は変らない。つまり、過去の互いに交代する動作についての発話で非先行時制の形式が適用されることは、その形式の時制的な意味から出てくるのではなく、発話者自身に係る文体の問題である。いわゆる**歴史的現在の形式**は、**時制などまったく表さない**のだ。

9. 時制の用法を様々な統語的ポジションで個別的に研究したことで、主文と規定的な文での時制形式の用法の違いを明らかにすることもできた。特に、つぎのことが明らかになった：1)規定的な文の中や、つなぎ、つなぎ単語の前で、別の未来の動作（または状態）に先行する未来の動作についての発話での *-ta* 形式の使用は規範であるとはいえ、未来についての発話の主文では *-ta* 形式は使われない；2) 句点で示される分離の休止によって次の文と区切られた主文では、たとえ次の文が ト、ドージニ、あるいは ト ドージニ で始まる場合でも、過去の互いに交代する出来事についての発話において、通常 *-ta* 形式が使われる。

注

1　いねかけ—農具。
2　本研究では、クリカエシテ イル - ノ - デシタ のような構造の時制形式は検討しない。そのような構造の研究は独立した個別的な問題だからである。
3　ちょう—109 メートル。
4　日本では早朝の時間の切符はよりやすい。

訳注

i　この「みえる」を加えると非先行形式の数が 11 になってしまい、10 というあとの説明と合わないが、直後に述べられているように、それが非先行時制であるのは疑惑のムードにたっているためで、数にははいらないということであろう。

ii　この部分難解だが、直前の国語読本からの引用との続き具合から考えると、「生ひ立ちの記」の引用では、非先行時制で表されている「とけいや-の　みせさき-が　**みえます**。…ていしゅ-の　よーす-が　**みえます」という**運動は、先行時制で表されている「がっこー-の　ともだち-も　ありました」という出来事**と**同時に行われている運動を示しているのではなく、先行時制によって表されている運動によってその継続を中断される運動を表しているものと考えることができる。

iii　現代語では「おしえてもらっていないのです」と答えるのが普通のように思われる。この例の言い方はやや古い言い方なのかもしれない。

iv　第 6 章 2 節のロシア語例文参照。

v　斜体の部分が現在形。以下同。

vi　《напрасно だめだ》は述語的副詞。現在時制では be 動詞に相当する語が省略される。

vii　ロシア語では「大喜びである」の部分は「大喜びであった」、「下す」の部分は「下ろした」といずれも過去形で訳されている。

viii　вижу идет［私は見る＋彼（女）が行く］（知覚動詞＋動詞の人称形式）はロシア語文法の一般的な規則から外れる形式だが、前出の田山花袋の作品からの引用中「唸り声がする」のゴロヴニンによるロシア語訳に同じ形式 слышу стонут［私に聞こえる＋彼らがうなっている］が使われている。

ix　例は小説「トロッコ」の「トロッコは村外れの平地へ来ると、自然と止まつてしまふ。と同時に土工たちは、身軽にトロッコを飛び降りる…」の部分。

第8章

時制形式の意味におけるパーフェクトと継続のニュアンス、および大過去

第I部　パーフェクト的な意味的ニュアンスをもった動詞形式

1　日本語におけるパーフェクトの問題

先行時制形式の *-te*、*-ta*、*-tara* のパーフェクト的な意味的ニュアンスは、動作が終了した（状態が始まった）が、動作の結果（状態）は、まるで続く出来事のための背景であるかのように、後まで保持される、ということを表している。

パーフェクトの特別な形式、あるいはパーフェクト的な意味的ニュアンスは、周知の通り、ロシア語を含む印欧諸語に固有のものである。アカデミー会員A.A.シャフマトフは、特定の時制―パーフェクト―に（述語的用法における）被動形動詞を含めた：「**パーフェクト**が意味するのは、現時点までに結果を生む形式において実現された動作、話者の発話時点までに実現された動作である：（例えば）«Стол накрыт テーブルはクロスでおおわれている（食事の用意ができている），Письмо отослано 手紙は送られている」［143,489］。

ロシア語ではパーフェクトの意味的ニュアンスを、《-л》で終わる過去時制形式がもつことも少なくない[i]。

日本語におけるパーフェクトについては、すでに17世紀の文法学者が書いている：「日本語には不定過去（インパーフェクト、未完了過去）がないので、その代わりにパーフェクトが使われ、それは2つの方法でつくられる：第1は、動詞の語根に *ta* を付け加えることによる。例えば：*aguèta* は― 動詞 *ague,uru*（贈呈する）の過去形；第2は、語根の後に *te* を置き、さらに第1活用の動詞 *gozari,u* または *ari,u* を、現在形または過去形で付け加えることによる。例えば：*aguete gozaru* または *aguete gozatta*、*aguete aru* または *aguete atta*」［220,19］。コリヤードのこの主張にはいくらか修正が必要である。例えば、「不定過去の代わり」にはしばしば、1つの過去の動作が他の動作と同時に起こっていることを示す *-u* 形式が使われる。

この他、*-ta* 形式と《*-te* 形式＋ *-u* 形式の存在動詞》の構成との類義性が完全に存在したのは、コリヤードが日本語について書いたこの時期だけである。現代語では、そのような類義性は限界動詞と動詞派生の形容詞だけに残っている。また、継続性のニュアンスをもつ *-te iru* 形式は非先行時制に属する。

日本語におけるパーフェクトの問題に取り組むにあたって、まず明らかにしなければならないのは、パーフェクトが日本語において特別な文法的時制であるのか、それとも他の基本的な意味をもった形式にパーフェクト的な意味的ニュアンスがあるだけなのか、ということである。

それぞれの文法的時制を特別な文法カテゴリーとして、つまり、**特別な**文法的な意味をもった**特別の**文法的な形式の統一として理解するなら、現代日本語でパーフェクトを文法的時制と認めることはできない。なぜなら、日本語にはパーフェクトの特別な形式も特別な意味もないからだ。実際、*-ta,-te iru,-te ita* の形式は、先行時制の形式（*-ta,-te*、および *ita* の形式）であるか、あるいは非先行時制の形式（*iru,oru* の形式、およびその文体的等価形の *irassyaru,oide-ni naru*）である。

もちろん理論的には、活用動詞と補助的な動詞の様々な時制形式から構成される分析的な形式が、それを構成する個々の形式からは直接導き出せないような第 3 の意味をもち得る、ということに同意はできる。しかし、現代日本語では、少なくとも *-te iru*（*oru*）形には特別な意味はない。*-te iru* 形式が以前に完了した動作を表し、その結果が次に言及される動作の際にも残っているというとき、この形式の意味はそれを構成している形式の総和にすぎない：*-te* 形式は先行した動作を表し、存在動詞の *-u* 形式は、次に言及される動作の経過中にも保たれている結果を表している。

日本語はパーフェクト的な意味に関しても独自の特性をもっている。まず第一に、*-te iru* 形式のパーフェクト的な意味的ニュアンスは、唯一可能なものではない：それは、次に言及される動作の経過中にも続いている動作の意味をもち得る。これらのニュアンスに日本の言語学者たちは、われわれなら同音異義と言うだろうが、2 つのアスペクトの意味を見ようとする：ソンザイタイ（存在態）перфектный вид とケイゾクタイ（継続態）длительный вид である。何人かの日本の文法家は、さらにシンコウタイ（進行態 прогрессивный вид）（英語の progressive form と比較せよ）を分離したり、あるいは他の文法家が длительный вид（継続態）と呼んでいるものをこの術語（進行態）で呼んだりする［例えば、159,203 を参照］[ii]。

この現象を一体どのように説明できるだろうか？　それは統語的なポジションと関係していないのだろうか？

後の疑問には否定的に答えなければならない：調査したすべての統語的ポジショ

ンで—— *-ta* 形式も *-te iru* 形式も前に置くことが概ね可能なつなぎ要素の前で、規定のポジションで、また主文の中で——結果の継続性を表す *-ta* 形式と *-te iru* 形式にも出会うし、動作そのものや状態の継続性を表す同じ形式にも出会う。おそらく、そのような二面性は、*-t-* という形式の（現代日本語にとって）基本的な意味——先行性に含まれているのだ：*-te* 形式が始まりの先行を表している時には *-te* + *iru* 形式は継続性のニュアンスを帯びるが、*-te* 形式が終わりの先行を表している時には *-te iru* 形式はパーフェクト的なニュアンスを帯びる。

加えて、ユキ-ガ フッテ イル Снег идет（今）雪がふっている（不完了体現在）、Снег выпал 雪がふった（完了体過去）のような文は、ユキ-ガ アル Снег есть のような文とはある一定の違いをもっている：ユキ-ガ イル とはいえない。イル は、存在動詞としては生き物にしか使えないが、継続相をつくる補助動詞としては無生物（人・動物以外、以下同）の主語にたいしても使わなくてはならない。このことは重要である。なぜなら、イル と同様に、無生物が主語のときに動詞 アル の代わりに使うことができない イル の等価語、（丁寧な言葉遣いで使われる）イラッシャルや オイデ-ニ ナル のような言葉がいくつかあっても、（イル を使う）決まった分析的な形式がつくられることを示しているからだ。動詞 オル は西部方言により特徴的で、このことから古代日本語にも特徴的であったとも言える。

確かに、三矢が指摘するように、いくつかの方言では、イル が無生物の主語にも使われる：ふで-が　ここに　いた「筆が此処に居た」[179,359 参照]。しかし、おそらく、方言にしてもこれはまれな事例である。より頻繁に見られるのは逆の現象である。16–17 世紀の資料は、西部方言で動詞 アル が生物（人・動物、以下同）を表す主語にたいして使われていたことを証明している。

Н.И. コンラッドは書いている：「正確な意味でのアスペクトの意味をもつのは、継続性のニュアンスを伝える動詞の形式である。

日本語における動作の継続性は、きわめて明確な文法的表現をもっている：それは、人に対しては イル、オル、物に対しては アル という動詞を使う記述的（分析的）な方法によって表される。その場合、重心はこれらの動詞に移動する。なぜなら、それがまさに継続性、過程性を語るそれらの動詞固有の実体的な意味だからだ。そして、基本的な動詞はそれらの動詞に対する単なる状況語と化して、*te* で終わる副動詞の形式に置かれる」[65,178 参照]。

継続相の分析的な形式の中の イル、オル が人についてだけの継続性を表すということには同意し難い。三矢が示している通り、ほとんど同義的な構文が 3 つある：カケモノ（掛物）- ガ　カカッテ　イル、カケモノ-ガ　カケラレテ　イル、カケモノ-ガ　カケテ　アル [179,360 参照]。最初のヴァリエーションでは、述語が自動詞 カカル からつくられている。第二のヴァリエーションでは、他動詞 カケルの受動態からつくられている。そして、やっと三番目に可能なヴァリエーションにおいて、動詞 カケル の副動詞形式の後で動詞 アル に出会う。

指摘しておかなければならないのは、第三のヴァリエーション——他動詞からできる副動詞＋アル／ゴザル（否定文では—ナイ／ゴザイマセン）——は、周知の通り、パーフェクトの意味のみをもつということだ。研究した資料の中にはいくつか、方言の可能性もあるが、*-te aru* 形式が生物に対して使われている例が見つかった：くるしい　なか-でも　きさまたち-わ　とーきょー-え　**だして　ある**-の-だから…「苦しい中でも貴様達は東京へ**出してある**のだから」（藤村，28/3，生ひ立ちの記）。

この語構成の特徴として、*-te* 形と存在の補助動詞との音声融合を加えなければならない。コンラッドは書いている：「指摘しなければならないのは、現代の生きた会話の現場では、この語結合の両部分が一つの複合形式にしっかり融け合っているということだ。その際、動詞 *iru* の最初の音 *i* は消える。したがって、*kaite iru* の代わりに、*kaiteru* が得られる…。これが意味するのは「副動詞（＝状況語）＋動詞イル」という複合的な語結合の代わりに、3 つの時制で存在することができる、1 つのパーフェクトの複合形が生じているということだ」［65,149］。

しかし、これらの形式の**意味**は、おそらくこのような音声的融合によっては変わらない。だから、複合形式は *kaiteru* だけだとする根拠はない。*kaite iru* も *kaiteru* も、テンス・アスペクトの複合形式で、一方は分析的な形式、他方は二次的に総合的な形式に当たるということだ。

継続相の複合形式の構成要素が音声融合している例に、16–17 世紀のテキストではまだ出会っていない（最初の用例はやっと 18 世紀のテキストで見つかった）、しかし形式自体は、現代よりはるかにまれにだが、その時代にも使われていた。

2　*-ta* 形式

-ta 形式はパーフェクト的な意味的ニュアンスをもつことが少なくない：みぎ-の　ほー-に　**できた**、おーきな　にきび…「右の頬に**出来た**、大きな面皰…」（芥川，3/2，羅生門）；くさ-の　**はえた**　いしだん…「草の**はえた**石段…」（同上）；くずれかかった…「崩れかかつた…」（「いしだん」への別の修飾語）；ところどころ　にぬり-の　**はげた**、おーきな　まるばしら…；「所所丹塗の**剥げた**、大きな丸柱…」（芥川，3/1，羅生門）；あめ-に　**ふりこめられた**　げにん…「雨に**ふりこめられた**下人…」（芥川，3/3，羅生門）；ななめに　**つきだした**いらか…「斜めに**つき出した**甍…」（同上）；うみ-お　**もった**　にきび…「膿を**持つた**面皰…」（芥川，4/2，羅生門）；みぎ-の　て-に　**ひ-お　ともした**　まつ-の　きぎれ-お　もって…「右の手

に**火をともした**松の木片を持つて…」(芥川, 4/3, 羅生門)；わらぞーり-お　**はいた**　あし…「藁草履を**はいた**足…」(芥川, 4/2, 羅生門)。

引用した用例中のすべての *-ta* 形式は、以前に完了したが、話題になっているときに結果が残っている動作を表している。しかし、これらの形式はまだ動詞派生の形容詞ではない。なぜなら、これらの動詞の質的なニュアンスが、ほとんどの場合恒常的でないからだ。それに、それらの多くは、述語の役割で使われており、主語、あるいは補語、しばしば直接的な補語をもっている。

特に注意を払うべきなのは、パーフェクト的な意味のニュアンスをもつ *-ta* 形式で、*-te iru* 形式と *-te ita* 形式をつくることができない動詞からできたものだ。そのような動詞には、確かに数は少ないが、よく使われる動詞で、第一に存在の動詞 *iru,oru,aru* と、丁寧な言葉で使われるその等価語があてはまる。もし、存在の動詞からつくられる継続相の形式は、動詞の語彙的な意味がすでに継続的なのだから必要がないと考えるとしても、動詞 *aru* の *-ta* 形式(つまり *atta*)が、他の動詞の *-te ita* 形式が使われるところでしばしば使われているのを否定することはできない。つまり、存在の動詞からできる *-ta* 形式は、他の動詞からできる *-ta* 形式よりも広い意味をもっているのだ。

特徴的な書き出しを例にとってみよう：たけとり-の　おきな　とゆー　おじーさん-が　**ありました**。まいにち　たけ-お　きって　きて、ざる　や　かご-お　**こしらえて　いました**(読本, IV, 26–27)。物語を始めるこの 2 つの文は、ともに大過去の性質をもっている。これらは次に語られるやはり過去に起こった動作の背景となる、恒常的な動作(状態)について述べている。このような場合、アリマシタが *-te ita* 形式の文法的意味をもっていることは明らかだ。一体どうして、これが *-ta* 形式の一般的な意味と一致するのだろうか？　ここでは、おそらく、**始まりの先行性**が前面に出ているのだ。この物語では、登場人物が話の始まる時点よりずっと前に存在したことを強調するのが重要なのだ。

だが、書き出しでは、物語が遙か昔についてのことであろうと、動詞は非先行時制の形式であることが十分あり得るということを考慮しなくてはならない。

それと共に、*-ta* 形式は(存在の動詞からできるものも含めて)、非先行時制形式が予想されうるような場合でも使われる、ということを頭に入れておく必要がある。例えば：さだめて　これ-わ　くゎいし-が　**かかりました**…「定めてこれは懐紙が**かゝりました**…」[ロシア語訳：おそらく、これは詩を書いた紙が掛かっているのです](狂言記, I, 137)；われ　め-を　ひとつ　もちたれば、べっして　よーじん-が　**いった**　こと-ぢゃ「我目を一つ持ちたれば、別して用心が**要った**ことぢゃ」[ロシア語訳：私は目が一つなので、特に用心が必要だ](エソポ, 494)；…みども-も　くに-に　うし-を　**もった**　ほどに、これ-を　そち-え　やろー「…

身共も国に牛を**持つた**ほどに、これをそちへ遣らう」［ロシア語訳：私も故郷に牛を持っているので、それをお前にやろう］（狂言記，Ⅱ，242）：**いた**　か[iii]「居たか」（狂言記，Ⅱ，6）。

後の2例には始まりの先行性が見られる：牛はこの会話のずっと以前から話者のところにいた。イタ カ は「ああ、お前は（過去に）ここにいたのか」を表すこともあり得る。

16–17世紀の資料の中で、そのようなパーフェクト的な意味で特にしばしば出会うのは イタ、アッタ（был）の形式と、ロシア語に現在形で ‘имею’（もっている）と訳さなければならないモッタの形式である。現代語には、この現象が部分的に残っている：アッタ のような形式「意味的にはむしろ現在時制を表している：アリマシタ！—誰かが、無くなったものを見つけたとき— “ほら、ここに” の意味で。あるいは キマシタ —文字通りには「到着した」だが、待っていた人が近づいてきたのを見たときに」［91,74］。

-ta 形式は、次のような現代語からの例でもパーフェクト的な意味的ニュアンスをもっている：その　いみ-が　なんらかの　ほーほー-で　かたち-に　**あらわれた**　もの-で　なければ　ならない「その意味が何らかの方法で形に**あらはれた**ものでなければ　ならない」（橋本，213）；てつごーし-の　**はまった**　まど「鉄格子の**嵌つた**窓」（藤村，20/3，生ひ立ちの記）。

-ta 形式がもつパーフェクト的な意味的ニュアンスは、*-te aru* 形式から発生したこと（*-te aru* > *-taru* > *-ta*）で説明できる。まさに存在の動詞 *aru* が語構成要素となり、*-t*［*e*］形式で表された動作の結果（あるいは始まり）によって到来した状態が存在することを示すのだ。

3　*-te iru*（*oru*）形式

現代語でパーフェクト的な意味的ニュアンスを最もしばしば表すのは、分析的な形式 *-te iru*（*oru*）である。専門的な研究が示しているように、16–17世紀のテキストの中で、この形式の圧倒的多数がパーフェクト的な意味的ニュアンスをもっていた［121参照］。16–17世紀の言葉の中での *-te iru*（*oru*）形式の用例を示す：はれ、きつー　**よーて　をる。**みれば　よさそーな　もの-を　**しぇをーて　をる**　が…「はれ、きつう**酔うて居る**。見ればよささうなものを**背負うて居る**が…」（狂言記，Ⅰ，90）：その　をのれ-が　**きて　いる**　もの-も、ろぎん-も　みな　おこしぇ「そのをのれが**着てゐる**物も路銀も皆おこせ」（狂言記，Ⅱ，57）；いや、**でけて　をりやる**「いや、**出来てをりやる**」（狂言記，Ⅰ，139）；なんじ-わ　わだいくさ-の　よーす　**しって　いよ**（ママ）「汝は和田軍の様子**知つて居やう**」（狂言記，Ⅰ，372）［*-te* *ijo*: の形式は、状態（知識）が過去の動作（出来事の調査）の結果であることを示している］。

-te iru（*oru*）の形式は、他動詞からも自動詞からもつくることができる。現代語で、自動詞　からつくられたパーフェクト的な意味的ニュアンスをもつ *-te iru*（*oru*）の形式の用例を挙げる：ただ…きりぎりす-が　いっぴき　**とまって　いる**「唯　…　蟋蟀が一匹**とまつてゐる**」（芥川，3/1，羅生門）；あたたかな　ひ-の　いろ-に　**そまって　いる**　みかん-が　およそ　いつつ-むっつ、きしゃ-お　みおくった　こどもたち-の　うえ-え　ばらばらと　そら-から　ふって　きた「暖な日の色に**染まつてゐる**蜜柑が凡そ五つ六つ、汽車を見送つた子供たちの上へばらばらと空から降つて来た」（芥川，132/3，蜜柑）；すると　とつぜん　てるこ-わ　そで-お　おとして、なみだ-に　**ぬれて　いる**　かお-お　あげた「すると突然照子は袖を落して、涙に**濡れてゐる**顔を挙げた」（芥川，181/1，秋）；この　へいぼんな　きじ-に　**うずまって　いる**　ゆーかん…「この平凡な記事に**埋つてゐる**夕刊…」（芥川，132/1，蜜柑）；のぶこ - にわ　その　ことば-の　なか-に、おっと-の　あい-に　**あきたりて　いる**　にいずま-の　こころ-が　ある　よーな　き-が　した「信子にはその言葉の中に、夫の愛に**飽き足りてゐる**新妻の心があるやうな気がした」（芥川，180/2，秋）；きょねん-の　なつ-わ、きゅーか-が　まだ　はつか-も　**あまってる**　ときに、しんご-わ　きゅーに　いいだして　とーきょー-に　たった「去年の夏は、休暇がまだ二十日も**余つてる**時に、信吾は急に言出して東京に発つた」（啄木，100/3，鳥影）；ほーぼー　さがして、やっと、みず-の　**はいって　いる**　かめ-お　みつけました（国語，1[3]，12，確認不可）；けーぶるかー-わ、たかい　やま-に　のぼる-ので、れーる-わ、きゅーな　さか-に　**なって　います**（国語，2［2］，4–5）；ぼく-わ、いそいで　おきて、さかな-の　うろこ-の　**こびりついて　いる**　ふく-お　きた「ぼくは、急いで起きて、さかなのうろこの**こびり付いている**服を着た」（国語，5[2]，24）；その　じつ、もー　その　とき-から　みぼーじん-に　**なってる**-の-だ「其実、モウ其時から未亡人に**なつてる**のだ」（啄木，103/3，鳥影）。；みんな、**つかれきって　いる**「みんな、**つかれきつて居る**」（読本，VI，98）。

-te iru 形式は、直説法において用いられることがとびぬけて多いが、ほかの法に用いられることもある：それに、かとー-わ　まだ　かいしん-から　**かえって　いまい**「それに、加藤は未だ廻診から**帰つてゐまい**」（啄木，108/3，鳥影）；それ-お　あやしんで　たずねる　と、「なーに、わたし-なんか　もー　おばーさん-で、おっと-の　そばに　**くっついて　いたい**　とし-でも　ありません。」と　わらって　いる「それを怪んで訊ねると、『何有、私なんかモウお婆さんで、夫の側に**喰付いてゐたい**齢でもありません。』と笑つてゐる」（啄木，108/1，鳥影）。

-te ijo: 形式の述語をもつ文もある。

他動詞からつくられたパーフェクト的な意味的ニュアンスをもつ *-te iru* 形式の用例を挙げる：むかし-わ　おりおり、そんな　こと-も　あった　よー-に　**きいて　おります**　が「昔は折折、そんな事もあつたやうに**聞いております**が」(芥川，15/3，運)；こども-の　よーな　かおつき-お　**して　いない**　とゆー　ところ-から、いえ-に　いる　ねーさんたち-から《こどな》とゆー　あだな-お　**ちょーだい-して　います**「子供のやうな顔付を**して居ない**と云ふところから、家に居る姉さん達から「こどな」と云ふ綽名を**頂戴して居ます**」(藤村，3/1，生ひ立ちの記)；むしろ、いっしゅの　まんぞく-の　じょー-が　しんご-の　こころ-お　**かるく-して　いる**「寧ろ、一種の満足の情が信吾の心を**軽くしてゐる**」(啄木，110/1，鳥影)；そこで、めいめい-の　めも-お　みせあったら、はぶいて-も　よい　ところ-お　くわしく　かいたり、だいじな　こと-お　**かきもらしたり　して　いる**　ひと-が　おーかった「そこで、めいめいのメモを見せあったら、省いてもよいところをくわしく書いたり、大事なことを**書きもらしたりしている**人が多かった」(国語，5［1］，37)；**つくって-わ　いない**　が…「**化粧つてはゐない**が」(啄木，100/3，鳥影)；おんな-の　なまえ　なんて　**きいちゃ　いません**　よ(島田，63)；くつ-お　**はいて　いたら**…「くつを**はいていたら**…」(国語，5[2]，24)；ひこーき-も、…しゃしん-も、みんな　ぜんじん-に　**はつめい-されて　しまって　いる**ので…「飛行機も、…写真も、みんな前人に**発明されてしまつてゐる**ので…」(少年，31/2，番茶会談)。

「しまって(きって)　いる」の構成はパーフェクト的な意味だけをもつ［121,138参照］。

4　*-te aru* 形式

-te aru の形式は、*-te iru* (*oru*)形式と類義的であり、16–17 世紀のテキストでは、純粋にパーフェクト的な意味で、発話の対象が生物であっても無生物であっても用いられていた：とーねん-わ　いついつ-より　めでとー　ぞんじ、**あらわれ　いでて　ある**　ぞ　と　よ「当年はいつ〳〵よりめでたう存じ**顕れ出でてあるぞ**とよ」(狂言記，II，63)；はや　**でて　ある**　か「はや**出てある**か」(狂言記，I，176)。

しかし、*-te aru* 形式を使うことができるのは、社会的に下位の者、例えば召使い、に向けられた言葉の中だけであった。上位および同等の者に対する言葉の中では *gozaru* の付く形式が用いられた：さだめて　たのーだ　ひと - の　**まちかねて　ござろー**「定めて頼うだ人の**待ちかねてござらう**」(狂言記，II，230)；くゎじゃ-お　つかい-に　**やって　ござる**「冠者を使に**遣つてござる**」(狂言記，I，18)(ここでは、主人が話すが、その言葉は観客に向けられていると考えられる)。

-te aru (*gozaru*) 形式は未来の表現にも用いられた：それがし-が　こえ　と　**しって　ござる**　なら、さだめて　あわぬ-で　ござろー「某が声と**知つてござる**なら、定めて逢はぬでござらう」(狂言記, Ⅰ, 222)。

現代語では、*-te aru* 形式は *-te iru* 形式と次の点で違いがある。*-te* 形部分が通常他動詞からつくられ、*-te aru* 形式全体が無生物を表す主語に対して用いられ、**受動の意味**をもつということである：め-の　あらい　すだれ-が、いりぐち-に　**ぶらさげて　ある**　ので、おーらい-の　よーす-わ　しごとば-に　いて-も　よくみえた「目のあらい簾が、入口に**ぶらさげてある**ので、往来の容子は仕事場にゐても、よく見えた」(芥川, 15/1, 運)；…いろいろな　きもの-の　ふるく　なった-の-お　**つかって　ある**　が、その　なかにわ、かつて　わたし-の　もの-だった　みおぼえ-の　たしかに　ある-のも　ある-の-で　あった「…いろいろな着物の古くなつたのを**使つてある**が、その中には、嘗て私のものだつた見覚えの確にあるのもあるのであつた」(広津, 6–7, 波の上)。後の文の特徴の1つは、現実の対象を表す語に、対格の構成要素 *-o* が付いていることである(その前の文では、対象を表す語に主格の接尾辞 *-ga* が付いている)。

…*-ga* …*-te aru* の構文よりもずっとまれながら見られる *-o* …*-te aru* の構文について、A.A. ホロドヴィッチは次のように書いている：「…この問題は、こういうことだと思われる。つまり、この形式は《パーフェクト的な》述語的形動詞 (*-te* 形式) を基礎として、**動作のパーフェクト**の特別な形式が発展したもの、すなわち、多くの印欧諸語でよく知られている特別な**複合的過去** (**パーフェクト**) の発展に他ならない…」[135,411]。「…こう考えることができる。主格に現実的対象があるとき、"述語的形動詞[1] (*-te* 形式) ＋動詞アル" の構成は修飾関係を表すが、対格に現実的対象があるとき、"述語的形動詞＋動詞アル" の構成は、もう修飾関係ではなく特別な**時間的カテゴリー** (パーフェクト) を表す。確かにそれは他動詞からしかつくられないのだが」[135,412]。

-te aru 形式は、動作そのものの継続性ではなく、常に状態や結果の継続性の純粋にパーフェクトの意味をもつという点でも *-te iru* 形式とは異なっている。

-te aru 形式の特徴の1つに次のようなことも加えられる。「…このような文では、現実の主体がまったく表現されなかったり、あるいは表現されても、述語的形動詞と直接的な統語的関係がなかったりする」[135,410]。

しかし、*-te aru* 形式の述語をもつ文において、主語は義務的ではないといっても、常に表される可能性はある。なぜなら、ロシア語の《светает 夜が明ける》、《смеркается 日が暮れる》、《морозит 冷え込む》タイプの無人称文[iv] は日本語にはないからだ。

日本語の受動構文では対象の名称が――まれではあるが――対格で表されることがある：**なきがお-お**　みられる-のが　いや-だった…（芥川, 167/2, あの頃の自分の事）「**泣顔を**見られるのが嫌だつた…」。

これらすべてのことは、*-te aru* 形式を、無生物についての発話で動作者の指示のない場合に用いられる、特別な分析的な**態（ヴォイス）の形式**だとみなす根拠になる。この形式を**受動的パーフェクト**と呼んでもよいのではないか。

確かに、まれには *-te aru* 形式が生物に対して用いられることもある：その　いもーと-わ　かとー-の　うち-で　あに-お　まちあわせて（ママ）　いっしょに　かえる　こと-に　**して　ある**「其妹は加藤の宅で兄を待合して一緒に帰ることに**してある**」（啄木, 108/3, 鳥影）。これはまれであるだけではなく、ここには受動の意味もない。

受動的パーフェクトの時制的な意味について言うと、それはその構成要素――*-te* 形式と動詞 *aru*――の時制的な意味と違いはない。また、受動的パーフェクトは全包括的な性格をもっていない：それは自動詞からは作られず、そのことはちょうどその態（ヴォイス）的な意味と結び付いている。したがって、受動的パーフェクトは特別な動詞時制を形成しない。その構成の中の *-u* 形式は通常の非先行の相対的意味をもつ。

否定法では、受動的パーフェクトは *-te nai* の形式になる：ぼーし-にわ　わざときしょー-も　**つけて　ない**「帽子には態と記章も**附けてない**」（啄木, 101/2, 鳥影）。*-te aru*（*nai*）形式の使用頻度は低い：『読本』（第 4 巻）ではこの形式に 2 回しか出会わないが、*-te iru* 形式には 31 回出会う。芥川の小説の 1 つ（芥川, 157–167 参照）では、*-te iru* 形式に 69 回出会うのに、*-te aru* 形式には一度も出会わない。この形式のそのように比較的まれな使用も、やはりこれが個別的な文法的時制形式ではないことを物語っている。

第 II 部　継続のニュアンスをもつ動詞形式

5　継続相についての問題

現代日本語における継続相の問題が完全に解明されたと考えてはならない。まず第一に、このアスペクトの形式の用法が分かりにくいのだ。日本のオリジナルなテキストの中で、同じ動詞が似たような統語的ポジションにおいて、あるときは *-te iru*（*inai*）の形式で、あるときは *-u*/*-nai* の形式で使われる。のみならず、このアスペクトの形式によって、*-u* 形式で伝えられるべきではないかと思われる多回的あるいは恒常的な動作が伝えられることも少なくない。例えば：おっと-わ　よさむ-の　ながひばち[2]-の　むこー-に、いつも　はればれと　**びしょー-して　いる** かのじょ-お　みいだした「夫は夜寒の長火鉢の向うに、何時も晴れ晴れと**微笑してゐる**彼女の顔を見出した」(芥川，177/3，秋)；つき-わ、ちきゅー-お　ちゅーしん-と　して、ぐるぐる　**まわって　いる**(読本，Ⅶ，161「月は、地球を中心として、ぐるぐる**廻つてゐる**」)。

しかし次のような例もある：おっと-わ　いつも-の　うすわらい-お　うかべながら、かのじょ-が　いもーと-の　**くちまね-お　する**-のお、おもしろそーに　**きいて　いた**。が、かのじょ-にわ　なんとなく、かのじょ-じしん-に　てるこ-の　こと-お　**はなして　いる**　よーな　**こころもち-が　した**「夫は何時もの薄笑ひを浮べながら、彼女が妹の**口真似をする**のを、面白さうに**聞いてゐた**。が、彼女には何となく、彼女自身に照子の事を**話してゐる**やうな**心もちがした**」(芥川，178/1，秋)。この並んだ 2 つの複文で、それぞれの従属節の述語「**くちまねをする**」と「**はなしている**」は、実際には同じ動作を表している。にもかかわらず、第一の従属節ではそれが *-u* 形式で表され、第二の従属節では *-te iru* 形式で表されている。2 つの文の主節の述語で表された動作は、同じくらいの時間続けられた。しかし、継続相の形式になっているのは第一の述語だけである。第一の複文では継続相をとっているのは主節の述語だけで、第二の複文では従属節の述語だけが継続相である。次の例も参照されたい：わたし-わ　てるさん-さえ　こーふく - なら、なん-より **ありがたい　と　おもって　いる**　の。ほんとー　よ。しゅんさん-が　てるさん-お　**あいして　いて**　くれれば…「私は照さんさへ幸福なら、何より**難有い**と**思つてゐる**の。ほんたうよ。俊さんが照さんを**愛してゐて**くれれば――」(芥川，181/1，秋)。恒常的な動作を意味する動詞「おもう」「あいする」が、ここでは継続相の形式をとっている。だが、「知覚と心的状態を表す［英語の］動詞からの継続相は、概して用いられない」[56,168]。

ある文法家たちは *-te iru* 形式の用法を次のように説明している：「継続相は時の意味と密接に関わっている。動作が発話時に行われていることを意味する現在時制は、接尾辞 *-u* によって表される(恒常的)現在形とは違って、継続相の形式との結びつきでのみ表現することができる…」[54,226]。

しかし、前出の用例は、恒常的な動作も、少なからず *-te iru* 形式によって表されることを示している。

次のような意見にも同意できない。「他動詞と自動詞の継続相は**長く続く動作**の意味をもち得る。そして、自動詞の継続相だけが**長く続く状態**の意味をもち得る」(同書)。

前に示されたように、パーフェクトの意味的ニュアンスをもつ *-te iru* 形式の他動詞も、同様に(成された動作の結果として生じた)状態の継続性を表すのだ。

いわゆる継続相の使用規則がまだ定式化できていないのだから、その名称そのものの正しさを疑問視せざるを得ない。И.В. ゴロヴニンは書いている：「継続相はあれこれのプロセスの実際の時間的長さの程度を強調することに何の関係ももたない…。それは、動詞によって示される動作・状態が、*-u/ru* と *ta/da* の総合的な時制的形式の動詞によって示される動作・状態よりも長く続くことを言い表すのではない。それが言い表すのは、動作・状態が、その流れの中、具体的に展開する中、そのただ中で、――その実行・実現が含まれる一定の時間枠の中に限定された動作・状態として表現されているということである」[33,25]。

だが、そのような但し書きは、いつ *-te iru* 形式を使わなければならないのか、いつ *-u* 形式を使わなければならないか、という規則を与えてはくれない。多くの教科書もやはり 2 つの形式の何らの使用規則も定めていない。また、ロシア語で書かれた参考書にある規則はあまりにも一般的すぎて、すべての場合について説明できない。母語を実際に習得している人々のために書いている日本人の著者たちは、ここに何の問題も見ていない。

私が思うに、(相の形式としての) *-te iru* 形式の本当の意味を研究するには、次のような問題提起をしなければならない：

1. それを形成するために、なぜ第 2 語幹(連用形)が用いられないのか？　2. 現代標準語におけるこの形式の使用頻度はどれくらいか？　ここ数世紀の間にそれは増加したのか、それとも減少したのか？　3. どのような統語的なポジションだと、この形式が全く使用されないのか？　そのことはこの形式の相的意味とどう関係しているのか？　4. 異なる時間的断片についての発話で、*-te iru* 形式と *-u* 形式の使用頻度は同じなのか？

1. 継続相の研究の際、注意を引かれるのは、プロセスの継続の意味をもつ分析的な形式は、パーフェクトの意味的ニュアンスをもつ形式と同じように、つまり、*-te* 形式を使って作られるということだ。むしろ、*tori+iru* (*oru*) のような形式、つまり、第 2 語幹を使ってつくられる形式が予想されそうなのに。

実際に、そのような形式が古代日本語や擬古文には存在していたし、16–17 世紀の文献中にも見つかり、何らかの形で西部方言にも残っている。しかし狂言では *-tori oru* のような形式があざけりの意味をもっていた：しさり　をろ「退り居ろ」(狂言記, Ⅰ, 54)；なに-を、わけ-も　ない　こと-を　**いいをる**「何を、訳もない事を**云ひ居る**」(狂言記, Ⅰ, 304)。この分析的な形式のこのような意味が、それが標準語に入らなかった原因の 1 つだったのかもしれない。[121,138–139 も参照]

-tori iru のような形式は、あざけりの意味をもたなかったが、使用はあまりにも稀であった。[121,139 参照]。

現代語の論説文では、継続性の意味をもつ *-toritutu aru* のような分析的形式が見られる。おそらく、これは擬古文から論説文に入り込んだと思われる。なぜなら、16–17 世紀の作品中にはこの形式が見つからないからだ。

-te iru（*oru*）形式は、日本語の最古の分析的な形式に属する。その使用頻度は時代とともに増大してきた。ともかく、16–17 世紀においては、この形式の使用は現代語におけるよりもずっと稀であった［120,81–82 参照］。*-te iru*（*oru*）形式は、16–17 世紀の日本語では基本的にはパーフェクトの意味をもっていたのであって、継続の意味をもっていたのではない。つまり *-ta* 形式と類義だったのだ。特別な研究が示すところによれば、16–17 世紀のテキストで *-te iru*（*oru*）形式が継続の意味で用いられているとみなし得るのは、孤立したいくつかの場合だけである。例えば：「あっぱれ　これ-わ　よい　しあわしぇ　かな」と **まちかねて**（ママ） **いれば**、ひ-も　ようよう　くれゆいた「『あっぱれ、これはよい仕合せかな』と**待ちかけてゐれば**、日もやうやう暮れ行いた」（エソポ，499）。

この形式の特色は、存在の動詞からはつくられないこと、また、*-i* 形式、*-na* 形式の 形容詞からもつくられないことである。

2. 計量調査が、つぎのことを示した（すべての *-u* 形式と *-te iru* 形式を合わせて 100％とした）：a）『小学国語読本』の第 4 巻では、*-u* 形式が 88％以上（221 例）、*-te iru* 形式が約 12％（31 例）だった；b）芥川の小説の 1 つ（芥川，157–167，あの頃の自分の事、参照）では、*-te iru* 形式がもう 17％もあった。つまり、大人向けの文学作品では *-te iru* 形式がやや多く使われているのだ。

このように、現代語では、継続相の形式が、総合的な非アスペクト的形式よりもはるかに少なく使われている。もし、継続相は具体的な動作・状態を表すと考えている著者たちに同意するなら、現代語では抽象的な動作・状態を表す形式が基本的に使われているということになる。実際にはそんなことはあり得ないだろう。

16–17 世紀の資料で *-te iru* 形式に出会うことはまれである。それに、前に示したように、ほとんどの場合、それらの資料では *-te iru*（*oru*）形式がもつのはパーフェクトの意味である。つまり、それを継続相とみなすことはできない。継続相はその時代に文法的カテゴリーとしてやっと生じてきたばかりであり［121 参照］、多くの統語的ポジションにはまだ現れていない。

3. 第 5 章で示された通り、多くの つなぎ要素の前で *-te iru* 形式はまったく使われないか、あるいはごくまれに使われるだけである。

具体的には、次のようなつなぎ要素の前では *-te iru* 形式に出会わない：ト トモニ、ト ドージニ、ヤ、ヤ イナヤ、タビニ、ゴトニ、-ニ ツレテ、-ニ ツケテ、ガハヤイ　カ、マデ、マエニ、タメニ　および ヨーニ（目的の意味で）、ナリ、マギワ、イゼン、イジョー、ママニ、カワリニ、ヒョーシニ、ハズミニ、トタンニ、トモナク、トーリ、カギリ、クライ、そして、おわり表現の ヨーニ ナッタ、ヨーニシタ、コト-ガ デキタ、コト-ニ ナッタ、コト-ニ シタ。

これらのつなぎ要素のうちのいくつかの前で、継続的な意味での *-te iru* 形式がまれには使われることを、今後の事実資料の研究が示すかもしれない。だが、この形式がこれらのつなぎ要素の大部分の前で使用されないことは明らかにされたと考えることができる。

継続相の形式は、ガ ハヤイ カ、ヤイナヤ、マギワ のようなつなぎ要素の前では使うことができない。なぜなら、これらはある動作からべつの動作への瞬間的な移行を表すからである。より正確に言えば、従属文の述語で表される第一の動作が、継続相の形式で表現されるには短か過ぎるように思われるのだ。

だが、*-te iru* 形式が ト トモニ、ト ドージニ、タビニ、ゴトニ、ナリ、ニ ツケテ、ニ ツレテ、クライ、トモナク の前に現れないことはそのような方法では説明できないのだから、問題は未解決のままであり、補足的な研究を必要としている。

4. 私の観察によれば、*-te iru* 形式は後に続く出来事についての発話の中では非常にまれにしか使われない。このことによって、*-te iru* 形式が従属文において マデ、マエニ、タメニ、ヨーニ(目的の意味で)、ヨーニ ナッタ、ヨーニ シタ、コト-ガ デキタ などの前に現れないことが説明できる。しかし、主文においても、もし発話が未来についてのものなら、継続相の形式が使われることはまれである。例えば、日本語では、「キョー-ワ　アサ-カラ　バン-マデ　ハタライテ　イマス」と言い、また「アス-ワ　アサ-カラ　バン-マデ　ハタラキマス」と言う。このような現象—未来についての発話に継続相の形式がないこと—は、16–17 世紀の英語にも存在した。

もちろん、アスペクト全般についての問題、とりわけ継続相についての問題は、これらの観察によって究めつくされているわけではなく、テーマを絞った特別な研究に値する。継続相の形式が頻繁に使用される統語的なポジションをより正確にとらえる必要がある。これはこのアスペクトの形式の基本的な意味を定式化するのにも役立つだろう。

*　*　*

日本の文法家のアスペクトに関する戦後の仕事の中で大きな興味を引くのは金田一春彦の論文である［164 参照］。その中では、「反復進行態」の存在が指摘されているが、これは「瞬間動詞」(つまり、瞬間的な動作の動詞) からもつくられるし、例えば：このごろ-わ　えいよーしっちょー-で　ひと-が　どんどん　**しんで　いる**「この頃は栄養失調で人がどんどん**死んで　いる**」［164,75 参照］、また「継続動詞」(継続的な動作を表す動詞) からもつくられる。例えば：かれ-わ　まいあさばいぶる-お　**よんで　いる**「彼は毎朝バイブルを**読んでいる**」[同]。

金田一の理論は、恒常的なプロセスについての発話中の継続相の形式の使用例のいくつかを説明する。例えば、金田一の見解では、「まわって　いる（月について）」、「かよって　いる（例えば、学校へ）」などの動詞の継続相の形式は、これらの動作が何度も行われることを示している。

残念ながら、金田一は、多くの他の日本の文法家と同様に、アスペクトの使用を現実のコンテキストの中で研究していないので、どのような統語的ポジションで *-te iru* 形式が使用されないのか、それはなぜか、という問題は彼にとっては存在しない。何人かのソヴィエトの文法家と同様に、金田一は、日本語には異なるタイプの動詞のための接尾辞のヴァリエーションがないということに注目せず、瞬間的な動詞と継続的な動詞との間の違い、また、動作の動詞と状態の動詞との間の違いを過大に評価しているように、私には思われる。つまり、文法家が区別しようとしているものを、言語そのものは統合しているのだ。

第Ⅲ部　二重の先行性または、大過去

6　*-te ita* 形式

先行時制と非先行時制という 2 つの基本的な文法的時制のほかに、日本語には動作と状態の動詞の複合的な分析的形式 *-te ita* がある（形容詞やむすび、存在動詞からはこの形式は作られない）。これは、その文法的な意味の点でも用法の点でも、いくつかの言語にカテゴリーが存在する大過去を思わせる。

現代の文法家のだれひとりとして日本語に大過去を認めていない。*-te ita* 形式は継続相の過去時制形式とみなされている。確かに、形態論的にはこの形式は新しいものではない：*ita* は動詞 *iru* の先行時制形式である。しかし、そのような方法によって大過去が西欧の諸語でも作られることを考慮しなければならない。例えば、英語では：*I have seen* ―パーフェクト（現在完了）、*I had seen*―大過去（過去完了）、つまり、大過去を形成するとき、英語でも日本語と同様に補助動詞の時制だけが交代するのだ。この場合、形態論的な構造によって、*-te ita* 形式が特定の文法的な時制に属するかどうかを判断することはできないように思われる。この問題に対する答えは、その意味と用法の中に求めなければならない。

周知のように、大過去は相対的な時制だとみなされている。しかし、これは純粋な相対的時制ではない。なぜなら、未来についての発話の中では大過去の形式は用いられないからである。同じ事を、日本語の *-te ita* 形式についても言わなければならない。この形式を構成する各部分―*-te* 形式と *ita* 形式は（従属文において）

後に続く出来事についての発話全般で、とりわけ未来についての発話の中でも使われるのに、*-te ita* 形式は未来についての発話では従属文でも用いられない。また、総じて *-te ita* 形式は *-te iru* 形式より使用頻度が低い。例えば、4年生用の国語の教科書(国語, 4[1])の6～20ページの間に *-u* 形式は46回、*-ta* 形式も46回、*-te iru* 形式は6回出ているのに、*-te ita* 形式はわずか2回しか出ていない。「読本」の第4巻では *-ta* 形式302例に対して *-te ita* 形式は28例、つまり、*-te ita* 形式は先行時制形式全体の8.5%である。確かに、芸術的な文学においてはこの割合はもっと高くなる。例えば、芥川のある小説(芥川, 157–167, あの頃の自分の事)の中では、*-te ita* 形式が先行時制形式全体の21%である。

大過去の意味の *-te ita* 形式は、16–17世紀のテキストの中でも用いられていた[121,139–143参照]。

現代における *-te ita* 形式の用例を分類しようとするなら、次のような典型的な場合を選び出すことができる：

1. *-te ita* 形式が、後で言及される(あるいは示唆される)プロセスの始まりまでに中断された、過去の継続的なプロセスを意味する：すると、いま-まで　やさしそうに　**みえて　いた**　おじーさん-の　かお-が、きゅーに　きつく　なりました(読本, Ⅲ, 91)；あー　すぎうら　か。はいれ　よ。**まって　いた**　ところ-だ「あゝ杉浦か。入れよ。**待つてゐた**ところだ」(久米, 361/2, 破船)；いぬ - お　**かわいがって　いた**　おじーさん - わ、たいそー　かなしみました「犬　ヲ　**カハイガッテ　ヰタ**　オヂイサン　ハ、大ソウ　カナシミマシタ」(読本, Ⅱ, 87)(最後の例をИ.В.ゴロヴニンは次のように解釈している：「規定の動詞がプロセス・状態を表している場合は、それによって表されているプロセスと、後続の動詞によって伝えられるプロセスとの同時性について語ることができる」[30,337]。しかし、この文が採られた物語から、おじいさんは可愛がっていた犬が死んだことを悲しんでいたのが明らかである。つまり、ここで *-te ita* 形式は動作の中断を表しているのであって、同時性を表しているのではない)；ひかげ-に　なって　**こまって　いた**　むらむら-も、それから　だんだん　ゆたかに　なって　いった　とゆー　こと-です「日かげ　に　なつて　**困つて　ゐた**　村々　も、それから　だん〳〵　ゆたかに　なって　行った　と　いふ　こと　です」(読本, Ⅳ, 12)(その日影が耕地に落ちていた巨大な木のことが話題になっている；その木は切り倒され、「こまっていた」の形式によって表される状態はなくなった)；いま-まで　はね-お　**ついて　いた**　はなこさん-と　ゆきこさん-わ、こんど-わ　ゆーびんごっこ-お　する　こと-に　しました(読本, Ⅳ, 75)；みんな-が　わいわい　ゆー-のお、はじめ-から　だまって　**きいて　いた**　ひとり-の　こども-が　ありました(読本, Ⅳ, 44)(次の文に彼が言ったことが語られている)。

これらの例では *-te ita* 形式は単に継続相の先行時制形式であるように見える。その用法は相対的である。しかし、注意しなければならないのは、これらの文を大過去のある言語に翻訳するとき、*-te ita* 形式はまさに大過去の形式によって訳さなければならないと言うことだ。なぜなら、これは過去の他のプロセスより先に生じた過去のプロセスを意味するからだ。「まっていた」という形式(先に挙げた久米の例を参照)でさえ、現在の動作に先行するのではなく、暗示された過去の動作(客が来るまで待った)に先行する過去の動作を意味している。

動作の中断の意味を大過去の分析的な形式が表すことは、他のいくつかの言語にもあるということを指摘しておく必要がある。例えばマリ語では：「…関係をもつ 2 つの動作のうち、はじめのほう(大過去の形式で表される―引用者)は、通常何かの理由で他の動作によって中断された…動作を表す…」［109,170］

2. *-te ita* 形式が、次に言及されるプロセスよりも自らの始まりが先行するプロセスを表す。そのような用法におけるこの形式は、しばしば物語の最初か 2 番目の(あるいは最初と 2 番目の)文の述語として叙述を始める：つき-の　よい　ばん-でした。うしわかまる-が、ふえ-お　ふきながら　**あるいて　いました**「月　の　よい　ばん　でした。牛若丸　が、ふえ　を　吹きながら　**あるいて　ゐました**」(読本，III，41)(物語の始まり)；おたまじゃくし-わ、まいにち　…いけ-の　なか-お**およいで　いました**「おたまじゃくしは、毎日　…池の中を**泳いでゐました**」(読本，V，11)；きこり-が、いけ-の　そば-の　もり-で、き-お　**きって　いました**。おの-に　ちから-お　いれて、こん、こん、と　**きって　いました**(読本，III，78)(この例では2つの文の述語が同一の動詞の *-te ita* 形式によって表されている)。

ときには、*-te ita* 形式によって表された動作がずっと前に始まったことを翻訳に反映させることが必要である：みこと-わ、き-に　のぼって、**まって　いらっしゃいました**[v]。しばらく　する　と、もん-の　うち-から、ひとり-の　おんな-が　でて　きました「命は、木に上つて、**待つていらつしやいました**。しばらくすると、門の内から、一人の女が出て　来ました」(読本，V，120)；『あ、しまった』。と、わかい　おとこ-わ、できるだけ　おーきな　こえ-で　さけんで、みず-の　うえ-お　**みて　いました**[vi](読本，III，87,88)；はちがつ-の　じゅーごや　ちかく　なる　と、こえ-お　たてて　**ないて**-ばかり　**いました**[vii](読本，IV，31)。

-te ita 形式のこのような用法を文法家たちはやはり継続相の過去時制であると考える。しかし、過去時制は、少なくともある場合には、*-te ita* 形式によって表されたプロセスと、他のやはり過去のプロセスとの同時性だけを、この形式で表されたプロセスが他のプロセスより早く始まったのか、他のプロセスの背景であるのかを示すことなく、意味するはずだろう。だが、ある過去のプロセスが他のプロセスと同時であることを意味する際には、ただ非先行時制の形式が使われるのだ：みず-

お くもー と して、ふと いど-の なか-お のぞく と、うつくしい かみさま-の お-すがた-が、すみきった みず-に **うつって います**「水を汲まうとして、ふと井戸の中をのぞくと、美しい神様のお姿が、すみきつた水に**うつつて居ます**」(読本, V, 121)。これに似た場合の非先行時制の形式の用例は、前章までにたくさん引用されている。

-te ita 形式は、次に言及されるプロセスよりも自らの始まりが先行するプロセスを表すとき、大過去の意味をもつように思われる。

Б.А. セレブレンニコフが指摘しているように、コミ-ズィリャン語(коми-зырянский язык)でも「大過去は、過去の他の動作が始まる前に終了したか、あるいは始まった動作を意味するために使われる」[109, 66]。

ドイツ語でも「大過去は、通常…ある状況に導入する文、あるいはこれまでにあったことを概観する文で使われている」[81,212]。

大過去は、物語の筋を直接組み立てる動作・出来事が起こる、いわば背景をつくっているのだ。

3. *-te ita* 形式が、**先行する文で**述べられたプロセスよりも**前に始まった**プロセスを意味する：うち-の ひと-わ みんな るす-で、おばーさん-だけが、ひあたり-の よい えんがわ-で、つぎもの-お **して いらっしゃいました**(読本, IV, 48)；しばらく ゆく と、おーきな いわ-が あって、その そば-に、ひとり-の おじーさん-が **たって いました**(読本, IV, 59)；とちゅー-まで きて、ふと みる と、ちょーど まさおさん-の うち-の まえ-に、じどーしゃ-が **とまって いました**。そば-に、ひと-が しごにん **よって いました**「トチュウマデ 来テ、フト 見ル ト、チヤウド 正雄サン ノ ウチ ノ 前 ニ、自動車 ガ **止ッテ ヰマシタ**。ソバ ニ、人 ガ 四五人 **ヨッテ ヰマシタ**」(読本, III, 93)(同様に、読本, IV, 60–61,65,110–111 参照)。

И.В. ゴロヴニンは、このような例のいくつかにおいて、*-te ita* 形式は絶対的な意味をもつと考えている：「あくる あさ かなり おそく め-が さめて みると ぼーふー-が やんで、ひ-が **かがやいて いた**(プーシキン『大尉の娘』の日本語訳, 38)。過去のプロセスが起こった時はフレーズの内容によってはっきり特定されている：日は、彼が目をさましたときに輝いていた。輝きの存在した時間が他の動作に合わせることによって示されているのだ…」[30,317]。別の言葉で言うなら、И.В. ゴロヴニンは、*-te ita* 形式がここでは過去における同時性を意味すると考えているのだが、これには同意しがたい。なぜなら、日は誰かが目を覚ます時に合わせて輝いているのではないからだ。日はグリニョフが目を覚ますずっと前から輝き始めていた。それは日本語の翻訳でも「かがやいていた」という形式で表現されている。確かに、ロシア語の原文にはそのようなニュアンスがないが、それは現代ロシア語に大過去がないからだ。

しかし、「みる　と、おじーさん-の　かくれて　いる　き-の　まえに、たくさん-の　おに-が、**あつまって　いました**」(読本, II, 64) という例を引用して、И.В. ゴロヴニンは、このような場合、「あつまって　いました」のような形式は「話題となっている時点に、前過去の動作から生じた状況が存在することを指し示すだろう」と認めている [30,326]。

ここでは、さらに次のような疑問に答えなければならない。動詞「かくれて　いる」はなぜ「かくれて　いた」の形式をとらないのだろう？　これで表されている動作は次に言及されている動作よりも先に行われたのに。私は、「あつまって　いました」という動詞で表された動作が「みる」で表された動作と結び付いており、「かくれて　いる」は、これによって表された結果と主文で語られる動作との同時性を示しているに過ぎないと考えている。

-te ita 形式の意味――前に言及された動作に対する先行性の指示――は、いくつもの言語の大過去の普通の意味的ニュアンスの 1 つである。

4. *-te ita* 形式が、以前述べられたプロセスよりも前に完成されたプロセスの結果を意味する。これも純粋な大過去である。このような意味的ニュアンスをもつ *-te ita* 形式を、継続相の過去形などと決してみなしてはならない。なぜなら、動作自体の継続性について、この形式はここで何の示唆もしていないからだ：が、あいにく　えり-わ　いっぽん　のこらず　せんたくや-の　て-に　**わたって　いた**「が、生憎襟は一本残らず洗濯屋の手に**渡つてゐた**」(芥川, 176/3, 秋)；みっちゃん-が　もと-の　ところ-え　かえって　きます　と、ぽすと-の　なか-にわ、もー　にまい-の　はがき-が　**はいって　いました** (読本, IV, 78)；あの　ときもー　おねーさま-わ、わたくし-が　しゅんさん-に　さしあげる　はず-の　てがみ-お　**よんで　いらしった**-の　でしょー「あの時もう御姉様は、私が俊さんに差上げる筈の手紙を**読んでいらしつた**のでせう」(芥川, 175/2, 秋)；たおれて　いる　ちゅーい-お　みいだした-の-で　ある。ちゅーい-わ　ふくぶ-に　おーきい　ほーだんれっしょー-お　**うけて　いた**。まだ　いき-わ　ある　よー-で　あったが、まったく　**こんすい-して　しまって　いた**「倒れてゐる中尉を見出したのである。中尉は腹部に大きい砲弾裂傷を**受けてゐた**。まだ息はあるやうであつたが、まつたく**昏睡してしまつてゐた**」(菊池, 14/1, ゼラール中尉)。(「しまって　いた」を含む例は特に示唆に富んでいる。なぜなら、このような形式はどんな条件のもとでも、「しまう」の意味‘終わる’に反するであろう継続性を示すことはできないからだ)。

5. *-te ita* 形式が終わりの先行を意味する；動作は、たった今述べられたことよりも早く完了しており、動作の結果生じ、*-te ita* 形式で表された状態は中断されている：ゆっくり　でかけて　いく　うち、き-の　した-に　**おちて　いた**-の-お　みな　ほか-の　こども-に　ひろわれて　しまいました(出典不明)。ここで語られているのは瞬間的な動作についてである。継続的なのはその結果だけである。非先行時制の形式で表されているかもしれない過去の別の動作に対する先行性を意味する *-te ita* 形式は、この場合も大過去の形式である。

このように、動作動詞、状態動詞からつくられる *-te ita* 形式の意味的ニュアンスは(動詞派生の形容詞からつくられる *-te ita* 形式については 11 節を参照)、他の諸言語の大過去形式にも特徴的なものである。未来についての発話に *-te ita* 形式の用例がないということも、同様にこの相対的時制の特徴である。

7　-te atta 形式

-te atta 形式(*atta* はより丁寧な *gozatta* に代えることも可能だった)に 16–17 世紀のテキストで出会うのは、比較的まれである。例えば、18 の狂言の中で、77 の *totte aru* のような形式に対して *totte atta* のような形式はわずか 2 つしかない。その時代にはほとんどの場合、この形式が *-te ita* (*wotta*) 形式と同義であった。つまり、自動詞から作ることができ、受動の意味をもたなかった。

現代語では、*-te atta* 形式は、常に受動のニュアンスのある純粋な大過去の意味をもち、他動詞だけから作られる。それが使われるのは：

1. *-te* 形式で表された動作の結果生じた状況の中断を示すため：そして、じどーしゃ-の　うしろ-に　**つけて　あった**、べつの　くるま-お　もって　きて、とりつけました(読本, III, 54)；へや-の　すみ-に　**おいて　あった**　しんしゅーにっぽー-の　とじこみ-お　こっち-の　てーぶる-え　もって　きた「室の隅に**置いてあつた**神州日報の綴ぢこみをこつちのテエブルへ持つて来た」(芥川, 85/3, 首が落ちた話)。

2. ずっと前に始められて、後に続く動作の背景となっている動作を示すため：わたくし-の　うち-に、やまがら-が　いっぱ　**かって　ありました**(読本, IV, 54)。生き物が話題になっているため、この形式が終わりの先行を表しているのか、あるいは始まりの先行を表しているのかは明らかではない[viii]。

3. 先に言及された動作よりも前に完了した動作を示すため：ゆきこさん-も、うけとった　はがき-お　よんで　みます　と、やっぱり、「しんねん　おめでとーございます。」と　**かいて　ありました**(読本, IV, 79)。

他の何らかの動作よりも前に行われるはずだったのに、行われなかった動作を表すためには *-te nakatta* の形式が用いられる：それから　めし-お　すまして　すぐがっこー-え　でかけた。くつ-わ　**みがいて　なかった**「夫れから飯を済ましてすぐ学校へ出懸けた。靴は**磨いてなかつた**」(漱石，97/2，坊つちやん)。

この文では、*-te nakatta* の形式が動詞に受動の意味を付け加えており、それが文の意味合いとも一致している：動作は語り手自身ではなく、別の人間によって成されなければならなかった(日本の旅館では、女中が靴を磨く)。しかしこの小説のロシア語訳では《Покончив с едой, я тут же направился в школу и ботинки не почистил. 食事を終えると、私はすぐに学校へ出かけ、(私は)靴は磨かなかった》[3]となっている。この翻訳は不正確である。なぜなら、《ботинки не почистил(私は)靴は磨かなかった》という(能動の)意味を伝えるなら、(日本語は)次のような能動態の動詞を使うはずであろう：「クツ-ワ　ミガカナカッタ」または「クツ-ワ　ミガイテ　イナカッタ」

第Ⅳ部　動詞派生の形容詞

8　動詞派生の形容詞　*-ta/-te iru*

-ta で終わる動詞の形式のいくつかが形容詞の意味で用いられることは、すでにコリヤードが指摘していた［220,11 参照］。

Д. スミルノフは書いている：「日本語の特徴の 1 つは、すべての動詞の現在形と過去形が、形容詞として使われ得ることである」［110,268］。この言葉からは、Д. スミルノフが、本来の意味での**動詞派生の形容詞**と規定ポジションでの**動詞形式**とを混同していることがうかがえる。

それらの間の違いはどこにあるのだろう？　形容詞への変化は、*-ta* 形式の時制的な意味が変化する際に起きる――*-ta* 形式が先行時制形式から非先行時制形式に変化するのだ。動詞派生の形容詞とみなすことができるのは、Д. スミルノフが引用した形式のうちの一部に過ぎない：シゲッタ、トシヨッタ(年取った、年配の。だが、「老化した」ではない。なぜなら、この形式は、初めて会った人について語る場合にも使えるから)、スグレタ、ネバッタ(粘った)［110,270 参照］。

A.A. ホロドヴィッチの「われわれの見るところ、形容詞に改変されるのはパーフェクトの意味をもつ *-ta* 形式だけだ…」［135,306］という指摘には同意せざるを得ない。

別の言葉で言うなら、*-ta* 形式の動詞派生形容詞の意味の基礎には、先行動作への指示があるのだが、そのような動作のすべてではなく、その結果が保たれている動作だけである。規定される名詞はもう**質**の視点から性格付けられる。

これに関して非常に示唆的なのは、動詞派生の形容詞 イキタ と ニタ である。もし、これらが動詞のままであったなら、それぞれ、「いつか生きていた」、「似ていた」となり、それについて語られている時点には規定されているものはもう以前の性質をもっていないことを表現してしまうだろう。

ずっと前から、現代語では *-ta* 形式の動詞派生形容詞は規定のポジションでのみ使われることは気づかれていた：「*ta* 形式の過去形容詞は述語となるとき、動詞 イル または オル を伴った形動詞過去に取って代わられる。例えば、イキタ は イキテ オル、キタ は キテ イル、アイタ は アイテ イル のように」[110,269]。

しかし、16–17 世紀の言葉では *-ta* 形式の形容詞が主文の述語の機能でも使うことができた：よく　**にた**「よく**似た**」(狂言記，Ⅱ，398)；ことに　この　かがしぇ-わ、ゆーべ-よりわ　なを　よー　ひと-に　**にた**「殊にこの案山子は、ゆうべよりは猶よう人に**似た**」(狂言記，Ⅰ，357)。

しかし、その時代でも動詞派生の形容詞は、通常、規定のポジションで使われた：どーぞ　よーす-の　**ちごーた**　ところ-え　いきたい「どうぞ様子の**違うた**処へ行きたい」(狂言記，Ⅰ，182)；その　**びらひら** [ix] **と　した**　もの、ぬいで、こち-え　をこそ「その**びらひらとした**物、脱いで、こちへおこそ」(狂言記，Ⅰ，193)；いやいや、**むざと　した**　こと-を　いわします「いや〳〵、**むざとした**事をいはします」(狂言記，Ⅰ，391)；**ひろびろと　した**　やしき-に…「**ひろびろとした**　やしき - に…」(狂言記，Ⅱ，429)；のーのー、そなた　と　みども-わ、**にあった**　よい　つれ-じゃ　の(狂言記，Ⅱ，149)なう〳〵、其方と身共は、**似合つた**よい連ぢやの」；これ-が　なる-ほど　**さえた**　よい　かね-で　ござる…「これがなるほど**冴えた**よい鐘でござる…」(狂言記，Ⅱ，231)。同様に、：**をいた**　うま「**老いた**馬」(エソポ，486)。とっと　**こえた**　はと「とっと**肥えた**鳩」(エソポ，483)；**としよった**　ぎょじん「**年寄つた**魚人」(エソポ，488)。

イキタ のような形式の起源は、古代日本語でも使われていた イキタル のような形式であり、古代日本語では接尾辞の *-taru* は概ねパーフェクトの接尾辞であった。

16–17 世紀には、動詞派生の形容詞が今よりもずっと動詞に近かった。特に *-ta* 形式と *-te iru* 形式の類義性は、そのころ動詞形式の特徴でもあった。なぜなら、動詞の *-te iru* 形式がほとんどの場合パーフェクトの意味をもっていたからだ。

現代日本語の動詞派生の形容詞についての問題を、A.A. ホロドヴィッチが特別な論文で論じているが、そこでは特にそのような形容詞のさまざまな形態論的なタイプが記述されている [134,347–363 参照]。

日本の言語学者たちは、(われわれの用語による)動詞派生の形容詞についての問題をどのように論じているだろうか？

山田孝雄は、トガッタ ヤマ の例を形態素 *-ta* が過去時制の助辞であることを否定する理由に使った。すなわち、山田は動詞から動詞派生の形容詞を分離しなかったのである [209,120 参照]。

時枝誠記は *-ta* を、動詞派生形容詞にある場合は接尾辞とみなし、動詞にある場合は、日本文法の伝統にしたがって、個別的な助動詞とみなしている。

金田一春彦は、我々が動詞派生の形容詞と名づける形式を状態の動詞の 4 つの態(アスペクト)の 1 つ ——「単純状態態」に帰属させる。金田一は次のように指摘する。「この単純状態態はそういう動作・作用の起りに全く無関係であることを特色とする。随ってこれをアスペクトの中に入れることはいかがとも思われるが、他の態と対照して説くのが便利であり…」[164,76–77 参照]。

例—この　みち-わ　まがって　いる—を引用して、金田一は、次のように指摘する、「単純状態態はここでは「-て　いる」形式で表わされている。今、この意味を考えて見ると、もしかりに、これが、“道が‘湾曲’という運動を起しつつある”という意味ならば、この“—ている”は前にあげた進行態を表すわけである。また“道が以前は真直であったが何かの事情で曲った。その結果、曲った状態にある”という意味ならば、この“—ている”は既然態である。

然し、“—ている”はそのいずれの意味でもないことは明らかである。つまり、“曲る”という動詞は、ここでは全然動作とか作用とかを表わさず、いわば形容詞的な意味を表わしている。形容詞的な意味を表わしているのであるから、起り終りということは考えられない。しかも マガッテイルは、ある状態にあることを表わしている。このような、現象の起り終りということを考えずに、ある状態にあることを表す形、これを「単純状態態」と言おうと思うのである。

さて、この「道が曲っている」のような例は、決して珍しい例ではない。次のようにいくらでも例を集めることができる。「山が後ろに聳えている」、「秀吉の顔は猿に似ている」、「あの男はガッチリしている」。

これらは、連体法の場合には、“—た”の形でも表わされるのが特徴である。即ち、「曲った道＝曲っている道」、「猿に似た顔＝猿に似ている顔」[x]

-ta 形式とそれに類義の *teiru* 形式を 1 つのグループにまとめる金田一は、そのような形式が、少なくとも意味的には形容詞であるという考えに大変接近している。

しかし、金田一はこれらを状態を表す形と呼んで、これらにより広い規定を与えている。また、この単純状態態に存在の動詞、例えば ホン-ガ アル の アル も加えているのだが、アル と マガッテイル の両形式の間には形態論的にも文法的な意味においても何の共通性もない。規定のポジションで アル は、意味を変えることなく アッタ の形式に取り換えることはできない。アッタ ホン は“過去に存在した本”であって、アル ホン“今存在している本”と意味において対立するが、マガッタ ミチ という形式と マガッテイル ミチ という形式は類義的である。

特徴的なのは、金田一がこの同じ単純状態態に形容詞から派生した形式、例えば

「コノ ハコ-ワ オーキスギル の オーキスギル や、*-i* 形式と *-na* 形式の形容詞、さらに「名詞述語＋むすび」の構造までを含めていることである［164,78］。これらの形式に共通なのは、これらからは大過去の意味をもつ形式をつくることができないという点だけなのだが、金田一はまさにこのことに触れていない。

このように、形容詞がむすびや存在の動詞とともに1つのグループにまとめられたわけだ。金田一は自らの論文の英語のレジュメでそれらの形式を simple state form と呼んでいる。しかし、私の観点からは、それらの形式を彼が特別なアスペクトと呼ぶ根拠はない。なぜなら、形容詞、存在の動詞、むすびとアスペクト的な意味で対立するどんな形式もないからだ。したがって、それらの形式はアスペクトには属さない。

残るは時制に直接関わる問題に触れることだ。はたして動詞派生形容詞という形式は時制形式なのだろうか？

A.A. ホロドヴィッチはこの問いには否定的に答えているようだ：「この形式のパーフェクト的な意義の中には、それを形容詞の形式と近づける意味、超時間的な性格の意味がすでに存在していた」［135,308］。

「この方向への転移のために好都合な条件となるのは、当然、陳述的な機能ではなく、修飾語的な機能である…。そのような構成においてのみ、*-ta*/*-te iru* という動詞形式が超時間的な意味を強め、それから（おそらく、**時間的な**意味から—引用者）解放され、完全に質的な意味を表すようになることができた。ここで起こったのは、動詞の他の同類形式すべてからのこの形式の分離と、新しい内容をもった新しい形式への変化である。ここでは、*-ta* という一つの形態素の、二つの独立した形態素への分裂が起こったのだ。一方は過去の形態素、他方は質を表す形態素である。」［135,309］。

他の所で A.A. ホロドヴィッチは書いている。イキイキスル のような動詞派生の形容詞には「動詞において知られているような意味での時制のカテゴリーは存在しない（特に、過去時制の印である形態素 *-ta* は、まったく別の、時制的ではない意味をもつ；「いきいきとした」「はればれした」と比較せよ）」［135,294］。

事実、動詞派生の形容詞の *-ta* 形式は、動詞につくときとまったく別の意味をもつ。私の考えでは、この意味は時制的のままで、**非先行時制**の意味である。私は、同一の形容詞が**先行時制の形式**をももっていると思う（10節参照）。

動詞派生の形容詞というカテゴリーを区別することに一定の実践的な意味があることは指摘しておかなければならない。それはこういうことだ。もし、何らかの動詞の *-ta* 形式が動詞派生の形容詞になると、まったく同じ要素をもつ動詞の形式とは異なるように翻訳する必要が生じる。動詞派生の形容詞は新しい語となり、和英辞典や和露辞典に特別な語彙素の資格で収録される。

特にしばしば動詞派生の形容詞と出会うのは文学作品の中である：もそもそ-した（グリン「南からの風」，6）（勝俣の辞書[xi]には採録されていない）、しめった（グリン同，4）、**きばんだ**　くれがた-の　いろ「**黄ばんだ**暮方の色」（芥川，176/1，秋）、**ねちねち-した**　ちょーし「**ねちねちした**調子」（芥川，176/3，秋）、**あせじみた**　えり「**汗じみた**襟」（芥川，176/2，秋）、**くろずんだ…**　はおり「**黒ずんだ**…羽織」（藤村，26/176，生ひ立ちの記）、**すんだ**　くーき「**澄んだ**空気」（啄木，101/1，鳥影）、あたま-の　**はげた**「頭の**禿げた**」（同前）、**げびた**　どーりょーたち「**下卑た**同僚たち」（芥川，176/2，秋）、**かつよー-した**　おのおの-の　かたち「**活用した**各各の形」（橋本，212）。

だがやはり、まだ辞書には動詞派生の形容詞についての一定のアプローチがない。それらは時には最初から *-ta* 形式で掲載される。だが、時には *-u* 形式で掲載されているのに（例えば勝俣編の辞書の中の ネバネバスル）、用例は *-ta* 形式で出ていたりする。おそらく、辞書の編者たちは「本源的な形式」を提示することを目指し、実際には使われていないときでもそれは *-u* 形式だと考えているようだ。

ところが、テキストの中には *-u* 形式の動詞派生の形容詞が見つからないのだ。それが使われることが予想できる場所でも *-ta* 形式の形容詞に出会う：あおあおした「青々した」（荷風，152/3，すみだ川）、**ふるびた**　たんす「古びた箪笥」（荷風，153/2，すみだ川）、ぼーぼーと-した「茫々とした」（荷風，183/2，あめりか物語）、**ふんわり-した**　け（国語，4[2]，120）（勝俣の辞書には フウワリト-シタ だけが出ている）など。

動詞の語根からできた動詞派生の形容詞は否定形をもつこともできる：…いまわもー　みつこ-の　こころ-の　なか-だけ-に-しか　**いきていない**　はは-に　よびかける-の　でした（国語中学，2[1]，97）。

9　動詞派生の形容詞のなかどめ形

日本の文法家たちは、少なくとも私の知る研究においては、私が動詞派生の形容詞と呼んでいる語になかどめ形があるかどうかという問題を提起していない。それらの語を規定と終止のポジションでのみ検討しているのだ。

動詞派生の形容詞のなかどめ形についての問題は、A.A. ホロドヴィッチによって、彼が確立した日本語の「同格修飾語」カテゴリーに関連して詳細に解明されている。私は、この問題の一部 ― 動詞派生の形容詞の *-te* 形式についてのみ触れる。

「ゆーべ　も　なんだか　**やせて**　ね　かえって　きました（きなさった）　ゆめ-お　みた　ん　です　もの」「昨夜も何だか**痩せて**ね、帰つて来なさつた夢を見たんですもの」（蘆花，441，自然と人生）という例を引いて、A.A. ホロドヴィッチは書いている：「この文では、青年の特徴“痩せた”が、彼が家に帰ってきたと思われる瞬間に明らかになるということが明言されている。関心のすべては現れている特徴に集中している。この同格修飾語・形動詞の特徴を特に強調する必要がある。なぜかと言うと、広く普及している *-te* 形式についての概念は、日本語におけるその存在を、他の動作または状態に先行する動作または状態の表現と結び付けているからだ。*-te* 形式の、言ってみれば、本質的ではないこの特徴の絶対化が非合理的であることは、引用した例から明らかである。著者は、もちろん、青年が“痩せた後で”あるいは“まず痩せてから”帰って来た、などと言いたいわけではない」[135,392]。

A.A. ホロドヴィッチの考えでは、「アメ−ニ　**ヌレテ**　ヤッテ　キタ」の文でも「“彼女は雨にぬれた後にきた”ということが主張されているのではない」[135,393]「*-te* 形式は述語に依存しない性質を表す。だから述語と対等である」[同] とのことである。しかし、ちょうどこれらの例は、動詞起源の形容詞の *-te* 形式は先行性そのものを表すのではないという(それ自体は正しい)考えを特にうまく裏付けてはいない(形式が何を表わそうが、テキストから、青年が初めに痩せて、その後に来たこと、彼女が初めにぬれて、その後で来たことは明らかである)。*-te* 形式が恒常的な特徴を表している次の例はもっと説得力がある：せ−わ　**すらりと−して**　たかく、ぼーし−にわ　わざと　きしょー−も　つけて　ない「背は**亭乎(すらり)として**高く、帽子には態と記章も附けてない」(啄木，101/2，鳥影)。この例から、*-te* 形式の動詞派生の形容詞はその特性が他のすべての特性に先行することを表すのではなく、それらの同時性を表すことが分かる(背は、同時にすらりとして、高かったのだ)。

私の考えでは、*-te* 形式の動詞派生の形容詞のなかどめ形は、非先行時制の形式であり、この形式で表される性質が主文の述語で表されるプロセスと共存することを意味する：「**いきて**　かえる」[135,394 参照]；また　にねん−して　おんな−の　こ−が　**しんで**　うまれた「又二年して女の子が**死んで**生まれた」(志賀，140/1，母の死と新しい母)。

この形式に対立するのは *-teite* というなかどめ形で、これはほとんどの場合、始まりの先行を意味する：しょーめん−に、まつ−の　き−が　**しげっていて**、しろい　やぐら−が　みえました(初等，Ⅱ，134)(松の木は、通行人の前にやぐらが現れるよりも前から茂っていた)。

10　動詞派生の形容詞の先行時制

先に述べたように、A.A. ホロドヴィッチは動詞派生の形容詞は時制形式をもっていないと考えている。彼は書いている「形態素 *-ta* を特徴とする動詞は、修飾語型の中に修飾語として入り、対応する被修飾語（自動詞の現実の主体、他動詞の現実の対象）に伴われて、基本的な過去の意味を失っていく。その中ではパーフェクトの意味（状態のパーフェクト）が極限にまで強まり、この意味が次第に強まるにつれて動詞は時制的な特性から自由になり、質的なものへと導かれる。この質化が形態素 *-ta* に意味の変動をもたらす。この形態素のパーフェクト的な意味は消えていき、*-ta* は質の表示という意味をもつようになる」［135,360］。

しかし、日本語では、中国語や朝鮮語と同様に、形容詞は名詞よりも動詞に近い。例えば、*-i* 形式の形容詞は時制によって変化する。だから、動詞の *-ta*/*-teiru* 形式による質的な意味の獲得は、時制的な意味の喪失とは関わりがなくてもありうる（この考えを、私はすでに 1953 年に述べている。116,15–16 を参照）。

動詞派生の形容詞が時制的な形式であることを証明するためには、これらの形容詞が**時制に応じて変化する**ことを示さなければならない。用例を検討しよう：そーして、その　しがい-わ　みな、それ-が、かつて　**いきていた**　にんげん-だ　とゆー　じじつ-さえ　うたがわれる　ほど、つち-お　こねて　つくった　にんぎょーの　よーに、…ゆか-の　うえに　ころがって　いた「さうして、その屍骸は皆、それが、嘗、**生きてゐた**人間だと云ふ事實さへ疑はれる程、土を捏ねて造つた人形のやうに、…ごろごろ床の上にころがつてゐた」（芥川，4/3，羅生門）；…みる　と、**しんでいた**　たい-が　はねまわって　いる（昔話，Ⅲ，26）；さか-が　きゅー - で、みち-が　**じめじめ-していました**　ので、まつむらくん-が、すべって　ころびました「坂が急で、道が**じめ〳〵してゐました**ので、松村君が、すべつてころびました」（読本，Ⅴ，28）。

これらの例において、*-teita* 形式の動詞派生の形容詞は始まりの先行を示している（道は人が通った時にじめじめし始めたのではなく、そのずっと前からじめじめしていた、など）。したがって、動詞派生の形容詞の *-teita* 形式は先行時制の形式であると考えることができる。

-teita 形式は主文でも使われる：しかし、かれ-の　しょーぞーが-わ　どこも　かんぜん-に　えがいて　ある　ものの、くちひげ-だけわ　なぜか　**ぼんやり-していた**「しかし彼の肖像画はどこも完全に描いてあるものの、口髭だけはなぜか**ぼんやりしてゐた**」（芥川，405/2，歯車）。ここに「ぼんやり-していた」の形式が使われているのは、肖像画が描かれたのは話者がそれを見るようになったときよりもずっと前だったことが考慮されているからだ。

日本の言語学者の中で、動詞派生の形容詞の時制による変化を認めているのは金田一教授である：「「ある」「白い」「似ている」などは、非過去態の単純状態態であり、「あった」「白かった」「似ていた」などは、過去態の単純状態態である」

[164,78]。確かに、「非過去時制(非過去態)」について語りながら、金田一は「似ている」という形式だけを挙げているが、前に示されたように、規定のポジションで2つのタイプの形式(「似た」と「似ている」)に対立するのは、「似ていた」というタイプの形式1つのみである。

動詞派生の形容詞からは大過去はつくられない。第一に、この時制では普通の形容詞が用いられない(存在の動詞やむすびと同様に)。第二に、この時制にとってもう「自由な」形式はないからだ。

*　*　*

最後に、動詞派生の形容詞すべてが対応の動詞の完全なパラダイムと同様に存在するのか、という問題について述べなければならない。

A.A. ホロドヴィッチが、*-sita* 形式の形容詞にかんして重要な観察をしている：「この形容詞のサブグループのパラダイムは不完全だと考える根拠がある。これはつまり、フト-スル[xii]（「偶然の」の意味—引用者）のような形式が実際の発話ではおそらくあり得ないだろうということである」[135,291]。このような形式が使われた珍しい例を私は記録することができた：そーゆー　とき、お-えい-わ　みょーに **うきうきと-する**　こと-が　あった「左う云ふ時、お栄は妙に**浮き〳〵とする**事があつた」(志賀, 5/3, 暗夜行路)。しかし、この文では *-suru* という形式が、*-te iru* 形式はほとんど不可能で、一方 *-ta* 形式は一回性の意味をもつという、特別な統語的条件のもとで使用されている。だが、ここでは、動作の多回性あるいは状態の継続性を意味するような形式を使うことが必要だったのだ。私の観察によれば、このような統語的ポジションでそういった意味をもつのは *-u* 形式である。思うに、この文中で *-suru* 形式は時制的な意味など全然もっていないのだ。

だが、動詞派生の形容詞の *-u* 形式が使われることは非常にまれなので、*-sita* 形の形容詞のパラダイムの完全さは確かに疑問を呼び起こす。これらに否定形はあるのか、これらのパラダイムは過去の時代にもっと完全だったのか——こういった疑問は資料の特別な研究によって解決できるだろう。もし、「うきうきする」のような形式は実際には全然機能しなかったということが分かったなら、*-sita* で終わるような形容詞に関して「動詞派生」という用語は、単に造語的な意味で理解しなければならなくなるだろう。それらがアナロジーによって次第に生じてきたという可能性も排除されない。このことは特に、漢語語基から構成された *-sita* 形式の形容詞が示している。

まとめ

1. *-ta* 形式と *-te iru* 形式はしばしばパーフェクトの意味的ニュアンスをもち、終了してその結果が次に言及される動作が行われている際にも保たれている動作を表す。

2. この意味的ニュアンスは、*-t-* 形式の語幹に古くから固有のものである。16–17 世紀の言葉では、*-ta* 形式と *-te iru*（*aru, woru*）形式は類義であった。なぜなら、*-te iru*（*aru, woru*）形式の大部分がパーフェクトの意味的ニュアンスをもっていたからだ。

3. 現代語で *-te iru* 形式がパーフェクトのニュアンスをもって使われる際は、やはり *-ta* 形式と類義である。

4. しかし、現代日本語には、パーフェクトという特別な動詞時制がない。なぜなら動詞の *-ta* 形式は動作の結果の保持を表さないこともあり、一方 *-te iru* 形式は動作自体の継続性を表すこともあるからだ（構成要素の *-te* が動作の終わりではなく、始まりを示す場合）。まさにそのために、*-te iru* 形式は非先行時制の形式となった。

5. *-te iru* 形式の継続性ニュアンスの発達は、ここ数世紀にその使用頻度が高まったことにも関係があったのだ。

6. *-te iru* 形式が特別な時制形式ではないのは、その構成要素それぞれの時制的な意味が完全に保たれているからでもある：*-te* 形式は始まりの先行性（継続性のニュアンス）あるいは終わりの先行性（パーフェクトのニュアンス）を示し、補助的動詞の *iru*（またはその同義語―*oru, irassyaru, oide-ni naru*）は動作あるいはその結果が、話題になっている時点に存在することを示す。

7. 現代語では、*-te aru* 形式は以前に行われた動作の結果だけを表し、他動詞から作られて受動の意味をもつ。ほとんどの場合、この形式は無生物（人・動物以外）にたいして用いられる。16–17 世紀の言葉では、*-te aru* 形式は *-te iru*（*woru*）と類義であった。すなわち、能動態の意味を保ったまま自動詞からもつくられた。

8. 「これら *iru*（*oru*）と *aru* との結合すべては、本質的にはなんら特異的なものを示さない」［65,179］と考えている著者たちには同意できない。*-te iru* 形式は無生物の動作（状態）をも表すことができるが、そのような無生物の実在は現代語では動詞 *aru* だけで表される。つまり、*-te iru* 形式は状況と述語との自由な結合ではなく、動詞の特別な分析的形式である。

9. *-te iru*（*oru*）形式で表される、いわゆる継続相に関する問題は、十分に研究されたとみなしてはならない。なぜなら、この相の形式の使用規則が明らかにされていないからだ。本書には、未来についての発話では日本語の継続相の形式が使われるのは比較的まれであることが指摘してある。似た現象が 16–17 世紀の英語にも見られる。

10. 多くのつなぎ要素の前で、継続相の形式は非常にまれに使われるか、あるいはまったく使われない。特に、*-te iru* 形式は「まで」のような後続性(将来性)を表すつなぎ単語の前では見られない。つまり、ここ 300 年の間に、*-te iru* 形式の使用は、ただ主文、規定のポジション、いくつかのつなぎ要素の前だけで発展したのだ。他のポジションには *-te iru* 形式は現れなかった。

11. 16–17 世紀の言葉(特に狂言)、また現代日本語の方言には、第 2 語幹と存在の動詞 *oru* でできる分析的な形式がある。この形式は中立的な動詞から作られたものでさえ、罵りの意味をもつため標準語に入らなかった。

12. 動作と状態の動詞からつくられる *-te ita* 形式は、**前に言及された**動作に対する先行を意味するために使われることがある。これは西欧諸語の大過去形式の用法を思わせる。*-te ita* 形式は、その後の出来事が展開する背景をつくりだす。

13. もう 1 つの大過去形式(*-te atta* 形式)は、受動の意味をもつ。

14. その大部分が自動詞である、いくつかの動詞からつくられる *-ta* 形式は、**動詞派生の形容詞**の意味をもつ。その際、*-t-* 形の語幹は動作の先行性を表すことをやめ、語られている時点での対象の質を表す。つまり、**非先行時制**の意味をもつ。これは、始まりの先行性の意味の発展である[4]。

15. 現代語で動詞派生の形容詞は、主文では *-te iru* 形式だけで使われ、規定のポジションでは *-ta* 形式でも *-te iru* 形式でも使われる。動詞派生の形容詞は 16–17 世紀の言葉にも存在したが、そこでは、主文においても *-ta* 形式と *-te iru* 形式は類義であった。

16. 動詞派生の形容詞 *-ta*/*-te iru* は非先行時制の形式であるが、それに対立する先行時制の形式は同じ形容詞の *-te ita* 形式であり、すべてのいいおわりの統語ポジションで使用される。

17. 動詞派生の形容詞の語幹からできるなかどめ形の *-te* は非先行時制の形式であり、それに対立するのは先行時制形式の *-te ite* である。

注

1 A.A. ホロドヴィッチが「述語的形動詞」と呼んでいるのは、*-te* 形式の副動詞のことである。このような呼び換えは大胆すぎるように見えるかもしれないが、-te 形式が、少なくともときにはロシア語に形動詞を使って訳すような意味をもつことは認めざるを得ない。だが、ほとんどの場合、*-te* 形式の副動詞的な性格は疑う余地がない。*-te* 形式を、ある点で、形動詞と副動詞の特徴を合わせた意味をもつ英語やフランス語の動名詞に近い、先行時制のなかどめ形と考えるのがよいのではないか？

2 ひばち―コンロ。

3 夏目漱石、『坊ちゃん』、日本語からロシア語訳、P. カルリナ訳、モスクワ、1956 年。22 頁。

4 この意見に反対しているのが Б.В. ベイコである。彼は、*-ta*/*-te iru* で終わるそのような形式は動詞であり続け、「"非先行時制" の意味は、そもそも規定の機能のときの動詞に典型的なものであり、その形容詞化の根拠にはなりえない」［10a,8］と考えている。しかし、非先行性の意味をもつのは *-u* と *-te iru* の形式だけである。先行性の意味をもっているのは *-ta* 形式だ：「しずんだ　ふね」は「(過去に) 沈んでしまった船」であって、「水底に向かっている船」ではない (「しずんだ　おと」'鈍い音' では同音異義の動詞派生の形容詞が同時性の意味をもっているのと比較せよ)。そのうえ、Б.В. ベイコは、動詞派生の形容詞の時制による変化や、そのような形容詞が派生した多くの動詞のパラダイムが不完全であることについての問題を全然検討していない。一体、日本語で「彼に似ましょう」、「でっぷりしたい」などといえるだろうか？　明らかにだめだ。なにしろ、多くの法の形式が欠けていることが、まさに形容詞の文法的な特徴であり、それは動詞派生の形容詞にもあてはまるのだ。

ちなみに、なんらかの形式の存在を証明するためには、文学作品や論説から例を引いてくることが必要であり、(Б.В. ベイコがしているように) 辞書や文法書から引いてはいけない。それらは、実際には使用されていないときでさえ、元の形式 (*-u* 形式) を提示することが少なくない。だが、大多数の場合、動詞派生の形容詞の *-u* 形式は辞書も引用していない。

訳注

i　ロシア語完了体動詞過去形の基本的な意味がパーフェクトである。

ii　引用書［159］は、「存在時」にたいして「継続時」を認める。

iii　著者によるロシア語訳では「お前はここ (にいるの) か。(文字通りには「いたのか」)。

iv　主語なしで、現在は 3 人称単数、過去は中性単数の動詞によって、自然現象や身体的・心理的状態などを表す文。

v　著者によるロシア語訳では「待ち始めた、待つようになった стал ждать」。

vi　著者によるロシア語訳では、「見始めた стал смотреть」。

vii　著者によるロシア語訳では、「泣き始めた、泣くようになった стала рыдать」。

viii　本例の著者によるロシア語訳は、「終わりの先行の意味」での訳として《У меня дома выкормили　(育て上げた：完了体過去) синицу》が提示され、「始まりの先行の意味」での訳として《У меня дома держали (飼っていた：不完了体過去) синицу》が提示されている。第一の訳は、育てるという事実が終了した後で何かが起こったという状況を想定しており、第二の訳は飼っているときに何かが起こったという状況を想定していると考えられる。

ix　岩波新大系では「びら〴〵」。

x　金田一の論文の原文をそのまま載せたので、スィロミャートニコフのロシア語訳と文章がことなる。スィロミャートニコフのロシア語訳では、「単純状態態」は「純状態態」、「既然態」は「パーフェクト態」と訳されている。

xi　1954 勝俣銓吉郎『新和英大辞典』か。

xii　フトシタ の理論的な *-u* 形式。

結論

1　時制のシステムについて

本書のすべての資料が示しているように、時制の文法的カテゴリーは言語の中でばらばらに機能しているものではなく、明確なシステムである。**時制システム**は、互いに対立する、時制形式の系列の総体である。各系列には1つの時制のすべての形式が入っている。1つの系列の中のどの形式も、自らを同じ系列の他の形式と区別している特徴の点で、時制で対立する他方の系列の形式と一致する。日本語では、1つの系列(つまり時制)の諸形式が互いに、いいおわりか、なかどめかにより、法により、相(アスペクト)により、態(ヴォイス)により区別されている。他の多くの言語では、1つの時制の形式が、人称や、数や、文法的な性によっても区別される。古代日本語では、同一の時制のいいおわりの形式すべてが、規定形と終止形とに分かれていた。

時制に特徴的なシステム性は、その言語の一定期間の時制システム全体の性質を考慮に入れて研究すること、その際それぞれの時制の、他の時制とは異なる具体的な使用規則を明らかにすることを求める。本研究で示されたように、同一の時制の形式であっても、異なる法あるいは相に属しているものは、用法が同じでないことがあるし、異なる法や相で同じ時制の形式が見られるような統語ポジションのいくつかで、その時制形式が見られないこともある。

言語の発達とともに、様々な法と相の形式の用法は変化しうる。例えば、規定のポジションでは、ほとんど完全にすべての法の形式が消え、直説法と否定法(まれに希求法)だけが使われるようになったが、これらの形式はこのポジションで、非断定的な、推量法、疑惑法、希求・推量法の形式に取って代わったのである。大部分のポジションで *-u* 形式、*-ta* 形式に代わって、2つの時制の継続相の形式が使われることが増えた。私の観察から判断すると、語りのジャンルにおいてこの300年間に、なかどめ形式に代わっていいおわりの形式の使用が増えたが、これは接続詞の数と使用が増えたことと、話し言葉との接近によって説明できる。これらすべてのことは時制システムの性格をいくらか変えたが、壊してはいない。

しかし、*totte* のような先行時制のなかどめ形式の使用が、*tori* のような非先行時制の なかどめ形式を抑えて増加している(重要性の異なる動作ではなく、同等の動作について述べられている場合)ことは、*totte* のような形式が時間的意味をまったく失ってなかどめの並立的形式に変化することにつながる可能性がある（時制の意味をもたない造格の *-de* を、古い形式の *-de atte* および *-de ari* と比較せよ）。このような現象が、以前はなかどめのポジションに存在した時制システムを乱しつつある。

これは、ゆっくりではあるが、絶え間のない文法体系全体の変化ということで説明できる。時制システムは文法体系の他の構成要素と密接に相互作用を行っているのだ。

2　時制関係のパラダイム

現代語のいいおわり（規定・終止）の形式

Ⅰ．動詞

第一活用	第二活用	第一活用	第二活用
	非アスペクト形式		
非先行時制		先行時制	
		直説法	
toru とる	*miru* みる	*totta* とった	*mita* みた
		推量・勧誘法	
toro: とろう	*miyo:* みよう	*tottaro:* とったろー	*mitaro:* みたろー
		否定法	
toranai とらない	*minai* みない	*toranakatta* とらなかった	*minakatta* みなかった
		希求法	
toritai とりたい	*mitai* みたい	*toritakatta* とりたかった	*mitakatta* みたかった
	継続相		
非先行時制		大過去	
		直説法	
とって　いる *totte iru*	みて　いる *mite iru*	とって　いた *totte ita*	みて　いた *mite ita*
		推量・勧誘法	
とって　いよー *totte iyo:*	みて　いよー *mite iyo:*	とって　いたろー *totte itaro:*	みて　いたろー *mite itaro:*
		否定法	
とって　いない *totte inai*	みて　いない *mite inai*	とって　いなかった *totte inakatta*	みて　いなかった *mite inakatta*
		希求法	
とって　いたい *totte itai*	みて　いたい *mite itai*	とって　いたかった *totte itakatta*	みて　いたかった *mite itakatta*

受動的パーフェクト		受動的大過去	
直説法			
とって　ある	みて　ある	とって　あった	みて　あった
totte aru	*mite aru*	*totte atta*	*mite atta*
否定法			
とって　ない	みて　ない	とって　なかった	みて　なかった
totte nai	*mite nai*	*totte nakatta*	*mite nakatta*

II．形容詞

非先行時制	先行時制
直説法	
takai たかい	*takakatta* たかかった
ikita, ikiteiru いきた、いきている	*ikiteita* いきていた
推量法	
takakaro: たかかろー	*takakattaro:* たかかったろー
否定法	
takakunai たかくない	*takakunakatta* たかくなかった
ikiteinai いきていない	*ikiteinakatta* いきていなかった

前に示したように、過去についての発話で、他の過去の行為との同時性を表す非先行時制の形式を、ロシア語に過去形を使って訳さなければならないことがしばしばある。(活用表では)簡潔にするため、それらの訳語は省略されている。1つの形式に2つの訳語が付けられていることがある(例えば、*toru* に беру 現在形と буду брать 未来形)[この翻訳では省略]。が、これは日本語のその形式が2つの意味をもつという意味ではない。なにしろ、すべての -*u* 形式は、恒常的あるいは同時的なプロセスについての発話の中でも、後続する(未来の)プロセスについての発話の中でも使われうるのだ(-*u* 形式の動詞が現在についての発話の中でどのくらい頻繁に使われるのかについての問題は、アスペクトに関する専門的な研究の課題である)。つまり、日本語動詞のシステムは、同時性と後続性とを区別しないのだ。-*u* 形式のもつ意味は1つである。

形態論的には、非先行時制の形式に命令法、禁止法、疑惑法の形式が隣接する：

第一活用	第二活用
	命令法
tore とれ	*miyo/miro* みよ / みろ
	禁止法
toruna とるな	*miruna* みるな
	疑惑法
torumai とるまい	*mimai* みまい

しかし、これらの形式は時制的なものではない。なぜなら、文法的な意味のうえで自らに対立する先行時制形式をもたないからだ。つまり、これらは時制形式の**システム**には入らない。

日本語における法の問題には議論の余地がある。本書で採用された分類はE.M. コルパクチ教授の分類に最も近い。彼女は否定法、禁止法、そして推量・勧誘法を独立の法として認めていた［62；63；64 参照］。

このような分類をした根拠はつぎの通りである：1. それぞれの法は、共通の語形成要素と独自のモーダルな意味をもつ**総合的な形式からなる独特な系列**である。もし、多くの研究者がしているように、直説法に肯定形も否定形も推量形も疑惑形も含めると、そのような形式の寄せ集めに共通なモーダルな意味など分からなくなるだろう［128, 857 と比較せよ］。2. もし、禁止法の形式を命令法に加えるとすると、禁止法の形態論的構造が無視されることになる：*tore* と *toruna* を比較されたい。*toruna* の形式が *tore* よりも *toru* にはるかに近いことが明らかだ。

また、本書には異なる法の時制形式の**多種多様**な用法が示されている；つまり、それらの法は統語的にも、つまり結合の仕方によっても区別されるのだ。

また、日本語における希求法の存在は誰にも疑いを抱かせない、という事実をも考慮に入れる必要がある。これが物語っているのは、ヨーロッパの諸言語の文法が多くのヨーロッパの日本学者の見解に及ぼした影響である。彼らは、ラテン語に存在する法だけを日本語に見つけ、日本語やその他の東洋諸語にのみ特有の法を認めていないのだ。

日本語の特徴は、それぞれの動詞が同時に 2 つの法、2 つのヴォイス、2 つの時制の語形成要素を取り入れることができるという点である。このため、実際には上に示したよりも多くの形式がある。もちろん、それらの合成的な形式は、意味的に対立する語形成要素を自身に含むことはできない。*toraserareru*‘（不特定多数が）とるように強いる’（文字通りには「とるように強いられる」）のような使役・受動ヴォイスの存在は広く認められている。実際、今私は *toritaku-nai* のような希求・否定形式を、1 つの非希求法の分析的な形式だとみなしているのだ。一部の研究者は、

1つの形式が同時に2つあるいは3つの法に関係することはできないと考えている。おそらくこれが、否定形を個別の法と認めることを妨げている原因の1つである。だが、すべての研究者が、日本語に重複する格：出発の奪格と方向性の奪格：例えば *titi-eno tegami* があることに気づいている。つまり、同一のシステムが2つの文法カテゴリーに同時に属することは例外ではなく、日本語の文法体系の際立った特徴なのだ。時制システムの中の、それと同様の合成的な形式は、*-te iru* および *-te aru* という分析的な形式で、そのうちの *-te* 形式は先行時制に属し（開始の先行または終了の先行の意味のニュアンスをもって）、*iru* と *aru* の形式は非先行時制に属する。

16–17世紀の日本語のいいおわりの形式

Ⅰ．動詞

第一活用	第二活用	第一活用	第二活用
非先行時制		先行時制	
		直説法	
toru とる	*miru* みる	*totta, totte iru*（*woru*） とった、とって いる（をる）	*mita, mite iru*（*woru*） みた、みて いる（をる）
		否定法	
toranu とらぬ	*minu* みぬ	*torananda, toranande aru* とらなんだ、とらなんで ある	*minanda, minande aru* みなんだ、みなんで ある
		希求法	
toritai とりたい	*mitai* みたい	*torito:atta* とりとー あった	*mito:atta* みとー あった

Ⅱ．形容詞

非先行時制	先行時制
takai たかい	*takakatta* たかかった
ikita, ikiteiru いきた、いきている	*ikiteita* いきていた

16–17世紀の日本語では、動詞（存在の動詞とむすびを除く）はすでに特別な相対的時制–**大過去**をもっていた：***totte ita***（***wotta, atta***）という形式である。

推量・勧誘法の *-o:/-o:zu,/-ozuru* で終わる形式を時制形式に含めることはできない。なぜなら、現代語でこれらに対立する *tottaro:* のような形式は16–17世紀のテキストには記録されていないからだ。また、これらの形式は3つの時間帯のどれについての発話の中でも使うことができた。このような形式は未来についての発話の中で頻繁に使われていたが、それは近代日本語では**すべての**未来の行為がただ推量的なものとみなされていたからである。

16–17 世紀の日本語では、*-te iru* 形式が *-te aru*（*gozaru, woru*）、および *-ta* の形式と類義であった。なぜなら、大部分の場合にパーフェクトの意味で用いられたからである。このため、まだこれらを非先行時制の継続相の形式とみなしてはならない。これと関連して、*-te ita* 形式も 16–17 世紀の日本語においては先行時制の継続相の形式ではない。なぜならこの時代にはこれらがその意味で登場することが非常にまれだったからだ。

否定法の語形成要素 *-nu,-nanda* は現代でも西部方言に特徴的である。現代標準語の接尾辞 *-nai, -nakatta* は東部方言から取り入れられた。

現代語のなかどめ形

Ⅰ．動詞

第一活用	第二活用	第一活用	第二活用
非先行時制		先行時制	
	肯定法		
tori［*nagara*］ とり［ながら］	*mi*［*nagara*］ み［ながら］	*totte* とって	*mite* みて
torinagara-mo とりながらも	*minagara-mo* みながらも	*totte-mo* とって　も	*mite-mo* みて　も
toru-tomo とる　とも	*miru-tomo* みる　とも[i]	*tottatte* とったって	*mitatte*【原文 mittatte】 みたって
toreba とれば	*mireba* みれば	*tottara*［*ba*］ とったら［ば］	*mitara*［*ba*］ みたら［ば］
	否定法		
toranaku とらなく	*minaku* みなく	*toranakute* とらなくて	*minakute* みなくて
toranaide とらないで	*minaide* みないで		
torazuni とらずに	*mizuni* みずに		
	希求法		
toritaku とりたく	*mitaku* みたく	*toritakute* とりたくて	*mitakute* みたくて

Ⅱ．形容詞

非先行時制	先行時制
takaku, ikite たかく、いきて	*takakute, ikiteite* たかくて、いきていて
takakereba たかければ	*takakattara*［*ba*］たかかったら［ば］

推量法の特別ななかどめ形式は現代語に残らなかった。このため、現代語に残っている旧来の直説法の形式は、もはや確実性と推量性とを区別せず、これらを直説法の形式と呼ぶことはできない。

本研究で集められた資料は、*-ku* 形式と *-kute* 形式が、互いに形態論的構成のみで対立しているのか、時間的な意味でも対立しているのか判断するためには不十分である。これらの形式が時制的なものであるかどうかについての問題は、さらなる研究を必要としている。

なかどめの *-te* 形式の**アクセント**は、いいおわりの *-ta* 形式と同じである。有名な日本の音声学者佐久間鼎教授は書いている：「この見地から、*-te* は *-ta* の活用形だと考えることができる」［186,535］。

助辞 *-mo* が、平らなアクセントの動詞からできた *-te* 形式の副動詞に付くと、高いアクセントを帯びる：*jaru*（やる）→ *jatte* だが *jaTTEmo*；*niru*（同音異義語：1 似る、2 煮る）→ *nite* だが *niTEmo*；*jaku*（焼く）→ *jaite* だが *jaITEmo*。まったく同じ音の上昇が、平らなアクセントの動詞の副動詞に助辞 *-wa*（は）がつく場合にも起こる：*tobu*（飛ぶ）→ *tonde* だが *toNDEwa*［154,39 参照］。高いアクセントの動詞の語幹に助辞 *-mo* と *-wa* がついてもアクセントの位置は変わらない：*TAtu*（立つ）→ *TAttemo*；*KAeru*（帰る）→ *KAettewa*［同前］。

つまり、「*-te* 形式の副動詞＋助辞」の結合は、日本語の中で 1 つの（派生）語と同等だということだ。これは、本書でわれわれが採用した、助辞は分かち書きにせず、ハイフンでつなぐという書法の正しさを裏付ける。

平らなアクセントの動詞の *-e* 段で終わる語幹に接尾辞「*-ba*」が付くときも、第 2 拍からの高いアクセントが生じる：*tobu* → *toBEba*；*iru*（存在する）→ *iREba*；*suru*（行う）→ *suREba*；*akeru*（（夜が）明ける）→ *aKEREba*。

高いアクセントをもつ動詞の語幹に接尾辞「*-ba*」がついてもアクセントの位置は変わらない：*TAtu*（立つ）→ *TAteba*；*MIru*（見る）→ *MIreba*；*KUru*（来る）→ *KUreba*；*uGOku*（動く）→ *uGOkeba*［154,28–29 参照］

siru（知る）からの *siTTAra*、*kiku*（聞く）からの *kiJTAra*[ii] のような形式では［186,536 参照］、平らなアクセントの動詞が、語の第 2 拍から始まって接尾辞の第 1 拍で終わる高いアクセントを帯びる。別の言葉で言えば、それらの形式のアクセントは、（2 つの語根からなる）複合語のアクセントと同じなのだ。複合語では、高

いアクセントが形態素の境界まで移り、高い音声部分がやはり第 2 拍から始まって、第 2 の構成要素の第 1 拍で終わる。

高いアクセントをもつ動詞の語幹に接尾辞 *-tara* がつく場合、アクセントは語根にとどまる：*MIru*（見る）→ *MItara*（同前）；*oKIru*（起きる）→ *Okitara*；*uGOku*（動く）→ *uGOitara* ［154,39 参照］。

訳注

i　「とる–とも」「みる–とも」は現代語では普通使われない。

ii　原文では *T* の前に *Й*（イー・クラトカヤ：短いイ）が使われている。*Й* は元来アクセントのつかない音であるが、これに相当するローマ字表記の *J* で転写する。

使用文献リスト

ロシア語

1. Энгельс Ф., エンゲルス, Анти-Дюринг 反-デューリング論, M.（モスクワ）, 1966.
2. Энгельс Ф., Диалектика природы 自然弁証法, M., 1969.
3. Ленин В.И., レーニン, Материализм и эмпириокритицизм 唯物論と経験論批判, —全集, 18巻.
4. Ленин В.И., Что такое《друзья народа》и как они воюют против социал-демократов?—Полное собрание сочинений, т.1.《人民の友》とは何か—かれらはいかに社会-民主主義者とたたかうか？—全集, 1巻.
5. Ленин В.И., Философские тетради 哲学論集. Л.（レニングラード）, 1947.
6. Аврорин В. А., アヴローリン, О категориях времени и вида в нанайском языке, —сб.《Язык и мышление》т. XI, ナーナイ語の時制と相のカテゴリー, — 論集《言語と思考》, 11巻, M. —Л.（モスクワ—レニングラード）, 1948.
7. Аврорин В.А., О категориях времени и вида в маньчжурском языке, —《Изв.АН СССР, Отд. лит. и языка》, 1949, т.VIII, вып. 1. 満州語の時制と相のカテゴリー, —《ソ連邦科学アカデミー文学言語分科会報告》第 8巻, 1号.
8. Аврорин В.А., Грамматика нанайского языка, том второй, Морфология глагольных и наречных частей речи, междометий, служебных слов и частиц ナーナイ語の文法, 第 2巻, 動詞的、副詞的品詞と間投詞、補助的単語および小詞の形態論, M. —Л., 1961.
9. Алиева Н.Ф., アリーエヴァ, К характеристике глагольных категорий индонезийского языка, —《Историко-филологические исследования. Сборник статей к семидесятипятилетию академика, Н.И.Конрада》インドネシア語の動詞カテゴリーの性質について, 論集—《歴史的-文献学的研究. アカデミー会員コンラッド 75 歳記念論集》, M., 1967.
10. Бабинцев А. А., バビンツェフ, О структуре придаточных предложений в японском языке, —《Ученые записки ЛГУ》, No.305, серия востоковедческих наук, вып. 12.《Языки народов Востока》日本語の従属文の構造について, —《レニングラード国立大学研究報告》No.305,（東方学研究シリーズ）, 12 分冊,《東方民族の言語》, Л., 1961.

10a. Бейко Б.В., ベイコ, Глаголы японского языка в функции качественного определения, —《Вопросы японской филологии》, вып.1.Изд-во МГУ 質的な規定の機能における日本語の動詞, —《日本文献学の諸問題》, 1巻, モスクワ大学出版局刊, M., 1970.

11. Блиох И.С., ブリオフ, Употребление глагольных временных форм в придаточных

предложениях времени в современном английском языке, автореф. канд.дисс. 現代英語の時の従属文における動詞時制形式の用法, 修士論文要約, М., 1954.

12. Богомолова О.И., ボゴモロヴァ, Современный французский язык 現代フランス語, М., 1948.

13. Бондарко А.В., ボンダルコ, Настоящее историческое глаголов несовершенного и совершенного видов в славянских языках, автореф. канд. дисс. スラヴ語の不完了体と完了体の動詞の歴史的現在, 修士論文要約, Л., 1958.

13а. Бондарко А.В., Настоящее историческое глаголов несовершенного и совершенного видов в языке русских памятников XV-XVII вв.—《Уч. зап.ЛГПИ им. А. И. Герцена》15–17 世紀ロシア語文献における不完了体と完了体の動詞の歴史的現在, —《А.И. ゲルツェン記念レニングラード国立教育大学研究報告》, Л., 1958. 173巻.

13б. Бондарко А.В., Система глагольных времен в современном русском языке, —《Вопросы языкознания》, 現代ロシア語の動詞の時制体系, —《言語学の諸問題》, Л., 1962. No.3.

13в. Бондарко А.В., По поводу теории синтаксического индикатива и релятива, —《Уч. зап.ЛГПИ им. А. И. Герцена》統語的直説時と相対時の理論に関して, —《А.И. ゲルツェン記念レニングラード国立教育大学研究報告》, 225巻.《Вопросы современного и исторического синтаксиса русского языка (ロシア語の統語論の現代的および歴史的諸問題)》, Л.1962. 現代ロシア語統語論とロシア語史的統語論の諸問題

14. Бондарко А.В., Об относительном и абсолютном употреблении времен в русском языке (в связи с вопросом о《темпоральности》), —《Вопросы языкознания》, ロシア語における時制の相対的使用と絶対的使用について (《時間性》の問題との結びつきにおける)—《言語学の諸問題》, Л., 1965. No.6.

14а. Бондарко А.В., Буланин Л. Л. ブラーニン, Русский глагол ロシア語動詞, Л., 1967.

14б. Бондарко А.В., К проблематике функционально-семантических категорий (Глагольный вид и "аспектуальность" в русском языке), —《Вопросы языкознания》機能-意味的なカテゴリーの問題について (ロシア語における動詞の体と "アスペクト性"), —《言語学の諸問題》, Л., 1967. No.2.

14в. Бондарко А.В., Кратно-соотносительное употребление форм настоящего-будущего и прошедшего совершенного в современном русском языке, —《Уч. зап. ЛГПИ им. А.И. Герцена》現代ロシア語における現在-未来形と完了体過去形の回数的-相関的用法, —《А. И. ゲルツェン記念レニングラード国立教育大学研究報告》, 281巻, —《ロシア語言語学の諸問題》, Л., 1968.

14г. Бондарко А.В., Частные значения грамматических форм и функционально-семантические микрополя (на материале русского глагола) —《Sbornic Pedagogické Faculty University Karlovy》, Filologické Studie 1, (ロシア語の動詞を材料

とした）文法的形式の個別的な意味と機能-意味的な小分野, —《プラハ大学教育学部論集》文献学研究. v Praze（プラハ）, 1969.

15. Булаховский Л.А, , ブラホフスキー, Курс русского литературного языка, т. II 標準ロシア語教程, II巻, 4版, キエフ, 1963.

16. Бунина И.К., ブーニナ, Система времен старославянского глагола 古代スラブ語動詞の時制体系, M., 1959.

16a. Бунина И.К., История глагольных времен в болгарском языке, Времена индикатива ブルガリア語の動詞時制の歴史, 直説法の時制, M., 1970.

17. Былова А.В., ブィロヴァ, О семантике временных форм персидского глагола, автореф. канд. дисс. ペルシャ語動詞の時制形式の意味, 修士論文要約, M., 1950.

18. Вардуль И.Ф., ヴァルドゥリ, Наблюдения над синтаксисом японского сложного предложения по материалам Кобаяси Такидзи, канд. дисс. 小林多喜二の資料における日本語の複文のシンタクスの観察, 修士論文, M., 1953.

19. Вардуль И.Ф., Предложения с простым именным сказуемым в современном японском языке, —《Кр.сообщения Ин-та востоковедения АН СССР》現代日本語の単純な名詞述語をもった文, —《ソ連邦科学アカデミー東洋学研究所紀要》, 1958, 24号.

20. Вардуль И.Ф., Значения суффикса -тари в современном японском языке, —сб.《Японский язык》現代日本語の接尾辞-タリの意味, — 論集《日本語》, M., 1963.

21. Вардуль И.Ф., О спряжении в современном японском языке, —сб.《Китай. Япония. История и филология》, 現代日本語における活用について, — 論集《中国と日本, 歴史と言語》, M., 1961.

22. Василевская И.М. и Ганшина М.А., ヴァシレフスカヤとガンシナ, Грамматика английского языка 英文法, M., 1955.

23. Виноградов В.В., ヴィノグラードフ, Русский язык. Грамматическое учение о слове ロシア語, 語の文法的研究, M., 1947.

24. Виноградов В.В., О категории модальности и модальных словах в русском языке, —《Труды Ин-та русск. языка》, ロシア語におけるモダリティのカテゴリーとモーダルな単語について, —《ロシア語研究所紀要》, M. —Л., 1950, II巻.

25. Гадд Н.Г. и Браве Л.Я., ガッド とブラーヴェ , Грамматика немецкого языка для III и IV курсов вузов и втузов, под ред. проф. Л. В. Щербы, シチェルバ教授監修、大学と工業大学のIII, IV年次のためのドイツ語文法, M., 1942.

26. Ганшина К.А., и Петерсон М.Н., ガンシナとペテルソン, Современный французсий язык 現代フランス語, M., 1947.

27. Глазова М.Г., グラゾヴァ, Способы выражения видо-временных значении во вьетнамском языке, —《Вопросы филологии стран Юго-Восточной Азии》ベトナム語の相-時制的意味の表現法, —《東南アジア諸国の言語の諸問題》, M., 1965.

28. Головин Б.Н., ゴロヴィン, К вопросу о сущности грамматической категории, —

《Вопросы языкознания》文法的カテゴリーの本質についての問題によせて, —《言語学の諸問題》, 1955, No.1.

29. Головин Б.Н., Заметки о грамматическом значении, —《Вопросы языкознания》文法的意味についての覚書, —《言語学の諸問題》, 1962, No.2.

30. Головнин И.В., ゴロヴニン, Глагольные времена в современном японском языке, канд. дисс. 現代日本語の動詞の時制, 修士論文, М., 1952.

31. Головнин И.В., Глагольные времена в современном японском языке, автореф. канд. дисс 現代日本語の動詞の時制, 修士論文要約, М., 1952.

32. Головнин И.В., Глагольные временные формы изъявительного наклонения в современном японском языке, —《Труды ВИИЯ》現代日本語の直説法の動詞の時制形式, —《外国語軍事研究所紀要》, М., 1953, 2巻.

33. Головнин И.В., Длительный вид в современном японском языке, —《Труды ВИИЯ》現代日本語の持続相, —《外国語軍事研究所紀要》, М., 1954, 6巻.

34. Головнин И.В., Предположительное наклонения в современном японском языке, —《Труды ВИИЯ》, 現代日本語の推量法, —《外国語軍事研究所紀要》, М., 1955, 9巻.

35. Головнин И.В., Лексико-синтаксическое выражение возможности — невозможности в современном японском языке (к вопросу о типах сочетания глагола с модальными словами), —《Японский лингвистический сборник》, 現代日本語における語彙-統語論的な可能性—不可能性の表現(モーダルな単語と動詞のくみあわせのタイプの問題によせて), —《日本語言語学論集》, М., 1959.

36. Головнин И.В. , Устойчивые грамматические конструкции с глаголом《ару》и предикативным прилагательным《най》в современном японском языке, —《Сборник трудов по языкознанию》, 現代日本語における動詞《アル》および述語的形容詞《ナイ》を伴う慣用的な文法構造, —《言語学論集》, М., 1960, No.4.

37. Головнин И.В., Некоторые особенности глагольного сказуемого в японском языке, —《Сборник трудов по языкознанию》日本語における動詞述語の若干の特性, —《言語学論集》, М., 1962, No.2(6).

38. Головнин И.В., Предложения с просубстантивным сказуемым в японском языке, —《Сборник трудов по языкознанию》, 現代日本語における名詞的述語を有する文, —《言語学論集》, М., 1963, No.3(7).

39. Головнин И.В., Предложения относительно неполного состава в японском языке, —《Сборник трудов по языкознанию》, 日本語における比較的不十分な組成の文, —《言語学論集》, М., 1965, No.4(8).

40. Головнин И.В., К вопросу о содержании и объеме категории предикативности (предикации) в японском языке. —сб.《Исследования по японскому языку》, 日本語における陳述性(陳述)のカテゴリーの内容と範囲の問題によせて, —《日本語研究》, М., 1967.

41. Головнин И.В., К вопросу о составном сказуемом в японском языке, — сб. 《Исследования по японскому языку》, 日本語における合成述語の問題によせて, — 《日本語研究》, М., 1967.

42. Головнин И.В., Нечленимые предложения в японском языке, —《Историко-филологические исследования. Сборник статей к семидесятипятилетию академика Н.И. Конрада》日本語における分割不可能な文, —論集《Н. И. アカデミー会員コンラッド 75 歳記念歴史言語》論集, М., 1967.

43. Головнин И.В., Содержание и объем категории модальности в японском языке — сб.《Японская филология》, изд.МГУ 日本語におけるモダリティのカテゴリーの内容と範囲, —《日本語学》論集, モスクワ国立大学出版, 1968.

44. 《Грамматика русского языка》, т. I《Фонетика и морфология》, изд-во АН СССР《ロシア語の文法》、1巻,《音声学と形態論》、ソ連邦科学アカデミー刊, М., 1952.

45. Гринберг С.Б., グリンベルク, К вопросу об употреблении форм прошедшего времени в современном немецком языке, автореф. канд. дисс., 現代ドイツ語における過去時制形式の用法の問題について, 修士論文, М, 1953.

45а. Гуревич А., グレヴィッチ, Что есть время? —《Вопросы Литературы》, 時間とは何ぞや？—《文学の諸問題》, 1968. No.11.

45б. Гухман М.М., グフマン, Грамматическая категория и структура парадигм, — сб.《Исследования по общей теории грамматики》, 文法カテゴリーとパラダイムの構造, —論集《文法の一般理論の研究》, М., 1968.

46. Дмитриев Н.К., ドミトリエフ, Грамматика башкирского языка バシキール語文法, М.—Л., 1948.

47. Добиаш А., ドビアシュ, Опыт семасиологии частей речи и их форм на почве греческого языка ギリシア語の領域における品詞の意味とその形式についての試論, Прага (プラハ), 1897.

48. Драгунов А.А., ドラグノフ, Исследования в области дунганской грамматики. 1. Категория вида и времени в дунганском языке ドンガン語文法の研究, 1, ドンガン語の相と時制のカテゴリー, М.—Л., 1940.

49. Драгунов А.А., Исследования по грамматике современного китайского языка. I. Части речи. 現代中国語文法の研究, 1, 品詞, М.—Л., 1952.

50. Евгеньева А.И., エフゲニエヴァ, Сочетание《жили-были》в сказочном зачине, —сб.《Памяти академика Льва Владимировича Щербы》民話の冒頭での《жили-были (おったとさ)》という結合、—論集《レフ・ウラジミロヴィッチ・シチェルバ先生を偲んで》, Л., 1951.

51. Еремичева Т.И., エレミチェヴァ, Грамматическая категория времени и ее выражение в современном литературном языке пушту, автореф. канд. дисс. 現代パシュトゥー文章語の文法的な時制カテゴリーとその表現, 修士論文, М., 1953.

52. Еремичева Т.И., Грамматическая категория времени и ее выражение в

современном литературном языке пушту, автореф. канд. дисс. 現代パシュトゥー文章語の文法的な時制カテゴリーとその表現, 修士論文要約, М., 1953.

53. Жирмунский В.М., ジルムンスキー, История немецкого яыка ドイツ語の歴史, 4版, М., 1956.

54. Зарубин С., Наврон Е., Орлова А., Цын М., ザルービン, ナヴロン, オルロヴァ, ツィン, Учебник японского языка, ч. 1, под ред. Е. Л. Наврон 日本語教科書, 1部, Е. Л. ナヴロン監修, М., 1953.

55. Иванова И.П., イワノヴァ, Вид и время в современном английском языке 現代英語のアスペクトとテンス, Л. 1961.

55а. Иванчикова А. А., イワンチコヴァ, Соотносительное употребление форм будущего времени глагола в составе частей бессоюзного сложного предложения, —сб.《Исследования по синтаксису русского литературного языка》接続詞なしの複文の構成要素となる動詞未来形の相関的用法, — 論集《標準ロシア語の統語法の研究》, М. 1956.

56. Ильиш Б.А., イリイシュ, Современный английский язык 現代英語, М. 1948.

56а. Иохельсон В.И., イオヘリソン, Одульский（юкагирский）язык, —сб.《Языки народов Севера》, ч.III.《Языки и письменность палеазиатских народов》オドゥール（ユカギール）語, —論集《北方民族の言語》, 第 3部,《旧アジア少数民族の言語と文書》, М.—Л., 1934.

57. Исаченко А.В., イサチェンコ, Грамматический строй русского языка в сопоставлении с словацким, II スロバキア語との対照におけるロシア語の文法構造, 2, ブラチスラバ, 1960.

57а. Исаченко А.В., О грамматическом значении, —《Вопросы языкознания》, 文法的意味について, —《言語学の諸問題》, 1961, No.1.

57б. Исаченко А.В., Бинарность, привативные оппозиции и грамматические значения, —《Вопросы языкознания》二項対立、欠如的対立と文法的意味, —《言語学の諸問題》, 1963, No.2.

58. Киэда М., 木枝増一, Грамматика японского языка 日本語の文法, 日本語からの翻訳, 1巻, М., 1958. 5版, М.：Книжный дом《Либроком》/URSS, 2010.

59. Ковалев А.А., コヴァリョフ, Выражение категории времени в современном арабском литературном языке, канд. дисс. 現代アラビア語文章語の時制カテゴリーの表現, 修士論文, М. , 1951.

60. Ковалев А.А., К вопросу о временных формах арабского глагола, —《Труды ВИИЯ》アラビア語動詞の時制形式についての問題によせて, —《軍事研究所紀要》, М., 1952, I 巻.

61. Ковалев А.А., О сложных（аналитических）временных формах арабского глагола, —《Сборник трудов по языкознанию》, アラビア語動詞の複合的(分析的)時制形式について—《言語学論集》, М. 1957, No.1.

61а. Ковалев А.А., К вопросу об аналитических формах арабского глагола, —《Кр.сообшения Ин-та народов Азин》, вып. 72.《Языкознание》, アラビア語動詞の分析的な形式についての問題によせて, —《アジア諸民族研究所紀要》, 72号,《言語学》, M. 1963.

61б. Коклянова А.А., コクリャノヴァ, Категория времени в современном узбекском языке 現代ウズベク語の時制カテゴリー, M. 1963.

62. Колпакчи Е. М. и Н. А. Невскийコルパクチ とネフスキー, Японский язык. Начальный курс 日本語, 初級コース, Л., 1934.

63. Колпакчи Е. М., Строй японского языка 日本語の構造, Л., 1936.

64. Колпакчи Е. М., Очерки по истории японского языка, т 1. Морфология глагола, 日本語の歴史概説, 第 1巻, 動詞の形態論 Л., 1956.

65. Конрад Н.И., コンラッド, Синтаксис японского национального литературного языка 標準日本語のシンタクス, M., 1937.

66. Костецкая Е. О., и Кардашевский В. И. , コステツカヤとカルダシェフスキー, Грамматика французского языка フランス語の文法, M., 1948.

67. Котаньский В., コタニスキー, Бинарные связи в японском тексте, —сб.《Исследования по японскому языку》, 日本語テキストにおける 2 つの要素の結合, —論集《日本語研究》, M., 1967.

68. Кржижкова Е. , クルジシコヴァ, Некоторые проблемы изучения категории времени в современном русском языке, —《Вопросы языкознания》, 現代ロシア語の時制カテゴリー研究の若干の問題点, —《言語学の諸問題》, 1962, No.3.

69. Кузнецов П.С., クズネツォフ, К вопросу о praesens historicum в русском литературном языке, —《Доклады и сообшения Филолог. Фак-та МГУ》, вып. 8, 標準ロシア語における歴史的現在 'praesens historicum' についての問題によせて, モスクワ国立大学文学部報告》, 8号, M., 1949.

70. Кузнецов П.С., К вопросу о сказуемостном употреблении страдательных причастий в русском литературном языке XVIII и начала XIX в., —《Труды Ин-та русск. языка АН СССР》, 18 世紀と 19 世紀初頭のロシア語文章語の被動形動詞の述語的用法の問題によせて, —《ソ連邦科学アカデミーロシア語研究所紀要》, M.—Л., 1950, II 巻.

71. [Кузнецов П.С.], Время глагола 動詞の時制, —БСЭ. т. 9, (ソビエト大百科事典), 9巻, 1951.

72. Кузнецов П.С., К вопросу о генезисе видо-времменных отношений древнерусского языка, —《Труды Ин-та языкознания АН СССР》, 古代ロシア語の相-時制の関係の発生の問題によせて, —《ソ連邦科学アカデミー言語学研究所紀要》, M., 1953, II 巻.

73. Куроно И. и Панаев В. П., クロノ(黒野義文)と パナーエフ , Самоучитель японского языка 日本語自習書, СПб. サンクトペテルブルグ, 1913.

74. Кухтин В.Г..クフチン, Временные союзы в современном персидском языке, —《Кр. сообшения Ин-та народов Азии》, 現代ペルシア語の時間的接続詞, —《アジア諸民族研究所紀要》, вып. XL.《Языкознание》, 40号,《言語学》, M. 1961.

75. Ломтев Т.П., ロムテフ, Об употреблении глагола относительно категории времени в древнерусском языке, … —《уч. зап. МГУ》, вып. 150,《Русский язык》, 古代ロシア語の時制カテゴリーに関する動詞の用法について, —《モスクワ国立大学研究紀要》, 150号,《ロシア語》, M., 1952.

76. Любимов К.М., リュビーモフ, Образование, значение и употребление времен в турецком языке, канд. дисс. トルコ語の時制の形成と意味と用法, 修士論文, M., 1949.

77. Мацокин Н.П., マツォキン, Очерк морфологии настоящего времени японского глагола, —《Труды ГДУ》, серияVI, 日本語動詞の現在時制の形態論概説, —《国立極東大学紀要》VI巻, ウラジオストック, 1929, No.9.

78. Милейковская Г.М., ミレイコフスカヤ, О соотношении объективного и грамматического времени, —《Вопросы языкознания》, 実在の時間と文法的な時制の相関について, —《言語学の諸問題》, 1956, No.5.

79. Миртов А.В., ミルトフ, Из наблюдений над русским языком в эпоху Великой Отечественной войны, —《Вопросы языкознания》, 大祖国戦争時代のロシア語の観察から, —《言語学の諸問題》, 1953, No.4.

80. Можаева И.Е., モジャエヴァ, История употребления простых прошедших времен в сербо-хорватском языке, автореф. канд. дисс. セルボ-クロアチア語の単純過去の用法の歴史, 修士論文要約, M., 1954.

81. Натанзон М.Д., ナタンゾン, Относительное употребление времен в современном немецком языке, канд. дисс. 現代ドイツ語の時制の相対的な用法, 修士論文, M., 1948.

82. Натанзон М.Д., Употребление плюсквамперфекта, —журн.《Иностр. языки в школе》, 過去完了の用法, —雑誌《学校の外国語》, 1950, No.3.

83. Немзер Л.А. и Сыромятников Н.А., ネムゼルとスィロミャートニコフ, Японско-русский словарь, под ред. Н.И.Фельдман, M., 1951; изд. 2, 1960; изд.3, 1965, 和露辞典, フェリドマン監修, M., 1951；2版, , 1960；3版, 1965.

84. Нетушил И., ネトゥシル, Об основных значениях греческих времен, —《Жур. Мин. нар. просвещения》, ギリシャ語の時制の基本的な意味について, —《文部省月報》, СПб., 1891 年 6月.

85. Никифоров С.Д., ニキフォロフ, Глагол, его категории и формы в русской письменности второй половины XVI в. 16 世紀後半のロシア語文献の動詞のカテゴリーと形式, M., 1952.

86. Орлов В.Н., オルロフ, К вопросу о предыдущем времени в современном японском языке, —《Тезисы докладов на второй слушательской конференции ВИИЯ》, 現代日本語の先行時制形式についての問題によせて, —《外国軍事研究所第二回聴聞会報告要旨》, M., 1950.

87. Пашковский А.А., パシコフスキー, Членение японского предложения, —сб.《Исследования по японскому языку》, 日本語の文の区切り方, —論集《日本語の研究》, М., 1967.
88. Пашковский А.А., Сказуемостные единицы предложения в японском языке, —《Историко-филологические исследования. Сборник статей к семидесятипятилетию академика Н. И. Конрада 日本語文の述語的な単位, —《歴史・文学研究. アカデミー会員コンラッド 75 歳記念論集》, М., 1967.
89. Пешковский А.М., ペシコフスキー, Русский синтаксис в научном освещении ロシア語シンタクスの科学的解明, М., 1938.
90. Плаут Г., プラウト, Грамматика японского разговорного языка, перевод В.Исаковича 日本語の口語文法, イサコビッチによる翻訳, СПб., 1910.
91. Плетнер О.В. и Поливанов Е.Д. プレトネルとポリヴァーノフ, Грамматика японского разговорного языка 日本語の口語文法, М., 1930.
92. Позднеев Д.М., ポズドネーエフ, Грамматика японского разговорного языка. Конспекты лекций, читанных в Практической восточной академии Общества востоковедения в 1910–1911 уч.году. 日本語の口語文法, 1910–1911 年学期における東洋学会・実践東洋アカデミーで教えられた講義概要, СПб., 1923.
93. Позднеев Д.М., Грамматика японского разговорного языка. Конспект лекций, читанных в Военной академии РККА и в Институте востоковедения в 1922/1923 учебн.году 日本語の口語文法, 労農赤軍軍事アカデミーと東洋学研究所で 1922/1923 年学期に教えられた講義概要, М., 1923.
94. Поспелов Н.С., ポスペロフ, Учение акад. А. Белича о синтаксическом индикативе и синтаксическом релативе, —《Доклады и сообщения филол. фак-та МГУ》, 統語的直説時と統語的相対時に関してのアカデミー会員ベリッチの学説, —《モスクワ国立大学文学部発表報告集》, 1947, 3号.
95. Поспелов Н.С., О значении форм прошедшего времени на -л в современном русском литературном языке, —《Ученые Записки МГУ》, вып.128.《Труды кафедры русского языка》現代ロシア標準語の -л の形の過去形の意味について, —《モスクワ国立大学研究報告》128号, —《ロシア語講座紀要》, 1巻, М., 1948.
96. Поспелов Н.С., Категория времени в строе русского глагола》, —сб.《Вопросы теории и истории языка в свете трудов И. В. Сталина по языкознанию》, ロシア語動詞の体系における時のカテゴリー, —論集《言語学に関する И. В. スターリンの寄与に照らした言語の理論と歴史の諸問題》, М., 1952.
97. Поспелов Н.С., Категория времени в грамматическом строе современного русского языка, докт. дисс. 現代ロシア語の文法体系における時のカテゴリー, 博士論文 М., 1952.
98. Поспелов Н.С., Прямое и относительное употребление форм настоящего и будушего времени глагола в современном русском языке, —

сб.《Исследования по грамматике русского литературного языка》, 現代ロシア語動詞の現在・未来形式の絶対的および相対的用法, ―論集《標準ロシア語の文法の研究》, М., 1955.

99. Потебня А.А., ポテブニャ, Из записок по русской грамматике, т.IV ロシア語文法ノートより, 4巻, М.—Л., 1941.

100. Размусен Л.П., ラズムーセン, К статье《О глагольных временах и об отношении их к видам в русском, немецком и французском языках》—《Журнал мин. нар. просвещения》, 論文《ロシア語、ドイツ語、フランス語における動詞の諸時制、および、それらと相との関係について》によせて, ―《文部省月報》, СПб., 1891 年 11月.

101. Рамстедт Г., ラムステッド, Грамматика корейского языка, перевод с английского и примечания А.А. Холодовича. 朝鮮語文法、ホロドヴィッチによる英語からの訳と注, М., 1951.

102. Рачков Г.Е., ラチコフ, Времена деепричастий первой и второй групп в современном корейском языке, —《Ученые записки ЛГУ》No.236, серия востоковедческих наук, вып. 6.《Вопросы корейского и китайского языкознания》現代朝鮮語の第一副動詞と第二副動詞の時制, ―《レニングラード国立大学研究報告》, No.236, 東洋学シリーズ, 6巻,《朝鮮語と中国語の言語学の諸問題》, Л., 1958.

102a. Рачков Г. Е., Категория времени глагола в современном корейском языке, автореферат канд. дисс. 現代朝鮮語の動詞の時制カテゴリー. 修士論文要約, Л., 1963.

103. Ришес Л. Д.リシェス, Цинциус Б. И. ツィンツィウス, Краткий очерк грамматики эвенского（ламутского）языка, —в кн. Цинциус Б. И. и Ришес Л.Д., Русско-эвенский словарь, エヴェン（ラムート）語文法概要―ツィンツィウス、リシェス編, ロシア語-エヴェン語辞典：所収, М., 1952.

103a. Рябкин А.Г., リャーブキン, Выражение неоднократности двух действий однородными глагольными сказуемыми（модель ситэ ва … сyру）, 同種の動詞述語による 2 つの動作の複数回の表現（…しては …する型）, ―《Вопросы японской филологии》, вып.1, Изд-во. МГУ,《日本語学の諸問題, 1巻, モスクワ国立大学出版, М., 1970.

104. Санжеев Г.Д., サンジェエフ, Грамматика бурят-монгольского языка ブリャート・モンゴル語文法, М.—Л., 1941.

105. Санжеев Г.Д., Синтаксис глагола в монгольских языках, докт.дисс. モンゴル諸語における動詞の統語論, 博士論文. М., 1947.

106. Санжеев Г.Д., Сравнительная грамматика монгольских языков, т.1 モンゴル諸語の比較文法, 第 1巻, М.—Л., 1953.

107. Санжеев Г.Д., Сравнительная грамматика монгольских языков. Глагол モンゴル諸語の比較文法, 動詞, М., 1963.

108. Семенов Д.В., セミョーノフ, Синтаксис современного арабского литературного

языка 現代アラビア文章語の統語論, М.—Л., 1941.

109. Серебренников Б.А., セレブレンニコフ, Категории времени и вида в финно-угорских языках пермской и волжской групп フィン—ウゴル語族のペルム-ヴォルジ語群の時と相のカテゴリー, М., 1960.

110. Смирнов Д. スミルノフ, Руководство к изучению японского языка 日本語研究入門, СПб., 1890.

111. Смирнова В.А., スミルノヴァ, К сопоставлению причастных конструкций в английском языке с причастными и деепричастными конструкциями в русском языке, автореф. канд. дисс. 英語の分詞構文とロシア語の形動詞および副動詞構文の対照をめぐって, 修士論文要約, М., 1953.

112. 《Современный русский язык. Морфология (курс лекций)》, 《現代ロシア語, 形態論》(コースレクチャー), М., 1952.

113. 《Современный русский язык. Синтаксис》, 《現代ロシア語, 統語論》, М., 1957.

114. Спальвин Е. Г., スパリヴィン, Японский разговорный язык. Первый и второй концентры Харбин, 日本語の話し言葉, 第 1、第 2 学年用, ハルビン, 1933.

115. Суник О.П., スーニク, Глагол в тунгусо-маньчжурских языках. Морфологическая структура и система форм глагольного слова ツングース-満州諸語の動詞. 動詞的単語の形態論的構造と語形の体系, М.—Л., 1962.

116. Сыромятников Н.А., スィロミャートニコフ, Времена глаголов и прилагательных новояпонского языка как система двух относительных времен, автореф. канд. дисс. 二つの相対時制のシステムとしての近代日本語の動詞と形容詞の時制, 修士論文レジメ, М., 1953.

117. Сыромятников Н.А., Некоторые спорные вопросы изучения японского языка, —《Краткие сообщения Ин-та востоковедения АН СССР 》, 日本語研究のいくつかの争点, —《ソ連邦科学アカデミー東方研究所紀要》, 1955. Ⅻ巻.

118. Сыромятников Н.А., Существуют ли разные типы условной связи в японском языке, —《Советское востоковедение 》, 日本語に条件的な結合のさまざまなタイプは存在するか, —《ソヴィエト東方学》, 1955, No.3.

119. Сыромятников Н.А., Времена глаголов и прилагательных новояпонского языка как система двух относительных времен, канд. дисс. 二つの相対時制のシステムとしての近代日本語の動詞と形容詞の時制. 修士論文, М., 1956.

120. Сыромятников Н.А., О системе времен новояпонского языка, —《Кр. сообщения Ин-та востоковедения АН СССР》近代日本語の時制体系について, —《ソ連邦科学アカデミー東方研究所紀要》, 1958, ＸⅩⅣ巻.

121. Сыромятников Н.А., Из истории длительного вида в новояпонском языке, —《Японский лингвистический сборник》, 近代日本語の持続相の歴史から, —《日本語学論集》, М., 1959.

122. Сыромятников Н.А., Проблемы изучения грамматических времен, —《Кр.

сообщ. Ин-та народов Азии АН СССР》, вып. 72,《Языкознание》, 文法的時制研究の諸問題, —《ソ連邦科学アカデミー アジア民族研究所紀要》, 72巻,《言語学》, М., 1963.

123. Сыромятников Н.А., Становление новояпонского языка 近代日本語の形成, М., 1965.

124. Сыромятников Н.А., Предложения без сказуемого в новояпонском языке, сб.《Исследования по японскому языку》近代日本語における無述語文, —論集《日本語研究》, М., 1967.

125. Сыромятников Н.А., Роль разговорных элементов в диалогах у Ихара Сайкаку, —сб.《Историко-филологические исследования》井原西鶴の会話文における口語的要素の役割, —論集《歴史-文学研究》, М., 1967.

126. Сыромятников Н.А., Об уточнении русской транскрипции японских слов, —сб.《Японская филология》日本語の単語のロシア語転写の正確化について, —論集《日本語学》, М., 1968.

127. Фельдман Н.И., フェリドマン, Грамматический очерк, -в кн.: А.Е. Глускина и С.Ф.Зарубин, Краткий русско-японский словарь, под ред. Н.И.Конрада 文法概説, А.Е. グルスキナと С.Ф. ザルービン編, Н.И. コンラッド監修、露和小辞典所収、М., 1950.

128. Фельдман Н.И., Краткий очерк грамматики современного японского языка, —в кн.: Л.А.Немзер и Н.А.Сыромятников, Японско-русский словарь, под ред. Н.И.Фельдман 現代日本語文法概説, —Л.А. ネムゼル、Н.А. スィロミャートニコフ編, Н.И. フェリドマン監修、和露辞典所収, М., 1951.

129. Фельдман Н.И., О реальном и фиктивном склонении предложений в современном японском языке, —《Уч. зап. Ин-та востоковедения АН СССР》現代日本語における節のリアルな曲用と見かけの曲用について, —《ソ連邦科学アカデミー東方研究所研究報告》, 1952, Ⅳ巻.

130. Фельдман Н.И., Японский язык 日本語, М., 1960. 3版, М.

131. Фомин А., Катаяма Я., フォミン, カタヤマ, Учебник японского языка, ч.II, [б.м.] 日本語教科書第 2部, [出版地無記載], 1947.

132. Холодович А.А., ホロドヴィッチ, Синтаксис японского военного языка, 日本語の軍事用語の統語論, М., 1937.

133. Холодович А.А., Очерки по японскому языку, —《Уч. зап. ЛГУ》No.69, серия филол. наук, вып. 10, 日本語概説, —《レニングラード国立大学研究報告》No.69, 言語科学編, 10号, 1946.

134. Холодович А.А., Атрибут приобретенного признака в японском языке, —сб.《Язык и мышление》, т. XI 日本語における獲得された特徴の限定語, —論集《言語と思想》, 11巻, М-Л., 1948.

135. Холодович А.А., Очерки по строю японского языка, докт. дисс., 日本語の構造概説, 博士論文, Л., 1949.

136. Холодович А.А., Очерк грамматики корейского языка 朝鮮語文法概説, М., 1954.
137. Холодович А.А., Время, вид и аспект в современном японском языке. Время, —《Вестник Лен. ун-та》No. 14, серия истории, языка и литературы, вып. 3, 現代日本語の時制, 体とアスペクト. 時制. —《レニングラード国立大学報告書》, No. 14, 歴史, 言語, 文学編, 3巻, 1960.
138. Цинциус В.И. ツィンツィウス, Очерк грамматики эвенского (ламутского) языка, ч. 1, エヴェン語(ラムート語)文法概説, 第 1部, Л., 1947.
139. Чемберлен Б.Х., チェンバレン, Грамматика японского разговорного языка. Теоретическая часть, пер. с англ.В.Костылева 日本語口語文法, 理論編, 英語から B. コスティレフ訳, СПб., 1908.
140. Чернышев В.И., チェルヌィショフ, Описательные формы наклонений и времен в русском языке, —《Труды Ин-та русск. яз. АН СССР》т.1 ロシア語における法と時制の記述的形式, —《ソ連邦科学アカデミーロシア語研究所紀要》, М.-Л., 1949, 1巻.
141. Шанидзе А.Г., シャニーゼ, Категория ряда в глаголе. Общие вопросы формообразований глаголов на примерах грузинского языка, —《Изв. Ин-та яз. истории и материальной культуры АН ГрузССР》т.X. 動詞の系列カテゴリー. グルジア語を例とした動詞の語形つくりの一般的問題, —《ソ連邦グルジア共和国(現ジョージア)科学アカデミー. 言語、歴史と物質文化研究所報告》, Тбилиси トビリシ, 1941, 10巻.
142. Шарбатов Г.Ш., シャルバトフ, Выражение времени в современном египетском диалекте, —сб.《Арабская филология》現代エジプト方言の時制表現, —論集《アラビア語学》, М., 1968.
143. Шахматов А.А., シャーフマトフ, Синтаксис русского языка, изд. 2. ロシア語統語論, 第 2版, Л., 1941. 4版. М.；Издательство ЛКИ/URSS, 2007.
143a. Шендельс Е.И., シェンデリス, О грамматических значениях в плане содержания, —сб.《Принципы научного анализа языка》内容面における文法的意味について, —論集《言語の科学的分析の原理》, М., 1959.
143б. Шендельс Е.И., О грамматической полисемии,《Вопросы языкознания》文法的多義性について, —《言語学の諸問題》, 1962, No.3.
144. Щерба Л.В., シチェルバ, Очередные проблемы языкознания, —《Изв. АН СССР Отд. лит. и языка》т.IV , вып.5. 言語学の当面の諸問題—《ソ連邦科学アカデミー文学・言語分科報告》, 1945, 4巻, 5号.
145. Щерба Л.В., Краткие сведения по французской грамматике, —в кн.:《Русско-французский словарь》, сост. акад. Л.В.Щерба и М.И.Матусевич, изд. 3, フランス語文法便覧, アカデミー会員 Л.В. シチェルバとマトゥセビッチ編—《ロシア語-フランス語辞典》3 版所収, М., 1950.
146. Шишканова М.И., シシュカノヴァ, Особенности употребления временных форм глагола в разговорном стиле современного английского языка, —《Ученые

записки ИМО》, вып. 7, серия филологическая, 現代英語の会話文体における動詞時制形式の使用の特徴, —《国際関係大学研究報告》, 7号, 言語学編, M. 1961.
147. Штелинг Д.А., シュテリング, О неоднородности грамматических категорий, —《Вопросы языкознания》, 文法的カテゴリーの不均質性について, —《言語学の諸問題》, 1959, No.1.
148. Яковлева В.К., ヤコブレヴァ, Язык йоруба ヨルバ語, M., 1963.
149. Яхонтов С.Е., ヤホントフ, Категория гдагола в китайском языке 中国語の動詞カテゴリー, Л., 1957.

日本語[1]

150. Араи Мудзиро:, 新井無二郎, 国語時相の研究, 1933.
151. Асано Син, 浅野信, 日本文法辞典. 口語編, 1943.
152. Вада Манкити, 和田万吉, 日本文典講義, 7版, 1922.
153.《Гэндайго но Дёдзи[i], Дзёдо:си》「現代語の助詞, 助動詞—用法と実例」,『国立国語研究所, 報告集』, 3, 1951.
154. Дзимбо: Каку, 神保格, 常深千里, 国語発音アクセント辞典, 19版, 1943.
155. Ёсида Сумио, 吉田澄夫, 天草版金句集の研究, 1938.
156. Ёсидзава Ёсинори, 吉沢義則, 女子新国文典, 再版(2 版), 1935.
157. 吉沢義則, 国語史概説, 7版, 1936.
158. Ёсиока Кё:суке, 吉岡郷甫, 日本口語法, 3版, 1910.
159. 吉岡郷甫, 文語口語対照語法, 15版, 1936.
160. Иваи Ёсио, 岩井良雄, 新撰国文法教授参考書, 1931.
161. Игараси Томоаки, 五十嵐智昭, ビルマ語文法, 再版(2 版), 1944.
162. Камеи Такаси, 亀井孝, 時, —『国語学辞典』, 1955.
163. Касуга Масадзи, 春日政治, 国語史上の一画期, —『日本文学講座』, 第 1巻.『日本文学総説』, 1932.
164. Киндаити Харухико, 金田一春彦, 日本語動詞のテンスとアスペクト,『名古屋大学文学部研究論集』, 1955, X.
165. Киэда Масуити, 木枝増一, 高等口語法講義, 1931.
166. Кобаяси Ёсихару, 小林好日, 新体国語法精説, 再版(2 版), 1925.
167. 小林好日, 国語国文の要義, 4版, 1929.
168. 小林好日, 文法的範疇と理論的範疇, 特に時について, —『国語と国文学』, 1932, ナンバー 7(99).
169.《Ко:гохо:》『口語法』, 国語調査委員会編, 13版, 1936.
170.《Ко:гохо:-бекки》『口語法別記』, 国語調査委員会編, 4版, 1936.
171. Маруяама Римпэй, 丸山林平, 現代語法概説, 1935.
172. Мацуока Сидзуо, 松岡静雄, 日本言語学, 1926.
173. Мацусита Дайсабуро:, 松下大三郎, 日本俗語文典, 4版, 1905.

174. 松下大三郎, 改撰標準日本文法, 1930.
175. 松下大三郎, 標準日本口語法, 再版, 1933.
176. Миками Акира 三上章, 現代語法序説―シンタクスの試み, 1953.
177. 三上章, 現代語法新説, 1955.
178. Мицуя Сигемацу, 三矢重松, 文法論と国語学, 1932.
179. 三矢重松, 高等日本文法, 8版, 1933.
180. Окадзава Сё:дзиро:, 岡沢鉦次郎, 文典の時の論, ―『国学院雑誌』, 1901–1902.
181. Окакура Ёсисабуро:, 岡倉由三郎, 日本文典大綱(文語), 1897.
182. Отиаи Наобуми, 落合直文, 日本大文典, 1897.
183. О:цукц фумихико, 大槻文彦, 広日本文典, 第 26版, 1904.
184. Родоригесу-Дзёан-гэнтё, ロドリゲス・ジョアン・ゲンチョ, Нихон-Дайбунтэн、土井忠生訳注：(Joam Rodriguez が［1604–1608 年に長崎で］出版した, 日本大文典を［ポルトガル語から］、翻訳したもの), 1955.
185. Сакакура Ацуёси, 阪倉篤義, 日本文法の話, 4版, 1955.
186. Сакума Канае, 佐久間鼎, 日本音声学, 1929.
187. Сато:, Токи, 佐藤, とき, ―『大百科事典』, 第 19版, 1935.
188. Симмура Идзуру, 新村出, 東方言語史叢稿, 1927.
189. Судзуки Сигэюки, 鈴木重幸, 現代日本語の動詞のテンス―言いきりの述語に使われたばあい―,『国立国語研究所論集』, 2,『ことばの研究』, 第 2章, 1965.
190. Такаги Такэси, 高木武, 中学口語法(再版, 2 巻), 1937.
191. 高木武, 中学文語法 上級用教授資料, 1939.
192. Тода Китиро:, 戸田吉郎, 国語の一事象について,『日本語』1944. No.1.
193. То:дзё: Мисао, 東条操, 中学国文典, 1938.
194. Токиэда Мотоки, 時枝誠記, 国語学原論, 9版, 1952.
195. 時枝誠記, 日本文法, 口語編, 7版, 1954.
196. Токуда Киёси, 徳田浄, 日本文典講義. 1931.
197. Тэракава Кисио, 寺川喜四男, 日下三好, 日本語発音大辞典, 5版, 京都, 1956.
198. Умэгаки Минору, 梅垣実, 現代日本語の用例研究, ―『日本語』, 1944, No.1.
199. Хага Яити, 芳賀矢一, 口語文典大要, 1913.
200. Хосоэ Ицуки, 細江逸記, 動詞時制の研究, 6版, Ituki Hosoe, An Enquiry into the Meanig of Tense in the English Verb, 6th ed., 1958.
201. Юдзава Ко:китиро:, 湯沢幸吉郎, 室町時代の言語研究, ― 抄物の語法, 1929.
202. 湯沢幸吉郎, 解説日本語文法, 1931.
203. 湯沢幸吉郎, 中世の国語, ―『日本文学講座』, 第 16巻.『国語文法編』, 1935.
204. 湯沢幸吉郎, 近世編, ―『国語史』, 第 6巻, 1937.
205. 湯沢幸吉郎, 江戸言葉の研究, 1954.
206. 湯沢幸吉郎, 徳川時代言語の研究, 1962.
207. Яамада Ёсио, 山田孝雄, 日本文法論, 8版, 1933.

208. 山田孝雄, 日本文法講義, 17版, 1936.
209. 山田孝雄, 日本口語法講義, 1936.
210. 山田孝雄, 日本文法学概論, 9版, 1954.

英語、ラテン語 , ドイツ語 , ポーランド語 , セルボ・クロアチア語 , フランス語 , チェコ語の論文

211. Abe Masanao, 阿部正直, A New Japanese Course for Beginners, Tokyo, 1957.
212. Aston W.G., アストン, A Grammar of the Japanese Spoken Language, 4-th ed., Tokyo, 1888.
213. Aston W.G., A Grammar of the Japanese Written Language, 3-d ed., London, 1904.
214. Balet C., バレ, Grammaire Japonaise. Langue parlée, 3-me ed., Tokyo, 1908.
215. Bleiler E.F., Essential Japanese Grammar, New York, 1963.
216. Bloch B., ブロック, Studies in Colloquial Japanese. I. Inflection, —《Journal of the American Oriental Society》, 1946, vol. 66, No.2.
217. Brockelmann C., Die《Tempora》des Semitischen（セム語）. —《Zeitschrift für Phonetik und allgemeine Sprachwissenschaft（音声学・一般言語学雑誌）》, Berlin, 1951, H. 3/4.
218. Brusendorff A, . A Relative Aspect of the Verb in English,《Ą Grammatical Miscellany Offered to Otto Jespersen on his Seventieth Birthday》, Copenhagen, 1930.
219. Chamberlain B.H., チェンバレン, A Handbook of Colloquial Japanese, 3-d ed, Tokyo, 1898.（参考：1999『日本口語文典』丸山和雄・岩崎攝子訳）
220. Collado D., コリャード, Ars grammaticae iaponicae linguae, Romae, 1632.（参考：1957『日本文典』大塚高信訳, 風間書房）
221. Elisséeff S.and Reischauer E.O., Elementary Japanese for University Students, vol. II, Vocabularies, Grammar and Notes, 2-d enlarged ed., Cambridge（Mass. ）, 1944.
222. Ganshina M. and Vasilevskaya N., English Grammar, 7-th ed., Moscow, 1953.
223. Gardner E.F., The Inflections of Modern Literary Japanese, Supplement to《Language》, vol. 26, No.4, Baltimore, 1950.
224. Henderson H.G., ヘンダースン, Handbook of Japanese Grammar, London, 1945.
225. Hilská V., ヒルスカ, Učebnice hovorového jazyka japonského, 3 opravené a doplněné vydani, 日本語教育教科書改訂修正、3 つの改訂版と補足版, Praha, 1963.
226. Jespersen O., イェスペルセン, The Philosophy of Grammar, London, 1935.（参考：2006『文法の原理』安藤貞雄訳、岩波文庫）
227. Jorden E.H., ジョーダン, The Syntax of Modern Colloquial Japanese, Supplement to《Language》, vol. 31, No.1（pt 3）, 1955.
228. Jorden E.H., Biginning Japanese, pt 1, New Haven, 1962.
229. Kotański W., コタンスキ,［書評[ii]］Н.А. Сыромятников, О системе времен новояпонского языка, 近代日本語時制体系について, —《Rocznik Orientalistyczny オリエンタリスト年鑑》, Warszawa, 1961, 24巻, 覚書 2.
230. Kravar M., Futur II.u našem glagolskom sistemu, Sveučiliste u Zagrebu,《Radovi》, I,

Razdio lingvističko-filološki (1), 私たちの言葉のシステム, ザグレブ大学, "紀要", 1, 言語哲学の(1)課, Zadar, 1960.

231. Lange R., ランゲ, A Text Book of Colloquial Japanese Based on the Lehrbuch der Japanischen Umgangssprache 日 本 語 口 語 教 科書, Revised English Edition 英 語 改 訂 版、by Christopher Noss, Tokyo, 1935.

232. Lehmann W.P. レーマン and Faust L., ファウスト, A Grammar of Formal Written Japanese, Cambridge (Mass.), 1951.

233. Martin S.E., マ ー チン, Essential Japanese. An Introduction to the Stadard Colloquial Language, rev.ed., Rutland, 1958.

234. Matsumiya Yahei, 松宮弥平, A Grammar of Spoken Japanese, Tokyo, 1935.

235. Miyazaki Seiji, The Japanese Dictionary Explained in English, Tokyo, 1944.

236. Plaut H., Japanische Konversations Grammatik 日本語会話文法, Heidelberg, 1904.

237. Rodriguez, ロドリゲス, Élémens de la grammaire japonaise, Paris, 1825.
（参考：1993『日本語小文典』池上岑夫訳, 岩波文庫）

238. Rose-Innes A., ローズ・イネス, Conversational Japanese for Beginners, pt Ⅱ, Elementary Grammar of the Japanese Spoken Laguage, 5-th ed., Yokohama, 1933.

239. Sansom G.B., サンソム, An Historical Grammar of Japanese. Oxford, 1928.

240. Vaccari O.and [Vaccari]E.E., ヴァッカリ, Complete Course of Japanese Conversation Grammar, 5-th ed., Tokyo, 1942.

241. Villiers M. de, Absolute and Relative Tenses：Empathy in Afrikaans (South Africa Dutch), —《Lingua》, Amsterdam, 1955, January, vol. Ⅳ /3.

資料の略称リスト

芥川―『芥川龍之介集』,―改造社版『現代日本文学全集』. 第 30編, 1928.

アカハタ―『アカハタ』(新聞), 若干の号.

アクタガワ―芥川, 日本語から翻訳された小説の序言と説明, Н. Фельдман, М. 1959.[2]

有島 ―『有島武郎集, 有島生馬集』,―『現代日本文学全集』. 第 27編, 1927.

アファナシェフⅠ―《А.Н. Афанасьев 編のロシア民話》, Ⅰ巻, М., 1957.

アファナシェフⅡ―同上, Ⅱ巻, М., 1957.

グリン―エルマル・グリン, 南からの風, 岡田嘉子訳, М., 1951.

エソポ―《エソポのファブラス》, ラテンを和して、日本の口となすものなり. 天草, M. D. L. XXXXⅢ, (『イソップ寓話』ラテン語から日本語に翻訳, 天草, 1593［新村によって出版, 1928, ページ付けは 1593 の版による］. (参考：大塚光信・来田隆 1999『エソポのハブラス 本文と総索引』清文堂)

吉田―『吉田絃二郎集, 藤森成吉集』,―『現代日本文学全集』. 第 47編, 1929.

啄木―『石川啄木集』,―『現代日本文学全集』, 第 45編, 1928.

狂言記Ⅰ―『狂言記』, 上(Ⅰ)巻, [1660 年刊], 1914, 有朋堂文庫. (参考：『狂言記』岩波書店, 橋本朝生・土井洋一訳注, 新日本古典文学大系, 1996)

狂言記Ⅱ―同上, 下(Ⅱ)巻, [1660 年刊], 1922. 有朋堂文庫.

狂言全集―『狂言全集』, 下(Ⅲ)巻, 狂言記拾遺, 50番, [1660 年刊], 幸田露伴, 博文館 , 1903.

菊池―『菊池寛集』,―『現代日本文学全集』. 第 31編, 1927.

国語, 2[2]―山本有三, 国語[3], 2 年の 2, 1955.

国語, 2[3]― 〃 〃 〃 2 年の 3, 1956.

国語, 3[1]― 〃 〃 〃 3 年の 1, 1956.

国語, 3[2]― 〃 〃 〃 3 年の 2, 1956.

国語, 4[1]― 〃 〃 〃 4 年の 1, 1956.

国語, 4[2]― 〃 〃 〃 4 年の 2, 1956.

国語, 5[1]― 〃 〃 〃 5 年の 1, 1956.

国語, 5[2]― 〃 〃 〃 5 年の 2, 1956.

国語, 6[1]― 〃 〃 〃 6 年の 1, 1955.

国語, 中学, 1[1]―山本有三, 国語-中学, 1 年の 1, 1957.

国語, 中学, 2[1]― 〃 〃 国語-中学, 2 年の 1, 1957.

国語, 中学, 2[2]― 〃 〃 国語-中学 2 年の 2, 1957.

久米―『近松秋江集, 久米正雄集』,―『現代日本文学全集』, 第 32編, 1928.

実篤―『武者小路実篤集』,―『現代日本文学全集』, 第 26編, 1927.

昔話―［関敬吾編］, 日本の昔話, Ⅰ巻, 1957, [岩波文庫, No.5642–5643].

昔話Ⅲ―［関敬吾編］, 日本の昔話, Ⅲ巻, 1957, [岩波文庫, No.5786–5787].

未明 — 『未明童話集』（(小川)未明の童話), 1930.
宮本—『宮本百合子集』, 第 3巻, 1952.
漱石—『夏目漱石集』, —『現代日本文学全集』, 第 19編, 1927.
荷風—『永井荷風集』, —『現代日本文学全集』, 第 22編, 1927.
民衆の伝承—ネチャーエフ《ロシア民衆の伝承の А.П.Нечаев による語り直し》, M., 1953.
金句集—《四書, 七書などの内より抜きいだし, 金句集となすものなり》.（参考：吉田澄夫 1938『天草版金句集の研究』）
藤村—『島崎藤村集』, —『現代日本文学全集』, 第 16編, 1927.
少年—『少年文学集』, —『現代日本文学全集』, 第 33編, 1928.
初等—『初等科国語』, 2, 1942.
志賀—『志賀直哉集』, —『現代日本文学全集』, 第 25編, 1928.
島田—島田一男, 上を見るな, 1956.
ロシア民話—《ロシア民話》, M., 1952.
読本, II — 『小学国語読本』, 2巻, 1933.
読本, III—同上, III巻, 1938.
読本, IV—同上, IV巻, 1938.
読本, V—同上, V巻, 1939.
読本, VI—同上, VI巻, 1936.
読本, VI a—同上, VI巻, 1932.
読本, VIII—同上, VIII巻, 1938.
読本, X—同上, X巻, 1939.
読本, XI—同上, XI巻, 1939.
読本, XII—同上, XII巻, 1938.
竹取—『竹取物語』［9 世紀］, —『日本文学大系』, 第 2巻, 1926.
徳田—徳田球一, 志賀義雄, 獄中 18年, 1955.（参考：講談社学術文庫）.
徳永—徳永直, 静かなる山々, 1953.
蘆花—『徳富蘆花集』, —『現代日本文学全集』, 第 12編, 1927.
宇野—(宇野浩二の作品は)広津を見よ.
広津—『広津和郎集, 葛西善三集, 宇野浩二集』, —『現代日本文学全集』, 第 48編, 1929.
橋本—橋本進吉,『国語法研究』, 第 2巻, 1957.
野叟曝言— 『野叟曝言（やそーばくげん）』, 支那侠艶怪奇小説, 山縣初男（本文：かずよ）訳, 粗野なおじいさんのあからさまな話, 中国の［無名の］冒険小説. 明豊園出版部, 1935.

注

1　すべての著作は指示がない出版地は東京である。
2　フェリドマンによるこの翻訳は、引用元を略して何度も使用した。

3 《国語》［第Ⅰ段階の学校のための名文集］．最初の数字—学年、第二の数字—巻数．

訳注

i Дёдзи は Дзёси の誤りであろう。

ii おそらく 120 のスィロミャートニコフ論文に対する評論。

ロシア語動詞要覧

ロシア文字の発音概略

а:a, б:b, в:v, г:g, д:d, е:je, ё:jo, ж, з:z, и:i, й：j, к:k, л:l, м:m, н:n, о:o, п:p, р:r, с:s, т:t, у:u, ф:f, х:h, ц:ts, ч, ш, щ, ъ, ы, ь, э:e, ю:ju, я:ja

下線の ж, ш, щ は、舌を硬口蓋に近づけて発音するジ、シ、シシ(シチ)。ч, は舌を硬口蓋に触れて発音するチ。ъ は前の子音と次の母音が分離して発音されることを示す。ы はウィに近い音。ь は前の子音の発音時、舌が硬口蓋に近づくことを示す。м［ム］：мь［ミ］。また、母音が後続する時は分離して発音される(бью：×ビュー、○ビユ・ウ)。

(斜体では小文字の形が г → *г*、д → *д*、и → *и*、п → *п*、т → *т*、のようになる)

ロシア語動詞簡略表

	①不完了体	②完了体
不定形	читать (読む)	прочитать (読み終える)
③現在形	単数 я читаю, ты читаешь, он/она/оно читает, 複数 мы читаем, вы читаете, они читают	
④未来形	буду читать, будешь/ будет/ будем/ будете/ будут +читать	прочитаю, прочитаешь, -ет, -ем, -ете, прочитают
⑤過去形	он читал, она читала, оно читало, мы, вы, они читали	прочитал, -ла, -ло, -ли
⑥能動形動詞現在	читающий, -ая, -ее, -ие	
⑦能動形動詞過去	читавший, -ая, -ее, -ие	прочитавший, -ая, -ее, -ие
⑧被動形動詞現在	читаемый, -ая, -ое, -ые 短語尾 читаем, -а, -о, -ы	
⑨被動形動詞過去	(читанный, -ая, -ое, -ые)稀	прочитанный, -ая, -ое, -ые 短語尾 прочитан, -а, -о, -ы
⑩副動詞現在	читая (不完了体副動詞)	
⑪副動詞過去		прочитав (ши) (完了体副動詞)

・動詞の主要な属性は、アスペクト、テンス、ムード、能動、被動である。

・体(アスペクト)：ロシア語の動詞はすべて完了体②か不完了体①に属し、そのほとんどが対を成している。

　不完了体は動作そのものを、結果・終始・完結とは無関係に示す。完了体は動作の完了・結果の達成を示す。

　例：Он читал книгу*. ［彼は本を読んでいた。］(不完了体過去) ＊ книга「本」の対格

Он прочитал книгу. ［彼は本を読み終えた。］（完了体過去）

・動詞の変化例

直説法現在は、人称、数により表の③のように変化する（第 1 式）（я：私、ты：君、он：単数男性、она：単女、оно：単中、мы：我々、вы：君たち・あなた、они：複数三人称）

直説法過去は、性、数により表の⑤のように変化する。

・時制（テンス）

不完了体には現在③・過去⑤・未来④の三時制がある。

例：ячитаю（現在）, я читал（過去）, я буду читать（未来）

未来形④は繋辞 быть の変化形 буду ,будешь, будет, будем, будете, будут ＋不定形。

完了体には過去⑤と未来④のみがある。（完了体動詞の現在変化形は未来を表す）例：Я прочитал эту книку. ［私はこの本を読み終えた。］（⑤完了体過去）

Завтра я прочитаю эту книгу. ［明日、私はこの本を読み終える。］（④完了体未来）

・法（ムード：直説法、命令法、接続法＝仮定法）

命令法：читай ［読め］、читайте ［読んでください（вы に対して）］

давайте читать ［読みましょう］、пусть он читает ［彼に読ませなさい］

接続法（仮定法）：動詞の過去形＋小詞 бы の形で、仮定、願望などを表す。（時制は文脈による）例：Если бы погода была хорошая, я бы пошел гулять. ［もし天気が良かったら、私は散歩に出かけたのに（出かけるのに）］「昨日」「明日」などの状況語が時を限定する）

・形動詞（分詞：動詞と形容詞の特徴をあわせもつ動詞の形式）

動詞の特徴：体、時制、能動・被動の対立など。

形容詞の特徴：性、格、数の変化（名詞との一致）、述語・規定語の機能など。

例：男性主格　интересный роман ［おもしろい小説］、女性対格 читать интересную книгу ［おもしろい本を読む］、述語機能 Эта книга интересна（я）. ［この本はおもしろい：述語機能］

1）能動形動詞現在⑥：不完了体現在語幹＋ -ющий, -ущий, -ящий, -ащий

例：читать → читающий / студент, читающий книгу ［本を読んでいる学生］

2）能動形動詞過去⑦：完了体・不完了体動詞過去語幹＋ -вший, -ший

例：читать → читавший / студент, читавший книгу ［本を読んでいた学生］

студентка, прочитавшая книгу ［本を読み終えた女子学生］（注意：Ш ≠ Щ）

3）被動形動詞現在⑧：不完了体他動詞の現在語幹＋ -емый, -имый

例：читать → читаемый / книга, читаемая студентом ［学生によって読まれている本］

4）被動形動詞過去⑨：他動詞（主に完了体）過去語幹＋ -нный, -тый

例：прочитать → прочитанный / прочитанная книга ［読了された本］

短語尾（-н, -на, -но, -ны）Книга была прочитана вчера. ［本は昨日読了された。］

・副動詞（動詞と副詞の特徴をもつ動詞の形式：「現在・過去」は主文との相対時制）

1）副動詞現在⑩：不完了体動詞の現在語幹＋ -я,-а（主文の動詞と同時の動作を表す）

例：Читая книгу, он слушает музыку. ［本を読みながら、彼は音楽を聴いている。］

Слушая музыку, она читала книгу. ［音楽を聴きながら、彼女は本を読んでいた。］

2）副動詞過去⑪：完了体動詞の過去語幹＋ -в, -вши, -ши（主文の動詞より先に完了した動作を表す）。一部の動詞で、アクセントのある -я,-а の形が使われる。придя = пришед（ши）

例：Прочитав книгу, он пошел гулять. ［本を読み終えて、彼は散歩に出かけた。］
Войдя в комнату, он сел на стул. ［部屋に入ると、彼は椅子に腰かけた。］

◎補足・述語が名詞、形容詞の文の時制

繋辞 быть の変化形との組み合わせで表される。

例：現 在［彼 は 学 生 だ］Он студент. 過 去 Он был студентом. 未 来 Он будет студентом. 現在［彼女は陽気だ］Она весела. 過去 Она была весела. 未来 Она будет весела.（весела：形容詞 весёлый［陽気な］の短語尾女性形。a にアクセント移動

（松浦茂樹執筆）

索引

索引は以下の 4 種類を付した。

1. 文法論用語索引
   項目には、見だし語もとった。その項目は太字で掲出して、24–27 のようなハイフンを付してその関係範囲を示す。また、「16–17 世紀の日本語のいいおわりの形式　　313（表）」のようになっているのは、本文にはその用語だけではなく、当時の言語形式パラダイムが「表」として示されていることを示す。
2. 言語名・言語資料索引
   項目としては、世界の種々の地域言語の言語名とともに、言語の時代、地域、文体、およびそれらによって書かれた資料名をとる。ただし、引用文献の出典についてはとらない。
3. 人名索引（欧文名）
   人名のよみを片仮名で示した。
4. 人名索引（和文名）
   人名を漢字で示した。

文法論用語索引

す

せ

言語名・言語資料索引

人名索引（欧文名）

人名索引（和文名）

訳者後書き

一. はじめに

本書は、1971年にモスクワのナウカから出版されたН.А. Сыромятников ニコライ・アレクサンドロヴィッチ・スィロミャートニコフ(1911–1984)の、Система времен в новояпонском языке『近代日本語の時制体系』の翻訳である。相対的時制論の立場から現代日本語の時制の区別がどのように成立したのかを豊富な資料に基づいて究明したものである。現在の研究状況では、発話時を基準とするテンス論以外はまるで認められていないような観があるが、50年をさかのぼる本書は、その問題点を鋭く指摘し、主流となっている絶対的時制論の見直しに大きなインパクトをあたえるはずである。

原著は、ロシアの伝統文法の強固な基盤の上に成り立った、骨太でオーソドックスな言語学研究である。それはテンスの対立を考察するに際しても助動詞のような接辞だけがテンスを表すとは考えず、先行時制を表す形式として「た」という接辞が時間を表すのに対して、対立する非先行時制を表すのは接辞ではなく、語尾に *-u* 形式をとる動詞本体であると考えるのである。この考え方は先行時制形式にも及ぼされ、先行時制の形式の指標も語尾の *-ta* 形式がその形の指標となるのではなく、四段活用(取る)では語幹 *tott-*、一段活用(見る)では語幹 *mit-* がその指標となるとする。そして、非先行時制の形式の指標も四段活用では語幹 *tor-*、一段活用では語幹 *mir-* であると認定される。統語論に軸足を置きながら形態論重視の伝統を強く感じさせるその方法論は現代の言語学・日本語学の時間論に資するところは大きい。日本語のテンス論はこの50年の間に、対照言語学、言語類型論、語用論などの影響によって、かなり方法的にも豊かになってきているが、本書ではそういう領域に自覚的には踏み込んでいないものの、日本語とロシア語との対照は徹底的に行われ、類型的に日本語に近い言語との比較も随所になされている。ソヴィエト時代のアルタイ諸語の研究、特にナーナイ語、満州語研究の成果を広く援用しており、その通言語的な視点には、裨益されるところが大きい。そうした中でも時制的意味の細かいニュアンスまで明らかにしようとするなら、文という統語的境界にとらわれず、もっと広く複文はもちろんそれより更に広い範囲にわたる統語的統一体まで視野に入れることが独話資料の研究においては必須であり、談話資料においても談話構造や情況のすべてにわたる配慮が必要であることを主張する。

一方、近代語の成立を背景とする時制の文法的カテゴリーの成立に関する本書の議論は、コリャード、ロドリゲスの立場を出発点とし、あまり顧みられることのなかった明治以降の外国における日本語研究にも広げられ、国際的な視野のもと飛躍的な深まりを見せている。それには何よりも、すでに19世紀末からロシアで築かれていた日本語研究のなかで、ロシア人どうしで本格的に戦わされた議論をふまえていることが大きい。

著者は同時に、日本の伝統的な文法をうけつぐ明治以降の文法家の時制論も位置づけることに成功している。その作業を通じて、日本語の時制においては発話時を基準として出来事の時制が決定されるのではなく、出来事間の時間関係によって時制が決定されるという相対的時制論を展開する。

著者の晩年には、日本語の時の理論は奥田靖雄、鈴木重幸らによってその骨格ができあがっているが、それらをもそうした時制論史のなかに位置づけているところに大きな価値がある。一方で、日本語学における研究の流れはあまり変化せず今日まで至っているが、アスペクト的観点からの説明を重視した結果、テンスの機能を十分にとりあげきれていないきらいがある。つまり、時間表現論は過重にアスペクトに背負わされている感があるので、本書の成果を踏まえることによりテンス論としても再構築すべきことを示したい。そうした面が端的に現われているのは、本書以下の部分である。

> われわれは トキ の前に明らかな時制の区別を認める：「彼等が宮を下る時、彼は一振りの剣を取つて、『これはおれが高志の大蛇を切つた時、その尾の中にあつた剣だ』」(芥川，改造社版287/3，老いたる素戔嗚尊)。この複文にはトキ が2回使われている。最初の場合は トキ の前に *-u* 形式が使われているが、これはサガルという動作が次に言及される動作の始まりまでに完了していないからである。2番目の場合は トキ の前の *-ta* が先行性を示している（まず初めに大蛇を殺し、その後で剣を見つけた)。(p.161)

これはアスペクト論なら、完成相スルの場合は限界未到達、シタの場合は限界到達というように説明されるところであろうが、相対的テンスということでも十分に説明できると著者は主張している。この引用は従属節について述べられている部分であるが、主節相互の関係、いいかえれば文と文との関係全般についても拡大して説明しようというのが著者の立場である。

ここで、工藤真由美1995でアスペクトとテンスの関係をどのように説明しているかを見ると、次のような説明にであう。

外的時間	絶対的テンス	ダイクシス（発話時との時間関係）
	相対的テンス	タクシス（出来事間の時間関係）
内的時間	アスペクト	

（工藤真由美 1995『アスペクトとテンス体系とテクスト』p.226）

工藤の図示では、アスペクトは内的時間関係を、テンスは外的時間関係を表し、相対的テンスは両者の懸け橋となるように考えられているが、これは1つの出来事間の時間関係がテンスともアスペクトともとらえうるということを示している。しかし、スィロミャートニコフのように、絶対的テンスをみとめないとするなら、そもそもこのような図示は不可能である。出来事の時間的関係は相対的テンスととらえるか、アスペクトに基づくタクシス関係としてとらえるかのどちらかにならざるをえない。

ところで、テンスがすべて相対的テンスであるとするなら、時間状況語とテンス形式の共起の現象などの日常的な会話における時制の使用の説明が困難になる。しかし、時制形式が相対的テンスしか示さないとすれば、その規準となっている出来事の時間が現実世界のどこに位置づけられるかということを明らかにすることに時間状況語は貢献しているのだとも考えられる。相対的テンスの使用を従属節だけでなく、主節にも拡大するだけでなく、相対的テンスの適用範囲をどこまで拡大できるのかを検討すべきである。そして、過去についての発話で、時間関係の基礎とされる何らかの時点または期間までに終了したすべての動作は先行時制の形式で表され、これから始まる出来事やすでに始まっているか、終わりの見えない出来事は非先行時制の形式で表されるという著者の提示する相対的テンスの原則によって言語現象がどこまで説明できるかに取り組んでみる必要がある。

> かうして出来た二本の筒は、うまくくひ合つて、長くのばしたり、ちぢめたりすることが出来る。さあ出来たぞと思ふと、うれしくもある。胸もどき〳〵する。うまく見えるかどうか。景色をのぞいて見た。長いものが、ぼんやり見える。2つの筒を、のばしたり、ちゞぢめたり、かげんして居るうちに、はつきりした。電柱だ。針金が六本あることまでわかる。もつと下を見る。屋根だ。しやうじだ。おや、誰かが、しやうじの間から顔を出して居る。僕は、もう、むちゅうだつた（国定小学国語読本，VI）

ここでは、主人公が望遠鏡を操作しながら周りの風景を見ているところが、「時間関係の基礎とされる話題となっている何らかの時点または期間」である。非先行時制形式はいずれも、後に続く周りの風景を見ているプロセスと同時の関係にある。それに対して先行時制形式は、いずれも続いてとりあげられる場面に先行するものであるという。

「景色をのぞいて見た」が先行時制形式なのは、「長いものが、ぼんやり見える」ためには見るという運動が先行しなければならないからである。また、「かげんして居るうちに、はつきりした」という事態が先行しなければ、そのながいものが電柱であることはわからなかったであろうとする。

本書の主張は、日本語の時制は現在、未来、過去といった出来事の起こる絶対的時間を表すものではなく、出来事の他の出来事に対する先行性や同時性という相対的関係を表すものだというものである。絶対的時制で現在、未来を表すということは、同時性、より広くは非先行性を表すためにそうするのであり、過去を表すということは先行性を表すというためにそうするのである。これまで、相対的時制というと、主節に対する従属節の関係についてのみ認める議論が主流であったが、著者は、客観的な先行性と非先行性を表す 2 つの基本的な相対的な時制形式を用いて、話題となっている現実のプロセス間の時間的関係を、発話時点を介することなく、直接的に設定できるものとする。つまり、時制形式の選択が、動作の実行時が話者の現在とどんな関係にあるかには左右されないものであるとしたのである。

それだけではなく、著者は、従来問題となっている、過去についての発話で、肯定文なら *-ta* 形式が使われる場合に、否定文では *-nai* 形式がしばしば使われることも相対的テンスの立場から説明しおおせている。「長作はあたりを見まわしましたが、だれもいません」(山本有三国語，3 年）のように過去の事柄に否定文では現在時制が用いられることも、「行われなかった動作は、次に言及される動作に先行するものとみなすことができず、先行時制の形式で表すことができない」という非先行時制のすべての形式の一般的な時制的意味によって説明し、相対的テンス論で一貫させている。

著者は狂言やキリシタン資料とともに近代小説をコーパスとして使い、計量的比較という客観的な手法によって、諸形式の意味の変化と交替をとらえ近代日本語の時間表現の発展の実相を明らかにしている。そして、それを古代語の単純化とはとらえず、相対性の普遍化と、時制関係の近代的一般化という大きな流れの所産としてとらえている。近代語の成立を、その起点から終点まで綿密に資料をそろえ実証的に論じた時制研究はロシアではもちろん日本でも類をみない。

日本語学の上で古来問題とされる難問にふみとどまって、近代日本語のテンスをその成立から説き起こす著者の論に深く沈潜し再度テンス論の根元にさかのぼる必要があると信ずるものである。

二. 本書の構成

本書の〈研究手法〉としては、時制の形式の意味と用法が単文中だけではなく、主として複文中で研究されることが特徴的である。〈研究対象〉としては、これまでの研究書では、日本語の時制形式が対立の相手と対照されることなく、その上異った統語論的ポジションの違いが無視され検討されているが、本書では形式の前に、いいおわり、なかどめ、規定語という統語的なポジションを基礎に置く試みがなされている。なお、検討される日本語としては、近代日本文学にみられる標準語に主要な注意が向けられている。加えてそれらは、現代の時制システムが基本的に形成された 16–17 世紀の狂言とキリシタン資料に見られる中世末近世初期の「近代日本語」の用例と規則的に比較され、現代日本語の時制体系の成立の歴史的原因が徹底的に究明されている。

以下章立ての順に、本書の内容をややくわしく紹介し、優れた着眼点があれば、その都度指摘したい。

序章

本章は本書の凡例的役割を果たしている。まず、16–17 世紀を含めて日本語の例文をどのような基準でロシア文字に転写するかの規則が示される。また、近代日本語の時間システムが、どのように研究されてきたかが述べられる。そして、本書が次のような構成であることが概括的に示される。第 1 章では、時制と法との結びつきの問題、ついで絶対的テンスを認める上での発話時規準というものの本質が徹底的に究明される。更に、対立する時制形式の形態論的なかたちの問題、および文法的カテゴリーとシステムとの違いの問題が検討される。第 2 章においては、本題である文法的な時制の相対的な意味が論じられる。

次に、第 3 章では中止形だけではなく、譲歩形、条件形を含むなかどめの形式の時制と歴史的変遷が問題とされ、その動因について新たな見解が提示される。第 4 章では主節のいいおわり形式が注目され、はじめて日本語時制論史というべきものを構築していることには目を見はらせられる。第 5 章では従属節に光があてられ、時制の諸形式にたいして同一の結合性をもつつなぎ要素がグループごとにまとめられる。それぞれのグループには、第 5 章の各部が割り当てられ本書の中で最も大きなセクションとなっている。第 6 章では規定語のポジションでの時制対立の問題が検討される。第 7 章では主文の述語でのいいおわりの形式の時制対立が検討されている。ここでの、主文の述語に相対的テンス的対立性がどのように認められるかの議論は本書の主張の根幹をなすものとして重要である。また同時に否定における先行性と非先行性がどのように使い分けられるかも相対的テンス論の重要な論点となることが示される。第8章では、ここまで中心的に議論されてきたテンスの問題から離れ、それまで等閑視されてきたアスペクトの問題が議論される。

第1章

本章では、時制のカテゴリーについて説明される。まず、〈時制形式〉の〈文法的意味〉においては、異なる言語では〈時制と法〉との結びつきかたが違うということが注意される。日本語の法システムにおいて最も重要なことは、〈否定的な法〉(否定法トラナイ、禁止法トルナ、非希求法トリタクナイ、疑惑法トルマイ)の存在を形態論的にどのようにとらえるのかという問題が提起される。日本語では否定的な法のためのそれぞれ特別な総合的形式の存在が確認される。それらが形態論的に一様でなく、それぞれの否定的な法が、システムの中でそれと対置される肯定的な法(トル、トレ、トリタイ、トロウ)に、それぞれ形態論的に似ていない。これは日本語の否定が普遍化されていないことを物語っているとされる。

次に、絶対的テンスが発話時との前後関係に基づくものであるということについて、П. С. クズネツォフ1953を引いて次のように論じる。「発話時とは、決して話者の意識の中だけに存在し、話者の意思だけで決まる主観的な何かではない：それは話者にとっても、発話が向けられる聞き手、あるいは聞き手たちにとっても客観的に存在する」(p.13)ものとする。

文法的時制の識別の普遍的基準としての発話時説について、Н.С. ポスペロフ1952の批判を引いて、「時制に関する文法学説において発話時を基準とすることは、言語の一般理論の観点から見て誤っている。そもそも、発話の一般的な意味ではなく、具体的な心理的内容に直接頼っており、文中の単語や語結合の中に人間の思考の抽象化作用の結果をしっかり認めていないからだ」(pp.14–15)とする。

さらに、発話時が唯一の基準になり得るのは、現在、過去、未来の3つの時制をもつ言語だけである。2つの時制をもつ言語では発話時の意義は極めて弱くなる：そのような言語の多くで、同じ形式が発話時に行われている運動も未来の運動も表す。そういった言語で区別されるのは(発話時の役目が最大限に可能なままという条件で)、終わった運動と、(発話時までに始まったか否かとはかかわりなく)まだ終わっていない運動であるとし、相対的テンスと考えることの正当性を主張する。

近代日本語の文法的時制とは、本書で論じられる場合、動詞、むすび(繋辞)、形容詞の形式で、共通の形態論的特徴をもち、それらによって表されるプロセスまたは性質の時が、他のプロセスあるいは性質の存在の時に対して同一の関係を表すという文法カテゴリーであるとされる。

本書で〈文法カテゴリー〉と考えるのは、同一の文法的な意味をもち、共通の形態論的な特徴をもつ形式、または一連の形式のことである。文法的なカテゴリーは形式と内容つまり形式と意味との統一である。文法的な形式は文法的な内容を表す。ある1つの文法カテゴリーは他の1つの形式(または複数)のカテゴリーと、形式および内容で対立する。

この観点に立てば、ある言語の文法的諸時制の総体を時制の文法的カテゴリーと呼ぶのは正しくない：それら諸時制は文法的諸カテゴリーのシステムを形成しているのであって、1つのカテゴリーを形成しているのではない。

形態論的な見地からみて最も正しいのは、現代日本語に2つの文法的時制形式を認める理論である。2つの時制形式とは、*tor-*、*mir-* のような語幹を含む形式と、*tott-*, *mit-* のような語幹を含む形式である。したがって、時制的意味は語幹に含まれるのであって、語尾にではない。

第2章

2章においては、文法的な時制の相対的な意味が論じられる。

時制の形式で相対的な意味をもつものは、直接的な意味のものとは違って、時を発話時との関係で表すのではなく、語られているプロセスと別のプロセスとの客観的な時間的結びつきを伝える。これらの時制形式は、動詞によって表されたプロセスが、話に出た他のプロセスと同時に、またはその前に、またはその後に起こった(起こっている、または未来に起きる)ということを示す。

いくつかの言語では、時制形式が直接的な意味をもっていても、相対的な意味でも使われることがある。しかし、日本語文法の専門家たちは、日本語においても時制が相対的であり得るという可能性を全く見落としている。そのため、日本語の該当する事実の分析に取り掛かる前に、手短にではあるが、他の諸言語における文法的時制の相対的な意味での使用について解明することが必要だとされる。

ロシア語では、日本語と同じように、ファイナイト形式(定形の時制形式)は、絶対的形式と相対的形式とに分かれていない。ほとんどの場合、ロシア語の動詞の人称形式は何らかの絶対的な意味をもっているとはいえ、時制の相対的な使用もある。その使用は、日本語の時制の相対的使用と直接にむすびつくものもあるという理由で、その使用については豊富な実例が示される。

また、本章では、日本語と同様の時制の使用の見られる一定の言語(アラビア語、ナーナイ語、満州語)では、それらにおける文法的区別は、テンスの違いではなくアスペクトの違いでしかないといわれることがあったようだが、それらの言語の時制が基本的に相対的なテンスであることが論じられる。

第3章

3章は、なかどめの機能が問題にされるが、著者は、中世日本語の多様な譲歩形、条件形の動態を、モダリティ、時制の相対性、表される出来事の起こった時間を手掛かりに観察しながら、それらの盛衰を説明することに成功している。

著者は、西欧の副動詞を日本語のなかどめの形式と同じであると考え、接尾辞なしの形式(連用形)と *-te/-de* 形式、ナガラモ のような譲歩形、トレバ のような条件形をそれに含める。そして、近代日本語の動詞と形容詞のなかどめ形式は、ロシア語を含む多くの他の言語の副動詞と同じように、相対的な時間的意味をもっているとする。それは、先行性、あるいは同時性、並行性を表す。

それに関しては、日本語の接尾辞なしの形式と *-te/-de* 形式は独自の時制的な意味をもたず、いいおわりの述語の時制を借用するのだという主張は、外国人のための日本語学習文法の便宜として最も古い考えに属しており、ロドリゲスにまでさかのぼりうることを著者が証明したことは重要である。

譲歩形の場合、近代日本語に存在した諸形式、トリナガラ-モ、トレド［モ］、トル-トモなどの〈非先行時制形式〉、およびトッテ-モ、トリタレド［モ］、ミタリトモ などの〈先行時制形式〉のうち、過去についての発話の中でしか使われなかった トリタレド［モ］のような形式からまず失なわれたのは、時間システム全体が純粋に相対的なものに変わっていった結果、そのような形式がいいおわりの形式とくいちがうようになったためであるとする。

ミタリトモ のような形式は、その形態論的な組成が古びて、急速に消えてしまったものだという。他のどれよりも長く残っていたのは トレド［モ］の形式で、これは過去についての発話でも、現在についての発話でも使うことができたためであるが、これも、トッタレバ のような類似形式の消失とともに消失し、現代には〈非先行時制〉のトリナガラ-モ、この認定には問題があるが、トル-トモ、〈先行時制〉のトッテ-モ、トッタ-ッテが残ったとする。

条件形の場合は、16–17 世紀の日本語でまだ生きていたトレバ、トラバ、トッタレバ、トッタラ［バ］の 4 つの基本的な条件形のうち、現代語に残ったのが トレバ と トッタラ の形式だけであるのは、これらが、純粋に相対的な形式として使用することができたからであるという。

現代語の条件的な なかどめ形式の トレバ のような形式と トッタラ のような形式の間の違いは相対的時間に関する違いであり、モダリティの違いではない。現実的な条件と仮定的な条件は、これらの形式によっては区別されない。また、トッタレバ のような形式とトラバ のような形式は純粋に相対的な意味をもたなかった。前者は過去の動作にたいする先行性を表し、後者は現在あるいは未来だけのプロセスとの同時性を表した。これが、これらの形式が消滅した原因の 1 つであるとされる。

現代日本語では、条件形と譲歩形の、確実なものと推定されるものとの間の違いが消えてしまったが、このようになかどめの条件形で直説法と推量法の区別が消失したことは、古代日本語で トリ-トッテ のような形式の間でそのような区別がなかった影響であるとする。また、未来についての発話での トラバ のような形式の消失は、未来の確実な事実についての発話で直説法のいいおわりの形式が広く使われるようになったこととも関係があるとされる。

第 4 章

4 章は、文法書におけるいいおわりの時制形式の諸説について論じられる。

近代日本語と現代の標準日本語における、いいおわりの形式の時制に関するさまざまな理論は、互いに原理的に異なるいくつかの視点を中心として以下のようにグループ分けすることができるとされる。

1. 三時制論

三時制の理論は 1620 年、J. ロドリゲスによって最初にまとめられた。:「それぞれの法は相応の語によってできる 3 つの時制だけをもつ；これらの時制は過去、現在、未来のことである」[小文典]。アストン、芳賀矢一、文部省編『口語法』、またロシア人のコンラッド、ホロドヴィッチなど多数の文法家がそれにしたがうとされる。

2. 絶対的二時制論 — 過去と現在-未来(非過去)

B.H. チェンバレンは「日本語の動詞は、現在と未来の時(time)をはっきりと区別しない。基準になるのは確実性または不確実性であって、時間(time)ではない」[日本口語文典] として、現在と未来を法によるちがいだとして一括りにし、過去と対立させる。

C. バレ、B. ブロック、ゴロヴニンもこの説の賛同者であるが、戦後の言語学者の中で、最も方法的に厳密な二時制論支持者は鈴木重幸であるとされる。

3. 絶対的二時制論 — 過去と未来

小林好日は、*-u* 形式の時間的な意味を否定し、「日本語に於ては文法的範疇としては過去と未来とがあるばかりである」とし、古典語のムに当たるウを未来を表す形とした。「過去・現在・未来といふのはただ論理的範疇である」[国語国文の要義] とのべ、O.B. プレトネルとともに過去と未来の絶対的二時制論を唱えるとする。

4. 一時制論

G.B. サンソム 1928 は、古代日本語の終止形について、「チェンバレンはこの形式を確実な現在と呼んだが、述語形式の機能は、時制とは関係なく、陳述にある」とする。これは、*-u* 形式を時制とは無関係な陳述を表すものとし、時制としては過去だけをみとめるものであるが、言語は 1 つの体系であり、時制形式は 2 つ以上でなければならないから、1 つだけの文法的時制をもつ言語などありえないと断ずる。

5. *–ta* 形式の時制的同音異義論

三矢重松は、時制形式 *-ta* に同音異義形式があると指摘する。*-ta* 形式の意味は過去時制としてだけでは説明することができないという、それ自体は正しい考えであるが、過去の意味での *-ta* と合致しないものはすべて他の *-ta*、つまり完了の *-ta* に負わせることは問題視する。

6. 四時制論

松下大三郎は、「時相に現在態、完了態、過去態、未然態の四様が有る」［日本俗語文典］として、四時制論を展開する。口語の完了時制に松下は *-ta* 形式をあて、過去には廃語になっている *-kke* 形式をあてている。未然に松下があてているのは、非断定形式の *-o:* ／ *-jo:* と *-mai* などの推量形であると指摘する。

7. 時制形式におけるアスペクト的意味の論

むしろ日本語教育者であって日本語学者とは考えられていない H.G. ヘンダースン 1935、および W.P. レーマン & L. ファウスト 1951 の説を位置づける。

二人は日本語の時制形式 *-ta* をアスペクト意味をもつものと考え、「現在時制は完結していない動作を表す(のに対して)、過去時制は完結した行為を表す」とするのである。

奇しくもこれは、かつて川端善明、尾上圭介によって唱えられた、過去時制を広義完了、現在時制を広義未完了とする考え方に通ずるものである。著者は、アスペクトの概念の発達していない英米の日本語教育のなかでこそこうした見方が生まれたのだとする。アスペクトをテンスに読み替えるこのような理論が成立するということ自体、アスペクトと(相対的)テンスとの重なりをしめすものであろう。

8. 時制システム不在論

山田孝雄は、「(未来と過去の表現が) 現在時制形式によってなされると考えると、そこに初めて非論理的という印象が生じる」［日本文法論］として、発話時点を区分の基準とするような時制への日本語の時制の帰属を否定している。

そして「今日の仕事はもう終わった」という意味の文のヴァリエーションとして「今日の施行は既に終りき」と「今日の施行はすでに終る」の 2 つを挙げ、「吾人は第二を以て「施行の終る」といふ思想をば、直接に表象し、第一は之を回想したりと説明するなり」［同前］と山田がいうのに対して、著者は、問題が、当該の事実が想起されるのか、あるいは直接提示されるのかという点だけにあるとしたら、過去についての発話の中での 2 つの時制形式の使用は、どんな場合でも自由だということになってしまうと批判する。

日本語に文法的な時制システムがないという理論に連なる学者に、現代の文法学者時枝誠記、阪倉篤義、亀井孝を加えることができると著者はいう。たとえば、阪倉は、時制の助動詞は「実際に過去にあったとか完了してしまっているとかいうことを表すというよりは、話し手が［運動を］どうとらえて表現しているかを――つまり、それを回想したり確認したりする、話し手の主体的な立場を表現するものである…と言うほうが正しいのではないか」［日本文法の話］とするが、話者の確認というのは *-ta* 形式だけではなく、*-u* 形式のモーダルな意味でもあり，これは直説法のすべてに共通の意味である。そのような意味の存在を指摘しても、これらの形式間に時制的な相違がないかどうかについての問題はなくならないと筆者は主張する。

9. アスペクト-テンス形式の退化論

松下大三郎ほかの一部の学者は、日本語史のある期間にアスペクト-テンスの接尾辞の数が減少したことに日本語のアスペクト-テンスシステムの「退化」をみとめるが、言語の発展過程における形式の数の減少は、退化ではなく、反対に、新しい、より抽象化されたカテゴリーの創造を物語るものであると筆者は主張する。

10. 時制基準における主観性の論

はやくに、松下大三郎の理論では、時制の基準は、客観的な時間のどの部分へも頭の中で移動できる話者自身である：たとえば、「完了態は［話し手］(時の基準)を事件の直後に置いて其の事件が我と別れるのを送るものとして事件観念を取扱ふものである」［改撰標準日本文法］とする。しかし、これでは、話者は自分勝手に時を認識し、自分勝手に時制形式を選ぶことになってしまうと批判する。

11. 時制基準における非恒常性の論

三矢重松は、日本語では過去についての発話の中で現在形が広く使われることに注目し、「一旦我等の思想は過去の動作にても之を時より離して事柄と考ふることを得るなり」［高等日本文法］とし、松下の、発話時が常に時制使用の基準となるわけではないという考えに近づいている。また、これにある時は発話時が、ある時は語られている現実の現象間の関係が時制の基準となり得るという、И.В. ゴロヴニンの立場を加えてもよいとされる。

12. 継続相―現在時制の論

「…現在時制は、厳密な意味では継続相の現在によって表される」という説は、継続相が未来についての発話で比較的まれにしか使われないという事実を根拠として、Н.И. フェリドマン 1960 によって提起された。それとともに、「未来の動作を意味するためには一般的現在形が用いられ、それはしかるべき副詞と結び付いて、あるいはコンテキスト全体のおかげで未来の意味を帯びる」とみなすことができるという説明も、のちに鈴木重幸によって証明されることになるという。鈴木は、単純な *-u* 形式を継続相の *-te iru* 形式に対比させて、同じ時間的状況語「いま」をもつ文で比較することによって、運動の動詞から作られる *-u* 形式だけが未来を表せることを明確にしたとされる。

13. 多時制論

松下大三郎は時制を2つの種類に分ける：話説時‘談話の時制’(つまり、発話時を基準とする時制、言い換えると絶対的時制)、と事情時で、後者は、‘状況的時制’と訳すことができる。話説時を彼は現在、過去、未来、不特定時に分け［日本俗語文典］、事情時を現然、既然、将然の三つに分ける。松下の考えでは、談話の時制と状況の時制とを掛け合わせた(4 × 3)結果として、日本語には12もの時制があるという結論を出しているので、これを多時制論とする。

14. 相対的時制論

最後に著者は日本語において2つの純粋な相対的時制形式による理論を導き出す。

客観的な先行性と非先行性を表す、2つの基本的な純粋に相対的な時制形式を用いて、話題となっている現実のプロセス間の時間的関係が、発話時点を介することなく、直接的に設定され、時制形式の選択が、動作の実行時が話者の現在とどんな関係にあるかには左右されない相対的時制とする。

第5章

5章では、つなぎ要素とおわり表現の前の時制形式について論じられ、文法的な時制の相対的な意味が論じられる。その時制形式は非先行時制か、先行時制のどちらをとるにせよ、またその両方をとるにせよ、相対的意味を表すことを証明する。

第I部では、従属節と主節、あるいは従属節と他の従属節を結びつけているつなぎや、つなぎ–接尾辞、つなぎ単語、つなぎ小詞、つなぎ助辞の前での、2つの時制のいいおわりの形式の用法と意味が研究される。そのような補助的な語や助辞をつなぎ要素と呼ぶ。

つなぎとして扱われるのは補助的な形態素で、名詞の同種成分どうしの結合関係(ト、ヤ)、あるいは節どうしの時間的、反意的、結合的な関係(ト、ヤ、ナラ、シ、ガ)を表すが、文の成分としては使われないものである。

つなぎ–接尾辞と呼ばれるのは、文の成分にも、従属節にも、自らの意味を大きく変えることなく、直接的に結合する要素である。これらは独立しては使われないが、つなぎとは違って、格を表す接尾辞や助辞に伴われることがある。つなぎ–接尾辞は文の同種成分を結ばない。

つなぎ単語は文の自立的な成分になり得るが(つなぎの意味ではなく、名詞としての意味で使われる場合)、これらは非常にしばしば、格を表す接尾辞や助辞を伴う。ほとんどすべてのつなぎ単語は名詞の属格の後で後置詞のように用いられる。

つなぎ小詞は、たいてい格を表す接尾辞と自立語［＋助辞］からできている。しかし、文と文(節と節)の位置では、形態論的には分割できるものの、機能的には明確な語彙的統一体である。

本書ではつなぎ要素の機能別に次の4部に分けてとりあげ、各部にどのような形式があるかを示す。

第Ⅱ部　同時性を表すつなぎ要素の前の時制形式

第Ⅲ部　将来性(後続性)を表すつなぎ要素の前の時制形式

第Ⅳ部　先行性を表すつなぎ要素の前の時制形式

第Ⅴ部　同時性、後続性、あるいは先行性の意味を、単一のまたは基本的な意味としてもっていない、つなぎ要素の前の時制形式

それらの要素が、つなぎ要素の別とその機能から見てどのように分布しているかを示すと以下の表のようになる。

	つなぎ	つなぎ-接尾辞	つなぎ単語	つなぎ小詞
同時性	ト，ヤイナヤ，ガイナヤ，ヤ	ゴトニ，カタワラ		トトモニ，トイッショニ，トドージニ，ニシタガッテ，ニツケ，ニツレ，ガハヤイカ
将来性		マデ	マエ，タメ，ヨーニ，ホド	
先行性			アト，ノチ，ウエ，ブンデワ	
先行同時将来	トモナク，カラ［ニ，ワ］，ノデ，ノニ，ナラ［バ］，ナリ，マギワ，トチュー，チュート，イゼン，モノノ，モノオ，ケレド［モ］，ガ，シ	イジョー，ママ，カワリニ，ジブン，ヒョーシニ，ハズミニ，トタン，ヨリ，クライ，トミエテ，ツモリ－デ	トキ，ウチ，アイダ，ナカ，コロ，トコロ，ニ，トーリ，カギリ，ホカ	［ノ］ニ［モ］カカワラズ，バカリ，バカリデナク，バカリカ，ダケ

さらに、これらとは別の部［Ⅵ、Ⅶ、Ⅷ部］でいくつかのおわり表現(コトガ デキタなど)の前での時制形式が検討される。

第Ⅵ部　補助語＋格接辞＋補助動詞：タイプのおわりの前の時制形式

おわり ヨーニ ナッタ，ヨーニ シタ、コト-ニ ナッタ、ワケ-デ ナカッタ，ワケ-ニワ イカナカッタ

おわり コト-ガ デキ［ナカッ］タ、コト-ニ シタ、コト-ニ シテイタ、ハズ-ガ(ワ，モ) ナカッタ

第Ⅶ部　補助語＋前にのべた述語のかわりをする むすび（コピュラ）：タイプのおわりの前の時制形式：
おわり：ホド＋むすび：タメ＋むすび：カラ＋むすび；クライ＋むすび
おわり：限定小詞＋むすび

第Ⅷ部　（《時》の意味をもつ）名詞＋むすび：タイプのおわりの前の時制形式
おわり：コロ＋むすび：トキ＋むすび：ジブン＋むすび：トコロ＋むすび

現代日本語の多数のつなぎ要素は 2 つのグループに分けられる。一方は、一定の時間的な意味――先行性、同時性、あるいは将来性の意味――をもち、どれか 1 つの時制形式の後でのみ使われるつなぎ要素。他方は、不定の時間的意味をもち（あるいは時間的意味をまったくもたず）、同一の時間的断片についての発話のなかでも、すべての時制形式のあとにつづくことができる。

これらすべてが語っているのは、一定の時間的意味をもつ つなぎ要素の前の時制形式の使用は、それら要素が表すプロセスの発話時にたいする関係にはまったく左右されないということである。

第 6 章

6 章では、規定語のポジションでの時制形式があつかわれ、動詞と形容詞の時制形式の用法が検討される。さまざまな規定語のポジション、つまり、見せかけの規定語のポジション（17 世紀になってやっと現れた、名詞化の *-no* の前）、形式的な規定語のポジション（補助的な単語コト、モノ、ホーの前）、また、本来的な意味の名詞（主語、補語、状況語、あるいは述部の名詞部分）にたいする規定語のポジションの、すべてのポジションにおいて、時制形式の基本的な意味は、先行性、または非先行性の相対的な意味であることが明らかにされる。

近代日本語においては、これらは主文での形式と変りはない。近代日本語には形動詞がないからである。しかし、本書で いいおわりの形式（主文にだけおこりうる古代日本語の特別の終止形やなかどめ形から区別して）と呼んでいる現代語の時制形式は、その起源において規定的、つまり形動詞的であるとされる。形動詞的な形式の いいおわりの形式へのこのような変化、つまりモンゴル語の専門家が言う「直説法の形式」への変化は他の言語でもときどき出会うとされる。

第 7 章

第 7 章では、テキストの主文の述語の時制形式の問題が解明される。研究課題として、H.C. ポスペロフ 1948 の次の指摘が重要である。「過去時制の諸形式の細かい意味のニュアンスを究明するなら、それらの形式を文という統語的な境界の中から取り出すのではなく、独話的な発話のもっと複雑な統語的統一体の範囲から、会話の言葉なら、そのすべての状況を考慮して取り出すことが必要だ」。これは、主文の述語の時制形式の選択は、その文と後続の文の述語で表現されるプロセス間の時間的関係に左右されるので、主文の時制の形式は、孤立したものとしてではなく、「発話の構成の中で」取り上げなければならないということである。

過去についての発話の中で、規定的文だけでなく主文においても *-u* 形式が使われることは、すでに古代日本語にもあった特徴である。

過去についての発話で、話題となっている何らかの時点または期間が、時間関係の基礎とされることがよくある。このような場合、その時点までに終了したすべての動作は先行時制の形式で表され、その他は非先行時制の形式で表される。

過去についての発話で、肯定文なら *-ta* 形式が使われる場合に、否定文では *-nai* 形式がしばしば使われる。これは、否定法形式の何らかの特徴によってではなく、非先行時制のすべての形式の一般的な意味によって説明される。行われなかった動作は、次に言及される動作に先行するものとみなすことができず、先行時制の形式で表すことができないということである。

先行時制の否定法形式は、以前行われなかった動作が後でやはり行われたというとき、あるいは、ある動作が実行可能であった時期が、話題となっている時点までに過ぎてしまったときに使われる。

同一の動作についての発話で、直説法の先行時制での問いに対して否定法の非先行時制での答えが続くことも少なくない：

「太刀か何かは見えなかつたか？　いえ、何もございません」(芥川, 253/2, 藪の中)

肯定的な答えであったなら、*-ta* 形式を使わなければならないだろう。しかし、過去についての質問で *-nakatta* の形式が使われ；答えの方では *-nai/-masen* の形式が用いられる。

以下の芥川の「藪の中」の例でも、基準は盗人が検非違使の尋問をうけている場面である。否定形に非先行時制形式がもちいられているのは、いずれも「行われなかった動作は、次に言及される動作に先行するものとみなすことができず、先行時制の形式で表すことができない」ためである。

(問いに対する返事)「顔はわたしにはわかりません」(芥川, 253/3, 藪の中)；

「しかし女は殺しはしません」(芥川, 254/3, 藪の中)

また、肯定文の過去についての発話においても、非先行時制の否定法形式が先行時制の直説法形式と交互に用いられることはしばしばある。これは、2つの法の非先行時制形式の異なる用法を特に明瞭に示している：「くだらないから、すぐ寝たが、なかなか**寝られない**」(漱石, 96/3, 坊つちやん)；「兄うかしは、すぐに手下の者を呼集めて、戦の用意をしようとしましたが、意外にも、手下が、**集つて来ません**」(読本，VI，2)。

かくして、過去に起こらなかった動作についての発話で *-nai* 形式を使うことは規範とみなすべきであるということになる。

おひる-お　すぎて、いちじ-に　なりました。にじ-に　なりました。それでも、ころきち-わ　**きません**(国語，2[2]，22)。

「長作はあたりを見まわしましたが、だれも**いません**」(国語，3[1]，97)。

「てんぐは、長作から竹のつつを受け取ると、さっそくのぞいて見ました。ところがちっとも、遠くが**見えません**。それは、ただの竹のつつだったのです。

てんぐはくやしがって、長作を追いかけようとしましたが、長作のすがたが**見えません**。見えないはずです。長作は、かくれみのを着て、どんどん山をかけおりていったのです」(同上，102)。

否定法の先行時制形式 *-nakatta* /*-masen-desita* は、*-nanda* 形式と同様に、否定される動作が後になってやはり実行されたとき、あるいはもうその動作を行う可能性が失われたときに用いられる：「一思ひにとび下りましたが、目がくらんで、しばらくは何も**わかりませんでした**」(読本，V，69–70)；「人ガ一パイ乗ツテ居テ、アイテ居ル席ハ、一ツモ**アリマセンデシタ**」(読本，V，105)；「なか〳〵**御承知になりませんでした**」(読本，V，114)；「ガリレイは、そのしかけを知ることが**できませんでした**。そこで、(ガリレイは)自分で望遠鏡をつくることをおもいたちました」(国語，4［2]，54)；

以上のように、著者は、過去の否定の用法を、非存在もひとつの運動とみなして、否定形式の一般的意味によって説明することに成功している。

なお、歴史的現在ということができるのは、過去についての発話の中の現在形(日本語では非先行時制の形式)で、次々に起こる動作、特に何らかの区切られた時間に次々に起こる動作を表すものだけであるとされる。これらの形式はもはやどんな時間的な関係も(絶対的な関係も、相対的な関係も)表さない。このような用法は、文法的な時制のない言語における動詞の形式の用法と本質的に異ならない。しかし、日本語においては、このような形式がモダリティとアスペクトの意味を完全に保っている。

歴史的現在の適用は、時制の通常の相対的な使用とは、それが文法的な規範ではないという点でも異なっている。歴史的現在は先行時制と取り替えることが可能であり、それによって発話の意味は変らない。

第 8 章

8 章は、それまで著者が主にテンスをあつかっているので、もれおちたアスペクトについて記されている。特に、パーフェクト的意味と継続的意味のニュアンス、大過去、および動詞派生の形容詞について論じられる。パーフェクトと継続についてはアスペクト的ニュアンスとして論じられ、テンスとしてはシテイタ形式を大過去とみとめている。

パーフェクト的な意味のニュアンスをもつ動詞形式として、*-te iru* (*oru*)、*-ta*、*-te aru* について論じられる。これらに含まれる先行時制形式のパーフェクト的な意味のニュアンスは、動作が終了した(状態が始まった)が、動作の結果(状態)はまるで続く出来事のための背景であるかのように、後まで保持される、ということを表しているとされる。

継続相のアスペクトの形式の用法は分かりにくい。同じ動詞が似たような統語論的ポジションにおいて、継続相の意味が、あるときは *-te iru* (*inai*) の形式で、あるときは *-u*/*nai* の形式で表される。のみならず、*-te iru* (*inai*) 形式によって、*-u* 形式で伝えられるべきではないかと思われる多回的あるいは恒常的な動作が伝えられることも少なくない。瞬間的な動詞と継続的な動詞との違い、また動作の動詞と状態の動詞との違いによって *-te iru* 形式のアスペクト的意味を区別しようとする立場は、文法家が区別しようとしているものを、言語そのものは区別しないのだということを肝に銘ずるべきだとしている。

動作と状態の動詞からつくられる *-te ita* 形式は、前に言及された動作に対する先行を意味するために使われることがある。これは西欧諸語の大過去の用法を思わせる。*-te ita* 形式は、その後の出来事が展開する背景をつくりだす。

周知のように、大過去は相対的な時制だとみなされている。しかし、これは純粋な相対的時制ではない。なぜなら、未来についての発話の中では大過去の形式は用いられないからである。

自動詞である、いくつかの動詞からつくられる *-ta* 形式は、動詞派生の形容詞(「似た」「すぐれた」など)の意味をもつ。その際、*-t-* 形式の語幹は動作の先行性を表すことをやめ、語られている時点での対象の質を表す。つまり、非先行時制の意味をもつ。これは、始まりの先行性の意味の発展である。

16–17 世紀には、動詞派生の形容詞が今よりもずっと動詞に近かった。それらの形式と *-ta* 形式と *-te iru* 形式の類義性は、そのころ動詞形式の特徴でもあった。それは、動詞の *-te iru* 形式がほとんどの場合パーフェクトの意味をもっていたからだとされる。

結論

最終章 結論 では、著者は時制のシステムのパラダイムを明らかにしようとする。

時制の文法的カテゴリーは言語の中でばらばらに機能しているものではなく、明確なシステムをなしている。時制システムは、互いに対立する、時制形式の(2つの)系列の総体であるとする。

各系列には1つの時制のすべての形式が入っている。1つの系列の中のどの形式も、自らを同じ系列の他の形式と区別している特徴(例えば、直説法、否定法、希求法など)の点で、時制で対立する他方の系列の形式と一致する。日本語では、1つの系列(つまり時制)の諸形式が互いに、いいおわりか、なかどめかにより、法により、相(アスペクト)により、態(ヴォイス)により区別されている。

言語の発達とともに、様々な法と相の形式の用法は変化しうるので、時制関係のパラダイムの変化を、本章では現代語のいいおわりの形式、16–17世紀の日本語のいいおわりの形式、現代語のなかどめ形式の順に俯瞰する。

三. 著者略伝および著書

以下のスィロミャートニコフの経歴は、モスクワ大学で院生のときにスィロミャートニコフに師事し、その後東洋学研究所で同僚となった、B.M. アルパートフの『ロシアソビエトの日本語研究』1988、および『同僚と同志』1994に基づくところが大きい。その経歴については、著者の“Развитие новояпонского языка”の翻訳『近世日本語の進化』(松香堂, 2006)の訳者である植村進氏の「訳者解説」にも詳しい。

スィロミャートニコフは、1929年に出生地ハリコフで日本語の学習を開始し、1931年にウラジオストクに移り、東洋大学に編入する。1933年に同大学を卒業し、1938年にレニングラード大学の大学院に入学した。そこで、近世初期の話し言葉の研究のために狂言の研究を開始する。この間の著者の大学生活は困難の連続である。戦争もあったが、極東に行くと、極東にも粛清の波がおよんだせいか、有力な学者がつぎつぎと極東を離れる。その後を追うように、著者も極東を離れたのである。レニングラード大学でも指導教授となるはずのコンラッドが直前に逮捕される。レニングラードには適当な日本語学の指導者は他にいないため、彼は年齢の近いホロドヴィッチに指導をあおいだが、うまくいかなかったようである。そこでコンラッドと丁度入れ替わるように釈放されたコルパクチにも師事した。

1942年6月からは極東で、1943年の終わりからはモスクワで、軍事研究所の教師をつとめる。その後1950年まで、モスクワ州立大学の歴史学部、および他の多くの機関で日本語を教えている。1950年ソ連科学アカデミーの東洋学研究所の勤務となり、当初、編集および出版部門に所属し、雑誌「ソビエト東洋学」の言語学部門の責任者として働いている。1958年に、ソビエト連邦科学アカデミーの東洋学研究所に言語学科が開設されると、著者はそのメンバーになり、終生そのメンバーであり続けた。戦後、著者はコンラッドの指導の下大学院での学業を継続する。著者の最初の大きな刊行物は『日本語の音素体系』であった。これは、ポリヴァーノフ以降のこのテーマの数少ない刊行物の1つである。現代標準語の体系が、方言体系及び、より以前の言語の状況と比較されている。

著者はポリヴァーノフの音韻論的概念から出発して、他の理論的立場からの著書の一連の主張を更に発展させたといわれる。しかし、残念ながら、著者は後に音韻論のトピックから離れるのである。

狂言や他の16世紀の日本語資料についての研究は、著者を日本語史の時制のカテゴリーに関する複雑な問題にむける。後に、まさにこのテーマこそ学位論文になることになる。しかし、コンラッドは彼の元大学院生が音韻論を専攻することを認めなかったし、ましてや著者が、自分の専門外で、しかも伝統的な視点の時制研究に踏み出すことを是認しなかった。そこで、著者は最初の指導者であるホロドヴィッチにもどる。

学位論文は自作紹介論文が出た1953年までに完成していた。しかし著者は研究を継続することにし、学位論文の審査は1956年になって行われた。長年の研究の集大成となったのが、まさしく本書、1971年に出版された『近代日本語の時制体系』である。

著者は、その研究を、16世紀の世紀当初における最初の資料の出現から中期における日本語の根本的な革新まで含んだ全体に徐々に広げていき、19世紀の日本語の研究へとつづけた。しかし、ここで、著者は、コンラッドの助力をこわざるをえなかった。コンラッドはこのテーマに関する2つの書籍、『新日本語の形成』(M. 1965)と『近世日本語の進化』(1978刊)の責任編集者となったのである。当該の第1の本は、著者によって調査された、狂言と、16世紀の終わりから17世紀の始めのポルトガルの宣教師の最初の日本語版のテキストがとりあげられている。

第2の本は、第1の本の100年後に出現する17世紀中期から18世紀中期までの、井原西鶴と近松門左衛門の2人の言語を検討している。

時制の問題の研究は彼に動詞カテゴリーである直説法へ興味を向かわせた。彼には、「近代日本語のムード体系」(論集『日本語の諸問題』1971年)という論文があり、体系のギャップを補充する必要およびダブレットになったものを形式から取り除く必要という体系性の要件によって直説法の体系の歴史的変化が生じたことを明らかにする。日本の言語史研究の基盤的な体系的な方法の実践者としてポリヴァーノフの後継者に位置付けることができる業績である。

60歳で近代日本語の研究を終えないまま、著者は、より古い時代の日本語の歴史の研究に着手した。長年にわたる企画の過程で総合的な文法書となった『古代日本語』が、「アジア・アフリカの諸民族の言語」のシリーズでの成果として1972年に出版された。特に「古事記」と「万葉集」という8世紀の日本語資料の音声と文法の綿密な分析が与えられるが、量が限られている。1981年に、ナウカによって、その若干の拡張バージョンが英語で出版された。著者が海外の読者に向けて公開しているのは、この著作だけであろう。1975年には、9–12世紀の言語を詳述した概説『古典日本語』を出版した。この著作によって、8世紀の古代の資料の日本語から19世紀の後期から現在の段階までの書かれた歴史のサイクルを(13世紀から15世紀の期間を除いて)終えた。

著者がなくなってからは、日本におけるロシア、ソ連の学術の支持者であった村山七郎(ポリヴァーノフの日本学の著作集が公開されたのと同じように)がスイロミャートニコフの論文集を日本で出版しようとしていたが、『近世日本語の進化』(植村進訳2006松香堂)のほか実現していない。著者に大学院生がすくなく、このままでは自分の業績が世にしられずに終わってしまうことを心配していたというはなしであるから、この翻訳もその願望になにがしかはこたえることにもなるだろう。

四. おわりに

本書における日本語の時制が相対的であるという主張については、アルパートフ1988によれば、哲学者の三浦つとむも同じ主張であるという。確かに、「過去現在未来は、属性ではなく、時間的存在である二者の間あるいは2つのありかたの間の相対的な関係をさす言葉にほかなりません。」(『日本語はどういう言語か』p.216)という主張からは、そのように考えられる。しかし、「彼は現在健康だが、過去には病気がちだった」という文についての説明においては次のように述べている。

> 「彼は現在健康だ」と考えるときの「現在」は、かれそのものの持っている時間的な性質ではなくて、そう考えているわたしたちすなわち話し手との間に、「現在」とよばれる関係が成立していることなのです。「過去には病気がちだった」と考えるときに「過去」も話し手との間に「過去」とよばれる関係が成立していることなのです。(同上p.215)

これだけだと、この考えは4章の8節山田孝雄の時制システム不在論にも近い。しかし、三浦は『認識と言語の理論』1967では、過去の認識について次のように述べる。(括弧内は訳者が補った)

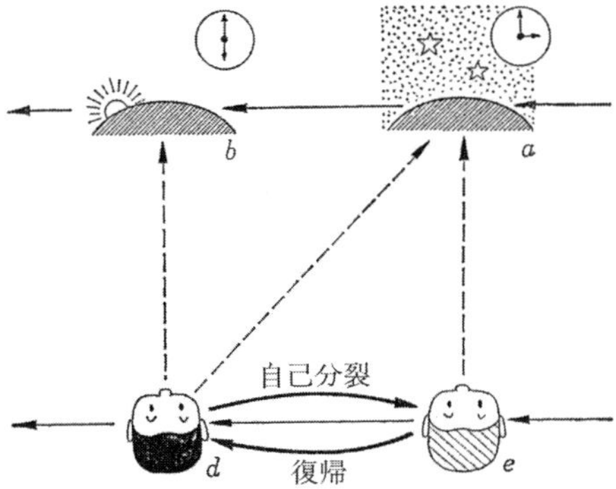

> (過去における客観的事物)aは、(現在における私)dにとって過去とよばれる関係にあるが、aのありかたはすでに消滅してしまっていて、直接に与えられていはいない。ただしdはかつての(過去の私としての)eの時点においてaを直接にとらえていたのである。…aは(現在における客観的事物)bからは過去であるがeからは現在である。(現在における私)dは(過去の私としての)eの時点に観念的にもどって(過去における客観的事物)aを追想することができるのだ(同上p.499)

ここでは、現在とか過去とかいっても、それら出来事相互間の関係ではなく、話し手(私)と対象(客観的事物)との関係についていっているだけで、話し手(私)から分裂して、客観的な時間のどの部分へも頭の中で移動できる話者自身が基準点であるということだから、この主張は、4章の10節で、時制の基準が、客観的な時間のどの部分へも自由に移動できる話者自身であるとした松下大三郎の理論に似てくる。つまり、三浦も含めての、日本語学のアカデミズムの中では、日本語の時制の相対性についてはまともに議論されてこなかったといえる。わずかに、松下大三郎にその萌芽はあるが、絶対的テンスを平行的に認めたため、日本語の時制をいたずらに複雑にすることに終わっている。

アルパートフ1988は著者の相対的時制論に対して誇張であるといって、その問題点を指摘する一方で、

> 主節の述語のテンスの性格付けにおいて、N.A.スィロミャートニコフはまことに独創的であった。彼以前には、この場合テンスの使用はしばしば絶対時制であり、発話時と動作あるいは状態の関係に結び付いていると常に考えられていた。(p.144)

とすることは正しいであろう。絶対的時制論は、学校現場においても、いたずらに現在形などという用語をつかうことによって、作文教育を混乱させてきたように見える。また、訳者(鈴木)のように古典日本語の時制について考えてきた者にとっては、ひとたび語りの文章に目をむけると、古典語においてもテンスの相対性の問題をさけてとおることはできないと感じている。本書が出版されてから半世紀をこえているが、本書が半世紀ものあいだ顧みられることがなかったのは、本書刊行当時が、日本語の時制論が2つの絶対的テンスの対立として確立されつつあった時であり、そこに踏み出すために検討しておかなければならないことは、ロシアの日本語研究のなかに多数あったにもかかわらず、それらに十分な配慮がなされないまま、かなり性急に議論が進められてきたという時代背景があったためではないかと思われる。著者の主張にたちもどって日本語のテキストにおけるテンスを徹底的に相対性の立場から見なおしてみる必要があることは確かである。なお、以上の内容は、大体「H.A. スィロミャートニコフ著『近代日本語の時制体系』について」として、すでに2022年に『類型学研究』第6号に掲載済である。

最後に、本書が出版にいたるまでに、お世話になった方々のお名前をあげ、謝意を表したい。原稿提出後、コロナ禍もあり、時局は物情騒然とし、翻訳の版権取得交渉が2年ちかく滞って、困惑していたなか、ナウカ・ジャパンの村上直隆氏の御配慮により版権取得の必要がないことが明らかにされ、出版準備に入れることになったことについて感謝を申し上げげたい。翻訳出版に関して、Наука 出版社の副社長 Сеструхин 氏から出版社として障害はないという旨の文書と、著作権者が既におらず、問題はなく出版できるという旨の著作権業務の代理人 Грибова 氏の助言を得られたことを付記したい。なお、村上氏に関しては類型学研究会の事務局長の石田修一先生からご紹介をいただいたことにも、記して感謝申し上げたい。なお、翻訳の件に関しては、スィロミャートニコフ博士の教え子であり長らく東洋学研究所でご同僚であった、アルパートフ博士からも電話でご賛同をいただいていることも記しておきたい。最後になったが、出版を快くお引き受けくださった、ひつじ書房の房主の松本功氏、および粘りつよく出版の業務をこなしてくださった、編集者の森脇尊志氏、および手書きの松本の原稿を浄書してくださった、上海電力大学講師の臧昉さんにも感謝を申し上げたい。

2025年3月11日校了

参考文献

Алпатов В.М.，アルパートフ『ロシア・ソビエトにおける日本語研究』1988(東海大学出版会、1992邦訳)

Алпатов В.М., Этот бескомпромиссный Н.А. Сыромятников, О коллегах и товарищах. 「妥協せぬ人　スィロミャートニコフ」『同僚と同志について』所収，Московские Востоковеды 60–80- х годов, М. Наука, 1994.

（鈴木泰執筆）

著者紹介

H. A. スィロミャートニコフ（1911—1984）

〈略暦〉ウクライナ、ハリコフ生まれ。1933年極東大学東洋学部卒業。1938年レニングラード大学大学院入学。1950年ソ連邦科学アカデミー東洋学研究所に入所、終生勤務。
〈業績〉1965年『新日本語の形成』（キリシタン・狂言）、1971年『近代日本語の時制体系』（本書）、1978年『近世日本語の進化』（江戸時代語、博士論文。植村進訳2006）、1972年『古代日本語』（上代語、英語版1981）、1984年『古典日本語』（中古語）。1971年「近代日本語のムード体系」（論集『日本語の諸問題』）。1973年H. И. コンラッド監修『和露大辞典』で、ソ連邦国家賞を受賞。

訳者紹介

鈴木泰（すずき たい）

1945生まれ。博士文学。東京大学名誉教授。日本語史専攻。特に、平安時代のテンス・アスペクト論。ロシア語は30代後半から、国立国語研究所の勉強会に出席し宮島達夫氏の教えをうける。著作には『古代日本語の時間表現の形態論的研究』（ひつじ書房）ほかがある。

松本泰丈（まつもと ひろたけ）

1941年生まれ。埼玉県秩父出身。東京大学大学院人文科学研究科修士課程修了のころより言語学研究会で奥田靖雄のおしえをうけ、ロシア語もまなぶ。専攻日本語学、方言学（奄美語ほか）。著作書には 『連語論と統語論』（至文堂）ほかがある。

松浦茂樹（まつうら しげき）

1947年生まれ。早稲田大学第一文学部（露文専攻）卒業。
商社、旧ソ連の通信社に勤務の後、フリーあるいはプロダクションに所属して語学、教育関係の執筆、翻訳、編集に従事。

言語学翻訳叢書　23
近代日本語の時制体系
The Tense System in Modern Japanese
Н.А. Сыромятников

Japanese translation by
Suzuki Tai, Matsumoto Hirotake, Matsuura Shigeki

発行　2025年5月7日　初版1刷
定価　8800円＋税
著者　Н. А. スィロミャートニコフ
訳者　鈴木泰・松本泰丈・松浦茂樹
発行者　松本功
装幀　村上真里奈
組版所　株式会社 ディ・トランスポート
印刷・製本所　モリモト印刷株式会社
発行所　株式会社 ひつじ書房
〒112-0011　東京都文京区千石2-1-2 大和ビル2F
Tel.03-5319-4916 Fax 03-5319-4917
郵便振替 00120-8-142852
toiawase@hituzi.co.jp　https://www.hituzi.co.jp/

ISBN978-4-8234-1243-1